...den sind abgezogen d...
...Sebtember dessen i 6.
6 3 i [illegible]
...sind wir zum [illegible] ...
...ch zu wassen die Zeit v...
...d der schwedische [illegible] am [illegible]
...i 7. Sebtember nach [illegible]
...ring dit stadt ist [illegible]
...t zum [illegible] macht [illegible]
...lische armee [illegible] ...
sind wi[r] ... ge...
gangen, 2 i [illegible]

Das Buch

Christian Pantle bringt uns den so epochalen wie grausamen Dreißigjährigen Krieg so nahe wie kaum jemand zuvor. Er erzählt vom blutigen Leben der Söldner auf dem Schlachtfeld ebenso wie von den Zivilisten in den verwüsteten Dörfern und Städten. Er lässt den Pappenheimer Peter Hagendorf zu Wort kommen, der 23 Kriegsjahre von einem Kampfschauplatz zum nächsten marschiert. Und er schildert die Verzweiflung des Mönchs Maurus Friesenegger über die Zerstörungen rings um sein Kloster. In ergreifender Weise beschreiben die Zeitzeugen ihre schrecklichen Erlebnisse, aber auch Momente der Solidarität und des Mitgefühls. Pantle verknüpft ihre Berichte zu einer großen Erzählung: Wie durch ein Zeitfenster sehen wir in eine von Machtkämpfen und Religionskriegen zerrissene Welt und lernen die Menschen vor 400 Jahren verstehen.

Der Autor

Dr. Christian Pantle, geboren 1970 in München, ist Chefredakteur des Monatsmagazins G/Geschichte. Bei Propyläen sind außerdem seine Bücher *Die Varusschlacht* und *Der Bauernkrieg erschienen.*

Christian Pantle

Der Dreißigjährige Krieg

Als Deutschland in Flammen stand

Ullstein

Besuchen Sie uns im Internet:
www.ullstein.de

Handschrift auf erster und letzter Seite im Buch:
Zwei Blätter aus dem Tagebuch Peter Hagendorfs.
Oben links auf der Eingangsseite hat der Söldner
das Datum 7. September 1631 notiert.

Ungekürzte Ausgabe im Ullstein Taschenbuch
1. Auflage April 2020
2. Auflage 2024

Umschlaggestaltung: zero-media.net, München,
nach einer Vorlage von Morian & Bayer-Eynck, Coesfeld
Titelabbildungen: © Darko Pavlovic, *from*
Imperial Armies of the Thirty Years' War (1)
© *Osprey Publishing, part of Bloombury*
Satz: LVD GmbH, Berlin
Gesetzt aus der Sabon
Druck und Bindearbeiten: ScandBook, Litauen
ISBN 978-3-548-06058-3

Für Heike
und
Dennis, Leon, Jenny, Amelie

INHALT

EINFÜHRUNG

Die Sonne hatte sich über den Mauern Magdeburgs erhoben, und noch immer war kein Laut zu hören aus den Geschützen, die seit Monaten auf die Stadt zielten. Hatte das kaiserlich-katholische Belagerungsheer unter General Graf Tilly die Kämpfe beendet? Der 20. Mai 1631, so schien es zunächst, würde ein friedlicher Tag werden.

Doch plötzlich zerrissen Kanonenschläge die Stille, und auf dieses Signal hin stürmten die Belagerer los: Zu Tausenden versuchten sie, die Befestigungsanlagen im Norden der Stadt zu erklimmen – »so dass der ganze Wall schwarz von Volk und Sturmleitern bedeckt war«, wie ein Unteroffizier schildert. »Da war ein solches Donnern und Krachen von Musketen, Feuermörsern und Kartaunen *(schweren Geschützen)*, dass niemand weder hören noch sehen konnte.« Die Angreifer kletterten auf die Mauerkrone, töteten dort Hunderte Magdeburger und schlugen die übrigen Verteidiger in die Flucht.

Tillys Soldaten glaubten schon, dass der Überraschungsangriff zu einem raschen Sieg geführt hätte. »Da bin ich mit stürmender Hand ohne allen Schaden in die Stadt gekommen«, triumphierte etwa Peter Hagendorf, ein Söldner in dem attackierenden Heer. Doch noch war der Widerstand der Magdeburger nicht gebrochen. Es begann ein erbitterter Häuserkampf, mit nahezu fatalen Folgen für Hagendorf: »In der Stadt, am Neustädter Tor, bin ich zweimal durch den Leib geschossen worden«, erzählt er in seinem Tagebuch. Eine Kugel traf den

Soldaten von vorne in den Bauch, die andere ging durch beide Achseln hindurch. Kameraden brachten den Schwerverwundeten zum Feldchirurgen. Der band Hagendorf die Hände auf den Rücken, »damit er hat können den Meißel einbringen«. Nach der brachialen Operation »bin ich in meine Hütte gebracht worden, halbtot«.

Währenddessen gelang es den Angreifern in Magdeburg, die Stadttore von innen zu öffnen. Fast das gesamte Heer Tillys flutete hinein, plündernd und mordend in einem Ausmaß, das selbst für damalige Zeiten außergewöhnlich war, wie zahlreiche Augenzeugenberichte belegen. »Wir mussten oft im großen Gedränge über die toten Körper laufen«, schildert etwa ein überlebender Bewohner. »Wir sahen sehr viel Tote und einige Frauen ganz entblößt liegen. Sie waren mit dem Kopf in ein großes Braufass voller Wasser gestürzt und ertränkt worden, hingen aber mit dem halben Körper und den Beinen heraus, was ein erbärmlicher Anblick war.«

Dann begann das Inferno, das noch mehr Opfer fordern sollte als die Gewalttaten der Sieger. An mehreren Plätzen waren Häuser entflammt, und diese vereinzelten Brandherde vereinigten sich zu einem gewaltigen Feuersturm. Im »Hiroshima des Dreißigjährigen Krieges«, wie Frank-Walter Steinmeier als Bundesaußenminister formulierte, werden 20 000 der 30 000 Einwohner Magdeburgs tot zurückbleiben.

Der schwerverwundete Söldner Hagendorf beobachtet das Flammenmeer von seinem Lazarett aus, zusammen mit seiner Ehefrau Anna Stadlerin und der gemeinsamen Tochter Elisabet, die erst ein Jahr alt und erkrankt war. Die kleine Familie befindet sich in sicherer Distanz – aber auch fern der Beute und der lebensnotwendigen Verbandsmaterialien, die in Magdeburg zu finden sind. Und so fasst Anna Stadlerin einen kühnen Entschluss: Sie übernimmt das Plündern. »Meine Frau ist in die Stadt gegangen, obwohl diese überall gebrannt hat, und wollte ein Kissen holen und Tücher zum Verbinden«, erzählt Hagendorf. »So habe ich auch das kranke Kind bei mir liegen gehabt.« Und während der kinderhütende Soldat auf seine beutesuchende Gattin wartet, »ist nun das Geschrei ins Lager gekommen, die Häuser fallen übereinander« – mit tödlichen Folgen auch für viele Plünderer. »So hat mich meine Frau mehr bekümmert«, schildert Hagendorf seine Ängste, »als mein Schaden.«

Doch eineinhalb Stunden später kehrt Anna Stadlerin zurück: mit Bettgewand, Kleidern, einer großen Kanne Wein und zwei silbernen Gürteln, wie Hagendorf sichtlich stolz auflistet. Sieben Wochen später ist er genesen und kann weiterziehen in dem Krieg, in dem er bis zum Ende 1648 mitkämpfen wird. Hagendorf wird dabei mindestens 22 400 Kilometer zurücklegen, kreuz und quer durch Deutschland und tief hinein nach Italien und Frankreich. Er wird an entscheidenden Schlachten teilnehmen, zweimal unfreiwillig die Seiten wechseln, plündern, vergewaltigen, brandstiften und Zeuge einer Hexenverbrennung werden – aber er wird sich auch für die Schönheiten der Landschaften und Bauwerke begeistern, sich aufopferungsvoll um seine Familie kümmern und Geld dafür aufwenden, seinem Sohn eine Schulbildung zu ermöglichen.

In Hagendorfs Leben und Handeln kristallisiert sich die Zerrissenheit jener Epoche, die den Übergang vom Mittelalter zur Moderne bildet: Seefahrer umrunden bereits die Welt, aber die Kirche bedroht Astronomen wie Galileo Galilei mit dem Tod; der geistige Horizont der Menschen erweitert sich enorm, aber die Hexenverfolgungen erreichen just in dieser Zeit ihren Höhepunkt. Gleichsam als Sinnbild des Zeitenwechsels sind Kavalleristen zu sehen, die ähnliche Rüstungen wie die Ritter tragen und Pistolen in der Hand halten.

Es ist eine Phase der Umwälzungen. Moderne Historiker sprechen gleich von zwei umfassenden Revolutionen, die sich in der Zeit um den Dreißigjährigen Krieg ereignen: zum einen die militärische Revolution – hin zur modernen Kriegsführung mit enorm vergrößerten Heeren, neuartigen Taktiken und Festungsbauten sowie der Ausbreitung der Bürokratie; zum anderen die Medienrevolution – der Siegeszug der Zeitungen und Flugblätter, die bald die entlegensten Dörfer erreichen und das Zeitalter der Massenmedien und Propagandakriege einläuten.

Nicht nur die Menge der gedruckten Texte explodiert geradezu, auch die sogenannten einfachen Leute beginnen in großer Zahl zu schreiben: Bauern, Handwerker, Soldaten und Dorfpriester hinterlassen uns Tagebücher und Dorfchroniken in einer nie dagewesenen Fülle. Im Gegensatz zu den meisten früheren Kriegen kennen wir damit nicht nur die Berichte und die Sichtweise von oben – von Feldherren, Gebildeten, Adeligen –, sondern erhalten erstmals auch einen umfangreichen Blick auf die Ereignisse von unten, von den wahren Leidtragenden.

Dies ist einer der Gründe, weshalb uns der Dreißigjährige Krieg so viel grausamer erscheint als frühere Auseinandersetzungen: Wenn beispielsweise Julius Caesar in seinem Werk »Der Gallische Krieg« mehrfach erwähnt, dass seine Legionäre Zehntausende Zivilisten abschlachteten, geschieht das jeweils nur in wenigen beiläufigen Sätzen – mit der Folge, dass die furchtbaren Massenmorde nur eine untergeordnete Rolle spielen in den Biographien über den römischen Feldherrn und Politiker. Wie wäre wohl unser Bild von den Kriegen der Antike, besäßen wir aus dieser Zeit vergleichbare Schilderungen wie die von der Eroberung Magdeburgs 1631? Hier erzählen unmittelbar Betroffene, Söldner und Stadtbewohner, in ergreifender Weise von ihren Ängsten und ihren schrecklichen Erlebnissen, aber auch von überraschender Großherzigkeit und lebensrettender Hilfsbereitschaft.

Dieser reiche Schatz an Einblicken in eine Welt, die uns nah und fern zugleich ist, spielt in den meisten Geschichtswerken leider nur eine untergeordnete Rolle. Selbst neuere Veröffentlichungen über den Dreißigjährigen Krieg beschreiben zwar oft ausführlich die Charakterzüge des Feldherrn Albrecht von Wallenstein und die Motivationen seines Gegenspielers König Gustav II. Adolf von Schweden, verlieren aber nach dem Tod dieser berühmten Protagonisten in den 1630er Jahren auffallend das Interesse an den weiteren Ereignissen. Gerade das letzte Kriegsjahrzehnt wird allzu oft auf das höfische Geschehen bei den Friedensverhandlungen reduziert, während man über die Ereignisse im Land nicht viel mehr erfährt als den knappen Hinweis, dass die Leiden der Bevölkerung am größten waren und die Kriegszüge verworren. Dabei gehorchten diese Ereignisse einer ebenso zynischen wie klar nachvollziehbaren Logik, die Schlachten wurden angeführt von außergewöhnlichen Persönlichkeiten, die mit ihrem Handeln die Weichen für das weitere Schicksal der Menschen in und um Deutschland stellten.

Dieses Buch erzählt die ganze Geschichte des Dreißigjährigen Kriegs. Es umreißt zunächst die zentralen Ereignisse des ersten Kriegsjahrzehnts und rückt anschließend die Perspektive von unten in den Mittelpunkt. Dabei spielen zwei Personen eine Hauptrolle, die nicht zum entrückten Spitzenpersonal zählten, sondern den großen Krieg hautnah in all seinen Facetten miterlebten: zum einen der erwähnte Söldner Peter Hagendorf, dessen bewegtes Leben sich als roter Faden durch das Buch zieht, zum anderen der Mönch Maurus Friesenegger, der im Dorf Erling und im Kloster Andechs nahe München lebte. Die Sicht des Zivilisten Friesenegger bildet einen Kontrapunkt zu den Schilderungen des Söldners.

Wie Hagendorf, so führte auch Friesenegger über das zweite und dritte Kriegsjahrzehnt ein Tagebuch, das uns erhalten geblieben ist. Eindringlich beschreibt der Mönch darin das Auf und Ab des dörflichen Lebens: die katastrophalen Ereignisse, wenn die Heere anrückten, aber auch die Phasen des bangen Friedens und des Aufschwungs, wenn sich die Armeen zwischenzeitlich entfernten und in andere Gegenden weiterzogen.

In den letzten Kriegsjahren zählt Friesenegger zwar als Abt zu den höhergestellten Personen. Er bleibt aber immer nahe an den einfachen Menschen, schildert ihre Hoffnungen und Ängste ebenso wie ihre Versuche, sich den marodierenden Soldaten zu widersetzen. Seine Tagebucheinträge zeigen exemplarisch, was der schier endlose Konflikt für die Zivilbevölkerung bedeutete, für die es irgendwann keinen Unterschied mehr machte, von welcher Kriegspartei sie drangsaliert wurde. Friesenegger schuf damit eines der bewegendsten Zeugnisse seiner Zeit. Es führt uns in aller Deutlichkeit vor Augen, dass es im Krieg kein Gut und Böse gibt, sondern der Krieg an sich das Übel ist. Die Erinnerungen an den Dreißigjährigen Krieg legten so den Keim für den Pazifismus, der allen zwischenzeitlichen Rückschlägen zum Trotz heute tief im Gedankengut unserer Kultur verwurzelt ist.

KAPITEL I:
ESKALATION

Bis 1618
Sturz in den Abgrund

Wilhelm Slawata versuchte noch, sich mit der rechten Hand an dem geöffneten Fenster festzuklammern. Doch einer der zahlreichen Männer, die sich um ihn drängten, schlug mit dem Knauf eines Dolchs auf seine Finger. Slawata verlor den Halt, und die Attentäter warfen den 45-jährigen Grafen mit dem Kopf voraus aus dem Fenster der Prager Königsburg.

17 Meter tief fiel der Statthalter des Kaisers, prallte unterwegs gegen einen steinernen Fenstersims und stürzte in den Burggraben. »Weil ihm das Blut in den Mund geronnen, hat er wie ein Erstickender zu rasseln angefangen«, schildert Slawata die unmittelbaren Folgen in seinem Tagebuch (in dem er über sich selbst in der dritten Person schreibt). Der Verwundete erhielt rasch Erste Hilfe: Sein Schwager Jaroslav Martinitz, der kurz zuvor aus demselben Fenster geworfen worden war, wälzte sich zu Slawata hin und entfernte mit einem Tuch das Blut aus dessen Mund.

Inzwischen stießen die Attentäter noch eine dritte Person aus dem Fenster, den jungen Kanzleisekretär Philipp Fabricius, auch er überstand den Sturz. Dann kamen von oben Schüsse: »Der eine ging dem Grafen Martinitz nahe dem Haupt durch den Halskragen«, berichtet Slawata, ein weiterer durch dessen schwarzen Mantel, ein dritter streifte Martinitz' Arm.

Schließlich eilten Diener der Gestürzten durch das Burgtor hinaus zum Graben und brachten ihre Herren aus dem Kugelhagel in Sicherheit. Niemand starb: Wie durch ein Wunder hatten die ersten drei Opfer des Dreißigjährigen Kriegs am 23. Mai 1618 überlebt. Und der gefallene Kanzleisekretär stieg nach der Attacke sogar sichtbar auf: Er erhielt den Adelstitel »von Hohenfall« – der Kaiserhof in Österreichs Hauptstadt pflegte offenbar schon damals den berüchtigten Wiener Humor.

Der Anschlag, der als Prager Fenstersturz berühmt werden und das Leben von Millionen Menschen verändern sollte, folgte bewusst einer alten Tradition: Schon 1419, vier Jahre nach der Hinrichtung des protestantischen Theologen Jan Hus auf dem Scheiterhaufen, warfen dessen Anhänger katholische Amtsträger aus dem Prager Rathausfenster. Die Gestürzten wurden von der unten wartenden Menge gelyncht, und es begann ein Aufstand, der in den langjährigen Hussitenkriegen mündete. 1483 wollten Prager Bürger dann einer katholischen Verschwörung vorbeugen, indem sie kurzerhand den Bürgermeister aus dem Fenster warfen – nach »böhmischen Brauch«, wie es damals bereits hieß. Und als nun 1618 mit Martinitz und Slawata zwei Statthalter des erzkatholischen Herrschers von Böhmen aus dem Fenster flogen, bildete dieser revolutionäre Akt das Fanal zu einem neuerlichen protestantischen Aufstand. Die Folgen für Europa konnte niemand der Beteiligten ahnen.

Der Kontinent war zu jener Zeit gespalten: in die Anhänger des alten katholischen Glaubens und in die der neuen Lehren. 1517 veröffentlichte Martin Luther in Wittenberg seine Thesen, ab 1541 setzte Johannes Calvin in Genf seine Ideen der Reformation durch. Beide Konfessionen verbreiteten sich rasant: das Luthertum vor allem im Norden Deutschlands und in Skandinavien, der Calvinismus und andere Zweige der sogenannten Reformierten Kirchen insbesondere in der Schweiz und den Niederlanden.

Die folgenden, oft kriegerischen Auseinandersetzungen fanden in Deutschland ein vorläufiges Ende mit dem Augsburger Religionsfrieden von 1555. Er legte erstmals die Grundlagen für eine friedliche Koexistenz der lutherischen und der katholischen Konfession. (Der Calvinismus blieb außen vor.) Fortan konnte der Landesherr den Glauben in seinem Herrschaftsbereich festlegen: »Cuius regio, eius religio« (»Wessen Gebiet, dessen Religion«) – mit dieser griffigen Formel fasste der Greifswalder Jurist Joachim Stephani ein halbes Jahrhundert später die Regelung zusammen.

Von religiöser Toleranz war man im 16. Jahrhundert also noch weit entfernt. Frei war allein der Fürst, die Untertanen hatten zu folgen, nicht nur in den weltlichen, auch in den geistlichen Dingen. Dazu gehörten sogar willkürliche Konfessionswechsel des Herrschers – die dann so manchen gläubigen Untertanen in Gewissensnöte stürzten. Immerhin wurde dieser Umstand von den Machern des Augsburger Religionsfriedens berücksichtigt: Wer der Konfession des Landesherrn nicht folgen wollte, durfte seine Güter verkaufen und mit der Familie auswandern – gegen Zahlung einer üblichen Steuer sowie, im Fall von Leibeigenen, einer Ablöse. Der so eröffnete Ausweg war steinig, oftmals für die Betreffenden ruinös, dennoch bildete das Recht auf Emigration (»ius emigrandi«) eine historische Wegmarke: Es ist »das erste allgemeine Grundrecht«, so der Rechtswissenschaftler Martin Heckel, das jedem Deutschen schriftlich garantiert wurde.

Generell waren die Untertanen nicht so rechtlos, wie man es sich heute oft vorstellt, und die Herrschenden bei weitem nicht so machtvoll. Letztere konnten zwar den einen oder anderen Untertanen seiner Existenz berauben, aber es fehlten ihnen die Behörden und die bürokratischen Mittel, um die Bevölkerung effektiv zu kontrollieren – Institutionen wie Polizei oder Finanzamt existierten noch nicht. Ein allumfassendes Steuersystem mit Einkommen-, Mehrwert- und unzähligen Extrasteuern, wie wir es heute gewohnt sind, wäre damals schlicht nicht durchführbar gewesen. Das bedeutet aber nicht, dass die Menschen damals freier gewesen wären: Was der Obrigkeit an Machtinstrumenten fehlte, machte sie durch eine obsessiv anmutende Regulierungswut wett. Im 16. und 17. Jahrhundert ergoss sich über die Untertanen eine Fülle staatlicher Verhaltensvorschriften, die vom Gottesdienstbesuch bis zum Saum auf der Kleidung reichten. Der noch junge Staatsgedanke war in der Neuzeit angekommen und hatte begonnen, seine Macht zu entdecken. Aber es sollten noch Jahrhunderte vergehen, bis er sie im Faschismus und Kommunismus im großen Maßstab und im totalitären Sinne ausspielen konnte.

Auch bei politischen Entscheidungen waren die Herrscher der frühen Neuzeit noch alles andere als allmächtig, weit entfernt von der absolutistischen Selbstherrlichkeit späterer Jahrhunderte. In fast allen Fürstentümern existierten Ständeparlamente, die mal mehr, mal weniger Einfluss besaßen. Ihre Zustimmung war oft in existentiellen Fragen wie der Steuererhebung nötig – ein Druckmittel, von dem so manche Ständevertretung regen Gebrauch machte. »Monarchie im eigentlichen Sinn des Wortes gab es keine«, resümiert daher Golo Mann in seiner Wallenstein-Biographie. »Der König befahl nicht allein, wenn er überhaupt befahl.«

Die große Mehrheit der Bevölkerung besaß freilich keine Vertretung: Die Bauern hatten keine Mitspracherechte, mussten meist auf ihrer Scholle verharren, eine Flucht konnte im Extremfall mit dem Tod bestraft werden. Zumindest aber ein Rechtsmittel gegen Herrscherwillkür war auch der Landbevölkerung vergönnt: der Gang zum Reichskammergericht in Speyer, das neben dem Reichshofrat am Kaiserhof die höchste Gerichtsinstanz im Deutschen Reich bildete. Alle Untertanen, die erfolglos vor örtlichen Gerichten gegen ihren Herrscher geklagt hatten, konnten dort Berufung einlegen – sofern es sich beim Landesherrn nicht um einen der wenigen großen Fürsten handelte, die für ihr Territorium ein Berufungsverbot durchgesetzt hatten. Der Rechtsweg stand ausdrücklich auch »armen Parteien« offen, die sich die üblichen Prozessgebühren nicht leisten konnten: Ihnen wurden Anwalt und Untersuchungsrichter gestellt, und sie mussten die Gerichtskosten erst bezahlen, wenn sie genügend Vermögen besaßen.

Dies war nicht nur ein Alibi-Recht – die Menschen machten

davon so häufig Gebrauch, dass sich einige Landesherren über die mutwillige Prozessiererei ihrer Untertanen beschwerten. »Der rechtliche Krieg geriet um 1600«, so der Historiker Georg Schmidt, »zur beinahe alltäglichen Form des bäuerlichen Widerstandes.« Etwa 700 Klagen wurden um diese Zeit jährlich beim Reichskammergericht eingereicht. Die Folge war, dass – anders als etwa in England oder Frankreich – die sozialen Konflikte zwischen Bauern und Herrschaft meist friedlich verliefen und sich der Zusammenhalt im Deutschen Reich verbesserte: »Den klagenden Bauern aus Schwaben oder aus Ostfriesland wurde stets von neuem vor Augen geführt, das es neben ihrer Herrschaft ein übergeordnetes Ganzes gab«, folgert Schmidt.

Die verbreitete Ansicht, Deutschland sei zu jener Zeit ein Flickenteppich mehrerer Hundert unabhängiger Einzelstaaten gewesen, ist also nur teilweise richtig – auch wenn historische Landkarten solch einen Eindruck erwecken. Man kann eher, ähnlich wie in den späteren USA, von einem föderalen System aus Bundesstaaten sprechen – wobei eine Staatlichkeit im modernen Sinn sich eben erst herausbildete. Die Quasi-Bundesstaaten konnten kleine Rittergüter sein, freie Reichsstädte oder große Fürstentümer wie Bayern oder Sachsen: Sie alle besaßen weitgehende Autonomie.

Die nächsthöhere Verwaltungsebene bildeten die Reichskreise. Jeder war ein Zusammenschluss mehrerer Quasi-Bundesstaaten und zuständig für übergreifende Aufgaben wie Münzwesen, Heimatschutz und Grenzsicherung. Insgesamt zehn Reichskreise gab es im Heiligen Römischen Reich Deutscher Nation, wie Deutschland offiziell hieß.

An der Spitze dieses föderalen Systems standen die reichsübergreifenden Institutionen. Dazu zählten die beiden erwähnten obersten Gerichte und der Reichstag, das gesamtdeutsche Parlament. Es wurde vom Kaiser einberufen, tagte unregelmäßig an wechselnden Orten und entschied unter anderem über reichsweite Steuern, etwa zur Finanzierung der Kriege gegen die vordringenden Türken. Der Reichstag bestand aus drei Kammern, Kurien genannt: In der ersten saßen die sieben Kurfürsten – jene herausgehobenen Fürsten, die den deutschen Kaiser wählen durften. Die zweite Kammer umfasste zum einen die Landesherren der rund 85 weiteren Fürstentümer; zum anderen die nicht-fürstlichen Landesherren, darunter etwa 120 Reichsgrafen, die aber alle zusammen nur über zwei Stimmen verfügten. Die dritte Kammer schließlich bildeten die freien Reichsstädte – mit sehr begrenztem Einfluss: Ihre Stellungnahmen wurden in der Regel als unverbindliche Meinungsäußerung abgetan. Effektiv regierten also im Reichstag die Fürsten, der Rest war kosmetisches Beiwerk.

Über allem thronte als höchste Instanz der Kaiser. Er war auf Lebenszeit gewählt von den sieben Kurfürsten und besaß vor allem symbolische Macht. Die aber war enorm: Der Kaiser galt den deutschen Zeitgenossen als unantastbar, und es kam einem Sakrileg gleich, sich offiziell gegen ihn zu stellen. Das höchst prestigeträchtige Amt besetzten seit Generationen die Habsburger, die sich 1556 in zwei Linien aufspalteten: Die eine herrschte über Spanien, die andere über Österreich und die umliegenden Länder. Die österreichische Linie stellte fortan den Kaiser. Auch am Vorabend des Dreißigjährigen Kriegs saß mit Kaiser Matthias ein Habsburger auf dem Thron.

Der Augsburger Religionsfriede von 1555 hatte bis dahin leidlich gehalten. Bis 1618 bescherte er Deutschland die zweitlängste Friedensperiode seiner Geschichte, nur übertroffen von der gegenwärtigen Friedenszeit nach dem Zweiten Weltkrieg. Dies ist umso erstaunlicher, als in jener Zeit vor gut 400 Jahren im umliegenden Europa zahlreiche Kriege zwischen Katholiken und Protestanten tobten – unter anderem zwischen den calvinistischen Niederlanden und dem katholischen Spanien, zwischen England und Spanien, innerhalb Englands sowie innerhalb Frankreichs, das als blutigen Höhepunkt seiner Bürgerkriege 1572 die Bartholomäusnacht erlebte, das berüchtigte Massaker an Tausenden Hugenotten (*französischen Protestanten*) in

Paris. Deutschland blieb derweil »eine Insel des Friedens inmitten der erbittertsten Konfessionskriege und -wirren«, wie der Rechtshistoriker Martin Heckel schreibt, »gleichsam der Ort der Ruhe im Zentrum des Zyklons«.

Nach 1600 aber verstärkten sich auch in Deutschland die Spannungen zwischen Protestanten und Katholiken merklich. Eine neue Generation von Herrschern kam an die Macht, die die Schrecken der Religionskriege vor 1555 nicht mehr selbst erlebt hatte. Die jungen Wilden, wie man heute sagen würde, hielten die Kompromissbereitschaft ihrer Väter für Schwäche – sie waren Fundamentalisten, Streiter für ihre Wahrheit, keine Realpolitiker. Und so kamen die Dinge ins Rutschen, zunächst noch unmerklich. Doch es waren kleine Steinchen, Bagatellen, die schließlich die große, alles zerstörende Lawine anstießen.

Im Mai 1608 etwa gründeten einige der evangelischen Landesfürsten ein militärisches Verteidigungsbündnis, die »Union«, zum Schutz »ihrer Rechte«. Die Reaktion folgte bald: Im Juli 1609 schmiedeten katholische Landesherrn ein Gegenbündnis, die »Liga«. Zwar betonten beide Bündnisse ihren rein defensiven Charakter, aber erstmals seit Abschluss des Augsburger Religionsfriedens standen sich wieder zwei konfessionelle Militärblöcke in Deutschland gegenüber.

Noch überwogen in beiden Lagern die Stimmen der Vernunft: In den folgenden Jahren gelang es, die anfallenden Streitigkeiten friedlich beizulegen.

Zum Pulverfass entwickelte sich dagegen ein Land, das im Heiligen Römischen Reich Deutscher Nation eine seltsame Zwitterstellung innehatte: das Königtum Böhmen, das etwa den heutigen West- und Zentralteil Tschechiens umfasste. Sein Herrscher zählte zu den sieben Kurfürsten, die den deutschen Kaiser wählten. Gleichzeitig saß er als einziger Kurfürst nicht im Reichstag.

Auch die Verfassung hatte etwas Zwitterhaftes: Böhmen war keine klassische Erb-, sondern eine Wahlmonarchie. Starb der König, ging die Nachfolge nicht automatisch auf den Sohn oder nächsten Verwandten über. Die Stände, also die führenden Adligen und die Vertreter der freien Städte, wählten den neuen Herrscher. Faktisch war dies in aller Regel der Erbe des verstorbenen Königs – nur musste er sich die Zustimmung beim Adel erkaufen, durch mehr oder weniger große Zugeständnisse, die vor der Wahl schriftlich fixiert wurden: in einem Dokument namens Kapitulation. Dessen Inhalt ähnelte aus Sicht des neuen Königs oftmals dem, was man heute unter dem Begriff versteht.

Der selbstbewusste, überwiegend protestantische Adel hatte so weitgehende Rechte für sich errungen, auch unter den erzkatholischen Habsburgern, die seit 1526 den König von Böhmen stellten. Im Jahr 1609 gelang den aufmüpfigen Böhmen dann der große Wurf: Die Stände nutzten einen innerhabsburgischen Machtkampf und die daraus resultierende Schwächephase des Herrscherhauses, um den böhmischen König (und deutschen Kaiser) Rudolf mittels Aufstands-Drohungen zu zwingen, den sogenannten Majestätsbrief zu unterzeichnen. Darin sicherte der Regent den böhmischen Protestanten »völlige Gleichheit« mit den Katholiken zu. Sie durften ihre Religion ebenfalls »frei und uneingeschränkt« ausüben, Kirchen und Schulen errichten. Und »niemand«, auch kein Bauer, so heißt es ausdrücklich, durfte fortan »zu einer anderen Religion durch Gewalt oder auf irgendeine ersonnene Art gezwungen werden«. Ein großer Fortschritt, der allerdings nicht von Dauer war.

Mit Kaiser Rudolf ging es politisch und gesundheitlich bald steil bergab. Sein Bruder Matthias wurde 1611 zum König von Böhmen gewählt und nach Rudolfs Tod 1612 zum deutschen Kaiser. Matthias selbst war unverheiratet, kinderlos und chronisch krank. Um die Nachfolge zu sichern, schlug der 60-Jährige im Frühsommer 1617 seinen 38-jährigen Cousin Ferdinand als künftigen König von Böhmen vor.

Der designierte Ferdinand war ein katholischer Fundamentalist, wie es unter den weltlichen Landesherrn kaum einen zweiten gab. Aufgewachsen in einer jesuitischen Kaderschule galt es ihm als höchstes Ziel, den einen wahren Glauben durchzusetzen, notfalls mit Gewalt. Realpolitik, Toleranz gar, waren für ihn reine Übel – auf die er sich nur einließ, wenn die Machtmittel nicht ausreichten, den Sieg des Katholizismus auf direktem Weg zu erzwingen. »Ich will lieber über eine Wüste herrschen«, gelobte Ferdinand einmal, »als die Ketzerei zu dulden«. Und nach diesem Motto handelte der fromme Überzeugungstäter mit unnachgiebiger Konsequenz.

Was taten nun die protestantischen Böhmen, nachdem ihnen ausgerechnet dieser militante Anti-Protestant als neuer König zur Wahl vorgeschlagen wurde? Das »gehört zu dem am schwersten Begreiflichen in unserer an schwer Begreiflichem nicht armen Erzählung«, schreibt der Historiker Golo Mann. »Alle laut gerühmte Entschlusskraft, alle reale Macht der protestantischen Barone und städtischen Delegierten hätte sich, sollte man denken, auf das Ziel konzentrieren müssen: diesen nicht!« Zumal der böhmische Landtag nach hergebrachter Sitte einem Kandidaten durchaus die Annahme verweigern konnte. Doch diesmal setzten die sonst so kämpferischen Böhmen auf Beschwichtigung und stimmten nach zähen Verhandlungen für Ferdinand. Ein verhängnisvoller Fehler.

Zwar hatte der künftige König in seiner Wahlkapitulation den böhmischen Ständen wieder allerlei Zugeständnisse gemacht, aber die katholischen Scharfmacher im Land verspürten Rückenwind. Nun ging es Schlag auf Schlag: Im neuen Prager Statthaltergremium, das den Kaiser vertrat, erhielten die Katholiken mit sieben von zehn Sitzen die erdrückende Mehrheit. Protestanten wurden aus Staatsämtern entlassen, die Prager Stadtgemeinde per Dekret entmachtet. Und zwei neugebaute evangelische Kirchen, die auf Ländereien der katholischen Kirche standen, wurden kurzerhand niedergerissen.

All das veranlasste die protestantischen Amtsträger Böhmens, sich im März 1618 in Prag zu versammeln und eine Protestnote an den Kaiser zu senden. Die Antwort aus Wien war schneidend: Der Langmut des Herrschers sei erschöpft. Sollten die Protestanten erneut zusammentreten, gelte dies als Aufruhr und werde mit der ganzen Schärfe des Gesetzes bestraft. Trotzdem trafen sich die Stände zu einer weiteren Protestversammlung. Und fassten am 22. Mai den schicksalhaften Entschluss, dass ihnen nichts anderes übrigbleibe, als zu einer befreienden Tat zu schreiten.

Am folgenden Tag stiegen die Ständevertreter die Stufen zum Kanzleisaal der Prager Königsburg empor. Dort stürzten sie die zwei katholischen Statthalter des Kaisers sowie deren Sekretär aus dem Fenster – und Mitteleuropa in den Abgrund. Der 23. Mai 1618 ging als Beginn des Dreißigjährigen Kriegs in die Geschichte ein.

1618–1624
Rebellion und Rache

Die Nachricht vom Prager Fenstersturz schlug am Herrscherhof in Wien ein wie der sprichwörtliche Blitz aus heiterem Himmel. Was war da los in Böhmens Hauptstadt? Ein großer Aufstand? Oder nur eine spontane Racheaktion? Kaiser Matthias hoffte erst einmal das Beste und sandte einen versöhnlichen Brief, in dem er alle mahnte, sie mögen sich doch »miteinander friedlich und freundlich betragen und liebhaben«.

Der Landtag in Prag hingegen setzte rasch eine Revolutionsregierung ein, bestehend aus 30 Direktoren. Die ließen ein Heer aufstellen und hohe Kriegssteuern ausschreiben – allerdings mit geringem Erfolg, es ging nur ein Bruchteil der benötigten Mittel ein. »Die großen Herren«, ätzt Golo Mann, waren »bereiter zum Rebellieren als zum Zahlen«.

Zwar konnten die Aufständischen mehrere Tausend Soldaten zusammentrommeln – aber es gelang ihnen nicht, die Bevölkerung für sich zu gewinnen. Im Gegenteil: Viele Bauern flohen in die letzten kaisertreuen Städte. Der Historiker Georg Schmidt spricht gar von einer »Doppelrebellion« zwischen 1618 und 1620: »diejenige der Stände gegen die Habsburger Königsherrschaft und diejenige der Bauern gegen die Stände«.

Trotzdem verlief der Aufstand zunächst erfolgreich: Die Revolutionstruppen marschierten 1618 erst gegen jene böhmischen Städte, die nicht mitmachen wollten, und im April 1619 in das angrenzende Land Mähren im Osten des heutigen Tschechien, das ebenfalls zum Habsburger Reich gehörte. Dort traf die 10 000 Mann starke böhmische Streitmacht auf keinen Widerstand – die Mähren schlossen sich rasch den Aufständischen an. Das Heer zog weiter in das Herzland des Feindes und stand im Juni 1619 vor den Toren Wiens.

Der Zeitpunkt schien für die Böhmen günstig zu sein: Der kranke Kaiser Matthias war im März 1619 gestorben und sein designierter Nachfolger, der katholische Fundamentalist Ferdinand, noch nicht gekürt worden. Die Rebellen hofften auf Unterstützung durch die österreichischen Protestanten. Doch die sandten nur wohlklingende Briefe, keine militärische Hilfe, und für einen Frontalangriff auf das befestigte Wien waren die böhmischen Truppen allein nicht stark genug.

Zudem hatte Ferdinand bereits ein Heer ausgesandt, das im Gegenzug im Süden Böhmens einfiel. Als die Nachricht die Aufständischen erreichte, brachen sie die Belagerung Wiens ab und eilten zurück in ihre von Schutz entblößte Heimat. Der Sturm auf die Zentrale des Feindes war damit gescheitert. Trotzdem steckten die Revolutionäre nicht zurück: Sie gingen nun politisch in die Offensive.

Am 31. Juli 1619 gaben sich die Böhmen und ihre angrenzenden Verbündeten eine neue Verfassung, die sogenannte Konföderationsakte. Das Land war danach ein föderaler Zusammenschluss aus teilautonomen Republiken. An der Staatsspitze stand ein Wahlmonarch mit stark eingeschränkter Macht, der jederzeit abgewählt werden konnte.

Keine drei Wochen später, am 19. August 1619, nutzten die

böhmischen Ständevertreter gleich die Spielräume, die sie sich mit der Verfassung selbst geschaffen hatten. Sie setzten den ungeliebten König Ferdinand ab und kürten kurz darauf einen Protestanten zu seinem Nachfolger: den Pfälzer Kurfürsten Friedrich, der in Heidelberg residierte. Der 23-Jährige nahm die Wahl an, trotz aller Warnungen vor einem Konflikt mit den Habsburgern. Der Erzbischof von Köln etwa prophezeite einem pfälzischen Gesandten weitsichtig: Sollten die Böhmen tatsächlich einen Gegenkönig krönen, »so möge man sich gleich auf einen 20-, 30- oder 40-jährigen Krieg gefasst machen«.

Tatsächlich stand viel mehr auf dem Spiel als nur Böhmen selbst: Sieben Kurfürsten durften den Kaiser wählen, den traditionell die Habsburger stellten. Drei davon waren katholische Erzbischöfe (von Mainz, Köln und Trier), drei protestantische Landesherren (von Sachsen, Brandenburg und der Pfalz). Die siebte Stimme bildete damit das Zünglein an der Waage. Sie gehörte dem König von Böhmen, bislang also den katholischen Habsburgern. Sollte sie an einen Protestanten gehen, würde das Stimmenverhältnis kippen: Statt der Katholiken besäßen die Protestanten die Kurfürsten-Mehrheit – »um dann einen ketzerischen Kaiser wählen zu können«, wie dem bayerischen Herzog Maximilian schwante. Auf lange Sicht jedenfalls würden die Habsburger wohl die Kaiserkrone verlieren und damit ihre herausragende Stellung im Reich.

Um das zu verhindern, musste Ferdinand zunächst seine eigene Kaiser-Kür sichern. Er reiste dazu nach Frankfurt, wo die Kurfürsten und deren Abgesandte den Nachfolger des verstorbenen Kaisers Matthias wählten – am 28. August 1619, nur zwei Tage nach der Wahl des neuen Königs in Böhmen. Die unklare Situation im Land war natürlich ein Thema auf der Versammlung, doch nach einiger Diskussion votierten die Kurfürsten wie erwartet für Ferdinand als neuen Kaiser. Einzig die Pfalz stimmte zuerst gegen ihn, änderte dann aber ihr Votum, damit Einstimmigkeit herrschte.

Aus heutiger Sicht war es ein schwer begreifliches Wahlmanöver: Der Pfälzer Kurfürst Friedrich ließ sich zum neuen König von Böhmen anstelle Ferdinands küren, während gleichzeitig seine Abgesandten in Frankfurt denselben Ferdinand letztlich doch zum Kaiser wählten – und ihm so zusätzliche Legitimation verschafften.

Sollten die Pfälzer auf ein Entgegenkommen Ferdinands gehofft haben, so täuschten sie sich. Schon wenige Tage nach seiner Kaiserwahl begann der Österreicher, den Krieg gegen die Pfalz und Böhmen vorzubereiten. Er selbst hatte zu wenig Geld und zu viele Schulden geerbt, um eine geeignete Armee aufzustellen. Daher reiste er zu Herzog Maximilian von Bayern, dem vermögenden Anführer der Liga, des katholischen Militärbündnisses.

Zu dem Treffen kam auch der Botschafter Spaniens, und die Anwesenden schlossen am 8. Oktober 1619 in München einen folgenreichen Vertrag: Bayern verpflichtete sich aufzurüsten und mit dem Heer der Liga gegen Böhmen zu marschieren. Spanien sicherte militärische Unterstützung zu – zum einen durch zusätzliche Truppen für das Liga-Heer, zum anderen durch einen Ablenkungsangriff auf die Pfalz.

Im Gegenzug versprach Ferdinand, Bayern sämtliche Auslagen zu erstatten. Bis alles bezahlt war, durfte der bayerische Herzog habsburgische Ländereien als Pfand besetzen. Oberösterreich fiel so an Bayern – doch die dortige Bevölkerung ließ sich die von oben verordnete Fremdherrschaft nicht so einfach gefallen, zumal die mit einer 14-fach erhöhten Steuer einherging, um die bayerischen Truppen zu finanzieren. 1626 kam es zu einem Bauernaufstand, der sich zu einem regelrechten Guerillakrieg auswuchs und letztlich mit dazu führte, dass Bayern 1628 Oberösterreich wieder an die Habsburger zurückgab.

Zum Bayerisch-Habsburger Vertrag gehörte zudem eine Vereinbarung, die nur mündlich getroffen wurde, weil sie enormen Sprengsatz barg: Ferdinand versprach, im Erfolgsfall Friedrich von der Pfalz die Kurwürde wegzunehmen und sie auf Maximilian von Bayern zu übertragen. Der frisch gewählte Kaiser überschritt damit seine rechtlichen Kompetenzen, und er wusste wohl, dass er so die Fürsten aller Konfessionen gegen sich aufbringen würde – aber ihm blieb angesichts seiner prekären Lage keine Wahl.

Zunächst verharrte der Habsburger in der Defensive: Im folgenden Monat rückten böhmische Truppen noch einmal gegen Wien vor und belagerten die Stadt, diesmal verstärkt durch ein Heer aus dem protestantisch regierten Transsilvanien (Siebenbürgen), das im heutigen Rumänien liegt. Doch auch der zweite Versuch der Rebellen, die Zentrale des Feindes zu stürmen, endete mit einem Rückzug.

Nicht nur militärisch, auch diplomatisch gesehen ging es für die Böhmen im Winter 1619/20 kaum voran. Dabei besaß ihr neuer König beste Verbindungen: Friedrich war nicht nur der Anführer des evangelischen Militärbündnisses, der Union, sondern mit mehreren protestantischen Regenten eng verwandt – und er hatte die Tochter des Königs von England geheiratet. Doch die Hoffnungen der Böhmen auf Hilfe von außen wurden bitter enttäuscht. Kein protestantischer Staat wollte Soldaten entsenden. Die Niederländer, calvinistische Glaubensbrüder von Friedrich, gewährten zumindest finanzielle Unterstützung – während König Jakob von England lediglich Vermittlungsdienste anbot. In Europa ging der Witz um, zu Friedrichs Rettung würden die Dänen 1000 Salzheringe senden, die Holländer 10 000 Kisten Butter und der englische König 100 000 Botschafter.

Und es wurde noch schlimmer. Auch innerhalb des deutschen Reichs erhielt Friedrich von den evangelischen Landesherrn so gut wie keine Hilfe, im Gegenteil: Die Mitglieder der protestantischen Union wollten sich in keinen Krieg hineinziehen lassen, schlossen im Juli 1620 mit der katholischen Liga einen Nichtangriffspakt – und machten ihr so den Weg frei, alle Kräfte gegen Böhmen zu richten.

Eine Rolle spielte dabei wohl auch, dass Friedrich Calvinist war, also Anhänger des kleineren protestantischen Bekenntnisses, das von den lutherischen Mehrheits-Protestanten im Deutschen Reich argwöhnisch beäugt wurde. Die Aktivisten unter den Lutheranern gingen sogar so weit, dass sie »in den Calvinern eine hassenswertere Brut sahen als in den Katholiken, ja als in den Türken und Heiden«, so der Historiker Golo Mann. Und noch ein zweiter Faktor dämpfte die protestantische Solidarität mit Friedrich: die Art und Weise, wie er auf den Thron gekommen war. Einen Landesherrscher einfach abwählen und durch einen anderen ersetzen? Dass so etwas Schule machen könnte, diese Vorstellung gefiel auch evangelischen Potentaten nicht.

Und so stellte sich der mächtigste deutsche Protestant, Johann Georg von Sachsen, selbstbewusst auf die Seite der Katholiken. Der lutherische Kurfürst glaubte fest an das Reich und seine Instanzen, und er sagte zu, von Norden aus in Böhmen einzumarschieren, während die Armee der katholischen Liga von Süden den Hauptstoß gegen die Rebellen führte. Kaiser Ferdinand war damit das diplomatische Meisterstück geglückt, Friedrich innen- wie außenpolitisch fast völlig zu isolieren.

Was konnte der neue König in Prag angesichts der feindlichen Übermacht tun? Der Anführer der oberösterreichischen Stände bekniete Friedrich, in dieser dramatischen Lage drastische Maßnahmen zu ergreifen: »Man publiziere im Land die Freiheit der Untertanen und hebe auf die Leibeigenschaft ... der gemeine Mann würde für seine Freiheit lieber sterben«, so wird der Ständevertreter von Golo Mann zitiert. Zudem solle der Adel in höchster Not alles beisteuern, was er besitzt. Doch nichts dergleichen geschah, kritisiert Mann: »Die Barone, die doch alles dies angefangen und dafür die Verantwortung trugen, wollten auf ihre leibeigenen Bauern so wenig verzichten wie auf ihr Silber und Gold.«

Es ist ein Verhaltensmuster, das sich im Lauf des Dreißigjährigen Kriegs auch andernorts zeigen wird: Den Handelnden gelang es allzu oft nicht, den eigenen Egoismus hinten anzustellen, wenn Stadt oder Staat in Gefahr waren. Zu stark war offenbar das Denken in Standeskategorien, zu gering die Identifikation mit übergreifenden Gebilden wie Land oder Nation, um so etwas wie eine gesellschaftliche Solidarität zu zeigen – selbst wenn diese im Angesicht des Feindes geradezu überlebensnotwendig gewesen wäre.

Im Sommer 1620 schlug die kaiserlich-katholische Koalition zu. Im August drängte eine mehr als 20 000 Mann starke Armee der Spanier vom heutigen Belgien in die Rheinpfalz vor, die Heidelberg und Mannheim umfasste. Sachsen besetzte nahezu kampflos den Norden der böhmischen Konföderation: die Lausitz, die der sächsische Kurfürst als Pfand behalten durfte, bis ihn Kaiser Ferdinand für sein militärisches Engagement finanziell entschädigt hatte. Zur selben Zeit marschierten 28 000 Soldaten der kaiserlich-katholischen Armee gegen Prag – darunter der Söldner René Descartes, der später als Philosoph berühmt werden und den Satz »Ich denke, also bin ich« (»Cogito ergo sum«) prägen sollte.

Auf dem Weißen Berg, einer Erhebung acht Kilometer westlich von Prag, wartete auf die Invasoren eine 21 000 Mann starke böhmische Armee. Diese stand in strategisch günstiger Lage, trotzdem griff das kaiserlich-katholische Heer am 8. November bergaufwärts an – eigentlich entgegen allen Regeln der Kriegskunst. Doch die böhmischen Soldaten waren in miserabler Verfassung: seit Monaten ohne Sold, schlecht ernährt und durch Krankheiten dezimiert. Und so gelang es den Kaiserlich-Katholischen, die Verteidiger zurückzudrängen, bis diese panisch die Flucht ergriffen.

Die Details der Schlacht werden an dieser Stelle übergangen – wie Kämpfe abliefen, wird das Buch schildern, nachdem mit dem Söldner Peter Hagendorf unser Protagonist die Bühne betreten hat. Entscheidend war hier das Resultat: Die kaiserlich-katholischen Truppen errangen binnen zwei Stunden einen überwältigenden Sieg. Es war eine der kürzesten Schlachten des Dreißigjährigen Kriegs – aber wohl diejenige mit den dauerhaftesten Folgen. Denn im nahen Prag versuchte König Friedrich nicht einmal, die gut befestigte Stadt zu verteidigen. Am nächsten Morgen floh er mit seinem Hofstaat so überstürzt Richtung Schlesien, dass unter anderem ein Wagen mit den wichtigsten Papieren zurückblieb – zur Freude der Sieger, die wenige Stunden später einrückten.

Friedrich zog von Schlesien weiter in die Niederlande, versuchte den Rest seines Lebens vergeblich seine verlorenen Länder zurückzubekommen und starb verbittert 1632. Angesichts seiner kurzen böhmischen Regentschaft ging er unter dem Spottnamen »Winterkönig« in die Geschichte ein.

Bedeutsamer als Friedrichs Schicksal waren die Folgen in Böhmen selbst: Prag ergab sich kampflos, und auch der Rest des Landes leistete keinen nennenswerten Widerstand mehr. »Die Besiegten hatten nicht wirklich, nicht wirksam gekämpft; nicht mit dem Ernst, den ihr Unternehmen erforderte«, resümiert Golo Mann. »Ihre Revolution war keine echte gewesen. Die Gegenrevolution wurde echt.«

Noch im Monat des Siegs am Weißen Berg nahm Kaiser Ferdinand den Majestätsbrief zurück, der den Böhmen Religionsfreiheit garantierte. Angeblich zerschnitt er das Dokument eigenhändig mit einer Schere. Dann begann er, das Land systematisch vom Protestantismus zu säubern – nicht sofort, sondern langsam, Schritt für Schritt, um die protestantischen Fürsten im Reich nicht zu verprellen, insbesondere nicht den verbündeten Kurfürsten von Sachsen. Zuerst wurden nur die calvinistischen Prediger vertrieben, später auch die lutherischen, und am Ende blieb den protestantischen Bürgern Böhmens nur die Wahl, zum katholischen Glauben zu konvertieren oder ihren Besitz zu verlieren und ausgewiesen zu werden. Etwa 30 000 Familien verließen das Land.

Keine Wahl hatten diejenigen Adligen, die ein eigens einberufener Gerichtshof für schuldig befand, an der Revolution teilgenommen zu haben – und das waren viele. Je nach Grad der Schuldigkeit konfiszierte die Obrigkeit ihre ganzen Ländereien, nur die Hälfte davon, ein Viertel oder ein Fünftel. Im

Endeffekt wurde aber jedes Mal das gesamte Land eingezogen: Eine Viertel-Konfiskation bedeutete beispielsweise, für drei Viertel des enteigneten Landes eine finanzielle Entschädigung zu erhalten. Die Hälfte Böhmens wechselte so ihren Besitzer. Die Behörden veräußerten das eingezogene Land zum Teil zu Schleuderpreisen, und zu den größten Gewinnern zählte einer der berühmt-berüchtigten Protagonisten des Dreißigjährigen Kriegs: Albrecht Wallenstein, damals noch ein aufstrebender Adliger und Regimentsobrist.

Es überrascht nicht, dass es bei den Enteignungen zu schreienden Ungerechtigkeiten kam und zu herzzerreißenden Szenen, als Familien von ihren Besitztümern vertrieben und zu Bettlern degradiert wurden. Immerhin kamen die meisten mit dem Leben davon – im Vergleich zu den niedergeschlagenen Bauernaufständen der Frühen Neuzeit wurden nur wenige Personen hingerichtet. In Böhmen waren es 27 Unglückliche: Sie alle starben am 21. Juni 1621 unter Trommelwirbel auf dem Platz vor dem Prager Rathaus, 24 durch das Schwert, drei durch den Galgen. Anschließend steckte der Scharfrichter zwölf abgeschlagene Köpfe und Hände auf Eisenstangen und stellte diese auf dem Altstädter Brückenturm weithin sichtbar auf. Zehn Jahre blieben sie dort stehen, als gruseliges Mahnmal für die Bevölkerung.

Unter einer Behördenmaßnahme hatten die Menschen in Böhmen besonders zu leiden: Angestachelt durch die drückenden Staatsschulden kam das habsburgische Schatzamt auf die fatale Idee, an eine Privatgesellschaft das Recht zur Münzprägung zu verkaufen. Diese Lizenz zum Gelddrucken ging Anfang 1622 zum Preis von sechs Millionen Gulden für ein Jahr an ein Konsortium von 15 Privatpersonen – darunter Wallenstein, ein jüdischer Silber-Großhändler und ein calvinistischer Bankier. Wenn es ums Geld ging, spielten religiöse Differenzen offenbar nur eine untergeordnete Rolle. Das Konsortium überschwemmte Böhmen, Mähren und Österreich mit mehr als 42 Millionen Gulden, die einen deutlich niedrigeren Silbergehalt aufwiesen als die Münzen, die sich bis dahin im Umlauf befanden. Die Folge war – aus heutiger Sicht wenig überraschend – eine galoppierende Inflation mit allen negativen Begleiterscheinungen. Die Empfänger von Löhnen und Pensionen verarmten, Händler und Handwerker hielten ihre Waren zurück. »Wir wollen kein gutes Fleisch für schlechte Münze verkaufen«, protestierten beispielsweise die Metzger. Strafandrohungen der Obrigkeit bewirkten indes wenig gegen den teils offenen, teils heimlichen Verkäufer-Streik. Binnen kurzem lag die Wirtschaft völlig darnieder.

Nach einem Jahr beendete Kaiser Ferdinand den Spuk und leitete eine Währungsreform ein. Der Staat übernahm Anfang 1623 wieder die Geldproduktion und prägte ab dem Sommer Münzen »nach altem Schrot und Korn« – »Schrot« steht dabei für das Gewicht der Münze, »Korn« für ihren Edelmetall-Gehalt. Am Jahresende wurden die Untertanen schließlich angewiesen, ihr Inflationsgeld gegen die neue harte Währung zum Kurs von sechs Gulden zu einem umzutauschen.

Diese hausgemachte Finanzkrise beschränkte sich nicht auf die habsburgischen Gebiete. Reihum ließen die Fürsten Münzen mit geringerem Silbergehalt produzieren, so dass die rasante Geldentwertung 1621 bis 1623 fast das ganze Deutsche Reich erfasste. Die Preise für das tägliche Brot schnellten empor, vielerorts hungerten die Menschen. Aufgebrachte Bürger stürmten Behörden, Wechselbuden und Münzstätten, es kam zu regelrechten Straßenschlachten, die beispielsweise in Magdeburg 16 Tote und 200 Verwundete zur Folge hatten. Flugblätter beschimpften Geldhändler als »Geld-, Land- und Leuteverderber«, als »Kipper und Wipper« (*Münz- und Geldwaagen-Manipulierer*) – und so ging die erste große Inflation im Deutschen Reich als Kipper- und Wipperzeit in das kollektive Gedächtnis ein.

»Damals lehrte uns zum ersten Mal die Erfahrung«, resümiert der zeitgenössische Historiker Pavel Stransky im Jahr 1633, »dass keine Seuche und kein Krieg, kein feindlicher Einfall in unser Land, keine Plünderung und keine Feuersbrunst guten Menschen einen solchen Schaden zufügen können wie häufige Änderungen im Wert des Geldes.« Als Stransky dies veröffentlichte, stand die zweite Hälfte des Dreißigjährigen Kriegs allerdings noch bevor.

Das unterscheidet die Kipper- und Wipperzeit auch von der Hyperinflation der 1920er Jahre, die bis heute die Angst der Deutschen vor der Geldentwertung prägt. Die Währungskrise des 17. Jahrhunderts verursachte die Massenverelendung schon während des Kriegs und verschärfte dessen weitere Auswirkungen zusätzlich.

Warum ging der Krieg überhaupt weiter? Kaiser Ferdinand herrschte wieder unangefochten über Böhmen, zudem hatten verbündete Truppen Spaniens und Bayerns die Pfalz erobert, also die Stammlande des geflohenen Winterkönigs Friedrich. Drei unabhängig voneinander agierende protestantische Söldnerarmeen hatten sich den katholischen Besatzern in den Weg gestellt, waren aber bis Mitte 1622 eine nach der anderen besiegt worden. Im Februar 1623 übertrug Kaiser Ferdinand wie versprochen dem bayerischen Herzog Maximilian die Pfälzer Kurwürde, und damit waren alle Kriegsziele der katholischen Koalition erreicht – ein Erfolg auf der ganzen Linie. Nach einigen weiteren Gefechten war der erste Teil des Dreißigjährigen Kriegs, der sogenannte Böhmisch-Pfälzische Krieg, Anfang 1624 effektiv beendet. Es mussten nur noch die Heere demobilisiert werden, und es würde wieder Frieden im Land herrschen.

Doch Kaiser Ferdinand löste die Heere nicht auf – und offenbarte so wohl sein wahres Gesicht: Bislang hatte er sich als fähiger Realpolitiker gezeigt, der auch mit Protestanten kluge Bündnisse und Verträge schloss. Doch in seinem Herzen blieb der Jesuitenzögling ein katholischer Fanatiker. Nun sah er offenbar die Gelegenheit als günstig an – und vergab die Chance zu einem dauerhaften Frieden. Der große Dichter Friedrich Schiller, der auch als Historiker arbeitete und 1791/93 die heute noch sehr lesenswerte »Geschichte des Dreißigjährigen Kriegs« veröffentlichte, beschrieb Ferdinands Verantwortung nach dessen Sieg über Böhmen so: »Das ganze Schicksal Deutschlands lag jetzt in seiner (*Ferdinands*) Hand, und vieler Millionen Glück und Elend beruhte auf dem Entschluss, den er fasste. Nie lag eine so große Entscheidung in eines Menschen Hand, nie stiftete eines Menschen Verblendung so viel Verderben.«

1625–1629
Der Tod als Geschäft

Dass es sich um ein unmoralisches Angebot handelte, war dem Wiener Kaiserhof wohl klar: Im Frühjahr 1625 schlug ein katholischer Adliger aus Böhmen vor, auf eigene Kosten ein großes Heer aufzustellen und für Kaiser Ferdinand ins Feld zu führen. Der mittellose Habsburger Monarch bräuchte kein Geld vorzustrecken und auch für den laufenden Unterhalt erst einmal nichts zu bezahlen – Ferdinand erhielte eine Armee sozusagen zum Nulltarif, jedenfalls zunächst, die Rechnung käme dann später.

Doch irgendjemand musste ja die Zeche bezahlen. Und war diesem böhmischen Adligen zu trauen? Welche Folgen hatte eine neue Armee? Würde sie potentielle Feinde abschrecken – oder erst neue schaffen, weil sie die anderen Mächte provozierte? Zwei Monate lang diskutierten die Räte Ferdinands in Wien, was von dem Angebot zu halten sei. Schließlich setzten sich die Befürworter durch, und im Juni 1625 wurden die Verträge unterzeichnet: Albrecht von Wallenstein erhielt die Erlaubnis, ein Heer von 24 000 Mann aufzustellen. Zudem wurde er zum Herzog erhoben.

Der Kaiserhof in Wien ließ sich damit auf ein folgenschweres Experiment ein: die Privatisierung des Kriegs im großen Stil. Wallensteins Offiziere und Soldaten waren seine Angestellten, ausgestattet meist mit Zeitverträgen, zum Beispiel von

Frühjahr bis Winterbeginn. Kategorien wie Vaterland oder Religion spielten allenfalls eine untergeordnete, meist sogar keine Rolle. Wallenstein handelte hier »nicht weniger berechnend und pragmatisch als ein moderner Manager, der ein multinationales Unternehmen führt«, so der Historiker Geoffrey Parker. Was für den Kriegsunternehmer zählte, waren nicht Ideologien, sondern Effizienz, Erfolg, Gewinn. Der Kapitalismus erreichte hier eine neue Dimension, die es so vorher noch nie gegeben hatte – und auch danach nicht mehr geben sollte, denn die Zukunft gehörte den staatlichen Armeen. Im Dreißigjährigen Krieg erlebten das private Kriegsgeschäft und das freie Söldnertum ihren historischen Höhepunkt, und Wallenstein war der wohl größte Kriegsunternehmer der Geschichte.

Der neue Feldherr zeigte sofort, was ihn ihm steckte. Nach der Vertragsunterzeichnung Mitte 1625 dauerte es nur eineinhalb Monate, bis er das Heer aus dem Boden gestampft hatte: 16 000 Fußsoldaten und 8000 Reiter. Es war eine schier unglaubliche organisatorische Leistung, und der unermüdlich arbeitende Wallenstein überbot sich in der Folgezeit immer wieder. Noch im Jahr 1625 vergrößerte er seine Armee auf 61 900 Söldner, im Jahr darauf auf 111 100 Kämpfer, wie seine eigenen Heereslisten belegen. 1630 gebot er gar über 150 900 Söldner – und dies in einer Zeit, in der die größten deutschen Städte wie Augsburg, Nürnberg, Hamburg, Köln, Lübeck und Straßburg nur je 40 000 bis 48 000 Einwohner zählten.

Keine zivile Ansiedlung konnte es also zahlenmäßig auch nur annähernd mit einem Wallenstein'schen Heerlager aufnehmen, zumal zu den Soldaten noch der Tross hinzukam. Der war in der Regel größer als die eigentliche Armee und umfasste Ehefrauen und Kinder, Handwerker, Köche, Prediger, Feldchirurgen, Wahrsager, Gaukler, Prostituierte und Bettler – eine wandernde Großstadt.

Um diese in Mitteleuropa noch nie gesehenen Menschenmassen zu versorgen, benötigte Wallenstein nicht nur eine ausgefeilten Logistik, sondern vor allem gewaltige Mengen an

Geld. Der Kriegsunternehmer setzte dazu auf ein Finanzierungssystem, das auf zwei Säulen ruhte. Die erste Säule bildeten Großkredite, die sich Wallenstein auf dem europäischen Finanzmarkt beschaffte, und zwar über einen guten Bekannten: den aus Antwerpen stammenden Bankier Hans de Witte, mit dem er in der Kipper- und Wipperzeit das Land Böhmen mit selbstgeprägten Münzen überschwemmt hatte. De Witte verfügte über ein komplexes Kredit-Netzwerk, das 67 Städte umfasste und von London bis Konstantinopel reichte. Er arbeitete mit Mittelsmännern, so dass viele Kreditgeber gar nicht wussten, wohin ihr Geld in Wahrheit floss. Dass mit de Witte ausgerechnet ein Calvinist der Hauptfinanzier der größten katholischen Kriegsmaschinerie war, gehört zu den Treppenwitzen der Geschichte.

Die zweite Säule der Wallenstein'schen Heeresfinanzierung bildeten die sogenannten Kontributionen, die es in diesem Ausmaß ebenfalls noch nie gegeben hatte. Dabei handelte es sich faktisch um Erpressung im großen Stil. Die Territorien und Städte, in deren Umfeld sich Wallenstein mit seinen Soldaten gerade aufhielt – egal ob Freund oder Feind –, mussten jeweils die Armee versorgen: nicht nur wie bisher üblich mit Naturalien, sondern auch mit gewaltigen Summen an Bargeld. Die Gemeinden vor Ort kamen auch für den Sold und alle anderen Kosten auf, was bis dato Aufgabe des Landesherrn gewesen war. Dies trieb viele Gemeinschaften in den Ruin – und so manche befestigte Stadt weigerte sich zu bezahlen. Wallenstein kam so angeblich zu der paradoxen Feststellung, er könne ein Heer von 20 000 Mann nicht unterhalten, wohl aber eines von 50 000. Denn nur mit solch einer Übermacht ließen sich die Geldsummen eintreiben, die er benötigte. »Der Krieg ernährt den Krieg«, lautet das passende Motto in Friedrich Schillers Dramen-Trilogie »Wallenstein«.

Im Gegenzug achtete der Kriegsunternehmer – zumindest anfangs – strikt auf Disziplin und unterband rigoros das Plündern. Soldaten, die dabei erwischt wurden, ließ Wallenstein nicht selten hinrichten. Doch seine Kontrollmöglichkeiten waren begrenzt – was die Offiziere und Soldaten bisweilen hemmungslos ausnutzten, sobald sie sich aus Wallensteins Blickfeld entfernten. »Ordnung war auf der goldenen Insel des Hauptquartiers und in ihrer Nähe; in der Weite Erpressung, Mord und Raub«, resümiert Golo Mann.

Wallenstein beließ sein neues Heer denn auch nicht lange in der Heimat, sondern sandte es bald nach Norden. Im Herbst 1625 operierte es an der Elbe im heutigen Sachsen-Anhalt – und war damit zur rechten Zeit am rechten Ort. Denn noch weiter im Norden betrat der erste skandinavische Akteur die deutsche Kriegsbühne: König Christian IV. von Dänemark, der seinem Nachbarn und Konkurrenten König Gustav II. Adolf von Schweden damit um einige Jahre zuvorkam.

Christian war Protestant, herrschte in Personalunion über Dänemark und Norwegen und hatte sich im Gegensatz zu den meisten anderen Regenten seiner Zeit nicht überschuldet, sondern ein Millionenvermögen aufgehäuft. Der 48-jährige Monarch verfügte somit über genügend Geldmittel, um einen größeren Krieg zu beginnen und so seinen Ehrgeiz zu stillen. Er benötigte nur noch einen Grund dazu.

Der bot sich dank eines Territoriums, das Christian zusätzlich zu den beiden Königreichen Dänemark und Norwegen geerbt hatte: des Herzogtums Holstein ganz im Norden des Deutschen Reichs. Dieser Besitz machte den Dänenkönig nebenbei zu einem deutschen Fürsten mit Sitz im Reichstag. Darüber hinaus ließ sich Christian im April 1625 zum Obersten des Reichskreises Niedersachsen wählen, also zum Vorsitzenden eines der zehn Kreise, in die das Deutsche Reich verwaltungstechnisch aufgeteilt war und die jeweils mehrere Fürstentümer und andere Reichsterritorien umfassten.

Der dänische Potentat besaß damit aus seiner Sicht genügend Titel und Ämter in Deutschland, um sich dort zum Verteidiger des protestantischen Glaubens aufzuschwingen. Er überredete die anderen Landesherren im niedersächsischen Kreis unter seiner Führung Truppen aufzustellen, angeblich nur zur Sicherheit, da sich eine kaiserlich-katholische Armee unter dem bayerischen Generalleutnant Tilly in der Nähe befand. Der niedersächsische Kreistag bewilligte Christian schließlich ein Heer, das aber das Kreisgebiet nicht verlassen und lediglich zur Verteidigung eingesetzt werden durfte.

Das alles klang zurückhaltend und besonnen, aber kaum hatte Christian seine Armee größtenteils beisammen, hielt er sich nicht mehr an den Kreistagsbeschluss, sondern zog mit den rund 20 000 Söldnern an die Kreisgrenze. Im Juni 1625 überschritt er die Grenzlinie und besetzte im benachbarten Westfalen die Städte Verden und Nienburg.

Mit der Offensive hätte der Dänenkönig durchaus Erfolg haben können, aber er hatte »den denkbar ungünstigsten Zeitpunkt für dieses Unternehmen gewählt«, wie der dänische Historiker Erling Ladewig Petersen anmerkt. Denn just in diesem Juni 1625 erhielt Wallenstein von Kaiser Ferdinand die Erlaubnis, seine Armee aufzustellen – wovon die Dänen nichts wussten. Und so stand ihnen plötzlich nicht nur das kaiserlich-katholische Heer Tillys gegenüber, sondern auch noch das von Wallenstein – eine böse Überraschung par excellence.

Immerhin erhielt Christian Unterstützung durch protestantische Freischärler, insbesondere durch Truppen des privaten Söldnerführers und Kriegsunternehmers Ernst von Mansfeld. Dennoch entwickelte sich sein Feldzug zum Desaster, ab 1626 erlitten die Protestanten eine Reihe von Niederlagen. Zu den wichtigsten zählt die Schlacht bei Lutter am Barenberge südlich Braunschweigs am 27. August 1626. Christians 20 000 Mann starke Armee kämpfte dort gegen ein etwa gleich großes Heer unter Tilly. 4000 Soldaten des Dänenkönigs starben, ähnlich viele wurden gefangen genommen oder desertierten; Tilly meldete 700 Gefallene. Das dänische Heer löste sich in Panik auf, Christian floh mit einer kleinen Schar Reiter und notierte lakonisch in sein Tagebuch: »Mit dem Feind gefochten und verloren.«

Christian hob zwar im Winter neue Truppen aus, wurde aber im Folgejahr 1627 immer weiter zurückgedrängt: In einem gemeinsamen Feldzug durchquerten die Armeen Wallensteins und Tillys den Norden Deutschlands und eroberten die Halbinsel Jütland, die den Großteil Dänemarks ausmacht. Christian musste sich mit den Resten seiner Streitkräfte auf die dänischen Inseln zurückziehen, wo ihm die kaiserlich-katholischen Heere mangels Flotte nichts anhaben konnten.

Im Norden entstand so eine Pattsituation – mit Aussicht auf einen endlosen Konflikt, wenn sich beide Seiten nicht einigen sollten. In Deutschland hingegen hatten die verbündeten Heere Wallensteins und Tillys keinen gefährlichen Gegner mehr. Entsprechend forderten die Kurfürsten auf einer Zusammenkunft im Herbst 1627, dass Kaiser Ferdinand die Armee drastisch reduziere und er Wallenstein »zum Schutz der armen Witwen und Waisen« das Recht entziehe, Kontributionen einzutreiben.

Ferdinand befolgte die Wünsche nicht, im Gegenteil: Er beförderte Wallenstein, und zwar gleich mehrfach. Zum einen ächtete der Kaiser die Herzöge von Mecklenburg, weil sie den Dänenkönig unterstützt hatten, und übertrug ihr Herzogtum im Februar 1628 auf Wallenstein. So stieg der Kriegsunternehmer zum Reichsfürsten auf – ein unglaublicher Affront aus Sicht der anderen Fürsten, die nun einen Emporkömmling in ihren Reihen erdulden mussten. Zum anderen ernannte Ferdinand Wallenstein zum »General des ozeanischen und baltischen Meeres«. Dieser Admiralstitel war ebenso neu wie hohl, da es gar keine kaiserliche Flotte gab, aber er signalisierte entsprechende Ambitionen – und provozierte außer Dänemark und Schweden auch die protestantischen Seemächte Niederlande und England.

Der Rest des Jahres 1628 blieb vergleichsweise ruhig, es kam nur zu wenigen militärischen Auseinandersetzungen. Ab Mai 1628 ließ Wallenstein die Ostsee-Hafenstadt Stralsund belagern, weil sie sich weigerte, kaiserliche Truppen aufzunehmen. Dänen und Schweden sandten dem protestantischen Küsten-Bollwerk auf dem Seeweg Hilfe in Form von Munition und Soldaten. Diesen gelang es in aufopferungsvollen Kämpfen, alle Sturmangriffe der Kaiserlichen abzuwehren. Im Juli brach Wallenstein die Belagerung ab – nachdem er angeblich 12 000 Mann beim Stürmen und bedingt durch Krankheiten verloren hatte.

Nach einer schier endlosen Kette an Niederlagen konnten die Protestanten endlich einen Sieg feiern, und sie bejubelten den Erfolg ausgiebig in Propaganda-Flugblättern. Noch bedeutender aber war, dass in Stralsund nun erstmals schwedische Truppen auf deutschem Boden standen. Schwedens König Gustav II. Adolf hatte jetzt einen Fuß in der Tür, und er beließ ihn dort: Nach dem Sieg sandte er noch mehr Soldaten in die deutsche Küstenstadt, bis dort 5700 Mann lagerten.

Wallenstein erhielt ein paar Wochen nach der Blamage von Stralsund die Gelegenheit, die Scharte auswetzen: Dänenkönig Christian versuchte erneut eine Invasion, landete mit 7000 Mann an der Ostseeinsel Usedom und besetzte die nahe Stadt Wolgast. Wallenstein eilte ihm sofort mit ähnlich vielen Soldaten entgegen, und es kam am 2. September zur einzigen großen Feldschlacht des Jahres 1628 auf deutschem Boden. Das Ergebnis war wieder ein Desaster für die Dänen: Die Invasionsarmee löste sich auf, nur demoralisierte Truppenreste konnten sich noch nachts auf die Schiffe retten. Christian floh mit diesen Verbliebenen zurück in sein Reich.

Wenige Monate später hatte der Dänenkönig endlich genug vom Krieg in Deutschland. Anfang 1629 begannen in Lübeck ernsthafte Friedensverhandlungen. Dabei zeigte sich, dass in dem Kriegsunternehmer Wallenstein auch ein großer Diplomat wohnte. Während die kaiserliche und die dänische Seite noch auf sinnlosen Maximalforderungen beharrten, präsentierte Wallenstein in Geheimverhandlungen einen ebenso maßvollen wie klugen Friedensplan: Der Dänenkönig sollte alle besetzten Gebiete zurückerhalten, also vor allem das dänische Kerngebiet Jütland und das deutsche Herzogtum Holstein. Im Gegenzug musste Christian im Wesentlichen nur versprechen, sich fortan nicht mehr in die Angelegenheiten des Reiches einzumischen.

Am Wiener Kaiserhof war man ob des diplomatischen Vorstoßes von Wallenstein perplex und alles andere als begeistert. Gerade hatte man von einem Diktatfrieden mit unerhörten Land- und Geldgewinnen geträumt – und nun sollte man plötzlich auf alles verzichten? Wallenstein musste einiges an Überzeugungsarbeit leisten, aber letztlich gelang es ihm, beide Seiten für seinen Friedensplan zu gewinnen. Und auch im weiteren Kriegsverlauf sollte der nun 45-Jährige immer wieder die beiden Gesichter zeigen, die zu der Faszination seiner Persönlichkeit beitrugen: Auf der einen Seite agierte er als skrupelloser Kriegsunternehmer, auf der anderen engagierte er sich aufrichtig für faire Friedensschlüsse.

Am 22. Mai 1629 wurde der Lübecker Friedensvertrag von Dänenkönig Christian unterzeichnet und am 7. Juni von Kaiser Ferdinand in Wien ratifiziert. Beide Herrscher beschlossen darin einen »aufrichtigen, beständigen, sicheren und immerwährenden Frieden«. Allen bisherigen Widerwärtigkeiten werde in »keiner Gestalt mehr gedacht«, sie gelten vielmehr als »erloschen, aufgehoben, gedämpft, ausgetilgt, tot und abgetan«. Anders als nach modernen Konflikten – man denke an die Friedensverhandlungen nach dem Ersten Weltkrieg – waren die Kriegsschuldfrage oder Kriegsverbrechen damals keine Themen, die es zu klären galt. Um unbelastet in die Zukunft zu gehen, galt bei Friedensschlüssen vielmehr grundsätzlich das Motto »alles vergeben und vergessen«.

Damit war nach dem Böhmisch-Pfälzischen Krieg von 1618 bis 1623 auch der zweite Akt des Dreißigjährigen Kriegs beendet, der Dänisch-Niedersächsische Krieg von 1625 bis 1629. Für Dänemark, das den Krieg effektiv verloren hatte, begannen die Nachkriegswehen. Christian war nicht mehr eine der reichsten Personen Europas, sondern hoch verschuldet. In der Folge litt die Bevölkerung unter hohen Steuern, und das in einem verarmten Land – die kaiserliche Armee hatte bei der Besetzung

Jütlands das dänische Kerngebiet gründlich verwüstet und die Bevölkerung ausgepresst. Es kam zu Missernten und Epidemien. Doch die Niederlage führte auch dazu, dass König Christian nun Frieden halten musste. Und so konnte sich Dänemark in den Folgejahren wirtschaftlich rasch erholen, zumal das angrenzende Deutschland mit seinen gewaltigen Armeen einen riesigen Absatzmarkt für die dänische Landwirtschaft bildete.

Auch in Deutschland sah es ganz nach Frieden aus, wie zuvor schon nach Ende des Böhmisch-Pfälzischen Kriegs. Und es blieb dort mehr als ein Jahr lang ruhig. Doch der faktische Sieg verführte Kaiser Ferdinand – und machte sein Land zum großen Verlierer.

Denn Ferdinand folgte innenpolitisch nicht mehr der vernunftgeleiteten Staatsräson. Nun, da es keinen ernsthaften protestantischen Gegner mehr im Reich gab, gehorchte der Habsburger Monarch wieder seinen inneren Impulsen.

Am 6. März 1629, also noch während der Friedensverhandlungen mit Dänemark, veröffentlichte er das berüchtigte Restitutionsedikt: Alle einstmals katholischen Kirchengüter, die nach 1552 in protestantische Hände gefallen waren, mussten demnach der katholischen Kirche zurückgegeben werden. Die legale Grundlage bildete eine umstrittene Klausel des Augsburger Religionsfriedens von 1555, die den katholischen Besitz sichern sollte, und zwar auf dem Stand von 1552. Tatsächlich hatte sich aber auch danach der Protestantismus weiter ausgebreitet, riesige Kirchengüter waren säkularisiert worden. Mit einem Handstreich wollte Ferdinand nun die Entwicklung der vergangenen 77 Jahre wieder rückgängig machen.

Es drohten gewaltige Umwälzungen. Das Edikt beinhaltete die Rückgabe des protestantischen Bremens, Magdeburgs und bis zu 13 weiterer Bistümer sowie von mehr als 500 einstigen Klostergütern an die katholische Kirche. Allein der Herzog von Württemberg musste demnach 14 große Mönchs- und 36 Nonnenklöster übergeben, fast die Hälfte seines Territoriums. Und als ob dem nicht genug wäre, erklärte das Edikt den Calvinismus zu einer verbotenen Lehre – wodurch alle Anhänger mit der Reichsacht und dem Verlust allen Besitzes bedroht waren.

Damit hatte Ferdinand aus tiefster religiöser Überzeugung die Chance zum Frieden verspielt. Sein Restitutionsedikt zwang die Protestanten förmlich zum Widerstand, zumal sie befürchten mussten, dass der Kaiser weitere Schritte hin zu einer vollständigen Rekatholisierung Deutschlands plante. Und so ebneten die Protestanten aus schierer Not einem Machthaber den Weg, der persönlich als liebenswert und charismatisch galt, aber unfassbare Schrecken über die Bevölkerung brachte: König Gustav II. Adolf von Schweden.

Etwa zur selben Zeit lagerte ein Mann vor Stralsund, der sowohl gegen als auch für die Schweden kämpfen sollte. Sein Tagebuch beginnt ein paar Jahre vorher, im Juni 1625. Damals machte sich der junge Zivilist auf, von Deutschland über die Alpen nach Italien zu ziehen, um sich dort als Söldner zu verdingen. Noch ahnte der unternehmungslustige Wanderer nicht, dass er schon bald eine wechselhafte Rolle im großen Krieg in Deutschland spielte – und für mehr als zwei Jahrzehnte ruhelos durch Mitteleuropa ziehen würde. Die Bühne für unseren Zeitzeugen Peter Hagendorf war bereitet.

KAPITEL II: WENDEPUNKTE

Bis 1629
Der Weg des Kriegers

Die 22 400 Kilometer lange Reise beginnt in Lindau. »Hier läuft der Rhein durch den Bodensee«, lautet der erste erhaltene Satz in Peter Hagendorfs Tagebuch, das ursprünglich 192 Blätter umfasste. 176 davon sind erhalten – die ersten 13 und die letzten drei Blätter gingen verloren, ebenso fast alle Informationen über Hagendorfs Vergangenheit. Aus Kirchenbucheinträgen lässt sich nur schließen, dass unser Protagonist aus Zerbst im heutigen Sachsen-Anhalt stammt, 1601 oder 1602 geboren wurde und Protestant ist. Wir wissen weder etwas über seine Eltern noch über seine Ausbildung. Nicht einmal über sein Äußeres besitzen wir irgendeinen Hinweis. Im Grunde ist Hagendorf der unbekannte Soldat – gäbe es nicht sein Tagebuch, das Einblicke in seine Persönlichkeit gewährt, auch wenn der Autor einen lakonischen Stil pflegt und kaum etwas über sein Gefühlsleben verrät.

Zu Beginn der Aufzeichnungen, im Jahr 1625, besaß Hagendorf zwar wenig Geld, aber eine gewisse Bildung und ein lebhaftes Interesse. Er beschreibt eindrücklich die Landschaften auf seinem Weg, berichtet über die Wirtschaftsweise der Menschen, nennt schöne Bauwerke, begeistert sich für Mühlen und deren Technik. Vielleicht war er der Sohn eines Handwerkers, sicherlich trieb ihn Abenteuer- und Entdeckungslust: Er war ein junger Mann, der die Welt kennenlernen wollte.

Von Lindau wanderte Hagendorf erst nach Bregenz und dann südwärts über die Alpen zur Schweizer Stadt Chur am Rhein.

»Bei Chur gibt es ein schönes Warmbad, gar heilsam«, merkt er an. Weiter ging es nach Chiavenna nahe der schweizerisch-italienischen Grenze. Dort verkaufte Hagendorf seinen Mantel und erstand dafür ein deutsch-italienisches Wörterbuch – offenbar interessierte er sich für das Land, das er besuchte.

Von der Grenzregion wanderte unser Tagebuchautor südwärts zum Comer See, gönnte sich eine eintägige Kutschfahrt und marschierte nach Brescia, »eine schöne Stadt«, die westlich des Gardasees liegt und zum Territorium der Republik Venedig gehörte. »Hier habe ich mich von den Venedigern anwerben lassen, in ihren Dienst«, erzählt Hagendorf, der nun frischgebackener Söldner war, sozusagen ein Gastarbeiter in Italien.

Das Rekrutieren neuer Soldaten begann damals üblicherweise, indem die berühmte Werbetrommel gerührt wurde: Die Anwerber zogen mit trommelnden und Flöte spielenden Musikanten umher, oft 100 bis 150 Kilometer weit, zudem brachten sie Aushänge in der ganzen Umgebung an. Dann schlugen die Werber an vielbesuchten Orten ihre Tische auf. Wer nun in die Armee eintreten wollte, wurde in eine Liste eingetragen und erhielt als Anreiz ein Handgeld. Die Vorschussprämie war bei Fußsoldaten üblicherweise so hoch wie zwei- bis drei Monatsgehälter eines einfachen Arbeiters. Natürlich war die Gefahr groß, dass sich die frisch Geworbenen mit dem Geld aus dem Staub machten. Daher wurden sie gruppenweise unter Bewachung zu einem zentralen Sammelplatz geführt, wo sich die Neulinge häufig mit Schlägereien, Sauforgien und allerlei anderen Ausschweifungen die Zeit vertrieben – die Sammelorte waren berüchtigt für laxe Disziplin.

In der Regel dauerte es einige Tage, bis alle Neugeworbenen angekommen waren. Dann erschien der Befehlshaber, musterte die Kandidaten Mann für Mann, und wer für tauglich befunden wurde, der stellte sich mit seinen neuen Kameraden in Reih und Glied auf. Nun begann der Ernst des Soldatendaseins. Den Männern wurde der sogenannte Artikelbrief vorgelesen, der detailliert ihre Rechte und vor allem Pflichten auflistete: dass sie Gottesfurcht zeigten – dies galt als besonders wichtig –, den Vorgesetzten gehorchten, sich nicht mit anderen Soldaten prügelten, wie sie den Dienst verrichteten und ihre Waffen pflegten, dass sie nicht vergewaltigten, nicht brandstifteten, die Bevölkerung nicht ausraubten. Die Soldaten sprachen schließlich den Eid, der von Ort zu Ort variierte, aber in etwa so lautete: »Ich gelobe und schwöre all demjenigen, was dieser Artikelbrief besagt und einem ehrlichen Kriegsmann zu tun gebührt, getreulich und aufrichtig nachzukommen, so wahr mir Gott helfe und sein heiliges Wort.« Von der gewaltigen Kluft, die sich dann oft zwischen Theorie und Praxis auftat, wird noch die Rede sein.

Hagendorf verrät leider nicht, welcher Waffengattung er angehörte. Es gab zwei Arten von Fußsoldaten: Pikeniere und Musketiere. Erstere trugen Spieße, Piken genannt, die bis zu 5,50 Meter lang waren und aus einer Holzstange mit Eisenspitze bestanden. Als Schutz trugen Pikeniere typischerweise einen Helm und einen eisernen Brustharnisch, der den Oberkörper und Unterleib bedeckte. Allerdings war der Harnisch in der Regel zu dünn, um wirksam Kugeln abzuwehren.

Mit den Piken wurden typischerweise die Anfänger ausgerüstet, die noch über keine Muskete oder Pferd verfügten – daher die Redensart »von der Pike auf lernen«. Und auch die Wendung »den Spieß umdrehen« stammt von dieser Waffengattung: Bisweilen gelang es Soldaten im Kampfgetümmel, dem Feind die Pike zu entreißen und gegen diesen selbst zu richten.

Da die Stangenwaffen relativ leicht herzustellen waren, wurden sie auch von Bürgern verwendet, die ihre Heimatstadt gegen Angreifer verteidigen mussten – daher der Ausdruck »Spießbürger« oder »Spießer«. Der Begriff war also ursprünglich positiv besetzt. Jedoch mussten in der Regel Ärmere den Dienst mit der Waffe leisten, und so sank die Bedeutung später zu einem Schimpfwort für engstirnige Kleinbürger herab.

Die zweite Gruppe von Fußsoldaten bildeten die Musketiere. Sie waren leicht bis gar nicht gerüstet – manche besaßen einen

Helm, viele gar keinen Schutz – und kämpften mit der Muskete, der damaligen Form des Gewehrs. Diese war zu Kriegsbeginn noch sehr schwer, sie wog mehr als 7,5 Kilogramm. Der Schütze konnte mit solch einem Trumm freihändig nur schlecht zielen. Daher führte er immer einen brusthohen Stock mit sich, der oben eine Stützgabel mit zwei Zinken besaß, auf der er den Lauf der Muskete ablegen konnte. Natürlich war es im Gefecht hinderlich, solch eine Art Stativ zu benötigen, und so arbeiteten die Waffentechniker daran, die Gewehre leichter zu machen. Im Lauf des Kriegs verringerten sie das Musketengewicht auf etwa fünf Kilogramm, und die lästigen Stützgabeln wurden überflüssig.

Aber ob freihändig zu gebrauchen oder nicht – die Muskete war ungleich komplizierter zu bedienen als ein modernes Gewehr. Es handelte sich um einen etwa 1,5 Meter langen Vorderlader, in dessen Mündungsrohr der Schütze zunächst das Schwarzpulver rieseln ließ. Dieses führte er in Holzbüchsen mit sich: Meist trug er zwölf Büchsen am Körper, und in jeder befand sich die Pulverportion für genau einen Schuss, so dass schon nach zwölfmal Feuern »das Pulver verschossen war«.

Nach dem Pulver kam die Bleikugel in das Gewehr. Sie hatte knapp zwei Zentimeter Durchmesser, war mit Papier oder Stoff umwickelt, und der Musketier presste sie mit einem Ladestock fest in den Lauf. Dann ließ er noch ein besonders feines Schwarzpulver, das Zündkraut, auf die sogenannte Zündpfanne rieseln: Diese Mini-Pfanne war etwa fingernagelgroß und am hinteren Ende des Laufs außen am Gewehr angebracht.

Über der Zündpfanne klemmte die Lunte, eine etwa fingerdicke Hanf- oder Flachsschnur, die während des Kampfes ununterbrochen glimmen musste. Damit die Lunte nicht ausging, war sie mit einer Flüssigkeit getränkt, die unter anderem aus Salpeter und Rinderdung bestand. Das funktionierte gut, aber die schwelende Mischung verbreitete einen beißenden Gestank, der so manchen Überraschungsangriff vereitelte: Man konnte einen anschleichenden Feind oft schon riechen, bevor man ihn sah. Die Redewendung »Lunte riechen« als Ausdruck für »Verdacht schöpfen« hat hier ihren Ursprung.

Die Vorbereitungen für den Schuss waren nun vollendet: Drückte der Schütze den Abzugshahn, senkte sich die glimmende Lunte auf die Zündpfanne. Das Zündkraut darin entflammte, und über ein feines Loch von der Zündpfanne zum Inneren des Gewehrlaufs gelangte die Flamme zum Schwarzpulver hinter der Kugel. Das Pulver explodierte, und die Kugel jagte mit rund 1000 Stundenkilometern heraus. Ihre Reichweite betrug an die 400 Meter, allerdings soll schon auf 75 Metern Entfernung nur noch jede zweite Kugel ins Ziel gelangt sein.

Zum Nachladen benötigte ein geübter Musketier ein bis drei Minuten. Die damaligen Gewehre waren damit in punkto Feuerkraft den Langbögen des Mittelalters weit unterlegen: Ein geübter englischer Bogenschütze konnte auf 200 Meter Distanz recht genau treffen und zehn Schuss pro Minute abgeben – also zehnmal mehr als ein Musketier, und das mit deutlich größerer Zielgenauigkeit. Trotzdem hatten sich die Feuerwaffen durchgesetzt. Denn um den Langbogen zu meistern, waren enorme Kraft und etwa zehn Jahre Training nötig. Für die Muskete hingegen genügten einige Tage Übung, wenn der Neuling einen kompetenten Ausbilder hatte.

Der Nachteil war, dass die Musketiere mit ihren Feuerwaffen allein kaum einen heranstürmenden Feind abwehren konnten: Eine Minute Nachladezeit war schlicht zu lange, vor allem gegen herangaloppierende Reiter. Die Musketiere trugen daher zusätzlich ein einfaches Schwert mit sich, und noch wichtiger: Sie hielten sich in der Nähe der Pikeniere auf, die die Feinde mit ihren langen Spießen fernhielten.

Die klassische Kampfformation zu Beginn des Dreißigjährigen Kriegs war daher der Gewalthaufen, auch Tercio genannt. Er umfasste mehrere Hundert bis 3000 Mann und bestand in etwa je zur Hälfte aus Pikenieren und Musketieren. Die Soldaten stellten sich dabei zu einem großen Rechteck auf – genauer gesagt zu zwei ineinander liegenden Rechtecken: Das innere Rechteck bildeten die Pikeniere, die in Reih und Glied standen. Sie waren umgeben von einer sogenannten Hecke aus mehreren Reihen Musketieren, die das äußere Rechteck formten. So konnten die Pikeniere einem nahenden Feind einen tödlichen Stangenwald entgegenrecken, während die Musketiere im Schutz dieses Stangenwalds auf eben diesen Feind feuerten.

Mehrere solcher Gewalthaufen neben- und hintereinander bildeten die Schlachtformation. Die einzelnen Rechteckhaufen standen dabei schachbrettartig auf dem Feld, hielten also zueinander Abstand. Dadurch konnten sie unabhängig voneinander agieren, waren schlagkräftig und flexibel zugleich.

Bis Hagendorf das erste Mal in einer Schlachtreihe stand, verging aber noch eine Weile. Der Start seiner Söldnerkarriere verlief wenig glanzvoll: Nachdem er 1625 bei den Venedigern angeheuert hatte, zog er mit seiner Kompanie nach Peschiera an der Südspitze des Gardasees, und »hier bin ich krank geworden, denn es ist ein gar hitziger Wein in diesem Land«. Offenbar ging eine Seuche um, denn viele seiner deutschen Kameraden starben, während Hagendorf nach zwei Monaten wieder auf die Beine kam – es sollte nicht das letzte Mal sein, dass er dem Tod knapp entging.

Drei Monate später kam er mit seiner Kompanie nach Verona, »ein lieblicher Ort«, wo die Truppe weitere drei Monate blieb. Anschließend marschierte sie auf Umwegen ins Veltlin-Tal in der norditalienischen Lombardei. »Da ist der spanische König unser Feind gewesen«, berichtet Hagendorf – und meinte damit ein Heer der spanischen Krone. Sein erster Kampfeinsatz begann.

Anführer der feindlichen Spanier war ausgerechnet der Mann, der später Hagendorfs Dienstherr werden sollte: Gottfried Heinrich zu Pappenheim, eine der schillerndsten Figuren des Kriegs. Der damals 31-Jährige hatte sich trotz einer umfangreichen philosophischen Universitätsausbildung für eine Militärkarriere entschieden: Mit 24 war er in die Kavallerie der bayerischen Armee eingetreten und half 1620 mit, in der Schlacht am Weißen Berg vor Prag den böhmischen Aufstand niederzuschlagen. Der stets an vorderster Front kämpfende Pappenheim zog sich dabei nach unterschiedlichen Angaben um die 20 Hieb-, Stich- und Schussverletzungen zu, darunter eine klaffende Schädelwunde – was ihm den Spitznamen »Schrammhans« einbrachte.

Pappenheim wurde rasch befördert und führte ab 1623 ein eigenes Reiterregiment: Seine »Pappenheimer« erstritten sich bald den Ruf einer treuen, tapferen Truppe. Sie gingen sogar in den allgemeinen Sprachgebrauch ein, denn der große Dramatiker Friedrich Schiller lässt den Feldherrn Wallenstein in seinem gleichnamigen Drama einmal anerkennend ausrufen: »Daran erkenn ich meine Pappenheimer.« Der Volksmund machte aus dem Lob ein augenzwinkerndes »Ich kenne meine Pappenheimer«, um auszudrücken, dass man um die menschlichen und allzu menschlichen Schwächen bestimmter Personengruppen Bescheid weiß.

Pappenheim selbst blieb zunächst nicht lange im bayerischen Heer. Er trat in die Dienste Spaniens ein, das mit dem ebenso katholischen Bayern verbündet war. In der spanischen Armee erhielt der Haudegen ein eigenes Kommando und ging als Heerführer nach Italien, das zu großen Teilen der spanischen Krone gehörte. Dort griff Pappenheim in den Veltlinerkrieg ein, einen der vielen regionalen Konflikte, und führte rund 6000 Mann gegen Streitkräfte Frankreichs und der Republik Venedig – in Letzteren diente auch unser frischgebackener Söldner Peter Hagendorf.

Am 21. September 1625 kam es zur Schlacht bei Verceia, das heute ein idyllischer Fremdenverkehrsort nahe der italienisch-schweizerischen Grenze ist. »Wie nun der Graf Pappenheim angekommen ist«, erzählt Hagendorf, »hat er uns mit Kanonen mächtig zugesetzt und uns aus dem Veltlin von unserm Posten vertrieben, dass wir weichen mussten bis nach Tirano« – das fast 70 Kilometer Fußmarsch entfernt liegt. In der Tat war Pappenheim ein überraschender Sieg gelungen, und er hatte sich damit für größere Aufgaben empfohlen.

Für die Verlierer galt das natürlich nicht. Hagendorfs Kompanie belagerte noch eine Weile eine Festung in der Region, dann war die erste Kriegssaison unseres Tagebuchschreibers vorbei – und er wurde nicht mehr gebraucht. »In diesem Jahr 1625 sind wir abgedankt worden«, berichtet er. Gemeinsam mit einem Kameraden, Christian Kresse aus Halle, sah er sich das Land als Zivilist an: »Da sind unser zwei gewesen«, erzählt Hagendorf. »Sind miteinander gezogen nach Como, nach Mailand, nach Pavia, nach Modena, nach Parma. Hier haben wir uns wieder anwerben lassen.«

Die Pause vom Soldatendasein währte also nur kurz, und Hagendorf und sein Freund Kresse dienten nun in dem Land, in dem »die Parmesan-Käse gemacht werden«, wie Hagendorf eigens anmerkt. Über kriegerische Tätigkeiten verliert er kein Wort, dafür geht er auf die Landwirtschaft ein: »Pomeranzen, Feigen, Zitronen, Limonen, Mandeln, wächst alles in diesem Land, ein liebliches Land. Zwei Monate ist es ein wenig kalt und es tut Schnee liegen, sobald aber die Sonne baumhoch kommt, ist der Schnee geschmolzen.« Das Leben verlief offenbar friedlich, und nach eineinhalb Jahren wurden Hagendorf und Kresse abgedankt. Die beiden Kameraden begaben sich wieder in Zivil »nach Modena, nach Bologna, nach Pavia, ein überaus schönes Land«, und weiter nach Mailand, »ein schöner Weg, schnureben«. Und auch das Ziel »ist eine schöne Stadt«, schwärmt Hagendorf. Es scheint eine glückliche Zeit gewesen zu sein, trotz finanzieller Nöte: »Hier haben wir gebettelt, denn unser Geld war fort.« Einen neuen Dienstherrn konnten oder wollten Hagendorf und Kresse offenbar nicht mehr finden.

Die beiden Freunde beschlossen, Italien zu verlassen – und damit endete die vielleicht schönste und friedvollste Phase in Hagendorfs Erwachsenenleben. Jedenfalls spürt man an der Sprache unseres Tagebuchschreibers, wie sich die Welt um ihn herum verdüsterte.

Hagendorf und Kresse begaben sich nordwärts in die Schweiz, und dort »heben sich die Berge wieder an. Der selbige Berg, über den man muss, wird der Gotthard genannt« – der Gotthard-Pass war vom Mittelalter bis ins 20. Jahrhundert eine wichtige Nord-Süd-Verbindung über die Alpen. Die Passstraße führt auf 2106 Meter Höhe und existiert heute noch, hat aber an Bedeutung verloren, seit 1980 der Gotthard-Straßentunnel eröffnet wurde. 2016 kam der Gotthard-Basistunnel hinzu, der mit 57 Kilometern Länge der längste Eisenbahntunnel der Welt ist. Die Rekordzahl unterstreicht, wie weit der Weg über das Gebirge war und ist. »Dauert auch einen ganzen Tag, darüber zu gehen«, kommentiert Hagendorf knapp. »Mitten auf dem Berg stehen eine Kapelle und ein Wirtshaus, denn wenn einer oben stirbt oder erfriert – denn es ist Winter und Sommer eine grausame Kälte und viel Schnee auf dem Berg –, so wirft man ihn in die Kapelle. Im Wirtshaus aber gibt man bedürftigen Leuten ein Stück Brot und ein halbes Maß Wein und lässt sie gehen oder behält sie über Nacht, wenn sie nicht fort können.«

Hagendorf und sein Freund Kresse kamen mittags dort an. Noch war alles gut. »Ist schönes helles Wetter gewesen, haben unser Brot gegessen und was man uns gegeben hat«, erzählt der Tagebuchschreiber. »Wir sind alsbald wieder fort. Da ist solches Unwetter gekommen, dass keiner den anderen gesehen hat. So bin ich vorangegangen, alles bergab, bis zu einer Brücke, die heißt man Teufelsbrücke.« Diese überspannt eine nahezu unüberwindbare Schlucht und bestand im Spätmittelalter aus Holz, ab 1595 aus Stein. »Unter der Brücke läuft Wasser, fällt von einem Felsen auf den anderen und kirchturmhoch hinunter. Wenn einer einmal fällt, so ist er hin, und wenn er tausend Menschen wert wäre«, schildert Hagendorf – und leitet damit zu der Katastrophe über, die er mit nur einem dürren Satz beschreibt: »So habe ich meinen Kameraden verloren, weiß auch noch nicht, wo er hingekommen ist.«

Offenbar stürzte Hagendorfs Freund Christian Kresse in den Tod und blieb verschollen – wir hören nie wieder von ihm.

Es ist der erste tragische Verlust, den unser Protagonist erwähnt. Weitere herzzerreißende Todesfälle werden folgen, und auch über diese wird Hagendorf erstaunlich lapidar berichten. Manche Historiker haben daraus geschlossen, dass es dem Tagebuchschreiber an Gefühlen mangelte – aber auch das Gegenteil ist möglich. Vielleicht konnte Hagendorf seine Trauer einfach nicht in Worte fassen. Das einleitende »und wenn er tausend Menschen wert wäre« könnte darauf hindeuten.

Hagendorf wanderte allein weiter nordwärts: zum Vierwaldstätter See mitten in der Schweiz. »Da bin ich auf ein Schiff gegangen und über den See gefahren. Hier ist die Kapelle noch zu sehen, wo Wilhelm Tell rausgesprungen ist, wo die Schweizer ihre Freiheit herhaben«, notiert er. Offenbar sahen sich auch Menschen aus dem Volk gerne historische Stätten an – touristisches Sightseeing ist kein modernes Phänomen. Die Legende von Wilhelm Tell war damals bereits verbreitet, auch die Anekdote, wie der Schweizer Freiheitsheld mit der Armbrust den Apfel vom Kopf seines Sohnes schießen musste.

Nach der Überfahrt wanderte Hagendorf weiter nach Schaffhausen ganz im Norden der Schweiz: Dort »habe ich so viel erbettelt, dass ich Schuhe kaufen wollte«. Mit entwaffnender Ehrlichkeit fügt er an: »Aber ich bin in das Wirtshaus vorgegangen. Da ist der Wein so gut gewesen, dass ich die Schuhe vergessen habe.« Auch in dieser ärgerlichen Situation wusste sich der handwerklich begabte Hagendorf zu helfen: Er bastelte sich das Schuhwerk selbst, indem er Weidenruten flocht, wohl mit der gleichen Methode, mit der man auch Weidenkörbe herstellt. Ob Hagendorf sich mit den selbstgemachten Weiden-Schuhen die Füße wund scheuerte, verrät er nicht, aber immerhin ist er damit »gelaufen bis Ulm an der Donau«, was gut 140 Kilometer sind.

»In diesem Jahr 1627 im April den 3. habe ich mich unter das Pappenheimsche Regiment in Ulm anwerben lassen als einen Gefreiten«, berichtet unser Autor und fügt wie zur Entschuldigung an: »Denn ich war ganz abgerissen.« Damit endete Hagendorfs italienische Reise, die wohl seine große persönliche Bildungsreise war, die ihn zu Städten und Landschaften führte, von denen er immer wieder schwärmte. Die Zeit des freien Umherwanderns war vorbei. Die folgenden 22 Jahre sollte er ununterbrochen Soldat bleiben.

Ironischerweise konnte Hagendorf seine italienische Militärzeit, in der er gegen Pappenheim gekämpft hatte, bei den Pappenheimern für einen ersten Karriereschritt nutzen: Sein neuer Dienstgrad »Gefreiter« bedeutete, dass man ein erfahrener Söldner war, der etwas über dem gemeinen Soldaten stand und entsprechend mehr verdiente. Wie bei einem Stellenwechsel in der heutigen Zeit konnte Hagendorf also seine Berufserfahrung einbringen – auch wenn er die beim Feind gesammelt hatte. Mit Seitenwechseln nahm man es in den Armeen der frühen Neuzeit nicht so streng wie heute, und auch zwischen den Soldaten der gegnerischen Truppen herrschte in der Regel nicht der Hass, den man in vielen national oder ideologisch aufgeladenen Kriegen der Moderne beobachten muss. Damals brachte man sich in der Schlacht zwar auch gegenseitig um, aber nicht weil man Volk und Vaterland, die Demokratie, den Kommunismus oder den Islam retten wollte, sondern weil es eben zum Kriegerhandwerk dazugehörte. Die Söldner sahen sich als einen frontenübergreifenden Berufsstand, bei dem es oft reiner Zufall war, auf welcher Seite man tötete oder getötet wurde – wobei es natürlich auch Fanatiker gab, die sich ganz einer Sache verschrieben. Aber das scheint eine Minderheit gewesen zu sein; aus den Zeitzeugenberichten spricht überwiegend ein bodenständiger Pragmatismus. Weit verbreitet war eine Kriegermoral, die ein schottischer Söldner aus dem Dreißigjährigen Krieg namens James Turner so beschreibt: »Wir dienen unserem Herrn aufrichtig, aber es ist gleichgültig, welchem Herrn unser Dienst gilt.«

Pappenheim selbst war von der spanischen in die bayerische Armee zurückgekehrt. Nun ließ er in Ulm im heutigen Baden-Württemberg sowie in anderen Orten Truppen sammeln für den Kampf gegen den protestantischen Dänenkönig Christian, der seit 1625 Krieg in Norddeutschland führte.

Vom Anwerbeplatz Ulm zog Hagendorf zu einem zentralen Sammelplatz in Baden, wo er neue Lebensenergie sammelte: »Dort im Quartier gelegen, gefressen und gesoffen, dass es gut heißt«, lautet sein fröhliches Fazit.

Hagendorf fand noch einen weiteren Grund zu feiern: »Acht Tage nach Pfingsten«, notiert er, »habe ich mich mit der ehrtugendsamen Anna Stadlerin von Traunstein aus dem Bayernland verheiratet und Hochzeit gehalten.« Mehr erfahren wir leider nicht über seine Braut, auch nicht, wie sich das Paar kennengelernt hat. Vielleicht gehörte Anna Stadlerin bereits zum Tross des Heeres – wie wäre sie sonst von Traunstein nach Baden gekommen? Aber das ist naturgemäß Spekulation. Hagendorfs Leben jedenfalls hatte sich gründlich geändert: Er war nicht mehr ein frei umherziehender Streuner, sondern ein Soldat und Ehemann, der Verantwortung für seine mitreisende Frau zu tragen hatte.

Nach knapp drei Monaten war die friedlich-festliche Zeit am Sammelplatz vorbei: Am 24. Juni 1627 zogen Hagendorf und Anna Stadlerin mit den Pappenheim'schen Truppen in den Krieg. Zunächst marschierten sie nach Rheinbischofsheim, heute ein Stadtteil des baden-württembergischen Rheinau am Rhein. »Hier sind wir mit dem ganzen Regiment auf Schiffe gestiegen und gefahren bis nach Oppenheim«, erzählt unser Söldner. So gelangte das Heer bequem und relativ rasch 170 Kilometer stromabwärts, also nach Norden, doch zu einem hohen Preis, wie Hagendorf knapp anmerkt: »Unterwegs aber ist ein Schiff aufgefahren, dass es in Stücke gegangen ist, so sind etliche ersoffen.«

Der Rest des Regiments verließ in Oppenheim die Schiffe, zog zunächst nach Frankfurt am Main und dann nach Wolfenbüttel. Diese niedersächsische Residenzstadt nahe Braunschweig war zu einer gewaltigen Festung ausgebaut worden, die zu den modernsten in Norddeutschland gehörte. Ihre Mauern waren mit 190 Kanonen gespickt – Reste der Anlage sind heute noch in Wolfenbüttel zu besichtigen. Innerhalb der Wälle und Bastionen lagerten protestantische Truppen des Dänenkönigs Christian, angeführt vom Grafen Philipp Reinhard von Solms.

Pappenheim befahl seinen rund 4200 Mann, unter denen sich auch Hagendorf befand, die feindlich besetzte Stadt zu belagern. Es war ein aussichtsloses Unterfangen: Über Monate hinweg schlugen alle Angriffsversuche fehl, während die dänischen Truppen regelmäßig Ausfälle aus der Festung unternahmen und den Belagerern Verluste zufügten. Trotz der harten Kämpfe achteten die Gegner Pappenheim und Solms auf einen ritterlichen Umgang miteinander. Dies führte so weit, dass die feindlichen Soldaten zwischen den Gefechten – Treffen genannt – bisweilen alles andere als feindlich miteinander umgingen, wie einer der Kämpfer berichtet: »Wenn das Treffen vorüber und unsere schweißigen Köpfe abgewischt sind, so kommen wir dann zusammen auf dem Feld, diskutieren, essen und trinken, und es lobt einer des anderen ritterliche Taten, als ob wir die besten Freunde wären.« Sich menschlich zu schätzen, aber in der Schlacht einander zu bekämpfen und gegebenenfalls zu töten, wurde damals eben nicht als Gegensatz empfunden. Es gehörte einfach zum Söldnerberuf dazu.

Die freundlichen Essenspausen dürfen nicht darüber hinwegtäuschen, dass es den beiden Heerführern in der Sache todernst war: Wolfenbüttel galt als zu wichtig, um es dem Feind zu überlassen, ohne alles gewagt zu haben. Schließlich unternahm Pappenheim einen ungewöhnlichen Versuch, die widerspenstige Stadt zu bezwingen: Er ließ im Herbst 1627 einen Damm errichten, der den angrenzenden Fluss Oker aufstaute, so dass dieser über die Ufer trat und Wolfenbüttel überschwemmte. Das Wasser ergoss sich in die befestigte Stadt und stand etwa mannshoch in den Straßen und Häusern. Die Bewohner mussten in die oberen Stockwerke flüchten, Fachwerkhäuser stürzten ein, zwischen den Trümmern trieben die Leichen der Gefallenen und Verhungerten umher. Dennoch hielten die Verteidiger noch Wochen in dem kalten Nass stand, bis sie im Dezember endlich kapitulierten. Im Gegenzug genehmigte Pappenheim freien Abzug, so dass die dänische Besatzung mit Waffen und in militärischen Ehren aus der Festung auszog. »Am Heiligen Christabend im Jahr 1627 sind sie abgezogen, aber größtenteils haben sie sich anwerben lassen«, erzählt Hagendorf. Es war damals durchaus üblich, dass sich Soldaten nach einer Niederlage den Siegern anschlossen – manchmal freiwillig, manchmal unfreiwillig. So wurden Gefangene nicht selten zum Seitenwechsel gezwungen, wie später auch unser Tagebuchschreiber erfahren musste.

Für Hagendorf war es der erste Kriegseinsatz bei den Pappenheimern – trotzdem sind ihm die mehrmonatigen Kämpfe um Wolfenbüttel nur einen einzigen Satz wert: »Das haben wir belagert und Schanzen davor gebaut und der Stadt heftig zugesetzt mit Wasserstauen und Bauen, so dass sie sich ergeben mussten«, schreibt der Söldner auf seine typisch lakonische Art. Etwas anderes war ihm in dieser Zeit wohl wichtiger: »Hier ist mir mein Weib krank gewesen die ganze Belagerung, denn wir sind 18 Wochen davor gelegen.«

Woran seine Gattin Anna Stadlerin all die Wochen litt, teilt Hagendorf nicht mit, aber sie war auch nach der Einnahme Wolfenbüttels noch nicht genesen. Als dann 200 Armeehelfer die Kranken und Verwundeten auf Wagen ins Hauptquartier im heutigen Sachsen-Anhalt fuhren, »da habe ich meine Frau auch aufgesetzt«, erzählt Hagendorf. Wie er für eine Zivilistin einen der begehrten Plätze ergatterte, verrät der Söldner nicht. Aber auch im weiteren Kriegsverlauf wird sich zeigen, dass er ein Meister im Organisieren war – und dass er sich aufopferungsvoll um seine Angehörigen kümmerte.

Einige Wochen später war Anna Stadlerin genesen und erwartete ein Kind. Ihr Mann wurde nach Stade westlich von Hamburg abkommandiert, und dort kam das Erstgeborene des Ehepaars zur Welt. Hagendorf beschreibt die Geschehnisse in einem Absatz: »Damals ist meine Frau niedergekommen, aber das Kind ist noch nicht geburtsreif gewesen, sondern alsbald gestorben. Gott gebe ihm eine fröhliche Auferstehung. †1. Ist ein Sohn gewesen.«

Aus dem freudigen Ereignis war eine Tragödie geworden, eine Frühgeburt mit tödlichem Ende für das Neugeborene. Hagendorf vermerkt sogar diesen Verlust nur mit dürren Worten, ohne irgendwelche Gefühle auszudrücken oder auf den Seelenzustand seiner Gattin einzugehen. Ließ ihn der Tod des Kindes innerlich kalt? Oder war er nicht willens oder fähig, seine Trauer in Worte zu fassen?

Der Sommer 1628 verlief ruhig, und in dieser Zeit wurde Anna Stadlerin erneut schwanger. Doch unser Tagebuchschreiber konnte nicht bei seiner Frau bleiben, denn er zog im Jahr darauf mit 2000 anderen Soldaten nach Stralsund, jener Ostseestadt, die der verbündete Wallenstein vergeblich belagert hatte.

»Dieses Mal, während ich weg gewesen bin, ist meine Frau wieder mit einer jungen Tochter erfreut worden«, erzählt Hagendorf. »Ist auch in meiner Abwesenheit getauft worden, Anna Maria. Ist auch gestorben, während ich weg gewesen bin. †2. Gott verleihe ihr eine fröhliche Auferstehung.«

Mehr erzählt er auch über diese zweite Tragödie nicht. Aber es zeichnet sich ein Muster ab: Unser Autor nummeriert seine toten Kinder »†1«, »†2«, und es folgt jedes Mal der Wunsch »Gott verleihe ihm/ihr eine fröhliche Auferstehung«, was eine gebräuchliche Formulierung war.

Nach dem kurzen Exkurs über Geburt und Tod seiner Tochter fährt Hagendorf unvermittelt fort: »Von Stralsund sind wir alle das Wasser hinauf, welches die Swine genannt wird.« Diese ist ein Ostsee-Meeresarm, der im heutigen Polen nahe der Grenze zu Deutschland liegt. Von dort zogen die Truppen rund 200 Kilometer weiter ostwärts in die Kaschubei, eine hügelige Region vor Danzig. »Gar ein wildes Land, aber treffliche Viehzucht von allerlei Vieh«, bemerkt Hagendorf. Es sollte der nordöstlichste Punkt sein, den er je erreichte.

An diesem Ort fern der eigentlichen Kriegsgeschehnisse

scheinen die Soldaten nichts anderes getan zu haben, als die Gegend auszuplündern, Geld zu erpressen und sich die Bäuche vollzuschlagen – wobei sie immer anspruchsvoller wurden: »Hier haben wir kein Rindfleisch mehr essen wollen, sondern es mussten Gänse, Enten oder Hühner sein«, vermerkt unser Autor über die kurze Zeit des Überflusses. »Wo wir über Nacht gelegen sind, hat der Wirt einem jeden einen halben Taler geben müssen, aber im Guten, weil wir mit ihm zufrieden gewesen sind und ihm sein Vieh in Frieden gelassen haben.« Es war eine klassische Form der Erpressung, und Hagendorf kannte dabei offenbar keine Skrupel – die wären nur hinderlich gewesen, den eigenen Lebensunterhalt zu bestreiten: »So sind wir mit den 2000 Mann hin- und hergezogen, alle Tage ein frisches Quartier, sieben Wochen lang. Bei Neustettin sind wir zwei Tage stillgelegen. Hier haben sich die Offiziere mit Kühen, Pferden, Schafen wohl versehen, denn es gab vollauf von allem.«

Die Zeit des fröhlichen Plünderns ging bald zu Ende. Die Truppen wurden benötigt und mussten zurück in ihr Ausgangsquartier in Sachsen-Anhalt. Dort traf Hagendorf seine Frau wieder, zum ersten Mal nach dem Verlust des zweiten Kindes, und kurz darauf ging es gemeinsam weiter nach Hessen – wo das Paar sein drittes Kind erwartete. Es war immer noch 1629, Hagendorf hatte in dem Jahr eine große Schleife quer durch Mitteleuropa gezogen: vom heutigen Sachsen-Anhalt nordwärts an die Ostsee, dann ostwärts bis kurz vor Danzig und von dort südwestwärts nach Hessen.

»Zu Wiesbaden, unterhalb von Frankfurt, ist unser Hauptquartier von Graf Pappenheim gewesen«, erzählt der Vielgereiste. Die Truppen selbst wurden über das Land verteilt, Hagendorfs Kompanie etwa 100 Kilometer nordöstlich stationiert. »Hier haben wir wieder gutes Quartier gehabt, 20 Wochen lang.« Peter Hagendorf und Anna Stadlerin kamen endlich zur Ruhe, und die wirkte sich anscheinend positiv aus: »Hier ist meine Frau wieder mit einer jungen Tochter verehrt worden, ist getauft worden Elisabet.« Diesmal schließt sich keine Todesmeldung an. Konnte man hoffen, dass die Elternschaft glücklich verläuft?

Die Zeichen schienen gut. Nach dem knappen halben Jahr in Hessen zogen die Truppen nordwärts nach Lippstadt im heutigen Nordrhein-Westfalen, wo sie den Winter über blieben. »In Lippstadt gibt es gutes altes Bier und auch böse Leute«, beobachtet Hagendorf – und was er nun berichtet, lässt erschauern: »Ich habe ihrer sieben verbrennen gesehen. Darunter ist sogar ein schönes Mädchen gewesen von 18 Jahren, aber sie ist doch verbrannt worden.«

Hagendorf wurde damit Zeuge des wohl düstersten Kapitels einer düsteren Zeit: den Hexenverfolgungen und -verbrennungen, die kein Phänomen des Mittelalters waren, sondern der Frühen Neuzeit. In der Zeit des Dreißigjährigen Kriegs fanden sie ihren schrecklichen Höhepunkt, allerdings mit enormen regionalen Unterschieden: Im fränkischen Bamberg etwa wurden allein zwischen 1612 und 1632 an die 1000 Männer, Frauen und Kinder angeklagt, gefoltert und ermordet – fast ein Zehntel der Gesamtbevölkerung. Dagegen ließ beispielsweise Wallenstein in seinen Herzogtümern keinen einzigen Hexenprozess durchführen.

Entscheidend war meist die Person des Landesherrn, und so konnte ein Ort durch den Hexenwahn nahezu ausgelöscht werden, während die Nachbargemeinde unter einem anderen Fürsten völlig verschont blieb. Als treibende Kräfte taten sich in der Regel nicht kirchliche Inquisitoren hervor, sondern weltliche Behörden – und oft die Bevölkerung, die zum Teil trotz horrender Opferzahlen noch mehr Verbrennungen forderte.

Insgesamt wurden in Europa etwa 60 000 Menschen wegen Hexerei hingerichtet, knapp die Hälfte davon auf dem Gebiet des Deutschen Reichs. In keinem anderen Land gab es auch nur annähernd so viele Prozesse. Der Tod war schon damals ein Meister aus Deutschland.

Für Hagendorf und seine Kameraden waren die Lippstädter Hexenverbrennungen wie ein Menetekel – auch wenn die Soldaten dies noch nicht wissen konnten. Denn ihre relativ friedliche Zeit neigte sich dem Ende zu. Der König der Schweden, Gustav II. Adolf, machte sich 1630 auf, in den Krieg einzugreifen. Und bald sollte Deutschland in Flammen stehen.

* * *

Während Hagendorf in den Jahren bis zur Schwedeninvasion zahlreiche Ländereien durchstreifte und ein Dasein in beständiger Unbeständigkeit führte, verlief das Leben von Maurus Friesenegger zunächst in seinen gewohnten Bahnen. Und auch im weiteren Verlauf der Ereignisse könnten die Erfahrungen unserer beiden Protagonisten unterschiedlicher kaum sein, obwohl sie eine durchaus vergleichbare Herkunft hatten: Friesenegger war ein Handwerkerkind, so wie Hagendorf wahrscheinlich auch. Er wurde 1590 als Sohn eines Bäckers geboren, im Ort Dießen am Ammersee, rund 40 Kilometer südwestlich von München. Doch Friesenegger zog nicht in die Welt hinaus, sondern blieb fast sein Leben lang in seiner oberbayerischen Heimatregion. Offenbar zeigte er großes schulisches Talent: Obwohl von einfacher Herkunft, durfte er das Jesuitengymnasium in München besuchen, ein Ausbildungsort für die künftige bayerische Elite. Mit 22 Jahren beendete Friesenegger die Schulzeit, mit 24 legte er das Gelübde ab, mit dem er endgültig als Mönch dem Benediktinerorden beitrat. Fortan wirkte er für das Kloster Andechs, das idyllisch auf einem Hügel namens »Heiliger Berg« liegt. Von dort kann man in der einen Richtung hin zum 35 Kilometer entfernten München blicken – und in der anderen Richtung zum nur drei Kilometer fernen Ostufer des Ammersees sowie zu Frieseneggers Geburtsort auf der anderen Seite des Sees.

Friesenegger war zunächst im Kloster tätig und stieg auf zum Novizenmeister, der die angehenden Mönche betreut. 1627 wurde er dann Pfarrvikar von Erling, einem Dorf am Fuß des Andechser Bergs, das zum Herrschaftsbereich des Klosters gehörte. In dieser Funktion erfüllte Friesenegger die Aufgaben eines Pfarrers, ohne formell zum Pfarrer ernannt worden zu sein: Er kümmerte sich als Seelsorger um die gut 500 Dorfbewohner – die zugleich Untertanen des Klosters waren –, er hielt die Messe, nahm die Beichten ab und war so den Menschen im Ort sehr nahe. Das merkt man auch dem Tagebuch an, das Friesenegger ab seinem Dienstbeginn in Erling bis zum Ende des Dreißigjährigen Kriegs führte. Es zählt wie das Tagebuch von Peter Hagendorf zu den einmaligen Zeugnissen, die den Krieg von unten zeigen, die uns in aller Deutlichkeit vor Augen führen, was die langen Kriegsjahre mit den Menschen machten. Und während Hagendorfs Werk die Sicht eines Soldaten zeigt, der ständig umherzieht, kämpft und plündert, öffnet uns Friesenegger den Blick für den einfachen Zivilisten, der unter ebendiesen Soldaten leidet – beziehungsweise leiden wird. Denn der Krieg wütete nicht in ganz Deutschland zugleich, sondern mal hier, mal dort. Und für Friesenegger war der Krieg zu Beginn seiner Tagebuchaufzeichnungen noch so weit weg, dass der damals 37-Jährige sich in seinen Einträgen zunächst nur um das Wetter und eine grassierende Krankheit sorgte.

»Anno 1627«, beginnt das Tagebuch, »war von Anfang des Monats April bis auf die Feste der heiligen Apostel Peter und Paul sehr unfreundliches Wetter, so dass kaum zwei oder drei Tage von beständigen Regen, ungestümen Winden und Schnee unterbrochen waren.« Dies verursachte »große Besorgnis« um die Feldfrüchte und »vielen Schaden« an der Getreideernte. Im Herbst dann kamen weitaus weniger Wallfahrer als gewohnt nach Andechs, »weil sich an vielen Orten eine Pest-Art zeigte« – während des Dreißigjährigen Kriegs suchte die Seuche immer wieder Deutschland heim, unter anderem weil die umherziehenden Heere die Pestkeime durch das Land trugen. Damals wusste man noch nichts von Bakterien, aber dass Menschen die Krankheit weitergaben, war bekannt. Und so versuchten die bayerischen Behörden Ende 1627, durch Erlasse die Seuche einzudämmen: »Am 26. Dezember wurde ein landesherrliches Verbot ausgerufen, nach welchem kein fremder Bettler in das Dorf eingelassen werden dürfe aus Furcht, die Ansteckung zu verbreiten«, berichtet Friesenegger. Stattdessen »musste jede Gemeinde ihre Armen verpflegen« – eine frühe Form der Sozialfürsorge.

Doch alle gutgemeinten Maßnahmen nutzten wenig gegen die

Seuche. »Obwohl die Dorfwachen aufgestellt waren und auch den Wallfahrern verboten war, in dem Dorf zu übernachten«, berichtet Friesenegger im Folgejahr 1628, »konnte man doch nicht verhüten, dass die Pest sich einschlich.« Denn zwei Wirte »nahmen wider das Verbot zwei Wallfahrer in die Herberge und zugleich die Pest mit auf«. Dem einen starben ein kleiner Sohn und eine Tochter, dem anderen die Frau. Die Gerichte verboten sofort, die beiden Häuser zu betreten oder zu verlassen, und ließen Wachen davor aufstellen. »Doch das Übel griff weiter und nahm in der Zeit von zweieinhalb Monaten 21 Personen.« Daraufhin wurde das gesamte Dorf Erling durch Befehl aus München in Quarantäne gelegt: Niemand mehr durfte vom Ort ins Kloster gehen und umgekehrt. Das galt auch für den Klosterbruder und Dorf-Seelsorger Friesenegger. Er bekam eine Wohnung in Erling zugewiesen, und seine Verpflegung deponierte das Kloster täglich abholbereit auf halbem Weg zu ihm.

Ein großes Problem war, dass viele Leichen in den ausgestorbenen Häusern liegen blieben, weil niemand von außen es wagte, diese wegzubringen und zu bestatten. »Endlich fand sich ein Landstreicher mit seiner Frau ein, der sich hierzu brauchen ließ«, erzählt Friesenegger. »Allein wurden beide, nachdem sie einen begraben hatten, selbst Opfer des Todes; und da wurde die Sache schlimmer als zuvor.« Schließlich erklärte sich ein Mann bereit, als Totengräber zu arbeiten – gegen gute Bezahlung, freie Kost und Logis sowie täglich eine Maß Bier und pro Bestattung eine Maß Wein. Am 17. Oktober 1628 starb das letzte Opfer dieser Pestwelle. Anschließend wurden die Häuser der Toten gründlich mit Kalk gereinigt, deren Mobiliar verbrannt, und das Leben normalisierte sich wieder.

Das Jahr 1629, das letzte vor der schwedischen Invasion, begann dann gut für die Bauern. »Dieses Jahr war an Feldfrüchten sehr gesegnet«, freut sich Friesenegger, mit einer Einschränkung: »Jedoch gab es keine Baumfrüchte.« Im August starb ein Mönch mutmaßlich an der Pest – worauf die aufgeschreckten Behörden sofort eine erneute Quarantäne ausriefen. Die befürchtete Epidemie blieb jedoch aus, und »am 1. September war schon wieder das höchste Befreiungs-Schreiben da« und damit jede Beschränkung aufgehoben.

Ansonsten hält Friesenegger im Jahr 1629 nur ein weiteres Ereignis für berichtenswert: »Den 16. Oktober sah man eine wunderliche Lichterscheinung, die ebenso viele Schrecken wie Auslegungen verbreitete. Abends von 7 bis 9 Uhr war gegen Norden im Horizont im Kreise herum ein schwarzer und dicker Nebel aufgestiegen, aus welchem weiße und lichte Wolken aufstiegen, die die Nacht heller und lichter machten als der Vollmond, obwohl gar kein Mond am Himmel war.« Dass der Mönch dem obskuren Naturphänomen einen eigenen Platz einräumt, zeigt, wie wichtig die Menschen Himmelszeichen nahmen – es war eine magiegläubige Zeit. Vielleicht sah Friesenegger darin eine Ankündigung der kommenden Katastrophe, denn sein Eintrag für 1629 schließt damit, dass die seltsam leuchtenden Wolken »miteinander zu streiten schienen, nicht anders als wie der Rauch von abgefeuerten Kanonen aufsteigt, nur mit dem Unterschied, dass man keinen Knall hörte«.

1630/31
Der Löwe aus Mitternacht

Der Himmel war verdunkelt, und es blitzte und donnerte, als viele Dutzend Schiffe am 6. Juli 1630 vor der Ostseeinsel Usedom auftauchten. Die Flotte ankerte nahe dem Küstenort Peenemünde, eine Schaluppe brachte den wichtigsten Passagier ans Ufer: König Gustav II. Adolf von Schweden betrat an der Spitze der 13 000 Mann starken Invasionsarmee das Land. Der tiefgläubige Herrscher ging sofort auf die Knie und betete vor aller Augen inbrünstig um den Segen Gottes für seine gerechte Sache. So jedenfalls schildern es zahlreiche protestantische Bilder und Berichte.

Eine andere Version der Geschichte lautet: Als der 35-jährige Schwedenkönig von der Schaluppe herunterschritt, stolperte er auf der schmalen Laufplanke und verletzte sich dabei leicht am Knie. Seine Anhänger verkehrten das Missgeschick in eine fromme Geste, die angeblich die Umstehenden zu Tränen rührte.

Was wirklich geschah, wird im Dunkeln bleiben. Unbestritten ist: Der großgewachsene Gustav Adolf mit seinen kurzen blonden Haaren und dem markanten Spitzbart war ein überzeugter Protestant, besaß Sendungsbewusstsein und das Charisma, seine Leute aufrichtig zu begeistern. Zudem verfügte er über eine hervorragende Propaganda: Flugblätter und Münzen stilisierten den Kriegerkönig zum rettenden »Löwen aus Mitternacht« (Mitternacht steht für Norden), anknüpfend an eine angebliche Prophezeiung des berühmten Arztes und Mystikers Paracelsus aus dem vorherigen Jahrhundert: Derzufolge wird »ein gelber Löwe aus Mitternacht kommen«, der den Adler – das heißt den Kaiser – besiegt. »Er wird auch ganz Europa und Teile Asiens und Afrikas unter seine Gewalt bekommen«, so die Prophezeiung, so dass »allenthalben Fried und Einigkeit kommen«. All dies schien wunderbar auf den blonden Schwedenkönig zu passen – zumal die Menschen damals an Himmelszeichen und Prophezeiungen ebenso glaubten wie an Hexerei. Zeitgenössische Berichte legen nahe, dass die einfache protestantische Bevölkerung dem »Löwen aus Mitternacht« anfangs mit großer Hoffnung und Sympathie begegnete.

Gustav Adolfs katholische Gegner indes zeigten sich von dem mystischen Hokuspokus wenig beeindruckt. Seit Kriegsbeginn vor zwölf Jahren hatten der deutsche Kaiser Ferdinand und seine katholischen Verbündeten jede große Schlacht gewonnen und jeden protestantischen Widerstand beiseite gefegt: den böhmischen Aufstand niedergeschlagen, den Pfälzer Kurfürsten und böhmischen »Winterkönig« Friedrich ins Exil getrieben, die dänische Invasion abgewehrt und den einst mächtigen Dänenkönig Christian in seine Schranken verwiesen. Nun kam eben ein erneuter protestantischer Angriffsversuch, diesmal von einem König im entfernteren Norden, der gerade mal über gut eine Million Untertanen in Schweden und Finnland verfügte und über nur geringe finanzielle Mittel. Dessen 13 000-Mann-Heer war lächerlich klein im Vergleich zur katholischen Armee – allein der Feldherr Wallenstein befehligte mehr als 100 000 Soldaten. So spottete man katholischerseits schon über den »Schneekönig« Gustav Adolf aus Schweden, der im Frühjahr so schnell dahinschmelzen werde wie einst der »Winterkönig« Friedrich aus der Pfalz.

Als weitaus bedrohlicher sahen die katholischen Fürsten einen anderen Feldherrn an – einen der eigenen Seite: eben jenen Wallenstein, der im Auftrag des Kaiser eine gewaltige Armee um sich geschart und sich zum Reichsfürsten aufgeschwungen hatte. Der Emporkömmling hatte bereits die Herzöge von Mecklenburg vertrieben und deren Territorium und Titel übernommen – wer konnte da wissen, welcher Fürst als Nächster an der Reihe war? Und ob der Kaiser die Wallenstein'sche Riesenarmee nicht dazu nutzen würde, sich zum absolutistischen Alleinherrscher über das Reich aufzuschwingen? Aus Sicht der Fürsten war nicht weniger in Gefahr als die »deutsche Libertät«, auch »deutsche Freiheit« genannt – womit die hohen Herren natürlich keine allgemeine Freiheit meinten, sondern die Freiheit der Fürsten, in ihren Territorien zu schalten und zu walten, wie sie wollten.

So diskutierten die Kurfürsten auf ihrer großen Zusammenkunft in Regensburg ab Juli 1630 weniger über die schwedische Invasion – die nur drei Tage nach der Eröffnung des Kurfürstentags begann – als über Wege, Wallenstein loszuwerden. Sie bedrängten wochenlang den anwesenden Kaiser Ferdinand, und am 13. August gab dieser dem politischen Druck nach: Er entließ seinen erfolgreichen Feldherrn, der prompt sein Kommando niederlegte und sich auf seine Güter zurückzog. Dies bedeutete zuerst eine Katastrophe für dessen Finanzier, den calvinistischen Bankier Hans de Witte, der in ganz Europa Kredite für die Wallenstein'sche Kriegsmaschinerie organisiert hatte. Den Bankrott vor Augen, zog de Witte drastischere Konsequenzen als heutige Pleitebanker: Am 11. September 1630 stürzte er sich in den Brunnen hinter seinem Prager Haus und ertrank.

Wallensteins Kommando erhielt der verbleibende Feldherr der katholischen Seite, der inzwischen 71-jährige Tilly. Der greise Generalleutnant ging nun an die undankbare Aufgabe, drei Viertel des Wallenstein'schen Heeres zu entlassen und den Rest zusätzlich zu seinem eigenen Heer zu befehligen. Die beiden katholischen Armeen – die von Wallenstein und Tilly – schrumpften so effektiv zu einer einzigen zusammen.

Auf merkwürdige Weise verlief die Entwicklung damit spiegelbildlich zu derjenigen vor fünf Jahren: 1625 hatte König Christian von Dänemark die Invasion just in dem Moment gestartet, als Wallenstein die Kriegsbühne betrat und mit ihm ein zweites katholisches Heer. Und 1630 startete der andere skandinavische König, Gustav Adolf, die Invasion just in dem Moment, als Wallenstein die Kriegsbühne verließ und mit ihm das zweite katholische Heer. Beide Male erlebten die Invasoren aus dem Norden damit eine Überraschung – 1625 eine böse mit desaströsen Folgen, 1630 das Gegenteil.

Der 35-jährige Gustav Adolf konnte zudem auf große militärische Erfahrung zurückgreifen. Schon im Alter von 16 Jahren hatte er den Thron von seinem Vater geerbt – und seitdem führte er fast ununterbrochen Krieg. Zunächst kämpfte der junge Schwedenkönig zwei Jahre gegen Dänemark, musste am Ende aber Gebiete und eine Million Taler (das entsprach 1,5 Millionen Gulden) an Dänenkönig Christian abtreten. Nach dieser Niederlage ging Gustav Adolf in die Offensive: Er fiel in Russland ein, und bis 1617 – im Alter von 22 Jahren – entriss er dem Riesenreich alle Zugänge zur Ostsee. 1621 griff er Polen an und verwüstete acht Jahre lang das Land, bis es 1629 in einem Waffenstillstandsvertrag in etwa das heutige Estland und Lettland abtrat. Bei diesen Eroberungszügen sah Gustav Adolf sich und seine Schweden als direkte Erben der Goten, eines ostgermanischen Volks, dessen Ursprung der Legende nach in Skandinavien lag, tatsächlich aber wohl im heutigen Polen. In der Völkerwanderungszeit hatten die Goten große Teile des Römischen Reichs erobert, und an diese Glorie wollte Gustav Adolf anknüpfen, zumal er sich selbst als »Rex Gotorum« (»König der Goten«) bezeichnete.

Die schwedische Bevölkerung musste für diese pseudohistorischen Großmachtträume einen hohen Blutzoll entrichten. Der wog umso schwerer, als die einheimischen Soldaten keine freiwilligen Söldner waren. Anders als die meisten Länder besaß Schweden ein Wehrpflicht-System, das Gustav Adolf rigoros umsetzte: Wenn die Regierung eine Zwangsrekrutierung ausrief, wurden die 18- bis 60-jährigen Männer eines Bezirks in Gruppen à zehn Mann aufgeteilt. Ein Armeebeauftragter zog dann pro Gruppe einen Mann ein, die übrigen neun mussten diesem die Ausrüstung finanzieren. Aber auch sie konnten sich nicht sicher fühlen, denn bei der nächsten Zwangsrekrutierung – meist schon im folgenden Jahr – begann das Spiel von neuem.

Eine Einberufung kam dabei einem Todesurteil gleich, wie zeitgenössische Listen belegen. Beispielsweise wurden in der nordschwedischen Gemeinde Bygdeå, in der rund 1800 Menschen lebten, 230 Männer von 1619 bis 1639 zum Kriegsdienst eingezogen. 215 der 230 starben in dem Zeitraum. Fünf kehrten als Wracks zurück, etwa Per Olofsson, dem »beide Füße abgefault« waren. Zehn der Männer dienten 1639 noch in der Armee – aber vermutlich nicht mehr lange. Ein einfacher schwedischer Soldat überlebte im Dreißigjährigen Krieg durchschnittlich drei Jahre und vier Monate. Pro Jahr verstarb also etwa ein Drittel der Soldaten, wie Statistiken des schwedischen Historikers Jan Lindegren zeigen. Schlachten spielten dabei eine untergeordnete Rolle: Krankheiten und Entbehrungen verursachten drei Viertel der Todesfälle, Kämpfe nur gut ein Siebtel. Ein Zehntel kam in Kriegsgefangenschaft um. Nur ein Mann aus Bygdeå wurde in jener Zeit gesund entlassen – nachdem ein Kriegsgericht festgestellt hatte, dass er mehr als 30 Jahre Dienst hinter sich hatte.

Angesichts der horrenden Verlustzahlen ist es kein Wunder, dass sich in Schweden Widerstand gegen die Kriegstreiberei

Gustav Adolfs breitmachte. Hunger und Pest plagten im Winter 1629/1630 die Bevölkerung, Landstriche verödeten, viele Menschen verzweifelten, einige leisteten Widerstand: Es kam immer wieder zu Desertionen und sogar zu Selbstverstümmelungen kriegstauglicher Männer. Bisweilen fanden die Menschen auch kreative Auswege: Die Bauern von Bygdeå beispielsweise begannen später, ein Eisenwerk zu betreiben – obwohl eigentlich die Voraussetzungen dafür fehlten. Der Grund war schlicht, dass sie dadurch zu den kriegswichtigen Arbeitern zählten, die von der Wehrpflicht ausgenommen waren.

Gustav Adolf benötigte also überzeugende Argumente, um sein kriegsmüdes Volk 1630 für einen neuen Feldzug zu motivieren. Am 29. Mai erschien der begnadete Agitator in der Reichsversammlung, nahm publikumswirksam seine dreieinhalbjährige Tochter Christina auf den Arm und hielt eine emotionale Abschiedsrede. »Gott den Allerhöchsten«, begann er, »nehme ich zum Zeugen, dass ich das nicht aus eigenem Wunsch oder Lust am Kriege tue.« Vielmehr gelte es, den deutschen Protestanten zu Hilfe zu eilen und so den Vormarsch der Katholiken zu stoppen: »Unsere hochbedrängten Nachbarn, Verwandten und Schwager haben uns dazu ermahnt, ja, selbst ferne Könige haben uns dringendst zu diesem Kriege zugeredet; vor allem aber müssen unsere unterdrückten Religionsverwandten von dem päpstlichen Joch befreit werden«, argumentierte er – heute würde hier wohl das Stichwort »humanitäre Intervention« fallen.

Dafür, betonte Gustav Adolf, sei er auch bereit zu sterben: »Und da es gemeinhin geschieht, dass der Krug so oft zum Brunnen geht, bis er bricht«, so werde auch er selbst nicht nur »für das Wohl des schwedischen Reiches mein Blut vergießen«, sondern das eigene Leben »letztendlich doch verlieren müssen«. Das war keine hohle Rhetorik – der Schwedenkönig kämpfte gerne selbst an vorderster Front und hatte sich bereits lebensgefährliche Verwundungen zugezogen. In Polen etwa war eine Musketenkugel knapp neben dem Hals in seine rechte Schulter eingedrungen, auf eine Weise, dass die Ärzte sie nicht mehr herausziehen konnten – seither hatte Gustav Adolf zwei gelähmte Finger und konnte vor Schmerzen keine Rüstung mehr tragen.

Mit seiner pathosgeladenen Blut-, Schweiß- und Tränen-Rede erzielte Gustav Adolf offenbar die gewünschte Wirkung. Zeitgenossen berichten, dass die Ständevertreter tief beeindruckt abreisten.

Im Juni 1630 schiffte der Schwedenkönig sich dann ein und landete wie erwähnt am 6. Juli in Usedom, wo er – versehentlich oder nicht – publikumswirksam niederkniete. Sein neuer Eroberungszug führte ihn in ein Land, von dem er bereits intime Kenntnisse besaß: Gustav Adolf nutzte zeitlebens als Zweitsprache Deutsch, denn seine Mutter war Deutsche, ebenso seine Frau Maria Eleonora, eine Tochter des Kurfürsten von Brandenburg. Der abenteuerlustige Schwedenherrscher hatte sie 1620 kennengelernt, als er durch eine Reihe deutscher Fürstentümer reiste – inkognito, getarnt als Hauptmann.

Am Landeplatz in Usedom konnten die Schweden ungehindert ihr Lager aufschlagen. Vom Feind sahen sie zunächst nicht mehr als den fernen Widerschein von dessen Signalfeuern. Und als die Invasoren in den folgenden Tagen auf verstreute kaiserliche Truppen stießen, wichen diese ohne nennenswerten Widerstand aus. Schon zwei Wochen später standen die schwedischen Soldaten vor dem knapp 100 Kilometer entfernten Stettin, der Hauptstadt des protestantischen Herzogtums Pommern. Es entwickelte sich eine typische Szene für jene Zeit: Die Stadt öffnete ihre Tore nicht, sandte den Schweden aber Beamte entgegen, um zu verhandeln. Gustav Adolf zeigte den Gesandten daraufhin seine Kanonen und sagte, diese seien sein Schlüssel, um das Stadttor zu öffnen, falls es verschlossen bleibe. Das Argument überzeugte: Nach einigem Hin und Her gingen die Tore auf, und der Schwedenkönig hielt feierlich Einzug in der strategisch bedeutsamen Stadt an der Odermündung.

Kein Widerstand, keine Unterstützung – so kann man die schwedische Patt-Situation in der Anfangszeit zusammenfassen. Denn die evangelischen Fürsten Deutschlands zeigten in keiner Weise die Begeisterung für Gustav Adolfs Einmarsch, die der selbsternannte Retter des deutschen Protestantismus sich erhofft hatte. Die Fürsten wollten sich in den neuerlich auflodernden Krieg nicht hineinziehen lassen, versuchten neutral zu bleiben und ihre oftmals geschundenen Territorien vor erneuten Soldatendurchzügen zu bewahren. Lediglich die Stadt Magdeburg erhörte das schwedische Werben und schloss freiwillig ein Bündnis mit den Invasoren.

Mangels Unterstützern ging Gustav Adolfs Eroberungszug nur schleppend weiter voran. Die anfangs verstreuten kaiserlichen Truppen begannen, effektiven Widerstand zu leisten, und gegen Ende des Jahres befand sich nur das Ostseeküsten-Herzogtum Pommern größtenteils in schwedischer Hand. Durch Nachschub und Anwerbungen wuchs zwar das schwedische Heer rasch auf das Dreifache an, aber das machte es umgekehrt zunehmend schwierig, die Soldaten zu bezahlen und zu versorgen – Pommern war als Versorgungsbasis einfach zu klein für solch eine Menschenmasse.

Was das für die Bevölkerung bedeutete, beschreibt der britische Militärhistoriker Geoffrey Parker am Beispiel der Grafschaft Memel, in der schwedische Reiterkompanien stationiert wurden: »Wo es vor der Besatzung 154 Pferde, 236 Ochsen, 103 Kühe, 190 Schweine und 810 Schafe gegeben hatte, da fanden sich 1631 gerade noch 26 Ochsen und eine Kuh, alles andere Vieh war von den Soldaten getötet oder mitgenommen worden. Selbst die schwedische Obrigkeit beschrieb das Gebiet als ›verwüstet‹.« Ein Jahr hatte gereicht, um eine blühende Landschaft zu zerstören. Wenn das Bild von Heuschreckenschwärmen auf menschliche Gemeinschaften zutrifft, dann auf die Armeen des Dreißigjährigen Kriegs, die alles kahlfraßen und dann rastlos weiterzogen hin zu Gebieten, die noch Nahrung beherbergten. Doch im Laufe der Kriegsjahre wurden diese Gebiete immer weniger und waren immer schwerer zu finden.

Es fehlte an Geld, es fehlte an Nahrung – die Lage wurde für die Schweden so prekär, dass Gustav Adolf nicht einmal in der Heiligen Zeit vor Kriegsakten zurückschreckte. In der Früh des ersten Weihnachtstages 1630 ließ er bei klirrender Kälte die pommersche Stadt Greifenhagen mit Kanonen beschießen und erstürmen. Gleich am zweiten Weihnachtstag griff er die nahe Stadt Gartz an, ebenfalls mit Erfolg.

Ein bedeutenderer Coup gelang Gustav Adolf nach dem Jahreswechsel, am 23. Januar 1631. Endlich fand der Streiter für den Protestantismus einen mächtigen Bündnispartner und Geldgeber – allerdings nicht im Lager der Protestanten, sondern der Katholiken: Im Vertrag von Bärwalde versprach das katholische Frankreich, die schwedischen Kriegsbemühungen mit 400 000 Talern jährlich zu unterstützen. Im Gegenzug verpflichtete sich Schweden, 30 000 Fußsoldaten und 6000 Reiter in Deutschland unter Waffen zu halten sowie »in den Gegenden, in denen man die Ausübung der katholischen Religion vorfindet, diese unangetastet zu lassen«. Letzteres war ein Feigenblatt für Frankreichs Führung, um nicht als Verräter an der eigenen Religion dazustehen.

Die 400 000 Taler stellten zwar eine beträchtliche Summe dar – ein einfacher Soldat erhielt um die vier Taler im Monat, ebenso viel kostete eine Muskete –, deckten aber nur einen Bruchteil der Gesamtkosten: Die schwedischen Aufwendungen für den Krieg betrugen im ersten Zahljahr etwa das 5,5-Fache. Der französische Zuschuss half dem Schwedenkönig damit aus der akuten Zahlungsnot, sicherte aber keineswegs die weitere Kriegsfinanzierung. Immerhin verbesserte ein potenter Geldgeber die Kreditwürdigkeit. Und so beeilte sich Gustav Adolf, den Vertragsabschluss so schnell wie möglich reihum bekannt zu machen: Das Propaganda-Genie ließ drei Nächte lang Freudenfeuer brennen, seine Kanonen Salut schießen und gab den Vertragstext in Stettin in Druck.

Die blitzartige Veröffentlichung ärgerte vor allem den Mann, der in Frankreich die treibende Kraft hinter dem Bündnis war und der am liebsten im Geheimen seine Strippen zog:

Kardinal Richelieu, Erster Minister Frankreichs und damit mächtigster Politiker unter dem König. Der seit jeher umstrittene Staatsmann ist heute vor allem bekannt durch Alexandre Dumas' Roman *Die drei Musketiere*. Richelieu fungiert darin als finsterer Widerpart des Helden D'Artagnan und seiner drei Freunde Athos, Porthos und Aramis, die sich schwören »Einer für alle, alle für einen«.

Im wahren Leben zeichnete sich der französische Kardinal vor allem als Realpolitiker aus, für den nicht die Religion, sondern der Staat an erster Stelle stand. So kannte Richelieu keine Skrupel, im eigenen Land jegliche protestantische Opposition zu zerschmettern und gleichzeitig das protestantische Schweden und damit auch die protestantische Seite in Deutschland zu unterstützen. Alles folgte demselben Ziel: ein französischer Staat, der möglichst stark war nach innen wie nach außen, und zwar im Sinne einer zentralistischen, absoluten Monarchie. Nach dieser Logik galt es, die politische wie religiöse Zerrissenheit im Inland zu bekämpfen, im potentiell feindlichen Ausland hingegen zu fördern. Und als potentielle Feinde hatte Richelieu die Habsburger ausgemacht, die den spanischen König und den deutschen Kaiser stellten. Der Kardinal sah sein Frankreich regelrecht umzingelt von der Habsburger Dynastie, und es wurde seine Obsession, die gefühlte Umklammerung zu zerschlagen. Wenn also der Schwedenkönig die Arbeit für den Franzosen verrichtete, ohne dass er sich selbst die Hände dabei blutig machen musste – umso besser.

Der Dreißigjährige Krieg trat damit in eine neue Phase: Bislang war er vor allem ein innerdeutscher Bürgerkrieg gewesen; die missglückte dänische Invasion bildete nur ein Intermezzo. Jetzt aber wurde der Konflikt internationaler, das bereits geschundene Deutschland zum Spielball fremder Mächte. Als ausländischer Feldherr trat vorerst nur der Schwedenkönig auf, weshalb die Jahre ab Gustav Adolfs Invasion 1630 auch Schwedischer Krieg genannt werden. Es ist der dritte und vorletzte Akt des Dreißigjährigen Kriegs nach dem Böhmisch-Pfälzischen Krieg 1618 bis 1623 und dem Dänisch-Niedersächsischem Krieg 1625 bis 1629. Nun beginnen diejenigen Jahre, die dafür verantwortlich sind, dass sich der Dreißigjährige Krieg als traumatische Erinnerung tief in das Kollektivgedächtnis der Deutschen eingegraben hat.

Peter Hagendorf bemerkte von der neuen Qualität des Konflikts zunächst einmal nichts. Der Söldner und seine Kameraden blieben das gesamte Jahr 1630 mehrere Hundert Kilometer entfernt vom schwedischen Aufmarschgebiet an der Ostsee: Sie bewegten sich unter Pappenheims Führung vom heutigen Nordrhein-Westfalen über Niedersachsen nach Sachsen-Anhalt, anscheinend ohne auf einen Feind zu stoßen, denn Hagendorf erwähnt keine einzige Auseinandersetzung. Das Ziel der rund 3000 Pappenheim'schen Soldaten war Magdeburg, jene Stadt an der Elbe, die ein offizielles Bündnis mit Gustav Adolf eingegangen war und sich so unvorsichtigerweise selbst in das Visier der gewaltigen katholischen Armeen rückte, während Gustav Adolfs vergleichsweise kleines Invasionsheer in Pommern an der Ostsee feststeckte.

»Haben uns verlegt auf die Dörfer und die Stadt blockiert, den ganzen Winter stillgelegen auf den Dörfern«, erzählt Hagendorf – das heißt, die Pappenheimer versperrten alle Zugänge zu Magdeburg, ohne die stark befestigte Stadt selbst zu attackieren. Solch eine Blockade stellte die erste Eskalationsstufe im Festungskampf dar: Man verzichtete auf weitergehende kriegerische Mittel und hoffte, dass Hunger oder Einsicht die Eingeschlossenen zum Aufgeben bewegten. Die zweite Stufe war die eigentliche Belagerung, bei der die Angreifer wesentlich aktiver vorgingen und gewaltige Systeme aus Ringgräben, Annäherungswegen, unterirdischen Minengängen, Befestigungsanlagen sowie Geschützstellungen errichteten. Führte auch das nicht zum Ziel, blieb nur die dritte Eskalationsstufe, die Erstürmung: Die Angreifer rannten dann im feindlichen Kreuzfeuer zu den Mauern und versuchten, diese auf Leitern zu erklimmen oder sich durch Breschen im Mauerwerk zu zwängen – eine äußerst blutige Angelegenheit. Zum Ausgleich für die extremen Gefahren und Mühen durften die siegreichen Soldaten in solch einem Fall die eroberte Stadt nach Belieben plündern. Das galt als allgemein anerkanntes Kriegsrecht.

Während des Winters bekamen die 3000 Pappenheimer vor Magdeburg etwa 7000 Mann Verstärkung hinzu – genug, um von der passiven Blockade zur aktiven Belagerung überzugehen. Die Soldaten hielten noch still »bis zum Frühling 1631«, wie Hagendorf berichtet. »Da haben wir etliche Schanzen (*kleine eigenständige Befestigungsanlagen*) eingenommen im Wald vor Magdeburg. Da ist unser Hauptmann vor einer Schanze, neben vielen anderen, totgeschossen worden.« Der Hauptmann war der Anführer einer Kompanie, deren Sollstärke rund 300 Mann umfasste – und er lebte offenbar gefährlich. Denn Hagendorf fährt fort: »Den 22. März ist uns Johan Galgort als Hauptmann vorgestellt worden, den 28. April ist er im Laufgraben wieder totgeschossen worden.«

Inzwischen hatte Generalleutnant Tilly, der Befehlshaber der gesamten kaiserlich-katholischen Armeen, persönlich das Kommando vor Magdeburg übernommen. Er erhöhte die Zahl der Soldaten auf 25 000.

Damit waren die Belagerer um ein Vielfaches in der Überzahl. Die Verteidiger Magdeburgs verfügten nur über rund 2500 reguläre Soldaten, unterstützt von 5000 bewaffneten Bürgern. Zudem mangelte es den Einwohnern offenbar an der Einsicht, wie wichtig in solch einer bedrohlichen Lage standesübergreifende Solidarität und Opferbereitschaft sind: Zeitgenössischen Berichten zufolge war vielen Magdeburgern ihr Geldbeutel näher als die Sicherheit der Stadt, so dass die eigenen Söldner völlig unterbezahlt waren, Hunger litten und mangels Verpflegung in der Umgebung auf Plünderungszüge gingen. Unterernährung, Krankheiten und Desertionen schwächten in der Folge die Kampfkraft der städtischen Truppen. Und dass die angeheuerten Soldaten nicht in den Häusern der Bürger nächtigen durften, sondern unter freiem Himmel schlafen mussten – erst vor den Toren der Stadt, dann auf den Marktplätzen –, verbesserte nicht gerade deren Moral und Gesundheitszustand. »Die Stadt weiß uns nichts zu Willen«, klagte Oberst Dietrich von Falkenberg, den Gustav Adolf gesandt hatte, um das Militärkommando in Magdeburg zu übernehmen und die Stadtverteidigung zu organisieren.

Viele Magdeburger vertrauten darauf, dass die mächtigen Festungswerke ihrer Stadt uneinnehmbar waren und dass der Schwedenkönig ihnen zu Hilfe eilen würde. Doch Gustav Adolf war weit weg – noch am 13. April 1631 hielt er sich damit auf, das 200 Kilometer östlich gelegene Frankfurt an der Oder zu stürmen und zu erobern. Erst gut zwei Wochen später machte sich der Kriegerkönig auf den Weg, um Magdeburg zu Hilfe zu kommen.

Tilly erfuhr, dass sich die schwedische Armee näherte, und er versuchte mehrfach, Magdeburg zu einer Kapitulation zu überreden. Am 4. Mai etwa appelierte der katholische Feldherr an Bürgermeister und Rat der Stadt: »Ihr wollt Euch die Gnadentür, die Ihr zu dieser Zeit noch offen habt, nicht ganz praecludieren (*verschließen*).« Die Stadtspitze aber lehnte alle Kapitulationsaufforderungen ab – und vertraute weiter auf das Hilfsversprechen Gustav Adolfs. Der erreichte am 16. Mai Potsdam, war damit nur noch 100 Kilometer von Magdeburg entfernt, also wenige Tagesmärsche. Tilly ahnte, dass ihm nicht mehr viel Zeit blieb. Nach langem Zögern entschied der 72-jährige Heerführer am 19. Mai 1631, alles auf eine Karte zu setzen und zur dritten Eskalationsstufe zu schreiten. Zuvor setzte er der Stadt ein letztes Ultimatum, sich kampflos zu ergeben.

Der Rat Magedeburgs antwortete darauf nicht sogleich, sondern traf sich erst am nächsten Morgen um vier Uhr früh, um über das erneute Kapitulationsangebot zu debattieren. Während der Sitzung blieb es außerhalb der Stadtmauern auffallend still. Tilly ließ seine Kanonen schweigen. Es war die Ruhe vor dem Sturm.

* * *

Das bayerische Kloster Andechs lag zu jener Zeit noch fern der Kämpfe. Trotzdem scheint ab 1630 die allgemeine Besorgnis zu wachsen, wie die Einträge unseres Tagebuchautors, Mönchs und Dorfseelsorgers Maurus Friesenegger erahnen lassen. So glaubten die Einwohner wieder, düstere Vorzeichen zu erkennen: »Am 5ten Februar wurden mehrmals fürchterliche Lufterscheinungen wie voriges Jahr gesehen«, teilt Friesenegger mit. Und die Verantwortlichen suchten intensiv den göttlichen Beistand: »Da der Krieg immer fürchterlicher zu werden und uns näher zu kommen schien, wurde in unserer ganzen Diözese ein 40-stündiges Gebet anbefohlen, wobei die 40 Stunden auf die folgenden Sonn- und Feiertage verteilt wurden.« All das klingt noch recht harmlos – die Menschen um Andechs mussten sich wegen des Kriegs bislang nur mit überirdischen Mächten befassen. Schon bald aber sollten es sehr irdische sein.

1631
Magdeburg in Flammen

Selbst Friedrich Schiller rang nach Worten. Als der Dichterfürst das Massaker rund 160 Jahre später beschrieb, nannte er es eine Würgeszene, »für welche die Geschichte keine Sprache und die Dichtkunst keinen Pinsel hat«.

Sie war die größte Einzelkatastrophe des gesamten Dreißigjährigen Kriegs: die »Magdeburger Hochzeit«, wie die Zeitgenossen die Eroberung der protestantischen Stadt durch katholische Truppen nannten. Denn die Elbmetropole trug eine Jungfrau im Wappen – die blutige Hochzeit halten musste mit dem katholischen Kaiser und seinem Heer. Von den gut 30 000 Bewohnern Magdeburgs kamen geschätzt 20 000 um. Keine Schlacht und keine Belagerung kostete in dem langen Krieg auch nur annähernd so viele Menschenleben.

Die zuvor blühende Handelsstadt war danach verwüstet, so

gründlich zerstört, dass sie für Sieger wie Besiegte verloren war und von allen verlassen wurde: Ein Jahr später zählte man in Magdeburg gerade noch 449 Einwohner. Es war ein Vernichtungswerk, das so niemand gewollt hatte, das aber – einmal in Gang gesetzt – niemand mehr stoppen konnte. Und damit warfen die Ereignisse von Magdeburg einen Schatten voraus auf den weiteren Verlauf des Kriegs, der eine fatale Eigendynamik entfalten sollte. »Etwas Böses und Finsteres, das stärker war als der menschliche Wille, war in Deutschland entfesselt worden«, kommentiert der schwedische Historiker Peter Englund.

Bereits die Zeitgenossen ahnten, dass hier etwas Außerordentliches, Wegweisendes geschehen war: Allein 1631 verbreiteten mindestens 41 illustrierte Flugblätter und 205 Flugschriften die Nachricht in Europa, lösten quer durch den Kontinent Entsetzen und Empörung aus. Die Zerstörung Magdeburgs war »eines der ersten modernen Medienereignisse«, so der Historiker Hans Medick. Sie entfachte einen Propagandakrieg in neuer Dimension: Protestantische Schriften beschrieben eindringlich die teuflische Grausamkeit der katholischen Soldateska. Katholische Flugblätter hingegen deuteten den Untergang der Stadt als gerechte Strafe Gottes für die Glaubensabtrünnigen. Beide Seiten bezichtigten einander, den fatalen Feuersturm verursacht zu haben, dem Tausende Menschen zum Opfer fielen.

Es entstand ein neuer Kampfbegriff: »Magdeburgisieren« als Synonym für »völlig zerstören, auslöschen« – ähnlich wie die deutsche Propaganda im Zweiten Weltkrieg nach dem Bombardement der englischen Stadt Coventry das Wort »Coventrisieren« für »Zerstören aus der Luft« erschuf. Die Vernichtung der Elbmetropole vergiftete das Klima zwischen Protestanten und Katholiken nachhaltig – und half so dem schwedischen Invasoren und selbsternannten Protestanten-Beschützer Gustav Adolf, endlich Unterstützer in Deutschland zu gewinnen. Nach Magdeburg zeigte sich ein neues Phänomen: Aus dem katholischen Sieg der Waffen wurde eine Niederlage im Propagandakrieg, die langfristig schwerer wog. Das Medienzeitalter hatte begonnen.

Durch die Flut an zeitgenössischen Schriften verfügen wir heute über eine einmalige Menge an Schilderungen, was in Magdeburg geschah. Doch oft ist es nahezu unmöglich, Fakten und Fiktionen voneinander zu trennen: Dass es zu massenhaften Vergewaltigungen und schrecklichen Gewaltexzessen kam, ist unbestritten – aber ist zum Beispiel wahr, was Friedrich Schiller in seinem Geschichtswerk über die Gräueltaten der katholischen Söldnerarmee schreibt? »Dreiundfünfzig Frauenpersonen fand man in einer Kirche enthauptet. Kroaten vergnügten sich, Kinder in die Flammen zu werfen – Pappenheims Wallonen, Säuglinge an den Brüsten ihrer Mütter zu spießen.« Oder gibt Schiller hier die Horror-Phantasien früherer Autoren wieder? Zuverlässiger als die vielen zeitgenössischen Flugschriften dürften die Tagebucheinträge von Augenzeugen sein. Zwar enthalten auch diese naturgemäß Fehler, Übertreibungen und Beschönigungen, aber es entfällt zumindest das Motiv, die Wirklichkeit für Propagandazwecke zu verbiegen.

Eine bedeutende Quelle ist das Tagebuch unseres Söldners Peter Hagendorf, der im Regiment Pappenheims in die Stadt stürmte. Allerdings wurde er, wie wir wissen, dabei von zwei Kugeln getroffen und kam in ein Lazarett außerhalb der Stadt. An den berüchtigten Plünderungen konnte Hagendorf daher nicht teilnehmen, er entfällt hier als Augenzeuge. Dafür verfügen wir über eine ausführliche Schilderung des 28-jährigen Söldnerhauptmanns Georg Ackermann, der ebenfalls unter Pappenheim diente. Sein Bericht ergänzt eindrücklich die knappen Angaben Hagendorfs.

Auch Überlebende der Gegenseite haben ihre Erinnerungen niedergeschrieben. Der heute bekannteste Augenzeuge ist Otto von Guericke – nach wie vor hört wohl jeder Schüler im Physikunterricht von seinem berühmten Experiment, mit dem er nach dem Krieg die Existenz des luftleeren Raumes nachwies: Guericke legte zwei Halbkugeln aus Messing so aneinander, dass sie eine luftdichte Kugel mit rund 60 Zentimetern Durchmesser formten. Mit einer selbst entwickelten Luftpumpe entfernte er über ein Ventil die Luft aus der Kugel – nun schafften selbst 16 Pferde es nicht mehr, mit vereinten Kräften die beiden Halbkugeln auseinanderzureißen. Anschließend öffnete Guericke das Ventil, Luft strömte zurück in die Kugel, und ihre beiden Hälften plumpsten wieder auseinander. Es war ein eindrucksvoll inszeniertes Spektakel, das oft wiederholt wurde und bis heute als Musterbeispiel für ein überzeugendes naturwissenschaftliches Experiment gilt: Fortan zweifelte kein ernsthafter Denker mehr an der Existenz eines Vakuums und der ungeheuren Kraft des Luftdrucks.

Im Hauptberuf war der Wissenschaftspionier allerdings Politiker. Guericke gehörte 1631 dem Rat von Magdeburg an: Als Bau- und Schutzherr der Stadt leitete er sozusagen das Dezernat für Bau- und Festungswesen. Er nahm an den entscheidenden Ratssitzungen vor und während des Sturms auf die Stadt teil, wurde Zeuge der Zerstörungen und überlebte mit knapper Not das Gemetzel – ein kaiserlicher Offizier brachte den Ratsherrn schließlich in Sicherheit.

Den größten Raum in diesem Kapitel werden die Erinnerungen eines Magdeburgers einnehmen, der beim Sturm auf die Stadt erst zwölf Jahre alt war: die von Johann Daniel Friese, Sohn des Oberstadtschreibers, das heißt des Leiters der Stadtverwaltung. Johann Daniel Friese schildert in seinen Lebenserinnerungen eindringlich, wie er und seine Familienangehörigen den plündernden Soldaten begegnen, beinahe getötet werden, furchtbare Ängste durchleben, grauenhafte Szenen beobachten, verraten werden, aber auch unwahrscheinliche Großherzigkeit erfahren und endlich Hoffnung schöpfen dürfen. Was Friese über die Magdeburger Apokalypse erzählt, gehört zu den bewegendsten Dokumenten seiner Zeit, und es verrät viel über das Denken und Handeln der damaligen Menschen. Im Folgenden wird nun Frieses anschauliche Schilderung in großen Teilen wiedergegeben, wobei die Passagen weitgehend unverändert übernommen sind aus der Textsammlung »Magdeburgs Zerstörung 1631«, herausgegeben von Stadtarchivar Ernst Neubauer im Jahr 1931. Ergänzend hinzu kommen Auszüge aus den Berichten der anderen genannten Augenzeugen. Sie alle sollen helfen, das unbegreifliche Geschehen begreifbarer zu machen.

Noch am Abend vor dem Sturm spazierte Johann Daniel Friese mit seinem Vater auf dem Festungswall: einer relativ niedrigen, aber extrem dicken Mauer, die anders als die veralteten mittelalterlichen Stadtmauern den Kanonen standhielt. »Auf dem Wall und allen Posten war die Wache wohl bestellt«, erzählt Friese. »Man hätte niemals vermutet, dass die Stadt am nächsten Morgen genommen werden soll, zumal ein kaiserlicher Trompeter in der Stadt war.« Dieser diente dem katholischen Heerführer Tilly, hatte in dessen Namen eine Kapitulations-Aufforderung an den Magdeburg Rat überbracht und wartete auf die Antwort, die er seinem Herrn überbringen würde.

Der Rat der Stadt ließ sich damit Zeit. Erst am nächsten Morgen um vier Uhr in der Früh trat er zusammen, um über das Antwortschreiben zu beraten. Der anwesende Militärkommandant und schwedische Offizier Falkenberg wollte offenbar eine Kapitulation unbedingt verhindern. Er hielt vor dem Rat einen schier endlosen Monolog mit Durchhalte-Argumenten. Der Zeitpunkt indes war schlecht gewählt: »Als er wohl eine Stunde lang geredet hatte«, berichtet Ratsmitglied Otto von Guericke, kamen Meldungen vom Herannahen zahlreicher feindlicher Truppen. Doch Falkenberg sprach unbeirrt weiter, »bis der Wächter auf dem St. Johannisturm Sturm geblasen hat«. Nun endlich eilte der Kommandant zur Festungsmauer, um die Verteidigung zu organisieren.

Der Angriff begann um sechs Uhr morgens. Die Unterkommandanten Tillys, darunter Pappenheim, sollten mit den insgesamt rund 25 000 Soldaten eigentlich gleichzeitig von verschiedenen Seiten attackieren. Doch in der Nacht hatte der zögernde

Tilly beschlossen, den Angriff um eine Stunde nach hinten zu verschieben. Pappenheim aber erfuhr davon nichts. Ob der Grund dafür eine Intrige innerhalb des Heereskommandos war oder eine Informationspanne, ist bis heute ungeklärt. Jedenfalls stürmten die Pappenheimer um sechs Uhr alleine los, unter ihnen Peter Hagendorf und der Söldnerhauptmann Georg Ackermann.

»Ich wurde mit 200 Mann zum ersten Sturm kommandiert«, erzählt Ackermann. Er und seine Männer überwanden rasch das Mauerwerk und gelangten auf den Wall. »Der war mit 400 Mann nebst dem schwedischen Feldmarschall Falkenberg wohl besetzt. Da war ein solches Donnern von Musketen, Feuermörsern und Kartaunen (*schweren Geschützen*), dass niemand weder hören noch sehen konnte. Und da uns zahlreiche Unterstützung folgte, so dass der ganze Wall schwarz von Volk (*hier: Soldaten*) und Sturmleitern bedeckt war, brachen wir endlich über den Wall ein.« Die Verteidiger flüchteten durch ein Stadttor in die Gassen Magdeburgs. Ackermann berichtet weiter: »In diesem Gefecht hatte unser Volk wohl an die 400 Sturmleitern über den Wall an die Mauer gebracht. Wir aber rückten mit den Flüchtenden durchs genannte Tor in die Stadt vor; etliche Hundert Tote nebst Falkenberg blieben auf dem Wall liegen.« Dies war nicht ganz korrekt: Der ebenso redefreudige wie tapfer kämpfende Falkenberg wurde zwar auf dem Wall von einer tödlichen Kugel getroffen, verblieb dort aber nicht, sondern wurde sterbend in ein Haus getragen. Das Ergebnis war das gleiche: Die Verteidiger hatten keinen Kommandanten mehr, die Angreifer drängten weiter vor.

Auch Peter Hagendorf überwand den Wall: »Da bin ich mit stürmender Hand ohne allen Schaden in die Stadt gekommen. Aber in der Stadt, am Neustädter Tor, bin ich zweimal durch den Leib geschossen worden – das ist meine Beute gewesen«, merkt der Söldner mit bitterer Ironie an. Und er konkretisiert: »Einmal bin ich durch den Bauch, vorne durchgeschossen worden, zum anderen durch beide Achseln, so dass die Kugel in dem Hemd gelegen ist.« Geschehen sei dies »den 20. Mai im Jahre 1631 frühmorgens um 9 Uhr«.

In der Tat gaben sich die Magdeburger nicht geschlagen, sondern begannen einen erbitterten Häuserkampf. Zwar waren sie mit ihren 2500 Söldnern und 5000 bewaffneten Bürgern klar in der Unterzahl, aber noch war nur ein kleiner Teil der 25 000 Angreifer in der Stadt. »Wir wurden ein zweites und ein drittes Mal zurück bis an die Mauern und Sturmleitern getrieben«, berichtet Söldnerhauptmann Ackermann.

In dieser prekären Lage sandte Pappenheim den Befehl, »ein paar Häuser anzuzünden in der Meinung, die Bürger von den Waffen abzubringen und zum Löschen zu veranlassen«, wie Ackermann erzählt. »Da es nun ein heller, schöner und stiller Tag war, wurden zwei Häuser gegen unseren Willen bei der Hohen Pforte angezündet.« Die Hohe Pforte bildete das Tor zur Neustadt und war damit offenbar das Tor, an dem unser Söldner Hagendorf zweimal von Heckenschützen getroffen wurde. Seine Verwundung spielte also womöglich eine Rolle für die Entscheidung, hier Feuer zu legen, um das Widerstandsnest auszuräuchern – und so das Schicksal Magdeburgs zu besiegeln. Historiker jedenfalls halten es für durchaus wahrscheinlich, dass diese Zündelei versehentlich zu dem fatalen Feuersturm führte. In Ackermanns Bericht spricht nichts gegen diese These: Die beiden Häuser »brannten nun über eine gute Stunde hell wie Licht«, so der Söldnerhauptmann. »Es wollte sich aber kein einziger Bürger von den Waffen zum Löschen begeben, sondern sie fochten an allen Enden der Stadt unaufhörlich und verzweifelt mitsamt der Reiterei, worüber wir unsere Kräfte verloren.«

Schließlich gelang es den Angreifern, von innen ein Stadttor zu öffnen, und das gesamte katholische Heer flutete in die Stadt. Der Kampf war entschieden – und ringsum schlugen die Flammen hoch, wie Ackermann berichtet: »Es kam ein großer Sturmwind auf. Die Stadt ging an allen Orten mit Feuer an, so dass es weder Rettung noch Hilfe gab.« Die Uhrzeit des Brandes nennt Otto von Guericke: »Um 10 Uhr vormittags hat alles in Feuer gestanden.«

Die im Sturm eroberte Stadt stand nach altem Brauch den Angreifern zur Plünderung frei – und die Soldaten mussten sich beeilen, um schneller zu sein als das Feuer, das Sieger, Besiegte und deren Habseligkeiten gleichermaßen zu verzehren drohte. »Ich kam erst in den Gewürzladen«, erzählt Ackermann. »Da war eine Schachtel mit Muskatnüssen heruntergeworfen, von denen ich eine ins Maul nahm und dadurch wieder zu Kräften kam.« Er griff sich eine Axt »und schlug damit die innere Tür des Hauses sperrangelweit auf« – mit fatalen Folgen: »Als die Tür aufsprang, stand einer mit angeschlagenem Gewehr und gab Feuer auf mich, aber da ich mich wendete, streifte er mich nur am Arm und schoss einen neben mir nieder. Er lief mit seinem Gewehr die Wendeltreppe hinauf und schlug eine eiserne Tür hinter sich zu.«

Ackermann verzichtete darauf, den Mann weiter zu verfolgen: »Ich hatte das Türaufschlagen satt und suchte mit meinen Leuten unten im Haus herum. Da fanden wir einen Kammerdiener, der flehentlich um Quartier (*Verschonung*) bat. Ich sagte es ihm zu, sofern er uns etwas zeigen könnte.« Der Diener führte die Soldaten zu einem versteckten eisernen Kasten, der verschlossen war. Ackermann und seine Männer schlugen mühevoll mit der Axt ein »sehr krauses und zottliges« Loch hinein. »Dann griffen wir einer um den anderen in das Loch, wie wenn man in einen Glückstopf greift«, erzählt der Söldnerhauptmann freudig. »Ich bekam auch eine schöne goldene Kette mit einem köstlichen Kleinod.« Nach all den Gefahren – rund ein Drittel von Ackermanns Männern waren beim Sturm gestorben – hatte der Söldnerführer ein großes Los gezogen. Nun wollte er offenbar sein Glück nicht mehr weiter strapazieren und verließ alsbald das Stadtgebiet.

Für die Bürger in Magdeburg war das nicht möglich. Sie saßen wie Kaninchen in der Falle und versuchten verzweifelt, sich aus dem, was sie hörten – und dem wenigen, was sie sahen –, einen Reim zu machen. So berichtet der damals zwölfjährige Johann Daniel Friese, dass zunächst »das Schießen draußen immer mehr überhandnahm«. Doch dann wurde es plötzlich ruhig, »kein Schuss wurde mehr gehört, woraus jeder schließen konnte, dass nun die Stadt erobert war, da keine Gegenwehr geschah«. Ein weiteres Zeichen dafür waren Flüchtende der Bürgerwehr, »welche mit ihren Gewehren gelaufen kamen und Ach und Weh schrien«.

Die meisten Bewohner zogen sich in ihre Häuser zurück und schlossen die Türen. Frieses Familie reagierte etwas später als die Nachbarn – und plötzlich kam durch ihre noch offene Tür ein »am ganzen Körper zitternder« Bauer, so Friese. »Wir erschraken noch mehr als der Bauer, und Vater meinte, es wären gewiss Soldaten hinter ihm her« – was die Frieses in das Blickfeld der Verfolger rücken würde. »Aber der arme Bauer hatte sonst kein Loch gesehen, durch das er von der Gasse wegkommen könnte, da alle anderen Haustüren außer unserer zu waren.« Es war ein klassisches Dilemma – soll man dem Verfolgten helfen, wenn man dadurch sich selbst und seine Angehörigen in Gefahr bringt? Die Frieses entschieden sich so: »Wir ließen den Bauern zu unserer Gartentür hinaus« – also von der Straße weg – »und ich weiß nicht, wo er ferner hingekommen ist.«

Dann kamen die Eroberer. »Nicht lang darauf schrien die kaiserlichen Soldaten in allen Straßen: ›All gewonnen! All gewonnen!‹ und schlugen an die Türen wie lebende Teufel«, schildert Friese. »Die Soldaten drohten, sie würden keine Seele am Leben lassen, wenn wir nicht aufmachen und sie hineinkämen.« Die Frieses öffneten die Tür, und herein traten zwei Musketiere. »Vater und Mutter gaben ihnen, was sie an Geld bei sich hatten, auch einige Kleider und Geräte; damit ließen sie sich befriedigen«, erzählt Friese. »Wir baten sie gar sehr, sie möchten uns doch hinaushelfen (*aus der Stadt*), wir würden auch Lösegeld zahlen. Aber es war kein Gehör bei ihnen; denn sie sagten, sie müssten erst Beute machen.« Diese Antwort ist symptomatisch für Söldner der damaligen Zeit: Für diese war

Beute mehr als nur schneller Gewinn – sie war oft lebensnotwendig. Der Sold wurde bisweilen monatelang nicht gezahlt, und viele Lohnsoldaten hatten zudem eine Familie zu ernähren, so wie Peter Hagendorf. Wer in dieser Situation aufs Plündern verzichtete, gefährdete das Überleben seiner Angehörigen – Beute zu machen war also für viele Soldaten geradezu eine moralische Pflicht. Und so ist das »müssen« in der kaltherzig klingenden Antwort »Wir müssen erst Beute machen« womöglich wörtlicher zu verstehen, als man gemeinhin denken würde.

Die Eindringlinge waren weg, das Geld auch – und die Frieses standen vor einem existenzbedrohenden Problem, das der prominente Augenzeuge Otto von Guericke so beschreibt: »Insbesondere hat jeder von den Feinden nach vieler und großer Beute gefragt. Wenn dann ein Trupp in ein Haus gekommen ist und der Hausherr etwas zu geben vermochte, konnte er sich und die Seinen so lange erhalten, bis ein anderer Trupp kam. Endlich aber, wenn alles hingegeben war, hat die Not erst begonnen. Da haben sie angefangen zu prügeln und gedroht zu erschießen« – und das dann allzu oft auch getan. Zumal die Plünderer selbst hoch nervös waren, da überall Heckenschützen drohten, wie die erwähnten Erlebnisse von Hagendorf und Ackermann zeigen, und die Soldaten nicht wussten, ob ein Magdeburger Einwohner ihnen nichts geben konnte oder nichts geben wollte.

Frieses Vater war dies sehr wohl bewusst – und er reagierte geistesgegenwärtig: »Als nun die zwei Musketiere weg waren, nahm der Vater eine Axt und schlug den Ofen, die Türen und die Fenster selbst ein, riss auch das Stroh aus den Betten und streute es im Haus herum, warf auch die alten Bettbezüge und Betten des Gesindes ins Haus, ebenso die Töpfe aus der Küche und ließ das Haus sperrangelweit offen. Es sah aus, als wenn die Furien darin getobt hätten«, so Friese. Es gehörte sicher Nervenstärke dazu, sich nicht instinktiv im geschlossenen Haus zu verkriechen, sondern den Feind durch demonstrative

Offenheit zu täuschen. Der Trick schien zu funktionieren: »Anfangs kam keiner ins Haus, da man stets annahm, das Nest wäre schon zerstört« – allerdings nur für eine kurze Zeit.

»Nichtsdestoweniger kamen Soldaten zu uns herein, denn sie hatten im Vorüberlaufen die Mutter gesehen. Sie erwischten uns alle in der Stube, fielen Vater und Mutter an und begehrten Geld«, erzählt Friese. »Sie waren ihrer vier Musketiere, alle mit brennenden Lunten, schlugen und stießen heftig auf den Vater ein; die Mutter warf bisweilen eine Hand vor, aber es half nichts. Wir Kinder hingen uns wie Kletten an die Soldaten an und schrien, sie sollten uns nur Vater und Mutter leben lassen. Sosehr wir uns anhingen und an ihnen zerrten, so hat uns doch Gott behütet, dass uns kein Soldat im Geringsten etwas getan hätte.« Schließlich gelang es den Frieses, die Eindringlinge zufriedenzustellen: »Diesen Gästen gaben wir einen Teil des Geschmeides und andere Kostbarkeiten; auch das beste Leinen suchten sie aus und liefen wieder davon.«

Als Nächstes kamen sieben Soldaten: »Sie redeten in fremder Sprache, so dass kein Mensch wusste, was sie sagten.« Aber mit Gesten machten die Männer klar, dass sie Geld wollten. Frieses Vater versuchte trotz der Sprachbarriere irgendwie zu erklären, dass andere Soldaten bereits alles genommen hätten – vergeblich. »Sie verstanden es nicht, sondern schossen zweimal im Haus nach ihm; Gott aber verhütete es, dass sie dem Vater Schaden taten, sondern die Kugeln fuhren in die Wand hinein.« Frieses Eltern flüchteten in die Stube, und ein Unteroffizier »holte mit einer Hellebarde aus und hieb nach dem Vater, der gerade zur Stubentür hineinlief. Da hieb der Schelm ein großes Stück aus dem Sims über der Tür, und so wurde der Vater gnädiglich erhalten.«

Nachdem Frieses Vater den Kugeln und der Hellebarde knapp entronnen war, gelang es ihm, mit dem Offizier der Truppe zu sprechen: auf Latein, der europaweiten Verkehrssprache der gebildeten Schichten. Die fremden Soldaten ließen sich dadurch etwas beruhigen, verlangten aber weiter Geld, bevor sie abzogen. Frieses Mutter führte den Offizier durchs Haus zu einem Kästchen, in dem sich Perlen und das Patengeld der Kinder befanden. Zudem versuchte die Familie, den Offizier zu überreden, sie gegen Lösegeld aus Magdeburg herauszuschaffen. »Aber er war nicht dazu zu bewegen, fluchte gewaltig und tat sehr grausam. Endlich ließ er uns gehen und nahm des Vaters besten Mantel.« Seine Soldaten durchwühlten noch eine halbe Stunde lang das Haus, dann war es um etwa neun Uhr morgens darin wieder still. Die Familie hatte drei Begegnungen mit den Eroberern überstanden, und jede war gefährlicher verlaufen als die vorhergehende. Jetzt waren fast alle Ersparnisse weg. Was würde bei einer vierten Begegnung geschehen?

Die Frieses wollten es nicht darauf ankommen lassen und gingen daran, sich auf dem alten Dachboden des Hauses zu verstecken. »Der war wie ein Taubenschlag gemacht und sehr finster, und es wäre so schnell niemand zu uns gekommen.« Aber dort, so vermerkt Friese, »wären wir alle verbrannt« – wenn nicht plötzlich ihre frühere Magd namens Nadlerin herbeigekommen wäre, »die unser Glück und Unglück war«.

Die Nadlerin glaubte, ihr Ehemann wäre in den Gefechten am Stadtwall umgekommen, und wollte bei den Frieses unterschlüpfen. Die Familie verkroch sich schnell auf dem Dachboden, während ihre ehemalige Magd zunächst ihren Korb mit Habseligkeiten in der Kohlenkammer versteckte. Dann eilte sie über den Hof in Richtung Dachboden, schildert Friese, und »da sah sie ein Soldat und war hinterdrein mit ziemlichem Geschrei: ›Halt! Halt!‹«

»Unsere Magd, welche nicht faul auf den Beinen war, lief mit Schreien geschwind die Treppen hinauf und zu uns auf den Boden. Der Soldat aber hörte das Laufen und Ächzen, kam nach einem Weilchen nach und fand uns alle beisammen.« Die Frau hatte den Feind unwillentlich zur Familie geführt – und der Soldat ging sogleich »auf den Vater mit einem Spitzhammer los«.

»Die Mutter lief alsbald mit Schreien hinzu und wir Kinder alle um den Soldaten herum, baten und riefen, er solle doch nur den Vater leben lassen. Mein vierter Bruder Christian, ein kleines Kind, das kaum laufen und sprechen konnte, sprach in seiner Angst zu dem Soldaten: ›Ach, lasst doch nur den Vater leben; ich will Euch gern meinen Dreier geben, den ich am Sonntag bekomme‹« – der kleine Junge bot also sein Taschengeld an für das Leben seines Vaters.

Was Friese im Folgenden berichtet, verrät viel über die damaligen Menschen – über ihre Überlebensstrategien, ihre Solidarität und Mitgefühl in Extremsituationen ebenso wie über Misstrauen und Gewalt: »Diese Worte des einfältigen Kindes bewegten vielleicht des Soldaten Herz, so dass er sich alsbald änderte und statt eines grausamen ein freundliches Gemüt zu uns wendete. Er sah uns Kinder an, wie wir da um ihn standen, und sagte in seiner Nürnberger Mundart: ›Ei, das sind feine Bübel!‹ Danach sagte er zum Vater: ›Willst Du mit den Kindern herauskommen, so gehe alsbald fort; denn wenn die Kroaten in einer Stunde hereinkommen, so wirst Du schwerlich am Leben bleiben.‹«

»Indessen besann sich der Soldat und sprach: ›Ja, ich habe aber gar keine Beute gemacht. Ich will Euch hinausführen, aber ich muss erst Beute machen.‹ Da fielen wir ihm zu Füßen und baten ihn, uns doch nur mitzunehmen; wir wollten gern, wenn er uns nach Gommern (*einem Ort in der Nähe*) bringen würde, ihm 200 Taler geben. Aber er sagte, er müsste erst Beute haben; wir sollten nur dableiben. Er wollte noch ein paar Häuser durchsuchen, dann würde er uns holen. Er schwur sehr hoch, er würde wiederkommen. Weil er nun so gar hart darauf bestand, er müsse erst Beute haben, schlug die Nadlerin (*die ehemalige Magd*) vor, er sollte mit ihr in ihr Haus gehen, da wären Kleider und Geld und andere Sachen ihres (*mutmaßlich gefallenen*) Mannes, die würde sie ihm geben, wenn er uns nur hinausführte. Der Soldat ging mit ihr weg; der Vater bat die Magd, ja diese letzte Treue an uns zu tun und den Soldaten wiederzubringen.«

»Wir aber zweifelten arg, ob sie wiederkommen, und krochen verzagt wieder unter das alte Dach (*in das Versteck*). Dort hörten wir, wie Kisten und Kasten in unserem und der Nachbarn Häuser aufschlugen, sahen auch durch die Ziegel, wie die armen Leute geschlagen, gepeinigt und gemartert wurden, und fürchteten in jeder Minute den Tod. In solcher Angst blieben wir eine halbe Stunde.«

»Unterdessen war der Soldat mit der Nadlerin eine sehr weite Strecke in ihr Haus gegangen, und sie trug selbst Huckepack (*die Sachen ihres Mannes*) für den Soldaten« – der unterwegs »mehrmals sagte, sie solle ihn wieder in das Haus führen, wo die Bübel wären«. Im Hof angekommen, rief der Soldat die Familie herunter und empfing sie. »Das ganze Haus war voll Soldaten. Einige wollten auch stracks auf den Vater los, aber der Soldat nahm sich unserer an und sagte, wir wären seine Gefangenen.«

»Er sagte auch, wir sollten Brot mit ins Lager nehmen; es wäre draußen wenig zu bekommen. Darauf nahm die Mutter zwei Brote in einen Korb und steckte in der Küche noch zwei silberne Löffel ein; ferner gab sie meinem Bruder Samuel ein Gebetbuch in schwarzem Samt und mit Silber stark beschlagen. Schließlich hatten die Eltern in dem alten Stall auf einem vorstehenden Balken oben ein Päckchen versteckt, in dem eine goldene und eine perlene Hutschnur, etwas Geld, Kettchen und Armbänder waren. Diese holten sie so: Der Vater tat, als wollte er seine Notdurft im Hofe verrichten, und die Mutter ging auch unter diesem Vorwand in den Stall hinein und hob mich in die Höhe, so dass ich hinaufklettern und das Päckchen hinunterwerfen konnte. Dies legte sie zuunterst in den Korb und die zwei Brote darüber.«

»So gingen wir ungefähr um 10 Uhr aus dem Haus heraus. Wir Kinder nahmen einander paarweise an den Händen und gingen, als der Vater ernst drohte, geschwind dem Soldaten nach. Unsere Magd Anna, welche die kleine Schwester hütete, trug diese auf dem Arm in ihrem Bettchen hinter uns her und gab neben der Nadlerin ein wenig acht auf uns Kinder; schließlich folgten Vater und Mutter. Damit der Vater besser durchkommt, gab der Soldat ihm seine Muskete zu tragen. Der Vater sah auch wirklich einem Soldaten nicht unähnlich, denn sein Gesicht war ganz schwarz von den Schüssen geworden, und er hatte sich beim Einschlagen des Ofens usw. böse zugerichtet.« Die Maskerade beschränkte sich dabei nicht nur aufs Aussehen: »Er ging also neben der Mutter und hat mich oft im Gedränge wie ein Soldat durchgerissen und zur Mutter gesagt: ›Frau, geh weiter!‹, wie man sonst zu jemand Fremden sagen würde.«

»Als wir nun durch ein paar Gassen gingen, sahen wir verschiedene Tote beieinander liegen und mussten oft im großen Gedränge über die toten Körper laufen. Unter anderem sahen wir einen Bauern oben aus einem Dachstuhl herunterstürzen, der mit heißem Wasser verbrannt war und gewaltig rauchte. Er lag in der Gasse, wälzte sich und schrie erbärmlich. Ferner lag eine Magd auf der Straße, die Fleisch in einem Handkorb getragen hatte. Sie war erschossen worden, und es stand ein Hund dabei, der das Fleisch fraß.«

»Der Soldat aber ging in ein Haus und wir ihm nach. Er sagte, er müsste uns Kindern etwas zu essen und zu trinken holen, denn es sei sehr weit in das Lager. Er stieg dort in die Speisekammer und reichte Würste und Speckseiten herab. Er ergriff einen bunten türkischen Teppich, wickelte diese darin ein und trug sie so hinaus. Unterdessen aßen wir Kinder von dem Brot, das wir mitgenommen hatten. Es waren aber noch etwa zwanzig andere kleine Kinder in dem Haus. Sie liefen zu unserer Mutter und wollten auch Brot haben. Diesen teilte die Mutter fast das halbe Brot aus. Der Soldat lief auch in den Keller und brachte Bier in einem Eimer herauf. Davon tranken wir.«

»Unterwegs begegnete ein (*anderer*) Soldat der Mutter und riss ihr den Überrock vom Leib. Ein weiterer wollte die Kinderfrau, die die kleine Schwester trug, anpacken. Aber unser Soldat ging dazwischen. Da ließ er sie wieder gehen. Wir sahen sehr viele Tote und einige Frauen ganz entblößt liegen. Sie waren mit dem Kopf in ein großes Braufass voller Wasser gestürzt und ertränkt worden, hingen aber mit dem halben Körper und den Beinen heraus, was ein erbärmlicher Anblick war.«

»Endlich half uns der liebe Gott durch die Pforte«, die aus der Stadt hinausführte zum Festungswall. Die Gruppe kletterte den Wall hinab, gelangte ins Feldlager der kaiserlichen Belagerungsarmee und zur Hütte des Soldaten. »Dieser hatte eine Frau, die eine Nürnbergerin war. Sie empfing uns gar nicht freundlich, sondern sagte zu dem Mann: ›Was zum Teufel bringst Du? Du bringst die Hütte voll Kinder. Ich dachte, Du brächtest Beute!‹« Die schimpfende Frau unterstreicht noch einmal das oben beschriebene Gewissens-Dilemma, in das ein Soldat geraten konnte: Wer aufs Rauben und Plündern verzichtete, schadete seinen Angehörigen.

»Der Mann beruhigte seine Frau, er hätte die Bübel herausführen müssen. Gott würde ihm schon Beute bescheren. Er legte darauf seinen Teppich mit den Speckseiten in die Hütte. Die Soldatenfrau gab sich schließlich auch zufrieden; denn sie kochte für die Offiziere des Regiments und hatte viel zu schaffen. Da half ihr unsere Mutter anrichten, kochen und braten und ging ihr zur Hand wie eine Magd; das gefiel der Frau sehr wohl.«

»Diese Nacht um 11 Uhr stand die ganze Stadt in Flammen. Der Vater führte uns aus der Hütte, damit wir unser Leben lang davon erzählen können. Das Lager war ein großes Stück von der Stadt entfernt, doch es war alles hell von der großen Feuersglut, so dass man einen Brief dabei lesen konnte.«

Das gewaltige Flammenmeer erwähnen auch andere Augenzeugen, etwa unser Söldner Peter Hagendorf: »Ist mir doch von Herzen leid gewesen, dass die Stadt so schrecklich gebrannt hat, wegen der schönen Stadt und weil es meines Vaterlandes ist.« Hagendorf betrachtete den Feuersturm ebenfalls vom Lager aus – in das er gebracht wurde, nachdem er in Magdeburg von zwei Kugeln getroffen worden war. Eine Kugel hatte ihn wie erwähnt durchschlagen, die andere musste herausoperiert werden: »Also hat mir der Feldscher die Hände auf den Rücken gebunden, damit er hat können den Meißel einbringen. So bin ich in meine Hütte gebracht worden, halbtot.«

Um an die notwendige Beute zu kommen, tauschten er und seine Frau Anna Stadlerin dann die Rollen: Die Ehegattin übernahm das Plündern – und der verwundete Söldner hütete die kranke einjährige Tochter. »Meine Frau ist in die Stadt gegangen, obwohl diese überall gebrannt hat«, berichtet Hagendorf. »Nun kam es im Lager zu Geschrei, dass die Häuser alle übereinander fallen, so dass viele Soldaten und Frauen, die mausen (*plündern*) wollen, darin bleiben mussten. So hat mich meine Frau mehr bekümmert, wegen des kranken Kindes, als mein Schaden.«

»Doch Gott hat sie behütet. Sie kam nach anderthalb Stunden mit einer alten Frau aus der Stadt, die sie mit sich hinausgeführt hat«, fährt Hagendorf fort. Die alte Magdeburgerin half beim Tragen der Beute – was für die ärmeren Stadtbewohner eine der wenigen Möglichkeiten bildete, dem Inferno zu entkommen. Und Anna Stadlerin konnte dank der Unterstützung der alten Frau einiges aus der Stadt schaffen, vor allem Bettzeug, das als Unterlage und Verbandsmaterial für ihren verwundeten Mann diente. »Sie hat mir auch eine große Kanne mit vier Maß (*gut vier Litern*) Wein gebracht, hat außerdem zwei silberne Gürtel gefunden und Kleider, so dass ich dafür in Halberstadt zwölf Taler erhalten habe«, berichtet Hagendorf mit erkennbarem Stolz auf seine Frau. Zudem zeigten die anderen Söldner Solidarität: »Am Abend sind meine Gefährten gekommen, und ein jeder hat mir etwas verehrt, einen Taler oder einen halben Taler.«

Das Beutemachen war für das Überleben zu wichtig, um eine reine Männersache zu sein. Auch die Frau des Soldaten, der die Familie Friese gerettet hatte, kümmerte sich mit um das Plündern – offenbar wollte sie es ihrem allzu gutherzigen Mann nicht alleine überlassen: »Am folgenden Tag, den 21. Mai, ging der Soldat mit seiner Frau in die Stadt und holte Beute«, erzählt Johann Daniel Friese.

»Unsere Mutter musste unterdessen das Kind des Soldaten hüten und das Essen besorgen«, fährt Friese fort. Sein Vater, der als Oberstadtschreiber zu den höheren Verantwortlichen in Magdeburg gezählt hatte, verbarg sich derweil in der Hütte des Söldners: »Der Vater saß stets drinnen, damit man ihn nicht erkannte. Er konnte aber durch das Fenster sehen, wie viele gute Freunde, Bekannte und Bürger, auch Frauen, an Stricken durch das Lager geführt wurden. Sobald aber Bekannte vorübergeführt wurden, die unsere Mutter außen vor dem Fenster sahen, war dies das Allerärgste. Denn sie redeten die Mutter alsbald an: ›Frau Stadtschreibersche, seid Ihr auch hier? Könnt Ihr herumgehen? Ich muss mich loskaufen, aber Ihr habt es gut.‹«

Das Gerede brachte die Frieses in Gefahr: Was würde geschehen, wenn ein anderer Söldner mitbekäme, welch hochstehender Vertreter des Feindes sich da frei im Lager bewegt? Entsprechend schlecht war Johann Daniel Friese auf die Magdeburger Bekannten zu sprechen: »Die elenden Leute gönnten uns also unser Glück nicht und hätten uns mit ihren leichtfertigen Reden gar bald in großes Unglück führen können.«

»Gegen Abend kamen der Soldat und seine Frau wieder und brachten treffliche Beute an Geschmeide, Gold und köstlichem Leinen. Und der Soldat sagte, Gott hätte sie ihm deswegen beschert, weil er die kleinen Bübel herausgeführt hätte«, teilt Friese mit.

»Am dritten Tag musste der Soldat auf Wache ziehen; daher konnte er uns nicht nach Gommern bringen, wie er versprochen hatte. Am 23. Mai früh vor Tagesbeginn führte uns der Soldat zu dem Quartier eines Leutnants, der uns nach Wolmirstedt (*15 Kilometer nördlich von Magdeburg*) bringen sollte, und der Soldat wollte kein Lösegeld von uns: Er sagte, Gott hätte ihm genug beschert.« Frieses Retter offenbarte sich damit als tatsächlich selbstloser Helfer, als guter Mensch.

»Genau genommen war er aber ein schlechter Söldner«, kommentiert der Historiker Michael Kaiser, zumal »Menschenfreundlichkeit für den wohltätigen Soldaten eine riskante

Tugend sein konnte«. Wie es dem Nürnberger Soldaten und seiner Familie weiter erging, ist leider nicht bekannt. Die Frieses verabschiedeten sich und drängten offenbar darauf, sich erkenntlich zu zeigen: »Endlich nahm seine Frau noch von uns die zwei silbernen Löffel, die die Mutter in der Küche eingesteckt hatte.« Die Begegnung zwischen anfänglichen Feinden – der Soldat war ja zunächst mit dem Spitzhammer auf Frieses Vater losgegangen – nahm damit ein bewegendes und versöhnliches Ende. Die Tat eines Einzelnen, eines einfachen Söldners, hatte für eine ganze Familie den Unterschied ausgemacht: zwischen Verzweiflung und Hoffnung, Tod und Leben. Inmitten all des Grauens bildet die Geschichte vom guten Soldaten einen Lichtblick in einer düsteren Zeit.

Am Tag darauf zog der kaiserliche Heerführer Tilly in Magdeburg ein und befahl, die Plünderungen einzustellen. Den Überlebenden wurde freies Geleit zugesagt, unter anderem den 1000 bis 4000 Magdeburgern, die in den Dom geflüchtet waren. Sie hatten Tage in fortwährender Todesangst zugebracht. Dank einer Schildwache, die Tilly vor diesem Gotteshaus abgestellt hatte, blieben sie von dem Feuer und den Gewalttaten verschont – während fast alle anderen Kirchen und Häuser abbrannten: Etwa 1700 der 1900 Gebäude Magdeburgs verwandelten sich in eingestürzte, verkohlte Ruinen. Es blieben faktisch nur noch ein paar Reihen von Häusern rund um den geretteten Dom sowie am Flussufer stehen.

Die Straßen waren voller Leichen, viele davon nackt, zerstückelt, gefoltert, Opfer von Vergewaltigungen und enthemmter Grausamkeiten. Die meisten starben aber durch die Flammen, so wie Pappenheim nach der Erstürmung berichtet: »Was sich nun an Menschen in den Kellern und Dachböden versteckt hat, ist alles verbrannt. Ich halte dafür, sind über 20 000 Seelen hinfortgegangen. Es ist gewiss seit der Zerstörung Jerusalems kein gräulicheres Werk und Strafe Gottes gesehen worden. Alle unsere Soldaten sind reich geworden. Gott mit uns.« Der Vergleich mit der blutigen Eroberung Jerusalems durch die Römer 70 nach Christus unterstreicht, um was für ein ungeheuerliches Ereignis es sich handelte, sogar aus Sicht der Sieger.

Es begannen die Aufräumarbeiten, wobei es nahezu unmöglich war, all die Toten hinreichend rasch zu beerdigen, um Fäulnis und Seuchen vorzubeugen. Der siegreiche Feldherr Tilly ließ daher, wie unter anderem Otto von Guericke berichtet, »die Leichname auf Wagen laden und zum Wasser der Elbe fahren«. Laut einem Zeitzeugen wurden insgesamt 8000 Tote in den Fluss geworfen, was ein gespenstisches Bild ergab, wie Guericke erzählt: »Die Leichname, die in die Elbe gebracht wurden, konnten nicht bald wegfließen, weil dort überall Wirbel sind. Daher sind viele lange herumgeschwommen, haben teils die Köpfe aus dem Wasser gehoben, teils die Hände gleichsam gen Himmel gereckt.«

Die Stadt, die zu den größten und reichsten in Deutschland gezählt hatte, war faktisch ausgelöscht. Und das Grauen hörte nicht auf: »Man hat fast ein ganzes Jahr in den verfallenen Kellern viele Tote zu fünft, zehnt oder mehr gefunden«, berichtet Guericke.

Das damalige Ratsmitglied arbeitete auch nach der Katastrophe weiter für seine geschundene Stadt, die langsam wieder aus den Ruinen auferstand. Ab 1642 war Guericke immer wieder in diplomatischer Mission für Magdeburg unterwegs, 1646 wurde er zu einem der vier Bürgermeister gewählt. Nebenbei unternahm er seine spektakulären physikalischen Experimente, die schon zu seinen Lebzeiten ein großes Echo fanden – 1654 sah sie sich sogar der Kaiser an – und deren genialer Aufbau bis heute die Menschen fasziniert. Guericke wurde 83 Jahre alt und starb 1686.

Ein hohes Alter erreichte auch der Söldnerhauptmann Ackermann, der beim Plündern beinahe erschossen worden wäre. 1636, also noch während des Kriegs, zog er sich aus der Armee zurück und baute sich im sachsen-anhaltinischen Kroppenstedt eine Landwirtschaft auf. Seine Beute – Ackermann selbst schrieb vom »Glückstopf«, in den er in Magdeburg griff – half ihm sicherlich dabei. Umgekehrt konnte der Ex-Söldner seine militärischen Erfahrungen für Kroppenstedt einsetzen und einmal über alte Armee-Verbindungen eine Plünderung des Ortes abwenden. Ackermann heiratete, bekam elf Kinder, ein Sohn studierte sogar an der Universität, und er wurde 77 Jahre alt – als er Ende 1680 starb, war der Krieg seit 32 Jahren vorbei.

Der zwölfjährige Johann Daniel Friese und seine Familie hatten noch eine abenteuerliche Flucht zu bestehen, nachdem sie sich am 23. Mai 1631 von ihrem Lebensretter verabschiedet hatten. Zunächst ging alles glatt, und die Frieses wurden wie vereinbart aus dem Heerlager gebracht: »Wir fuhren in aller Früh in einem Leiterwägelchen davon; darin waren über 15 Personen«, erzählt Johann Daniel Friese. »Wir saßen wie die Gänse und Hühner übereinander und kamen um 10 Uhr in Wolmirstedt an. Für diese Reise musste der Vater die perlene Hutschnur geben.«

»Zu Wolmirstedt beherbergte uns eine arme alte Frau«, fährt Friese fort. Sein Vater begab sich mit den Kindern zum Schloss über der Stadt in der Hoffnung, vom Kommandanten einen Pass zu erhalten, der ihnen Reisefreiheit gewährt. Audienz erhielten die Frieses zunächst bei der Ehefrau des Kommandanten: »Wir Kinder fielen alle auf die Knie, und der Vater bat mit bewegenden Worten, dass wir einen Pass bekämen«, schildert Friese. Die Frau ging daraufhin zu ihrem Gatten, und während die Frieses warteten, kam ein Magdeburger Ratsherr vorbei, dessen Hände gefesselt waren.

»Als der Ratsherr den Vater sah, sprach er: ›Glück zu, Herr Stadtschreiber! Seid Ihr auch entkommen? Gottlob, Ihr habt es gut. Ihr könnt gehen, wohin Ihr wollt, ich bin gefesselt. Ihr solltet viel eher als ich gefesselt sein!‹ Er schalt und fluchte gräulich, dass er gefangen und andere Leute frei wären. Darauf wurde der Vater ängstlich«, erzählt Friese. »Er bat den Mann, er sollte ihn doch nicht verraten, er hätte die armen Kinder da. Aber der schalt und fluchte weiter und nannte den Vater vielmals Stadtschreiber.«

Die Frau des Kommandanten kehrte zurück und teilte mit, dass ihr Gatte niemandem einen Pass ausstellen dürfe. Die Frieses eilten aus dem Schloss: »Wir gingen geschwind wieder hinunter. Der gottlose Mensch hatte uns aber doch verraten«, berichtet Friese. »Darauf ließen sie uns in der Unterkunft suchen.« Doch die Herbergswirtin warnte die Gesuchten rechtzeitig, und diese konnten sich verstecken: »Wir setzten uns in den dicksten Busch und warteten bis zum Abend. Dann krochen wir hervor und blieben über Nacht in der Scheune.«

Am nächsten Morgen erfuhren die Frieses von ihrer Wirtin, dass sich im sechs Kilometer entfernten Ort Barleben Händler aufhielten, die planten, in die rund 50 Kilometer entfernte Stadt Halberstadt zu fahren. Dorthin wurden die verwundeten Soldaten verlegt, unter anderem auch unser Söldner Peter Hagendorf. Für die Frieses bedeutete dies eine Chance, dem Magdeburger Umfeld zu entkommen, zumal sie in Halberstadt Freunde hatten, bei denen sie unterschlüpfen konnten.

»Wir gingen gegen Mittag weg nach Barleben, kamen erst spät am Abend an, saßen vor dem Dorf und hatten keine Herberge«, berichtet Friese. »Da erbarmte sich eine arme Witwe unser; doch mussten wir mit einem Stübchen vorliebnehmen, das voller Mist und Stroh war. Sie gab uns auch etwas Brot und Käse und ein Licht, damit nur das kleinste Kind still bliebe. Denn wir durften uns nicht regen, da bei ihr auch ein Soldat einquartiert war« – der offenbar eine Bedrohung für die Familie darstellte. »Gott gab Gnade, dass auch dieser Sturm vorüberging und wir die Nacht sicher verbrachten.« Damit hatten die Frieses schon zum dritten Mal entscheidende Hilfe von einer fremden Person erhalten – in Magdeburg von dem Soldaten, in Wolmirstedt von der alten Herbergswirtin und in Barleben von der armen Witwe.

»Am Morgen des 25. Mai ging der Vater alsbald zu den Marketendern (*Händlern beim Heer*) und fragte, ob sie nach Halberstadt führen, handelte mit ihnen und setzte uns vier Kinder in die leeren Fässer.« Johann Daniel Friese und seine

Geschwister wurden so erfolgreich herausgeschmuggelt. »Also fuhren wir auf zwei Wagen mit 20 Reitern zum Geleit. Endlich kamen wir nach Halberstadt.« Dort mussten Frieses Eltern noch ihren Fluchthelfern die vereinbarten sieben Taler bezahlen, fast zwei Monatsgehälter eines Soldaten. So viel Geld besaß die Familie aber nicht mehr. »Daher musste ich als der älteste Sohn bei den Marketendern zum Pfand bleiben, bis die Eltern das Geld brachten, das sie sich bei Bekannten und Freunden liehen«, berichtet der damals zwölfjährige Friese. »So kamen wir aus diesem großen Sturm davon.«

Nach der geglückten Flucht fand Frieses Vater in der Residenzstadt Altenburg im heutigen Thüringen eine Anstellung als Kanzleisekretär. Johann Daniel Friese wurde dort später Konrektor, schrieb seine Erinnerungen nieder, und sein Sohn Friedrich Friese wiederum veröffentlichte diese 1703 – und sorgte so 72 Jahre nach den schrecklichen Ereignissen dafür, dass die ergreifenden Erinnerungen seines Vaters der Nachwelt erhalten blieben.

* * *

Unser Tagebuchschreiber Maurus Friesenegger im bayerischen Kloster Andechs erwähnt die Ereignisse von Magdeburg hingegen mit keinem Wort.

1631
Triumph der neuen Taktik

Nach der Schlacht um Magdeburg wendete sich das Kriegsglück radikal. Im Rückblick erscheint der Brand der Stadt wie ein Menetekel für die Sieger, insbesondere für den inzwischen 72-jährigen Tilly, den bis dahin erfolgreichsten Feldherrn seiner Zeit. Der kleine, hagere Mann mit dem spitzen Kinnbart hatte sein Leben der katholischen Sache gewidmet: 1559 im heutigen Belgien geboren, besuchte er die Jesuitenschule und trat vermutlich mit 19 Jahren in die spanische Armee ein. Zwanzig Jahre später wechselte er in die Dienste des deutschen Kaisers und wurde rasch in die höchsten Offiziersränge befördert. Nach zwölf Jahren ging er noch einmal zu einem neuen Dienstherrn: zu Herzog Maximilian von Bayern, der ihm 1610 die Aufgabe übertrug, als Generalleutnant das Heer des bayerisch-katholischen Militärbündnisses »Liga« zu führen.

Bis dahin hatte Tilly bereits an zahlreichen Fronten gekämpft, von den Niederlanden bis Ungarn, aber stets für Katholiken gefochten – was ihn von vielen Heerführern unterscheidet, die mal für die eine, mal für die andere Sache kämpften. Tilly war offenbar Überzeugungstäter, und das spiegelte sich auch in seiner Lebensweise wider, die für einen Offizier ungewöhnlich bescheiden, beinahe asketisch war. Der alte Krieger, der nie heiratete, wurde daher auch als »Mönch in Rüstung« bezeichnet.

Auf dem Schlachtfeld hingegen zeigte Tilly keinerlei Zurückhaltung. Die vorherrschende Ansicht, im Krieg gelte es vorsichtig vorzugehen und Risiken möglichst zu vermeiden, teilte er nicht. Stattdessen suchte er ebenso entschlossen wie aggressiv die Entscheidung im Kampf: Sobald Tilly die Chance zu einer entscheidenden Aktion erkannte, griff er mit allen verfügbaren Truppen an, und es gelang ihm immer wieder, den Feind regelrecht zu überrollen. Mit dieser Taktik marschierte er im Verlauf des Kriegs von Triumph zu Triumph: Tilly hat unter anderem 1620 in der Schlacht am Weißen Berg vor Prag den böhmischen Aufstand niedergeschlagen, 1622 Heidelberg und Mannheim erobert, 1623 zwei protestantische Heere zerschlagen, 1626 die Invasionstruppen des Dänenkönigs Christian entscheidend besiegt und 1631 Magdeburg erstürmt. Doch dieser jüngste Sieg war befleckt durch die unerhörte Zahl an Toten, entwertet durch den alles zerstörenden Feuersturm. Tillys Stern hatte seinen Zenit überschritten und sollte fortan nicht nur sinken, sondern regelrecht vom Himmel stürzen.

Peter Hagendorf begleitete den greisen Feldherrn auf diesem schmerzlichen Weg – nicht in dessen persönlichem Umfeld, aber im Regiment von Tillys Unter-Heerführer Pappenheim. Doch zunächst ging unser Söldner auf Erholungskur, um sich von den Folgen seiner brachialen Operation zu kurieren: »Mitsamt allen Geschädigten bin ich nach Halberstadt geführt worden; dort sind wir auf die Dörfer gelegt worden«, erzählt Hagendorf. »Hier habe ich einen gar guten Wirt bekommen, hat mir kein Rindfleisch gegeben, sondern lauter Kalbfleisch, junge Tauben, Hühner und Vögel. So bin ich nach sieben Wochen wieder frisch und gesund gewesen.« Die Versorgung mit dem Delikatess-Fleisch scheint bei den Verwundeten allgemein gut gewirkt zu haben: »Von unserem Regiment sind 300 in dem Dorf gelegen und alle wieder geheilt.«

Nicht genesen ist Hagendorfs krankes einjähriges Mädchen: »Weiter ist mir hier mein Töchterlein gestorben, Elisabet. Gott verleihe ihr eine fröhliche Auferstehung †3.« Peter Hagendorf und seine Frau Anna Stadlerin haben also auch ihr drittes Kind verloren, keines hatte auch nur den zweiten Geburtstag erlebt.

»Nach sieben Wochen hat man uns wieder abgeholt zu der Armee«, fährt der Söldner trocken fort. In Tillys Heer zog er nordwärts der schwedischen Armee entgegen, die bei Werben an der Elbe ein befestigtes Lager errichtete. Anfang August kam das kaiserlich-katholische Heer dort an, und »es ist eine so grausame Hitze gewesen, dass ein Trunk Wasser dazumal teuer war«, erzählt Hagendorf. Höhere Nachfrage führte auch damals zu höheren Preisen.

Es begann eine lange Kanonade des schwedischen Stützpunkts, doch dieser war so stark gesichert, dass Tilly keine Schlacht riskierte: »Weil er (*der Schwede*) verschanzt gewesen ist, sind wir wieder zurück«, berichtet Hagendorf. Das kaiserliche Heer marschierte zunächst an der Elbe entlang südwärts nach Magdeburg und dann weiter nach Leipzig.

Die schon damals bedeutende Messestadt gehörte zum Gebiet des Kurfürsten von Sachsen, Johann Georg, einem wahrhaft barocken Landesherrn. Der leidenschaftliche Jäger hat in seiner Regierungszeit 116 906 Wildtiere eigenhändig erlegt, vermelden die sächsischen Jagdregister. Wegen seiner Trunksucht und seines enormen Leibesumfangs trug er den Spottnamen »Bierjörge«. Doch der 46-jährige Kurfürst durfte nicht unterschätzt werden: Er war der mächtigste Protestant in Deutschland, und er glaubte fest an das Deutsche Reich und seine Institutionen, weshalb er trotz aller konfessionellen Differenzen bislang treu an der Seite des erzkatholischen Kaisers Ferdinand stand. Sachsen hatte schon zu Beginn des Kriegs mitgeholfen, den protestantischen Aufstand in Böhmen niederzuschlagen. Und als Schwedenkönig Gustav Adolf die Invasion in Deutschland plante und die Unterstützung der evangelischen Landesherrn suchte, machte Kurfürst Johann Georg unverblümt klar, dass er weiter auf der Seite des Kaisers stehen werde.

Nach der Landung der Schweden entschied sich der Sachsenherrscher aber, erst einmal neutral zu bleiben. Um alle potentiellen Angreifer abzuschrecken, vergrößerte er sein Heer auf 18 000 Mann.

Für den in der Nähe Sachsens operierenden Feldherrn Tilly bildete die große sächsische Armee allerdings ein rotes Tuch. Der misstrauische Katholik fürchtete, dass Johann Georg am Ende doch noch eine Allianz mit dem Schwedenkönig einging. Tilly forderte daher via Gesandte den sächsischen Kurfürsten ultimativ auf, seine Truppen zu entlassen oder mit der kaiserlichen Armee zu vereinigen. Zudem solle Johann Georg sein bislang verschontes Sachsen für Armeedurchzüge und -einquartierungen öffnen.

Der brüske Ton stand in scharfem Kontrast zu den freundlichen Briefen, die Kaiser Ferdinand und Kurfürst Johann Georg gewöhnlich austauschten – und Tilly bewirkte bei dem Landesfürsten genau das Gegenteil dessen, was er beabsichtigte. Johann Georg lehnte die Forderungen rundweg ab.

Tilly marschierte daraufhin Anfang September 1631 in

Sachsen ein, wobei als Motivation sicherlich hinzukam, dass seine Truppen die Gegend um Magdeburg verwüstet hatten und dringend neue Nahrung brauchten. Die konnten sich die Soldaten in dem noch unzerstörten Land beschaffen, und sie plünderten im großen Stil und hinterließen brennende Dörfer. Der verzweifelte sächsische Kurfürst tat daraufhin genau das, was Tilly hatte verhindern wollen: Er schloss hastig ein Bündnis mit den ungeliebten Schweden. Verbittert betonte Johann Georg, er wolle seinem lieben Kaiser treu bleiben im Sinne der Reichsverfassung; aber die Barbareien, die man auf seinem Boden verübte, zwängen ihn zu dieser Maßnahme.

Während Schwedenkönig Gustav Adolf und Sachsens Kurfürst Johann Georg ihre Truppen zusammenzogen, marschierte Tilly mit seiner Streitmacht vor Leipzig auf. »Hier das Lager aufgeschlagen, alsbald geschanzt, Laufgräben gemacht, die Kanonen aufgefahren und die Stadt beschossen«, schildert Peter Hagendorf die Belagerung, die schon am zweiten Tag endete: Die Leipziger Garnison kapitulierte am 15. September 1631 gegen freien Abzug. Man sprach in dem Fall von einem Akkord, einer vereinbarten Übergabe, wobei die Details durchaus verhandelbar waren – bis hin zu der Frage, ob die abziehende Truppe mit klingender Musik und militärischem Gepränge aus der Stadt stolzieren durfte.

»Den 17. September nach der Eroberung der Stadt ist der (*schwedische*) König mit ganzer Macht samt der sächsischen Armee angekommen«, fährt Hagendorf fort. »Da sind wir ihm entgegengegangen, über zwei Stunden« – hin zum Dorf Breitenfeld, um die größte Schlacht des gesamten Krieges zu schlagen.

Auf einer langgestreckten freien Ebene nahe der heutigen Autobahn A14, Ausfahrt Leipzig-Mitte, stellte Tilly seine rund 35 000 Mann starke Armee nach allen Regeln der damaligen Kriegskunst auf. Die Soldaten formten eine geschätzt vier Kilometer breite Schlachtreihe, wobei die Männer nach Norden blickten, so dass ihnen die Sonne tagsüber in den Rücken schien – und ihren Feinden in die Augen. Zudem standen Tillys Truppen auf einer leichten Anhöhe, konnten die Schweden und Sachsen also von oben herab beschießen und bestürmen. Auch das galt als Vorteil.

An den Flanken stellten sich wie üblich die Reiter auf: Rund 5000 unter Pappenheim links, etwa ebenso viele rechts, insgesamt also um die 10 000 Mann. Die meisten waren schwer gepanzerte Kürassiere, die ähnliche Rüstungen trugen wie die spätmittelalterlichen Ritter, aber deutlich andere Waffen: Die Kürassiere ritten mit zwei Pistolen in den Kampf, die sie aus möglichst kurzer Distanz auf den Feind feuerten, da die Zielgenauigkeit noch sehr gering war. Nachdem die vordersten Reiter beide Pistolen abgefeuert hatten, zogen sie sich entweder zurück, um nachzuladen, oder sie kämpften mit gezücktem Schwert weiter – dann wieder ähnlich den Original-Rittern.

Zwischen den beiden Reiter-Flanken stellten sich etwa 25 000 Fußsoldaten auf – wie erwähnt nicht in einer durchgehenden Reihe, sondern gruppiert zu einzelnen Vierecken. Jedes bestand aus 30 hintereinanderstehenden Reihen à 50 Mann nebeneinander, also insgesamt 1500 Mann. In einem dieser Gewalthaufen, auch Tercios genannt, marschierte Peter Hagendorf mit. Er gehörte zum Pappenheim'schen Infanterieregiment – nicht zu verwechseln mit Pappenheims Reitern. »Wir sind am rechten Flügel gestanden«, berichtet er.

Insgesamt reihten sich 14 oder 17 (die Zahlen in der Fachliteratur schwanken) dieser rechteckigen Tercios nebeneinander. Sie formten eine mehrere Kilometer lange Kette mit jeweils größeren Zwischenräumen. Es gab keine zweite Linie an Tercios, Tilly verfügte also über keine Reserve. Dafür war jedes 1500-Mann-Viereck aus Pikenieren und Musketieren eine machtvolle Einheit für sich, gleichsam eine wandernde Festung, die dem Feind einen Wald an Lanzen entgegenreckte und gleichzeitig tödliche Musketenkugeln ausspie.

So effektiv diese Tercios im Nahkampf waren, zeigten sie Nachteile auf die Distanz: Sie besaßen eine relativ geringe

Feuerkraft, da nur ein Bruchteil der Musketiere schießen konnte – bei 30 Reihen standen die meisten einfach zu weit hinten. Erschwerend kam hinzu, dass die Feuerrate der Muskete wie erwähnt mit etwa einem Schuss pro Minute erbärmlich gering war.

Nur einige Kilometer weiter nördlich hatten das rund 23 000 Mann starke schwedische Heer und die rund 16 000 Soldaten umfassende sächsische Armee zusammengefunden. Die Nacht vor der Schlacht verbrachten die Männer auf freiem Feld, um sich gleich im Morgengrauen mit den Waffen zu erheben: »Beim ersten Ruf der Lerchen riefen die Trompeten zu den Pferden und die Trommeln zum Marsch«, berichtet der schottische Söldnerführer Robert Monro, der in der schwedischen Armee kämpfte. Die Soldaten begannen den Tag mit einem gemeinsamen Morgengebet, in dem »wir unsere Sünden bekannten, unsere Herzen und Hände zum Himmel erhoben«, erzählt Monro in seinem Tagebuch. »Nachdem das geschehen war, marschierten wir in Gottes Namen ein wenig voran, bis die ganze Armee in guter Ordnung aufgestellt war.«

König Gustav Adolf wählte dabei eine Schlachtaufstellung, die rund fünf Kilometer breit war und sich radikal von der seines katholischen Feindes unterschied. Der Schwedenherrscher ordnete seine Fußsoldaten nicht wie Tilly zu den gewaltigen 1500-Mann-Viereckshaufen an, in denen jeweils 30 Mann dicht hintereinanderstanden. Stattdessen setzte Gustav Adolf auf weit gefächerte Formationen: In den schwedischen Einheiten standen nur jeweils sechs Mann hintereinander – entweder sechs Pikeniere oder sechs Musketiere.

Bei den Musketieren rotierten dabei die Reihen ständig: Die vorne stehenden Männer feuerten eine Salve und begannen sofort nachzuladen. Währenddessen marschierten die Männer der hintersten Reihe nach vorne und feuerten die nächste Salve. Dann gingen die nun hinten stehenden Männer nach vorne und schossen wieder eine Salve. Dies ging so lange weiter, bis die anfangs vorne stehenden Männer sich in der sechsten und hintersten Reihe befanden – und in der Zeit das Nachladen beendet hatten. Jetzt marschierten diese wieder nach vorn und feuerten. Auf diese Weise schlug ein kontinuierlicher Kugelhagel in die feindlichen Truppen ein.

Entwickelt wurde diese Salven-Taktik in den Niederlanden knapp 40 Jahre zuvor. Sie wurde in militärischen Lehrbüchern verbreitet, die reich illustriert waren – unter anderem zeigten sie detailliert den idealen Bewegungsablauf, um eine Muskete rasch nachzuladen. Die Lehrbücher erläuterten zudem den nötigen Drill, damit die Truppen lernten, möglichst synchron zu laden, zu feuern, die Reihen zu wechseln und Manöver auszuführen. Denn die neue niederländische Taktik erforderte vom einzelnen Soldaten weit mehr Training, Disziplin und Mut als der klassische Viereckshaufen: Bei nur wenigen rotierenden Reihen war jeder einzelne Soldat immer wieder ganz vorne den feindlichen Kugeln ausgesetzt, während in den herkömmlichen 1500-Mann-Gewalthaufen ein Großteil der Kämpfer sich mitten im Pulk bewegte, eingebunden in die Menschenmasse und geschützt vor den Musketenkugeln. Die neue Kampfweise führte damit auf beiden Seiten zu einer höheren Verlustrate, bedeutete also eine weitere Brutalisierung des Kriegs. Schwedenkönig Gustav Adolf schreckte das nicht, im Gegenteil: Er übernahm nicht nur die niederländische Taktik, sondern verschärfte sie sogar. Zum Beispiel standen bei den Niederländern jeweils zehn Mann hintereinander, der Schwedenkönig reduzierte diese Zahl auf sechs – so dass jeder Einzelne fast doppelt so oft dem feindlichen Musketenfeuer ausgesetzt war und fast doppelt so schnell nachladen musste. Erreicht wurde dies durch ständiges Üben und Exerzieren.

Solch dünne Kampflinien bedeuteten allerdings auch eine Gefahr: Sie hielten der Wucht eines anrückenden 1500-Mann-Karrees nicht stand, wenn dieses die Schussdistanz überwand und daranging, im Nahkampf die Reihen zu durchbrechen. Gustav Adolf ließ daher nicht wie Tilly nur eine Linie aufmarschieren, sondern noch eine zweite dahinter als Reserve. Die

Truppen Sachsens postierte er auf dem Schlachtfeld links, seine eigenen rechts. Ganz außen an den Flügeln stand links und rechts die Reiterei, so wie bei Tilly. Nur hatte Gustav Adolf den Reitern noch Musketiere zur Unterstützung beigemischt, was damals nicht üblich war: Die tendenziell höher geborenen Ritter-Nachfolger pflegten bis dahin unter sich zu bleiben und separiert vom gemeinen Fußvolk in den Kampf zu reiten.

»So marschierten unsere beiden Armeen (*die schwedische und die sächsische*) in Schlachtaufstellung mit Infanterie, Reiterei und Artillerie etwa bis neun Uhr morgens voran. Wir hielten dann eine halbe Meile (*eine Meile entsprach 7,4 Kilometern*) vor der kaiserlichen Armee, die uns schon in Schlachtaufstellung erwartete«, berichtet Söldnerführer Monro. »Wir stärkten uns erst mit Speisen und ließen dann unsere Kutschen zurück. Die ganze Armee erhielt grüne Laubzweige als Erkennungszeichen an der Kopfbedeckung.« Uniformen waren zu der Zeit eher die Ausnahme als die Regel, und so konnten ohne Erkennungszeichen Freund und Feind leicht verwechselt werden. Der Schwedenkönig hielt eine kurze Rede, »dann rückten wir in Schlachtaufstellung unter Trompetengeschmetter, Trommelklang und fliegenden Fahnen weiter vor, bis wir in den Feuerbereich der Artillerie des Feindes kamen«, so Monro. Tillys kaiserliche Armee verfügte über 27 Kanonen, Gustav Adolfs Heer über mehr als doppelt so viele, die mittags zu feuern begannen. Monro schildert: »Dann brüllten unsere Kanonen los, große und kleine, und zahlten dem Feind mit gleicher Münze heim. Dieses Artilleriefeuer dauerte dann auf beiden Seiten etwa zweieinhalb Stunden. Während dieser Zeit standen unsere Schlachtreihen der Infanterie und Kavallerie fest wie eine Mauer, obwohl die Kanonenkugeln ab und zu große Lücken in die Formationen unserer Leute rissen.«

Dabei darf man sich nicht vorstellen, dass die Kanonenkugeln in hohem Bogen in die feindlichen Reihen flogen, wie es in Filmen und Zeichnungen gerne dargestellt wird. Vielmehr waren die meisten Geschützrohre in etwa waagrecht ausgerichtet, um eine maximal verheerende Wirkung zu erzielen, wie es der schwedische Historiker Peter Englund am Beispiel eines Neunpfünders anschaulich beschreibt – einer Kanone, die Eisenkugeln mit gut vier Kilogramm Gewicht und zehn Zentimetern Durchmesser abfeuert: Nach etwa 350 Metern flachem Flug »schlug die Kugel zum ersten Mal auf dem Boden auf, wonach sie regelmäßig einen Sprung machte und noch einmal 350 bis 360 Meter flog, bevor sie kraftlos erneut aufprallte – acht von zehn Kugeln sprangen mindestens dreimal auf«, so Englund in seinem Buch »Verwüstung«. »Die Kugel flog die ganze Zeit in Mannshöhe. Sie konnte also auf ihrer gesamten Bahn töten und verwunden, und wenn sie im rechten Winkel durch eine dünne Linie von Männern schlug, pflegte sie im Durchschnitt drei Mann zu töten und vier oder fünf zu verwunden. Aber es kam auch vor, dass eine einzige Kugel 40 Menschen auf einen Schlag tötete – Menschen und Tiere wurden meistens mit einem hohen und entsetzlichen Reißgeräusch zerfetzt. Es gibt Beschreibungen von Schlachten dieses Typs – wie es aussah, wenn brummende Vollkugeln in die von Pulverdampf eingehüllten und dicht gestaffelten Reihen aufrecht stehender Männer einschlugen: In der Luft über den Einheiten sah man dann eine kleine Kaskade von Waffenteilen, Rucksäcken, Kleidern, abgerissenen Köpfen, Händen, Beinen und schwer identifizierbaren Körperteilen.« Die damaligen Schlachtfelder waren also nicht wie im 20. Jahrhundert von Detonationen erfüllt, »sondern von diesen hüpfenden Geschossen, die gerade Reihen durch Menschen und Vegetation schnitten«.

Dennoch gab es bereits explodierende Granaten, auch wenn sie in der Minderzahl waren. Dies zeigen unter anderem Tagebucheinträge Monros: »Heute werden Männer von donnernden und feuerspeienden großen Kanonen aus einer Entfernung von mehr als einer halben Meile niedergemäht und getötet, die sogar Sprenggeschosse verschießen und damit Städte, Festungen, Häuser und Brücken in Brand setzen«, schreibt der Offizier. Und wenn »diese teuflische Erfindung«, so Monro, »inmitten einer Infanterie- oder Kavalleriebrigade zündet«, dann »reißt sie mit einem Schlag eine Anzahl Menschen hinweg«.

Es ist nur schwer vorstellbar, was für eine psychische Belastung es für die Soldaten in der Schlacht bei Breitenfeld war, zweieinhalb Stunden in dem tödlichen Kugelhagel zu stehen – sofern sie überlebten. Die Verluste auf der kaiserlich-katholischen Seite dürften deutlich größer gewesen sein als auf der schwedisch-sächsischen: Zum einen verfügte Gustav Adolfs Armee wie erwähnt über mehr als doppelt so viele Geschütze, zum anderen boten die massierten 1500-Mann-Viereckshaufen der Kaiserlichen ein leichtes Ziel für verheerende Einschläge. Gustav Adolfs Truppen hingegen waren viel dünner und lockerer aufgereiht. Letztlich führte das Artillerie-Duell zu einem großen Sterben, doch an der grundlegenden Ausgangssituation änderte sich nichts: Auf beiden Seiten blieben die Formationen trotz der Dezimierung bestehen. Immer wenn eine Kugel einschlug, berichtet etwa Monro, »wurden die Lücken sofort wieder geschlossen durch die Wachsamkeit der Offiziere und dadurch, dass alle Hände mit anpackten, und die Verwundeten wurden auf die Seite zu den Feldschern (*Wundärzte*) gebracht«.

»Als um halb drei Uhr unsere Artillerie das Feuer für kurze Zeit einstellte, griffen die Kavallerieabteilungen auf beiden Seiten einander wütend an«, fährt Monro fort. Genauer gesagt ritt der linke Flügel der kaiserlichen Reiterei sieben Attacken, wurde aber jedes Mal zurückgeschlagen.

Dann rückte der rechte Teil der kaiserlichen Infanterie vor, und zwar gegen den sächsischen Teil des schwedisch-sächsischen Heeres, wie Peter Hagendorf berichtet: »Wir sind auf dem rechten Flügel gestanden und sind auf die Sachsen getroffen, die haben wir alsbald in die Flucht geschlagen.«

Die Schlacht schien wieder einmal in einem katholischen Sieg zu münden, so wie in all den vergangenen Kriegsjahren. Die sächsischen Linien brachen völlig zusammen, und die Sachsen flohen nicht nur vom Schlachtfeld, sondern vorbei am eigenen und dem schwedischen Tross, der in sicherer Distanz zurückgelassen worden war. Hier fanden einige der fliehenden Soldaten dann doch die Zeit, innezuhalten: »Die Sachsen, unsere tapferen Kameraden«, bemerkt Söldnerführer Monro sarkastisch, »gaben Fersengeld, weil sie dachten, alles sei verloren. Dafür plünderten diese elenden Tröpfe unsere Wagen und unser Gepäck.« Auch Sachsens Kurfürst Johann Georg bekleckerte sich nicht mit Ruhm: Der passionierte Jäger floh mit seinen Männern und hielt sein Pferd erst an, als er die sehr sichere Distanz von 20 Kilometern Luftlinie hinter sich gebracht hatte.

»Der Feind verfolgte die Sachsen und rief bereits Viktoria, als sei die Schlacht schon gewonnen«, erzählt Monro. Ganz Ähnliches erfahren wir von der Gegenseite: »Wir haben gemeint, wir haben gewonnen«, schreibt Peter Hagendorf.

Doch Gustav Adolf hatte noch die Reserve zur Verfügung, darunter die von Monro kommandierten Schotten. Der Schwedenkönig warf diese frische zweite Reihe den siegesgewissen Kaiserlichen entgegen – wobei kaum jemand wusste, was auf dem Schlachtfeld eigentlich vor sich ging, da die Kämpfer inmitten von Pulverdampf und Staub regelrecht im Dunkeln tappten, wie Monro schildert: »Über dem Schlachtfeld lagen dichte Wolken, vor allem, weil so viel Staub aufgewirbelt worden war, dass wir lange Zeit nicht umherblicken konnten. Als es etwas aufklarte, sahen wir zur Linken unserer Reserve zwei große Kampfgruppen von Infanterie, die wir zunächst für Sachsen hielten«, erzählt der schottische Söldnerführer. »Doch wir fanden rasch heraus, dass es der Feind war.«

Die kampferfahrenen Schotten schwenkten rasch nach links und feuerten aus kleinen Kanonen zweimal in die katholischen Viereckshaufen. Beidseitig flogen Musketensalven hin und her. Dann waren sich die Feinde so nah, dass die schottischen Pikeniere mit ihren Spießen die Kaiserlichen direkt attackierten: »Sie brachten eine ihrer Schlachtformationen in Unordnung, fielen über sie her und schlugen sie in die Flucht«, triumphiert

Monro. Durch das rasche Schwenkmanöver hatten die gut trainierten Soldaten der Reserve das Blatt gewendet.

Auch auf der anderen Hälfte des Schlachtfeldes waren die Truppen Schwedens erfolgreich. Sie rückten auf breiter Front vor – so rasch, dass die zurückweichenden Kaiserlichen ihre Kanonen nicht mehr wegschaffen konnten: »Wir bemächtigten uns ihrer Geschütze und des Schlachtfeldes«, erzählt Monro.

Es begann zu dämmern, und nun gewann das schwedische Heer endgültig die Überhand: Die kaiserlichen Truppen besaßen keine Artillerie mehr und wurden nicht nur von den schwedischen Kanonen beschossen, sondern auch von den bis dahin eigenen Geschützen, die sich in der Hand des Feindes befanden. Tillys Schlachtformation brach zusammen. Fast alle Viereckshaufen zerfielen, die Männer wandten sich zur Flucht – nur einer Minderheit gelang es, sich geordnet vom Schlachtfeld zurückzuziehen. Der katholische Feldherr Tilly selbst war an Brust und Hals verwundet und fiel dem Durcheinander beinahe zum Opfer: Ein Reiter Schwedens holte den 72-jährigen ein, ergriff ihn – wurde aber im letzten Moment von einer Kugel in den Kopf getroffen, so dass Tilly mit knapper Not entkam. Peter Hagendorf schildert die Niederlage so: »Unser linker Flügel ist ganz geschlagen worden. Da haben wir uns auch wenden müssen. Zu allem Glück kommt uns die Nacht auf den Hals, sonst wären wir auch kaputt gemacht worden. Also gingen wir bei Nacht nach Leipzig.« Und von dort weiter: »Alles fort, Tag und Nacht nach Aschersleben und Halberstadt«, das gut hundert Kilometer nordwestlich vom Schlachtfeld liegt.

Die schwedische Kavallerie verfolgte in der Nacht die flüchtenden Kaiserlichen. Die Fußsoldaten der Schweden hingegen verblieben vor Ort und machten es sich zwischen den Toten und Sterbenden so gemütlich wie möglich, wie Monro schildert: »Der Sieg war unser, und wir lagerten in der Nacht auf dem Schlachtfeld, die Lebenden fröhlich und vergnügt, jedoch ohne Trunk während dieser Nachtwache, ihrer toten Kameraden und Freunde wegen«, so der Söldnerführer. »Freudenfeuer wurden angezündet aus den Trümmern der feindlichen Munitionswagen und der weggeworfenen Piken des Feindes, da es an Leuten mangelte, die diese Piken noch brauchen konnten.«

Am nächsten Morgen zeigte sich das ganze Ausmaß der katholischen Niederlage: Zwischen 7000 und 8000 kaiserliche Soldaten waren gefallen – mehr als jeder fünfte Mann von Tillys Heer –, wobei die meisten durch das Geschützfeuer ihr Leben verloren hatten. 6000 Kaiserliche wurden von den Schweden gefangen genommen – und dazu genötigt, in deren Armee überzutreten. Gustav Adolf konnte dadurch seine Verluste von gut 2000 Mann mehr als nur ausgleichen. 3000 weitere kaiserliche Soldaten, die nach Leipzig geflohen und dort verblieben waren, kapitulierten kurz darauf. Hinzu kamen ungezählte Söldner, die auf der Flucht desertierten oder von der ortsansässigen Bevölkerung erschlagen wurden: Die sächsischen Bauern schlossen sich zu Banden zusammen, um versprengte Kaiserliche zu jagen und mörderische Rache zu nehmen für die erlittenen Plünderungen und Drangsalierungen. Tilly verlor insgesamt rund zwei Drittel seines Heeres und die gesamte Artillerie. Im hundert Kilometer entfernten Halberstadt kamen einige Tage später noch 13 000 Überlebende zusammen, darunter Peter Hagendorf. Tilly eilte mit dieser Restarmee durchs Land, unter anderem zur Weser, wo er aus den kaiserlichen Festungen Soldaten und Kanonen abzog. Dadurch verfügte er schon einen Monat nach der Niederlage wieder über ein passables Heer von 25 000 Mann.

Der rasche Wiederaufbau von Tillys Armee änderte nichts an der Tatsache, dass die Katholiken ihre erste große Niederlage in dem schon 13 Jahre andauernden Krieg erlitten hatten. Hagendorf kommentiert das Desaster beim heutigen Leipziger Stadtteil Breitenfeld gewohnt lakonisch: »Was wir in der Altmark gefressen haben, haben wir redlich müssen wieder kotzen vor Leipzig.«

Fortan sollte nichts mehr so sein, wie es war: Mit einem Schlag hatte sich in Deutschland das Blatt zwischen den Konfessionen gewendet, die Welt war auf den Kopf gestellt. Und aus dem bis dato erfolgreichsten Feldherrn seiner Zeit Tilly wurde der große Verlierer der Geschichte, wie es Dichterfürst Friedrich Schiller in seinem Sachbuch über den Krieg auf seine unnachahmliche Art beschreibt: »Aber schrecklicher als Todesgefahr und Wunden war ihm der Schmerz, seinen Ruhm zu überleben und an einem einzigen Tag die Arbeit eines ganzen langen Lebens zu verlieren. Nichts waren jetzt alle seine vergangenen Siege, da ihm der einzige entging, der jenen allen erst die Krone aufsetzen sollte. Nichts blieb ihm übrig von seinen glänzenden Kriegstaten als die Flüche der Menschheit, von denen sie begleitet waren. Von diesem Tage an gewann Tilly seine Heiterkeit nicht wieder, und das Glück kehrte nicht mehr zu ihm zurück.«

Gänzlich entgegengesetzt war die Stimmung unter den Protestanten. Nach mehr als einem Jahrzehnt der fortwährenden Niederlagen und Repressionen erschien ihnen der Sieg bei Breitenfeld als ein Befreiungsschlag, den man sich gar nicht groß genug vorstellen kann. Das gefürchtete Restitutionsedikt, mit dem der Kaiser gewaltige Ländereien der Protestanten für die katholische Kirche zurückforderte, war nur noch wertloses Papier. Und die grauenhafte Zerstörung Magdeburgs – Magdeburger Hochzeit genannt – war beantwortet durch den glorreichen protestantischen Erfolg: Gustav Adolf, der Löwe aus Mitternacht, triumphierte über Tilly, den Schänder der Jungfrau Magdeburg. So stellten es die protestantischen Flugblätter dar, die sich wie eine Flut über das Land ergossen.

Die Propaganda wirkte über Jahrhunderte nach. Bis in die Gegenwart hinein deuten Kommentatoren Gustav Adolfs Sieg gerne als einen Triumph des Fortschritts: einen Sieg der neuen Taktik über die veraltete, des visionären Königs über den greisen Feldherrn, der jungen protestantischen Konfession über die althergebrachte katholische. All dies passt in die beliebte Vorstellung, dass die Menschheit sich im Lauf der Geschichte in eine bestimmte Richtung entwickelt und sich – mit gelegentlichen Rückschlägen – letztlich die progressiven Kräfte durchsetzen. Aber bedeutete Gustav Adolfs Taktik mit mehr Kanonen und mehr Soldaten in der Frontlinie wirklich den Fortschritt, als der sie gerne gefeiert wird? Oder nur eine weitere Brutalisierung des Kriegs? Zudem ist bis heute unklar, ob Gustav Adolf wirklich aufgrund einer überlegenen Taktik gewann, oder ob er einfach Glück hatte und unberechenbare Kleinigkeiten den Ausschlag gaben. Schließlich stand der Ausgang der Schlacht zeitweise auf Messers Schneide. Hätte sich in den entscheidenden chaotischen Momenten das Blatt in die Gegenrichtung gewendet, wäre Gustav Adolf wie zuvor Dänenkönig Christian als Verlierer in die Geschichte eingegangen und nicht als strahlender protestantischer Held und genialer Stratege.

Nach dem Triumph von Breitenfeld stand der Schwedenkönig plötzlich vor einem Luxusproblem: Was tun mit dem überwältigenden Sieg? Die schwedischen Kriegsziele waren erreicht: Die Ostseeküste befand sich fest in der Hand Schwedens, der deutsche Protestantismus war erfolgreich verteidigt, das in Trümmern liegende kaiserliche Heer keine Gefahr mehr für Nordeuropa. Mehr hatte Gustav Adolf ursprünglich wohl auch nicht geplant: Sein Heer besaß nicht einmal richtige Landkarten für das plötzlich offen daliegende Süddeutschland.

»Hier hätte der Konflikt ein Ende finden können. Hier hätte ein Kompromissfriede geschlossen werden können zwischen einem angeschlagenen Kaiser und einem zufriedenen König, der alles erreicht hatte, das erreichen zu wollen er erklärt hatte«, glaubt der schwedische Historiker Peter Englund. »Die schwedischen Soldaten hätten wieder nach Hause fahren können, um hinter Pflug und Egge alt und grau zu werden und ihren Kindern und Enkeln von dem wundersamen Abenteuer zu erzählen, an dem sie teilgenommen hatten.«

Aber Gustav Adolf liebte das Kriegführen zu sehr, als dass er sich mit dem Triumph bei Breitenfeld zufriedengegeben hätte. Der Appetit kommt ja bekanntlich beim Essen. »Statt sich zu besinnen und das Gewonnene zu genießen, entschloss sich der

König weiterzumachen, um den Krieg auszuweiten«, beklagt Englund. »Und der Krug wurde erneut zu Wasser getragen und sollte bald brechen. Und die Soldaten sollten nie wieder nach Hause kommen, sondern mit gebrochenen Augen, den Haaren im Schlamm und den Eingeweiden im Freien enden. Und die Kinder und Enkel sollten nie geboren werden, und die Erzählung von dem wundersamen Abenteuer sollte sich zu einer Geschichte des Grauens verdunkeln. Denn Gustav Adolf fasste nun einen Entschluss, der ungeheuerliche Konsequenzen für die Deutschen wie für die Schweden haben sollte.«

Der König gab seiner Armee den Befehl, gen Süden aufzubrechen.

* * *

Knapp 400 Kilometer weiter südlich verfolgte Maurus Friesenegger die Nachrichten vom neuen Kriegsverlauf zunehmend intensiv. Bislang hatte sein Tagebuch nur die lokalen Geschehnisse behandelt, nun begann unser Mönch, auch die noch fernen Kriegsereignisse festzuhalten: »Nachdem im Monat September der König von Schweden die kaiserliche und bayerische Armee in Sachsen geschlagen und zerstreut hat«, schreibt Friesenegger 1631 über die Schlacht bei Breitenfeld, »und er auch die angrenzenden Landschaften – wohin ihn die Ketzer nicht gerufen, so doch gerne eingelassen haben – unter seine Gewalt gebracht hat, so drohte und marschierte Er wirklich auf Bayern zu, zur größten Furcht und Schrecken des Landes.« Wie berechtigt die Angst war, sollte sich bald zeigen.

1631/32
Verbrannte Erde

Im Mai 1632 war es so weit: Die Schweden näherten sich dem bayerischen Kloster Andechs, auch Heiligenberg genannt, da es auf einem weithin sichtbaren Hügel liegt. »Von Heiligenberg aus sah man allerorten Feuer und Rauch aufgehen«, berichtet Maurus Friesenegger in seinem Tagebuch. »Am 18. *(Mai)* kamen frühmorgens 16 Reiter vor das Tor des Klosters Heiligenberg, und da sie nicht gleich eingelassen wurden, hieben sie das Tor mit Hacken und Gewalt ein.« Der Feind stand in den heiligen Mauern – nachdem er einen verschlungenen Weg seit der Schlacht bei Breitenfeld im September 1631 hinter sich gebracht hatte.

Gustav Adolf zog vom Schlachtfeld nahe Leipzig zunächst nach Südwesten, und die Städte und Festungen auf seinem Weg fielen wie Dominosteine – nur in wenigen Ausnahmefällen stieß die rund 23 000 Mann starke schwedische Armee auf nennenswerten Widerstand. Schon Anfang Oktober 1631, 15 Tage nach der Schlacht bei Breitenfeld, nahm sie das 100 Kilometer entfernte Erfurt ein. Und am 14. Oktober 1631 stand das schwedische Heer vor Würzburg, einem Zentrum des katholischen Glaubens. Der dortige Bischof war gleichzeitig der weltliche Landesherr, durfte sich daher Fürstbischof sowie Herzog in Franken nennen. Die Stadt war in Verteidigungsbereitschaft, doch der Fürstbischof floh nach Mainz. Und so kapitulierte auch Würzburg am folgenden Tag. Nur die nahe Festung Marienberg leistete Widerstand. Sie wurde in einem blutigen Sturmangriff erobert.

Der Einmarsch der Schweden beendete ein finsteres Kapitel der fränkischen Geschichte: die Hexenverfolgungen im Bistum Würzburg, die um 1590 begannen und einen ersten entsetzlichen Höhepunkt in den Jahren um 1617 erreichten. So wurden in der kleinen Stadt Gerolzhofen im Bistum Würzburg von

1615 bis 1619 insgesamt 261 Menschen hingerichtet – die Verantwortlichen bauten dort sogar einen eigenen Verbrennungsofen, in den sie die Verurteilten steckten. Die sonst üblichen Scheiterhaufen verbrauchten zu viel Holz.

Die zweite große Verfolgungswelle ereignete sich von 1626 bis 1630. Sie ergriff auch andere Regionen, insbesondere die Fürstbischofstümer Köln, Bamberg, Mainz und Eichstätt, und sie übertraf alles Vergangene und Künftige. Dieser schlimmsten Phase des Hexenwahns in Europa fielen Tausende Menschen zum Opfer, allein im Bistum Würzburg etwa 900.

Aus diesen Jahren ist eine Liste erhalten, in der 157 »Hexen-Leut« aufgeführt sind, die in Würzburg hingerichtet wurden: Fünf wurden lebendig verbrannt, die übrigen mit dem Schwert enthauptet und dann verbrannt. Diese Todesliste liest sich umso erschütternder, als darunter zahlreiche Kinder sind, etwa »ein klein Mägdelein von neun oder zehn Jahren, ein geringeres, ihr Schwesterlein«, »des Fürsten Kochs zwei Söhnlein, einer von 14 Jahren, der andere von zehn Jahr«, »ein Knab von zehn Jahren, noch ein Knab von zwölf Jahren«. Dazu nennt die Liste Menschen aus allen Schichten: von »Baunach, ein Ratsherr und der dickste Bürger zu Würzburg«, über »ein Student aus der fünften Schule, so viele Sprachen gekonnt und ein vortrefflicher Musikus« bis zu »Göbel Babelin, die schönste Jungfrau in Würzburg«.

Um massenhaft Geständnisse zu erzwingen, setzten die Schergen des Fürstbischofs auf unerhört grausame Folter – und ignorierten dabei sogar das Strafprozessrecht des Deutschen Reichs, das der Folter Grenzen setzte und eine Urteilsbestätigung durch höhere Instanzen verlangte. Als das Reichskammergericht, die höchste Rechtsinstanz des Deutschen Reichs, von den Exzessen erfuhr, verfügte es 1629 einen Stopp der Hexenprozesse. Der Einmarsch der Schweden beendete die Verfolgungen dann endgültig. Wo Gustav Adolf und seine Truppen hinkamen, erloschen die Scheiterhaufen, in Würzburg wie auch anderen Zentren des Hexenwahns. Es war, als ob die

Menschen dort aus einem bösen Fiebertraum erwachten – denn auch nach Abzug der Schweden kam es nie mehr zu vergleichbaren Exzessen wie in den Jahren 1626 bis 1630.

Am 19. November 1631 brach Gustav Adolf mit 13 000 Mann auf, 7000 ließ er als Besatzung in Würzburg zurück. Die schwedische Armee zog mainabwärts, und »der Marsch von Würzburg nach Frankfurt glich eher einer Lustpartie als einem Kriegszug«, kommentiert der Gustav-Adolf-Biograph Felix Berner. Die Festungen und Städte auf dem Weg ergaben sich sofort, die dort stationierten Soldaten traten in Scharen in das schwedische Heer über. Schon am 27. November zog Gustav Adolf kampflos in Frankfurt am Main ein, in die Stadt, in der traditionell der Kaiser gewählt und gekrönt wurde.

Söldnerführer Monro schwärmt denn auch: »So war dieser Marsch, obwohl er im Winter stattfand, für uns nicht so beschwerlich wie das Reisen für diejenigen, die in fremde Länder gehen, um andere Gesichter zu sehen« – wie für diejenigen also, die man heute Touristen nennt. »Denn während andere Reisende Führer anheuern müssen und manchmal zu ihrer Sicherheit Geleit benötigen, hatten wir Gustav, einen König von Gottes Gnaden, und eine mächtige Armee, die uns Geleit gab, und in der Nacht hatten wir die angenehm zwanglose Gesellschaft unserer Landsleute und der Fremden, die unseren Marsch im lieblichen und fruchtbaren Tal des Mains so angenehm machte.«

Nicht einmal mit dem Transport der schweren Waffen mussten sich die Soldaten herumquälen – das übernahmen Boote: »Auf dem Wasserweg führten sie eine große Menge Geschütze, Sprenggeschosse, Munition und all die andere Ausrüstung mit sich, die zur Artillerie gehört«, erklärt Monro. Schiffe waren nicht nur die konkurrenzlos leistungsfähigsten Transportmittel der damaligen Zeit, sondern angesichts der schlechten Straßen auch die schnellsten, um große Mengen an Gütern und Lebensmitteln zu befördern. Die Flüsse bildeten so in vielen Kriegsplänen die Arterien der Logistik. Es ist kein Zufall, dass sich Feldherren wie Gustav Adolf gern entlang der Wasserstraßen bewegten.

Auf dem weiteren Weg mainabwärts trafen die Soldaten Schwedens dann doch noch auf den einen oder anderen Widerstand. Aber sie setzten sich überall rasch durch, erreichten die Mündung des Mains in den Rhein, überquerten den großen Strom, und nach einer dreitägigen Belagerung zogen sie am 21. Dezember 1631 in der kurfürstlichen Residenzstadt Mainz ein. Ein weiteres Zentrum des deutschen Katholizismus befand sich damit in der Hand Gustav Adolfs, und seine Soldaten durften sich dort den Winter über ausruhen. Eine Kriegspause in dieser Jahreszeit war üblich, um horrende Verluste durch Erfrierungen und Krankheiten zu vermeiden. »Hier blieben wir in der strengen Kälte zusammen mit dem Hofstaat bis zum 15. März 1632«, erzählt Monro.

Peter Hagendorf war derweil mit dem kaiserlich-katholischen Heer südwärts gezogen und stand Ende 1631 in Franken vor der Festung Wülzburg (nicht Würzburg), die heute noch hervorragend erhalten ist. Das Renaissance-Bauwerk war erst 1610 fertiggestellt worden, dem damals neuesten Stand der Festungstechnik entsprechend als fünfeckige Anlage mit vorspringenden Bastionen, so dass die Kanonen jeden Punkt vor den Mauern erreichen konnten. Doch all die ausgefeilte Technik nutzte ihrem protestantischen Besitzer nicht viel, denn die dortige Garnison »hat sich nach zehn Tagen ergeben«, wie Hagendorf erzählt. Danach überwinterte der Söldner bei Riedenburg nahe der Donau: »Hier haben wir wieder gutes Quartier gehabt.« Und in noch einer Hinsicht verlief die kalte Jahreszeit für Hagendorf erfreulich: Er wurde vom Gefreiten zum Unteroffizier der niedrigsten Stufe befördert. »Hier zu Riedenburg bin ich Korporal geworden, im Jahr 1632.« Sein Gehalt verdoppelte sich damit nahezu, es stieg von ungefähr sieben auf zwölf Gulden im Monat – beziehungsweise von gut vier auf acht Taler im Monat (ein Taler entsprach 1,5 Gulden).

Nach dem Winter eröffnete Tilly den neuerlichen Schlagabtausch: Der alte Feldherr hatte sich von der Niederlage bei Breitenfeld erholt, und mit rund 20 000 Mann attackierte er im März 1632 Bamberg. Die fränkische Stadt war erst im Monat davor von 8000 schwedischen Soldaten besetzt worden – wodurch auch in Bamberg die Hexenprozesse endeten, denen in den vorangegangenen 20 Jahren etwa 1000 Menschen zum Opfer gefallen waren, fast ein Zehntel der ansässigen Bevölkerung. Zu den Opfern zählten fünf Bürgermeister, fast der gesamte Stadtrat, zahlreiche wohlhabende Kaufleute und alle Hebammen. Die jüngsten Hingerichteten waren gerade sieben Jahre alt, das älteste Opfer 95 Jahre – niemand in Bamberg und seinem Umland war vor den Scheiterhaufen sicher, nicht einmal Pfarrer. Die Stadt gehörte damit neben Köln, Mainz und Würzburg zu den schlimmsten Zentren der Hexenverfolgung in Deutschland, und sie wurde wie die anderen Zentren des Wahns von einem katholischen Fürstbischof regiert, also einer Person, die geistlicher und weltlicher Herr zugleich war. Und wie in Würzburg und Mainz verlosch auch in Bamberg mit der Flucht des Fürstbischofs vor den Schweden das Hexenfieber endgültig. Es kam zwar hin und wieder noch zu vereinzelten Prozessen, aber diese endeten glimpflich – niemand in Bamberg wurde mehr verbrannt.

Nachdem Tilly seine Attacke gestartet hatte, musste sich die schwedische Besatzungstruppe schon bald unter schweren Verlusten aus Bamberg zurückziehen. Doch der alte Feldherr errang damit nur scheinbar einen ersten militärischen Erfolg in dem noch jungen Kriegsjahr, tatsächlich beging er »eine ausgemachte Eselei«, wie der Historiker Georg Schmidt urteilt. Denn Gustav Adolf reagierte in Mainz prompt auf die Herausforderung: Der Schwedenkönig beließ 10 000 Mann am Rhein und zog mit allen anderen verfügbaren Soldaten Richtung Bamberg und damit auch Richtung Bayern – also hin zu dem Land, das Tilly eigentlich unbedingt vor einem schwedischen Einfall bewahren sollte, da er dem bayerischen Kurfürsten Maximilian diente.

Am 31. März 1632 zog Gustav Adolf in Nürnberg ein, das gut 50 Kilometer von Bamberg entfernt liegt. Die freie Reichsstadt war protestantisch, und die Nürnberger Bevölkerung begrüßte den Schwedenkönig wie einen Befreier: Bei seinem Einritt in die Stadt läuteten die Glocken, es fielen Salutschüsse, die Menge drängelte sich jubelnd um den König hoch zu Ross, und Mütter hoben ihre Kinder zu ihm empor.

Die Nachricht von dem triumphalen Empfang verbreitete sich rasch, auch Maurus Friesenegger im oberbayerischen Kloster Andechs berichtet davon: »Der Feind«, vermerkt er säuerlich in seinem Tagebuch, »nahm unversehens ohne allen Widerstand, ja gewunschen und gerufen Nürnberg ein.« Unser Mönch erwähnt zudem den nächsten Schritt des Schwedenkönigs: »Er ging den 5. April auf Donauwörth los, um in Bayern einzubrechen.«

Donauwörth liegt 85 Kilometer südlich von Nürnberg an der damaligen Grenze zu Bayern. 2000 Soldaten und 500 Bauern der Landmiliz verteidigten entschlossen die Stadt an der Donau. Doch schon nach einem Tag gelang es den Schweden, diese zu erstürmen – und wie es üblich war, richteten sie ein Massaker unter den Verteidigern an: »Der größte Teil des Feindes wurde in der Wut jämmerlich niedergehauen«, schreibt Söldnerführer Robert Monro. Und er fügt kommentarlos an: »Die Stadt wurde verwüstet und völlig ausgeplündert.«

Die Bewohner Bayerns befiel eine böse Vorahnung. »Die folgenden Tage und Wochen wurden in lauter Jammern, Furcht und Elend zugebracht: Alles war mit Vergraben, Einpacken und Flüchten beschäftigt«, beschreibt Maurus Friesenegger die Stimmung im Kloster Heiligenberg Andechs und im anliegenden Dorf Erling. »Im Kloster befanden sich so nur mehr zwei Herren, und die Erlinger brachten die Nächte größtenteils in den Wäldern zu.« Doch die Menschen überließen sich nicht einfach der Panik. Mehrere Orte schlossen sich zur Selbsthilfe zusammen: »Weilheim, Heiligenberg und Seefeld machten gemeinsame Sache und besetzten mit 700 Mann die Brücke bei (*dem Ort*)

Stegen, teils um den Übergang der Feinde auszuspähen, teils um den Freibeutern Einhalt zu tun.«

Gustav Adolf überquerte derweil die Donau gen Süden und ließ weitere Truppenkontingente kommen, so dass sein Heer auf 37 000 Mann anschwoll. Mit dieser Armee stand er am Westufer des Lechs, eines Flusses, der von den Alpen kommend nordwärts fließt und nahe Donauwörth in die Donau mündet. Der Lech bildete damals die Westgrenze Bayerns, war also das letzte Hindernis, das Gustav Adolf überwinden musste, um in das katholische Kernland einzufallen. Im Frühjahr war dies ein schwieriges Unterfangen: Durch die Schneeschmelze hatte sich der Lech in einen reißenden Strom verwandelt, der mindestens vier Meter tief war.

Bayerns Kurfürst Maximilian und sein Feldherr Tilly versuchten alles, um die Invasion zu verhindern. Sie ließen die Brücken über den Lech abreißen, alle Boote entfernen und die möglichen Flussübergänge bewachen – insbesondere beim Ort Rain nahe Donauwörth. Dort befand sich mitten im Fluss eine große Insel, und dies war der einzige Übergang, der für eine Armee gut zu bewältigen war. 21 000 bayerische Soldaten mit 20 Kanonen gruben sich dort am Ostufer des Lechs ein, auf einer bewaldeten Anhöhe über dem Fluss – darunter auch Peter Hagendorf. »Nach Rain am Lech«, schreibt er. »Hier haben wir uns gesetzt. Da ist viel Landvolk zu uns gestoßen.«

Gustav Adolf ließ sich von der geballten Verteidigungsmacht nicht abschrecken. Wie es seine Art war, besichtigte er persönlich den möglichen Kampfplatz und wechselte sogar ein paar Worte mit einem feindlichen Wachposten auf der anderen Flussseite. Laut schwedischem Heeresbericht verlief der Dialog zwischen dem König und dem bayerischem Soldaten so:

Gustav Adolf: »Guten Morgen, Monsieur, wo ist der alte Tilly?«

Wache: »Tilly ist in Rain im Quartier. Kamerad, wo ist der König?«

Gustav Adolf: »Er ist auch im Quartier.«

Wache: »Gibt der König auch Quartier?«

Gustav Adolf: »O ja, kommt nur zu uns herüber, sollt gute Quartier haben.«

Nach diesem Wortspiel mit Quartier im Sinne von Unterkunft und Verschonung ritt der Schwedenherrscher unerkannt davon.

Der Kriegerkönig hatte offenbar genug gesehen, um seinen Schlachtplan umzusetzen. Gustav Adolf postierte seine 72 Kanonen am Westufer des Lech direkt gegenüber den bayerischen Stellungen und befahl am 14. April 1632 ein massives Artilleriefeuer über den Fluss hinweg. Zudem ließ er große Haufen aus nassem Stroh anzünden, so dass ein dichter Rauchvorhang entstand, der allen die Sicht raubte. Inmitten dieser dunklen Wolke begannen die schwedischen Truppen aus schwimmenden Bauteilen eine Schiffsbrücke zu errichten, auf der sie dann über den Fluss vorrückten.

Tilly führte persönlich den Gegenangriff an, doch eine schwedische Kugel zertrümmerte seinen rechten Oberschenkel. »Die Knochen waren durch den schrecklichen Schuss zerschmettert und hatten, weil sie mit ihren Spitzen im verwundeten Fleisch hängen blieben, ungeheure Schmerzen zur Folge«, berichtet der zeitgenössische Autor Jakob Balde. Unser Augenzeuge Peter Hagendorf fasst die Ereignisse so zusammen: »Alles umsonst. Als der König mit Macht auf uns gegangen ist, mit Kanonen geschossen hat, so dass etliche gefallen sind, als auch General Tilly mit einer Kugel geschossen worden ist, da sind die anderen davongelaufen.«

Der anwesende bayerische Kurfürst Maximilian übernahm das Kommando und befahl den Rückzug an der Donau entlang nach Osten. »Also haben wir uns bei Nacht aufmachen müssen und sind gezogen nach Neuburg, nach Ingolstadt«, berichtet Hagendorf. Den schwerverletzten Tilly nahm Maximilian in einer Sänfte mit und ließ ihn von seinem eigenen Leibarzt behandeln. Doch die riesige Wunde entzündete sich, und der 73-Jährige litt allen Berichten zufolge unsagbare Schmerzen. Trotzdem versuchte er in bewundernswerter Weise, weiter seine Aufgaben zu erfüllen: Tilly diktierte Briefe, besprach sich täglich mit den Truppenführern, gab Kurfürst Maximilian strategische Ratschläge.

Dies war umso wichtiger, als die militärische Lage immer verzweifelter wurde. Die Schweden folgten dem bayerischen Heer auf dem Fuße, wie Hagendorf in seinem Tagebuch erwähnt: »Den andern Tag ist die schwedische Armee schon wieder bei uns gewesen. Da sind wir durch Ingolstadt wieder auf das andere Ufer, denn bei Ingolstadt läuft die Donau.« Das bayerische Heer verschanzte sich in der dortigen Landesfestung am nördlichen Donauufer, die Schweden marschierten am 28. April 1632 an der Südseite des Flusses auf.

Schon bald flogen die Kugeln von beiden Seiten über die Donau hinweg. »Hier haben nun die Ingolstädter mit Kanonen auf die Königlichen (*Schweden*) stark gespielt«, schreibt Augenzeuge Hagendorf, der gerne das Wort »gespielt« als Euphemismus für »geschossen« verwendet. Gustav Adolf ließ es sich trotzdem nicht nehmen, am 30. April wieder einmal persönlich an die Front zu reiten, auffallend genug auf einem Schimmel. Die Ingolstädter reagierten prompt, und ein Kanonier zielte so gut, »dass man dem König sein Pferd unter dem Leib totgeschossen hat«, wie Hagendorf schreibt. Der getroffene Schimmel brach zusammen und begrub Gustav Adolf unter sich, der aber nur Prellungen erlitt. »Noch ist der Apfel nicht reif«, soll der König gesagt haben, als er sich unter dem Tier hervorarbeitete. Andere hatten weniger Glück. So berichtet Schwedens Söldnerführer Robert Monro, dass »gleich am Anfang dem jungen Markgrafen von Baden der Kopf durch eine Kugel abgerissen wurde«.

Während die Geschütze weiter feuerten, erlag Tilly an dem Tag seinen qualvollen Verletzungen. Die katholische Seite hatte damit ihren neben Wallenstein fähigsten Feldherrn verloren. Selbst der Feind zollte dem ungewöhnlich pflichtbewussten

Krieger Respekt. Söldnerführer Monro etwa schreibt: »Bei Tilly haben wir das bemerkenswerte Beispiel eines alten erfahrenen Generals, der im Alter von 72 (*tatsächlich 73*) Jahren bereit war, für die Verteidigung seiner Religion, seines Landes und seines Dienstherrn als General der katholischen Liga zu sterben. Sein Ende und sein Vorbild sollten für alle edlen Kavaliere«, so der Schotte in Schwedens Diensten, »ein Ansporn sein, im Leben wie im Sterben seinem Beispiel nachzueifern.« Das Zitat belegt einmal mehr, dass die Militärs damals sich zwar skrupellos gegenseitig töteten, sich aber gleichzeitig als gemeinsame Mitglieder einer Kriegerkaste anerkannten – und sich über die Fronten hinweg mehr respektierten, als dies in den modernen Kriegen oft der Fall ist.

Gustav Adolf versuchte noch ein paar Tage lang vergeblich, Ingolstadt zu erstürmen, wobei geschätzt 2000 seiner Männer ums Leben kamen. Am 4. Mai zog der Schwedenkönig mit seinem Heer ab; zurück blieb neben den Gefallenen auch Gustav Adolfs totes Pferd. Die Ingolstädter erfuhren davon, transportierten den Tierkadaver daraufhin feiernd in ihre Stadt und zogen dessen Haut auf ein Holzgestell. Noch heute ist die Trophäe zu besichtigen: Der ausgestopfte »Schwedenschimmel« zählt zu den Glanzstücken des Stadtmuseums Ingolstadt und gilt als ältestes Tierpräparat Europas.

Bayernherrscher Maximilian zog mit dem Großteil seiner Armee an der Donau entlang weiter ostwärts und verschanzte sich in Regensburg, einer unabhängigen Reichsstadt an der Nordgrenze des damaligen Bayerns. Hagendorf war mit dabei, und er blieb bis zum folgenden Jahr an dem Ort: »Unser Regiment ist nach Regensburg in die Stadt verlegt worden. Mein Quartier war bei dem Marktturm, bei Johannes Strobel, Kramer, gutes Quartier.«

Gustav Adolf zog derweil von Ingolstadt weiter südwärts, tiefer ins Feindesland hinein, wie Hagendorf knapp erklärt: »Die Schwedischen, die sind nach Bayern gegangen, auf München zu und überallhin und haben gute Quartiere gehabt.«

Bayern war bis dahin ein blühendes Land, verschont von den Kriegswirren: Seit 127 Jahren lebten die Menschen dort in Frieden, waren keinem Feind und keiner Kriegshandlung ausgesetzt. Nun endete diese für deutsche Verhältnisse extrem lange Friedensperiode in Tod und Feuer. Denn Gustav Adolf kam 1632 nicht wie in Norddeutschland als selbsternannter Befreier, sondern als Eroberer, zumal es niemanden zu befreien gab: 61 Jahre zuvor hatten alle Protestanten das Land verlassen müssen, seither war Bayerns Bevölkerung durch und durch katholisch geworden. Sie stand den protestantischen Invasoren grundsätzlich ablehnend gegenüber, und Gustav Adolf wählte nun eine neue Vorgehensweise, die den Krieg noch einmal brutalisierte: die fürchterliche Taktik der verbrannten Erde.

Dass Armeen wie Heuschreckenschwärme ganze Landstriche kahlfraßen und so die Lebensgrundlage der Bevölkerung zerstörten, war nichts Neues. Neu war aber, dass Gustav Adolf diese Zerstörung nicht nur als Kollateralschaden in Kauf nahm, sondern dass er sie gezielt anstrebte: Der Schwedenkönig teilte unverblümt mit, er wolle den »Totalruin« des Landes. Wenn er Bayern gründlich genug verwüstete, so das Kalkül, nutzte es auch seinen Feinden nichts mehr.

Und so machten sich die Soldaten Schwedens hemmungslos über das Land her, plünderten und sengten, folterten und mordeten ganz nach ihrer Willkür. Allein die Städte konnten sich freikaufen. Die Dörfer aber gingen rechts und links des schwedischen Vormarsches in Flammen auf. Eine breite Schneise der Zerstörung brannte sich in das Land hinein.

Bayerns Kurfürst Maximilian sah sich nicht in der Lage, die schwedische Armee zu stoppen. Erschüttert nahm er in Regensburg die Nachrichten entgegen, wie sehr seine Bevölkerung unter der Barbarei litt. In seiner Verzweiflung forderte der Bayernherrscher seine Untertanen auf, jeden schwedischen Soldaten zu erschlagen, dessen sie habhaft wurden.

Viele bayerische Bauern wehrten sich todesmutig gegen die Invasoren. Ihr Widerstand mündete in einen flächendeckenden

Guerillakrieg, der sich bis zum Rhein und Bodensee ausbreitete. Das allerdings drehte die Gewaltspirale nur noch höher, beide Seiten übertrafen sich an Brutalität. »Auf dem Marsch verübten die Bauern Grausamkeiten an unseren Soldaten, die seitwärts zum Plündern weggingen, indem sie ihnen die Nasen und Ohren abschnitten, Hände und Füße abhackten und ihnen die Augen ausstachen, dazu andere Untaten begingen«, berichtet etwa Schwedens Söldnerführer Robert Monro. »Das zahlten ihnen die Soldaten sofort heim. Sie brannten auf dem Marsch viele Dörfer nieder und brachten die Bauern um, wo man sie antraf.«

Auf dem Weg nach Süden näherte sich das schwedische Heer immer mehr dem Kloster Andechs südöstlich von München, in dem der Mönch Friesenegger besorgt die Umgebung beobachtete. Er beschreibt, wie der Feind von Norden kommend »Landshut, Moosburg, Freising besetzte, und aller Orten mit unerschwinglichen Schatzungen, Verwüsten, Brennen und Morden übel hauste. Zur Überzeugung dieser Wahrheit sah man alle Nächte von weitem vier, fünf und noch mehr Feuersbrünste.«

Mitte Mai näherte sich Gustav Adolf der bayerischen Residenzstadt München, die weder über eine ausreichende Befestigung noch über genügend Verteidiger verfügte – Bayernherrscher Maximilian saß weiterhin mit seinem Heer in Regensburg fest. In Anbetracht der eigenen Hilflosigkeit schickte München dem Schwedenkönig eine Gesandtschaft entgegen, und diese erwirkte ein Kapitulationsabkommen: Die Stadt unterwarf sich und verpflichtete sich zur Zahlung der horrenden Summe von 300 000 Talern, etwa dem 75 000-fachen Monatslohn eines einfachen Soldaten. Im Gegenzug sagte der König zu, die Stadt vor Plünderung und Zerstörung zu verschonen.

Am 17. Mai 1632 ritt Gustav Adolf triumphal in München ein. Und er verblüffte die Bewohner dadurch, dass er sich strikt an sein Versprechen hielt: Lediglich die kurfürstliche Residenz und die Waffenkammern räumten seine Männer aus. Die Bürger in der Stadt blieben unbehelligt, zumal der König Übergriffe drakonisch bestrafen ließ: Drei seiner Soldaten, die man beim Plündern erwischte, wurden auf dem Marktplatz gehängt.

Die Münchner durften auch weiterhin ihren gewohnten Gottesdienst besuchen. Gustav Adolf nahm sogar selbst an einer katholischen Messe teil. Der Erzprotestant ließ sich von Jesuiten die Zeremonien erklären und stellte gelehrte Zwischenfragen auf Latein. »Jedermann musste seine Gelassenheit und Disziplin bewundern. Denn alles Leben, Eigentum und Ehre war unter ihm sicherer als selbst unter der kurfürstlichen Garnison«, lobt sogar der Andechser Mönch Friesenegger.

Anschließend beschreibt er den brutalen Kontrast: »Allein anders war es auf dem Land, das der König, wie man sagt, seinen Soldaten zur Beute überlassen hat. Da wurde kein Gut, keine Ehre, auch das Leben nicht verschont. Von Heiligenberg aus sah man allerorten Feuer und Rauch aufgehen.«

Schließlich erreichten schwedische Truppen Heiligenberg Andechs selbst. Wie beschrieben, hieben 16 berittene Soldaten am Morgen des 18. Mai 1632 das Tor des Klosters ein. »Nur mit Mühe retteten sich die zwei (*noch im Kloster befindlichen*) Herren – Hausmeister und Pfarrer – mit den Bediensteten, die noch da waren, durch den Garten«, schildert Friesenegger die dramatische Flucht der letzten verbliebenen Klosterbewohner. Diese liefen weiter zum nahen Ammersee, wo sie auf zahlreiche andere Flüchtlinge aus der Umgebung stießen, und mit denen begaben sie sich auf die entlegene Seite des Sees. »Der eine trug ein Brot, der andere ein Bett, die meisten nichts als weinende Kinder«, beschreibt unser Mönch den Flüchtlingstreck.

Andechs wurde derweil ausgeplündert: »Die ersten besagten feindlichen Reiter blieben nicht länger als zwei Stunden, raubten 26 Pferde und das Bessere, was sie im Kloster fanden«, so Friesenegger. »Um 9 Uhr kamen mehrere andere, raubten noch mal. Sie wurden von einigen Reitern, die von Weilheim kamen, in die Flucht gejagt und zwei davon getötet.« Das Städtchen Weilheim liegt 15 Kilometer südlich von Andechs, und seine Bewohner führten gegen die umherstreifenden Soldatentrupps offenbar einen kleinen Guerillakrieg – der aber alles andere als uneigennützig war: »Die Weilheimer zogen als Sieger ins Kloster ein, raubten mit und gingen von Wein und Bier volltrunken nach Hause. Kloster und Dorf überließen sie ihrem Schicksal«, schimpft Friesenegger. Gelegenheit machte offenbar Diebe: Anstatt Andechs zu verteidigen, plünderten die siegreichen Weilheimer ihren Nachbarn erst recht aus.

Auch die Bewohner des besetzten Münchens zeigten keinerlei Solidarität mit ihrer drangsalierten Umgebung. Im Gegenteil: Auf den Märkten der Stadt kauften sie den schwedischen Soldaten das ab, was diese zuvor geraubt hatten – oft zu Spottpreisen. Für beide Seiten war es ein lukratives Hehlergeschäft, während ringsum die Dörfer in Flammen aufgingen.

Die gewinnbringende Kollaboration währte nur kurze Zeit. Gustav Adolf verließ München schon nach zehn Tagen, und er machte beim Abzug den Stadtbewohnern klar, dass er nicht als ihr Freund, sondern als Eroberer ging: 42 Münchner Bürger nahm er als Geiseln mit, da die Stadt trotz verzweifelter Bemühungen – selbst die Ärmsten mussten Geld hergeben – nur knapp ein Drittel der geforderten 300 000 Taler auftreiben konnte. Die »Schwedengeiseln« kamen als Pfand ins schwedisch besetzte Augsburg, wo sie drei Jahre in entbehrungsreicher Gefangenschaft verharrten, bis sie endlich heimkehren durften. Drei von ihnen waren inzwischen verstorben.

Von München zog Gustav Adolf zunächst westwärts bis nach Memmingen an der heutigen Grenze zwischen Bayern und Baden-Württemberg. Dies sollte der südlichste Punkt sein, den der Schwedenkönig erreichte. Denn Anfang Juni 1632 erhielt Gustav Adolf Nachrichten, die ihn so beunruhigten, dass er mit 18 000 Mann sofort nach Norden eilte: In Prag hatte sich ein neuer alter Feind wieder erhoben. Das Blatt begann sich erneut zu wenden.

* * *

Nach Abzug der Schweden kehrten Maurus Friesenegger und die anderen Klosterbewohner – gut 30 Mönche plus Novizen und Bedienstete – nach Andechs zurück. Mehr als drei Wochen waren seit ihrer Flucht vergangen, und die Heimkehrer sahen ein Kaleidoskop des Vandalismus. »Das Gotteshaus war voll Gestank und Pferdemist, auf den Altären Überbleibsel von Futter, die Opferstöcke alle zerbrochen, und die Grabstätte des Stifters geöffnet. Jedoch waren die Altäre und deren Bildnisse alle unverletzt, ausgenommen das Bildnis des heiligen Rasso, das verstümmelt und mit Kot befleckt außerhalb des Gotteshauses gefunden wurde«, berichtet unser Mönch. »Übrigens war im ganzen Kloster eine abscheuliche Verwüstung. Keine ganze Tür, kein Schloss, kein Kasten, kein Schrank, kein Fenster, das nicht zerbrochen war. Alle Gänge, alle Zimmer, das Refektorium (*Speisesaal*), Dormitorium (*Schlafbereich*) waren mit Stroh, zerschlagenen Fenster-, Tür- und Kästensplittern, mit Pferde- und Menschen-Unrat, mit Gestank und Grausen so angefüllt, dass fünf Mann zehn Tage genug zu tun hatten, das Kloster nur vom größten Unrat zu reinigen.«

Der gesamte Hausrat von den Betten bis zum Geschirr war entweder gestohlen oder zerbrochen worden. »Man kann aber wirklich nicht sagen, ob die Auswärtigen (*Soldaten*) oder einheimische Diebe mehr geraubt haben«, schränkt Friesenegger ein. Zumindest einige Anwohner zeigten später »Gewissensrührung«, so der Mönch, denn es wurde »manches freiwillig und anderes bei gerichtlicher Hausuntersuchung zurückgebracht«.

»Noch elender als im Kloster sah es im Dorf (*Erling*) aus«, das ja zum Herrschaftsbereich des Klosters zählte, und in dem Friesenegger als Seelsorger wirkte. Er klagt: »Das obere Wirtshaus, das schöne Richterhaus, das neue Schulhaus, insgesamt 43 Häuser – fast das gesamte obere Dorf – lag in Asche, weil die Feinde am 24. Mai Feuer gelegt hatten. Und niemand durfte retten. Alles Bitten, alles Heulen war fruchtlos.«

Schwedens Soldaten hatten den Erlingern zudem ihre Lebensgrundlage weitgehend genommen: »Kein Wagen, kein Pflug im ganzen Dorf. Von 140 Pferden waren gerade drei, von 400 Stück Hornvieh nur vier mehr übrig. Schaf, Schwein und das gesamte Geflügel waren ganz und gar verloren. Und nun stand die Heu- und Feldarbeit bevor. In anderen umliegenden Ortschaften war das gleiche Elend, außer dass die meisten doch ihre leeren Häuser noch hatten. Und wer konnte helfen!«

Bei den allgemeinen Verwüstungen war es nicht geblieben. Einige Soldaten hatten das Chaos und die Rechtlosigkeit ausgenutzt, um sadistischen Trieben freien Lauf zu lassen, vorzugsweise gegenüber Wehrlosen. »Man muss sich nur über die sonderbare Grausamkeit der Feinde gegen die Alten, Gebrechlichen und Einfältigen wundern, die sie allerorten gezeigt haben«, merkt Friesenegger an. So »sind in Erling zwölf Personen ihre Schlachtopfer geworden, die sie nach vielen Martern und Plagen getötet haben; die einen waren über 60, 80 und 90 Jahre alt und gebrechlich, die anderen aber sehr einfältig (*geistig behindert*) und gut«. Es kam auch zu »Unzucht und Schande«, so Friesenegger, zum Beispiel im nahen Ort Traubing »mit einem alten Mann und seiner Frau, die sie abscheulich geschändet und danach verstümmelt haben, dem Mann aber die Augen ausstachen, und danach beide ins Feuer warfen«.

Den Sommer über tauchten keine schwedischen Soldaten mehr in Andechs auf, aber die Menschen lebten weiter in Furcht.

1632
Wallenstein vs. Gustav Adolf

»Denn zuletzt, wenn die meisten Länder werden in Asche liegen, wird man Frieden machen müssen.« Diese düsteren prophetischen Worte schrieb Albrecht von Wallenstein, der große Kriegsunternehmer, im Dezember 1631. Er hatte genug vom Krieg und wünschte den Frieden stärker herbei als so mancher fromme Politiker und Kirchenmann. Gut zweieinhalb Jahre war es her, dass Wallenstein den Friedensschluss mit Dänemark durchgesetzt hatte. Und 15 Monate waren verstrichen, seit Kaiser Ferdinand auf Drängen der Kurfürsten Wallenstein entlassen hatte. Der Geschasste gab klaglos den Oberbefehl über die kaiserliche Armee ab, zog sich auf seine Güter in Böhmen zurück und hoffte wohl, dort friedlich und ertragreich zu regieren. Und er wollte sein Reformwerk fortsetzen: Wallenstein führte in seinen Herzogtümern unter anderem ein unparteiisches Justizsystem ein, schnelle Postzustellung, einheitliche Maße und Gewichte, religiöse Toleranz, gute Löhne sowie Armenhäuser und Spitäler in jeder Stadt und jedem Pfarrbezirk – mit dem modern anmutenden Ziel, einen prosperierenden Musterstaat zu erschaffen, der natürlich auch erkleckliche Einnahmen bringt.

Kaiser Ferdinand aber dämmerte inzwischen, dass es ein furchtbarer Fehler gewesen war, seinen erfolgreichsten Kriegsunternehmer zu feuern und die Armee drastisch zu verkleinern. Denn seither hatte sich die militärische und politische Lage komplett gewendet: Zum Zeitpunkt von Wallensteins Entlassung sah Ferdinand noch wie der sichere Kriegssieger aus – der erzkatholische Kaiser ging schon daran, mit Hilfe seines berüchtigten Restitutionsedikts mehr als sieben Jahrzehnte Reformation wieder rückgängig zu machen. Nur 15 Monate später aber schien sein Feind Gustav Adolf auf dem Weg zu sein, Deutschland in ein protestantisches Reich zu verwandeln: Der Schwedenkönig unterwarf in atemberaubender Geschwindigkeit ein deutsches Fürstentum nach dem anderen, während das mit ihm verbündete protestantische Sachsen in Böhmens Hauptstadt Prag einmarschierte.

Der Kaiser sah keinen anderen Weg mehr, als seinen geschassten Feldherrn zu bitten, wieder in den Kriegsdienst zurückzukehren. Der schwer an Gicht leidende Wallenstein zeigte zunächst kein Interesse, woraufhin Ferdinand ihn regelrecht anflehte: Dreimal schrieb der Kaiser Ende 1631 an den Widerstrebenden, er möge doch zurückkommen, das dritte Mal sogar eigenhändig. Ferdinand sandte zudem eine Abordnung, die erkunden sollte, unter welchen Bedingungen Wallenstein bereit wäre, ihn zu erhören. Das stolze Reichsoberhaupt machte sich förmlich zum Bittsteller eines Untergebenen.

Endlich sagte Wallenstein zu, allerdings nur für einen befristeten Zeitraum: Für drei Monate könne er den militärischen Oberbefehl übernehmen und das Heer aufbauen. Mehr ließe seine Gesundheit nicht zu – der 48-Jährige litt an der Gicht, die mit einer äußerst schmerzhaften Entzündung der Hand- und Fußgelenke einherging, sowie an unerklärlichen Schmerzen in der Brust. Dass er sich überhaupt bereit erklärte, wieder in den ungeliebten Krieg einzusteigen, hing wohl mit der alarmierenden Gesamtsituation zusammen: Durch Gustav Adolfs Invasion hatte Wallenstein bereits sein Herzogtum Mecklenburg an der Ostseeküste verloren, und jetzt bedrohte der protestantische Siegeszug auch seine verbliebenen Herzogtümer Friedland in Böhmen und Sagan in Schlesien.

Kaiser Ferdinand fertigte am 15. Dezember 1631 die offizielle Ernennung Wallensteins aus. Und der zeigte gleich, was in ihm steckte: Seine Werber schwärmten aus bis in die Niederlande, Südwestdeutschland, Österreich, Kroatien und Ungarn, um neue Söldner zu rekrutieren. Sie lockten Interessenten mit einem rund vierfach erhöhten Handgeld zum Einstieg, und sie boten rückkehrwilligen Deserteuren eine Amnestie. So gelang es Wallenstein erneut, in verblüffendem Tempo ein gewaltiges Heer aus dem Boden zu stampfen: Schon nach wenigen Monaten befehligte er mehrere Zehntausend Mann – einige Schätzungen sprechen sogar von bis zu 100 000 Soldaten. Seine Armee »war an Zahl und Rüstung ohne Zweifel die tauglichste, über die Kaiser Ferdinand je verfügte. Der Zauberer hatte Wort gehalten«, resümiert Golo Mann in seiner Wallenstein-Biographie.

Es war eine Aufbauarbeit, die enorm Kraft und Zeit forderte. Unzählige Details mussten geplant, ganze Behörden geschaffen werden: vom General-Abrechnungs-Direktorium für die Buchführung über Postmeistereien bis hin zu den Feldspitälern und einer eigenen Feldbuchdruckerei. Die Zahl der Schreiben, die Wallenstein in dem Vierteljahr absandte und empfing, ging in die Tausende. Und all die Mühe, um dann wie angekündigt nach drei Monaten zurückzutreten, bevor irgendetwas erreicht war? Nach einigen Verhandlungen sagte Wallenstein im April 1632 schließlich doch zu, das Heereskommando unbefristet zu übernehmen. Schwedenkönig Gustav Adolf hatte wieder einen ernstzunehmenden Opponenten.

Schon im folgenden Monat vertrieb Wallenstein mit seiner neuen Heeresmacht die Sachsen aus Prag und dem restlichen Böhmen. Von dort aus bot sich die Chance, den in Süddeutschland umherstreifenden Gustav Adolf von dessen Heimatbasis im Norden abzuschneiden. Wallenstein hatte plötzlich die Trümpfe in der Hand, und der Schwedenkönig musste reagieren: Mit 18 000 Mann stürmte Gustav Adolf nordwärts, ließ das kürzlich eroberte bayerische Land hinter sich und eilte zunächst nach Nürnberg.

Wallenstein bewegte sich mit seinen Truppen von Prag aus ebenfalls in Richtung Nürnberg. Bayerns Kurfürst Maximilian kam ihm mit den Resten seines Heeres entgegen. Einige Tagesmärsche östlich von Nürnberg trafen sich die beiden Anführer, die bekanntermaßen persönlich und politisch verfeindet waren: Maximilian hatte 1630 die Entlassung Wallensteins entscheidend vorangetrieben. Wie würden sich die beiden begegnen? Auf offenem Feld, vor den Augen ihrer Soldaten, schritten Wallenstein und Maximilian aufeinander zu, streckten die Arme aus, umarmten sich und lagen sich am Hals. Aller persönlichen Feindschaft zum Trotz war den beiden Herren eine gute Vereinigungsshow gelungen. Von jetzt an zogen sie gemeinsam gegen den Schwedenkönig – wobei Wallenstein effektiv den Oberbefehl behielt, denn er brachte deutlich mehr Truppen und Kriegserfahrung mit als Maximilian.

Peter Hagendorf nahm an diesem Feldzug nicht teil. Er blieb den Rest des Jahres 1632 in Regensburg stationiert und entging so den Schlachten, die in diesem Kapitel erwähnt werden. Das war nichts Außergewöhnliches: Die meisten Truppen zogen nicht kämpfend umher, sondern dienten über das Land verstreut als Garnisonen, da die besetzten Städte und Festungen gesichert werden mussten. So verfügte Gustav Adolf 1632 in Deutschland über insgesamt 140 000 Soldaten, fast achtmal mehr, als er nach Nürnberg mit sich führte. Nur eine Minderheit stammte dabei noch aus seinem Königreich Schweden und Finnland: Fast 90 Prozent seiner Garnisons- und Feldsoldaten waren inzwischen angeworbene Söldner, vor allem aus Deutschland, aber auch aus Ländern wie Schottland, England, Frankreich und Polen.

Wallenstein und Bayerns Kurfürst Maximilian zogen mit gut 50 000 Soldaten nach Nürnberg, also fast dreimal so vielen wie Gustav Adolf. Trotzdem ging Wallenstein nicht direkt zum Angriff über: Als er im Juli 1632 vor Nürnberg ankam, sah er nicht nur die beeindruckenden Stadtmauern vor sich, sondern zusätzlich ein gewaltiges Verteidigungssystem. Gustav Adolfs Soldaten und 6000 Bewohner Nürnbergs hatten in aller Eile zickzackförmige Gräben rings um die Stadt geschaufelt, Wälle aufgehäuft, Palisaden errichtet und Stellungen für 300 Kanonen aufgebaut. An diesen Befestigungen wollte Wallenstein seine Truppen nicht verbluten lassen, auch wenn der Laienkrieger Maximilian auf einen raschen Sturmangriff drängte.

Wallenstein setzte stattdessen auf ein altbewährtes Mittel, einen verschanzten Gegner in die Knie zu zwingen: den Hunger. Der Feldherr ließ alle Straßen und Wege nach Nürnberg so gut es ging blockieren und neun Kilometer westlich der Stadt ein riesiges Heerlager aufbauen, das sich über mehrere Dörfer erstreckte. Rings um das Lager erschufen seine Leute in Rekordzeit eine gewaltige Befestigungsanlage: binnen drei Tagen einen 16 Kilometer langen Verteidigungsgraben und -wall. Dazu hoben sie so viel Erde aus, wie in 21 000 moderne Lastwagen passt – eine beeindruckende Leistung, zumal viele Soldaten und Helfer keine Schaufeln besaßen, sondern mit primitiven Hilfsmitteln wie zerbrochenen Tellern oder gar mit den bloßen Händen buddeln mussten. Zudem holzten die Männer ganze Waldstücke ab und errichteten aus 13 000 Baumstämmen den

Palisadenzaun sowie stabile Brustwehren. Verstärkt wurden diese durch Fässer und Körbe, die mit Sand und Steinen gefüllt waren, um Schutz vor Geschossen zu bieten.

Die Armeen Gustav Adolfs und Wallensteins hatten damit die Umgebung und den Westen von Nürnberg in eine labyrinthisch anmutende Festungslandschaft verwandelt, die weiter reichte, als das Auge blickte. Hier wie dort wäre ein Frontalangriff geradezu selbstmörderisch gewesen, und so konzentrierten sich beide Seiten zunächst einmal auf andere Tätigkeiten: »Nachdem diese beiden Armeen ihre Lager errichtet hatten«, erzählt der schottische Söldnerführer Robert Monro, der auch in Nürnberg für den Schwedenkönig kämpfte, »begannen sie beide, in das umliegende Land auszuschwärmen und dort zu stehlen, zu rauben, zu plündern und zu verwüsten.«

Allerdings war die Umgebung bald ausgeräubert und leergefressen, und beide Seiten litten unter Nachschubproblemen – insbesondere die belagerte schwedische Armee, die sich die Lebensmittel mit den Bewohnern Nürnbergs teilen musste. Insgesamt 70 000 bis 100 000 Menschen drängten sich vermutlich hinter den schwedischen Befestigungsanlagen.

Die Nahrungsvorräte in Nürnberg verringerten sich rapide: Erst musste das Nutzvieh geschlachtet werden, dann ging das Pferdefutter zur Neige, dann hungerten die Zivilisten, schließlich auch die Soldaten des Schwedenkönigs. Die geschwächten Menschen und Tiere wurden anfällig für Krankheiten, und da sie sich auf engstem Raum drängten, konnten sich diese schnell zu Seuchen auswachsen, die massenhaft den Tod brachten. Zuerst fielen die Pferde reihenweise um, dann starben immer mehr Bürger an Krankheiten und Hungerkrämpfen – insgesamt 29 406 in jenem Jahr, wie ein Chronist errechnete. »Zeitweise musste man die Toten wie Scheitholz aufschlichten, weil man mit dem Ausheben der Massengräber nicht mehr nachkam«, berichtet der Historiker Helmut Mahr.

In Wallensteins Lager war die Versorgungssituation etwas besser, aber auch dort traten massive Probleme auf – wie fast immer, wenn eine große Armee lange an einem Ort blieb. Vor allem sauberes Trinkwasser war Mangelware, im ganzen Lager gab es nur eine einzige Quelle für die rund 100 000 Menschen in Armee und Tross sowie die mindestens 15 000 Pferde. Diese Massen hinterließen natürlich auch massenhaft Kot, jeden Tag mehrere Tonnen, die nicht sanitär entsorgt wurden. Die Exkremente und anderen Abfälle lockten Fliegen und Ratten an, die in unübersehbaren Mengen durch das Lager schwärmten, über dem ein bestialischer Gestank hing. Es grassierten Krankheiten wie die rote Ruhr, die mit blutigem Durchfall einhergeht, was den Teufelskreislauf der sich ständig verschlimmernden hygienischen Zustände weiter antrieb.

Auch die Verpflegung wurde zunehmend schwieriger und erforderte einen ständigen logistischen Kraftakt: Damit jeder Soldat in Wallensteins Lager seine Tagesration von 700 Gramm Brot, 500 Gramm Fleisch und einer Maß Bier erhielt, mussten täglich 35 Tonnen Mehl, 25 Tonnen Fleisch und 500 Hektoliter Bier herangekarrt werden. Hinzu kamen 52 Tonnen Pferdefutter. Ein Großteil stammte aus Bayern und kam zunächst in eine zentrale Sammelstelle in Freystadt 34 Kilometer südöstlich von Nürnberg. Von dort rumpelten schier endlose Kolonnen von bis zu 120 Wagen über weitgehend unbefestigte Naturwege, um die Güter in das Heerlager zu schaffen.

»Diesen Nachschub für 50 000 Mann heranzuführen, dazu Hafer für die Pferde, war eine mit unendlichen Mühen und Plagen verbundene Arbeit«, berichtet Robert Monro, der Söldnerführer auf der Gegenseite. Gustav Adolf zog daraus seine Schlussfolgerungen: Der Schwedenkönig sandte Reitertrupps los, die die zentrale Sammelstelle des Feindes ausfindig machten, sie ausplünderten und abfackelten. In der Folge kam es auch in Wallensteins Heerlager zu ernsten Versorgungsengpässen.

Die Lage verschlechterte sich für die Kaiserlich-Katholischen weiter, als Ende August die schwedische Armee Verstärkung erhielt: 30 000 frische Soldaten kamen aus Sachsen, Hessen und Thüringen anmarschiert. Gustav Adolf verfügte damit über eine mehrfach vergrößerte Armee, die rund 45 000 Mann umfasste und dem kaiserlich-katholischen Heer zahlenmäßig gewachsen war. Zugleich verschärften die zusätzlichen Soldaten die Verpflegungssituation im schwedischen Lager. Nach zwei Monaten des Stillsitzens in Nürnberg war es an der Zeit zu handeln, folgerte Gustav Adolf.

Am Morgen des 3. September 1632 befahl er den Großangriff auf das schwer befestigte Lager Wallensteins: Immer wieder schickte der Schwedenkönig seine Männer eine Anhöhe hinauf gegen die feindlichen Stellungen, und immer wieder wurde die Attacke blutig zurückgeschlagen. »Der Feind war durch seine Verschanzungen gedeckt, während wir wie die Zielscheiben vor ihm standen, auf die man nur zu feuern brauchte«, klagt unser Augenzeuge im schwedischen Heer Robert Monro, der eine Sturmgruppe von 500 Musketieren anführte. »Ich brachte nur einen geringen Teil meiner Leute zurück, da ich beinahe 200 Mann verloren hatte – ohne die verwundeten Offiziere und Soldaten mit einzurechnen.« Es waren also an einem einzigen Nachmittag fast 40 Prozent von Monros Männern ums Leben gekommen.

Insgesamt starben bei dem Angriff am 3. September auf Seiten der Schweden mindestens 1000 Soldaten, auf Seiten Wallensteins rund 300. Hinzu kamen beiderseits auf jeden Toten etwa zwei Verwundete. Am folgenden Morgen sah der Schwedenkönig ein, dass alle Versuche gescheitert waren, und befahl den Rückzug in die Ausgangsstellungen. Es war Gustav Adolfs erste Niederlage in einer großen Schlacht in Deutschland – der Nimbus der Unbesiegbarkeit war dahin. »Es hat sich der König bei dieser Impresa (*Unternehmung*) gewaltig die Hörner abgestoßen«, meldete Wallenstein vergnügt seinem Herrn, dem Kaiser Ferdinand in Wien.

Das schwedische Heer verschanzte sich wieder in den Ausgangsstellungen, und es geschah – erst einmal nichts. Auch Wallenstein verharrte weiter in seinem Lager, denn die Zeit arbeitete für ihn: Während seine Truppen ausreichend zu essen bekamen, wurde auf schwedischer Seite der Hunger immer ärger. Binnen zwei Wochen verlor Gustav Adolf ein Drittel seiner Soldaten, zum einen durch Krankheiten, zum anderen durch massenhafte Desertionen. Viele Männer kehrten von der Nahrungssuche einfach nicht mehr zurück oder liefen direkt zum Feind über, bisweilen sogar in kompletten Einheiten. So berichtet Wallenstein selbst, dass aus dem schwedischen Heer eine Kompanie Reiter zu ihm kam, die ihren eigenen Hauptmann erschlagen hatte und um Aufnahme bat. »Ich habe einem jeden 10 Reichstaler geschenkt und erlaubt, dass sie sich den Regimentern unterstellen mögen, wo es einem jeden beliebt. Es werden ihrer mehr folgen«, schreibt Wallenstein. Er war in guter und großzügiger Stimmung, zeigten doch solche Vorkommnisse, wie dramatisch die Moral im schwedischen Lager sank. Der modrige Geruch der Niederlage verbreitete sich um den bis dahin siegverwöhnten Schwedenkönig.

Am 18. September 1632 zog Gustav Adolf ruhmlos aus der Region ab. »Der Ausgang des Nürnberger Sommers war für den Schwedenkönig ärger als Niederlage in der offenen Feldschlacht«, kommentiert der Historiker Golo Mann. »Aus dem legendären Siegeszug war Konfusion und Entlarvung geworden; Hin- und Herziehen ohne Zweck, je nach dem, was der Feind tat; Sterben und verbrannte Erde.«

Wallenstein wartete drei Tage und verließ am 21. September 1632 ebenfalls die völlig verwüstete und kahlgefressene Region rund um Nürnberg. Zahlreiche Verwundete und Kranke blieben zurück und wurden einfach ihrem Schicksal überlassen – Besucher des evakuierten Lagers sahen später ausgemergelte Menschen zwischen faulenden Leichen umherkriechen.

Bald darauf trennten sich Wallenstein und Maximilian: Der bayerische Kurfürst begab sich mit seinen Truppen in sein eigenes Land, während der Kriegsunternehmer Richtung Norden weiterzog, um im protestantischen Sachsen zu überwintern. Das wiederum alarmierte Gustav Adolf, denn Sachsen war sein wichtigster und mächtigster Verbündeter in Deutschland. Das protestantische Kurfürstentum durfte keinesfalls an die Kaiserlich-Katholischen fallen. Und so eilte der Schwedenkönig wieder einmal gen Norden, Wallenstein hinterher. Einen Teil des Heeres ließ er als Besatzungstruppen in Schwaben zurück, darunter das Schottenregiment, in dem der mehrfach zitierte Robert Monro diente.

Monro blieb bis Mitte des folgenden Jahres in der Region, nahm dann Abschied von seinem Regiment und kehrte nach Schottland zurück. 1637 brachte er ein Buch heraus, in dem er seine Kriegseinsätze in Deutschland tagebuchartig beschrieb und kommentierte, wodurch er schlagartig als Militärexperte berühmt wurde. Später kämpfte Monro im englischen Bürgerkrieg mit und starb 1680 friedlich in hohem Alter.

Als sich Gustav Adolf ohne das Schottenregiment auf den Weg nach Norden machte, war ihm Wallenstein bereits weit voraus. Der Schwedenkönig trieb daher seine Truppen in Eilmärschen voran: In nur 17 Tagen legte sein Heer 630 Kilometer zurück, also im Schnitt 37 Kilometer pro Tag. Die enorme körperliche Belastung für die Soldaten und Zugtiere hatte ihren Preis: Immer mehr Soldaten verloren den Anschluss, rund 4000 Pferde verendeten. »Die alte Wahrheit, dass ein richtig harter Marsch ebenso große Verluste mit sich bringen konnte wie eine große Schlacht, hatte sich wieder einmal bestätigt«, kommentiert der schwedische Historiker Peter Englund. Nahe Erfurt in Thüringen ließ Gustav Adolf notgedrungen ein paar Tage haltmachen. Bis zum 7. November 1632 waren Nachzügler und Verstärkungen angekommen.

Wallensteins Heer lagerte zu dem Zeitpunkt bereits bei Leipzig, die sächsische Stadt hatte kampflos kapituliert. An jenem 7. November erhielten die kaiserlich-katholischen Truppen wichtige Verstärkung: Feldmarschall Gottfried Heinrich zu Pappenheim, der alte Haudegen, der seiner vielen Kampfnarben wegen »Schrammhans« genannt wurde, stieß mit einigen Tausend Mann dazu – nachdem er das Jahr 1632 über erfolgreich einen guerillaartigen Kleinkrieg gegen die schwedischen Besatzungsheere in Niedersachsen geführt hatte. Wallenstein verfügte nun über mehr Soldaten als Gustav Adolf.

Der Schwedenkönig wiederum ließ am 10. November bei Naumburg 45 Kilometer südöstlich von Leipzig ein befestigtes Lager für seine Armee aufbauen. Damit war das Kriegsjahr beendet, so schien es. Es war bereits sehr kalt geworden, und im Winter verzichtete man auf Feldzüge, um keine horrenden Verluste durch Erfrierungen und Krankheiten zu erleiden.

Wallenstein wartete noch ein paar Tage, und als die Schweden sich nicht bewegten, gab er seinen Truppen den Befehl, sich weiträumig auf die Winterquartiere zu verteilen. Am Vormittag des 15. November 1632 zogen die Wallenstein'schen Regimenter in verschiedene Richtungen los. Pappenheim begab sich mit seinen rund 7000 Soldaten ins 33 Kilometer entfernte Halle.

Am selben Tag brach auch Gustav Adolf mit seinem Heer auf, und zwar schon um vier Uhr in der Früh. Der Schwedenkönig hatte doch entschieden, nicht in dem befestigten Lager bei Naumburg zu bleiben, und er befahl seinen Männern zunächst einmal, zwölf Kilometer näher an Leipzig heranzurücken.

Auf dem Marsch fielen dem schwedischen Heer zufällig ein paar kaiserlich-katholische Soldaten in die Hände. Diese verrieten, dass Wallenstein gerade dabei war, sein Heer in alle Winde zu zerstreuen. Als Gustav Adolf die überraschende Neuigkeit erfuhr, entschloss er sich augenblicklich, die Gelegenheit zu nutzen: Mit seiner Streitmacht eilte er hin zum Städtchen Lützen südöstlich von Leipzig. Dort hatte Wallenstein sein Hauptquartier genommen, das schon weitgehend von Truppen entblößt war.

Doch nach dieser Wendung ereignete sich ein weiterer Zufall: Auf dem Weg nach Lützen stießen die Schweden auf einen Trupp kaiserlich-katholischer Fußsoldaten und Reiter, die Wallenstein bereits fortgeschickt hatte. Deren Befehlshaber Rudolf von Colloredo reagierte geistesgegenwärtig. Er schickte sofort Eilboten zu Wallenstein und verschanzte sich mit seinen rund 500 Mann an strategisch günstiger Stelle: in einer bewaldeten

Anhöhe hinter einem Fluss und einer Brücke, die der schwedische Heereswurm überqueren musste. Dort gelang es Colloredos kleiner Schar, die 18 000 bis 19 000 feindlichen Soldaten stundenlang aufzuhalten.

Gegen zwei Uhr nachmittags erschallten dann von Lützen drei Kanonenschüsse: Es war das verabredete Warnzeichen in der kaiserlich-katholischen Armee, dass jedermann sofort zum Hauptquartier zurückeile. Colloredos Boten hatten Wallenstein erreicht. Dieser sandte neben dem Warnsignal auch Reiter mit Eilbriefen aus, damit die ausgerückten Regimenter schnellstens umkehrten. Erhalten ist das Schreiben an Pappenheim im 30 Kilometer Luftlinie entfernten Halle. Wallenstein verfasste es mit eigener Hand, und man spürt beim Lesen die Dringlichkeit: »Der Feind marschiert heran. Der Herr lasse alles stehen und liegen und incaminiere sich (*mache sich auf den Weg*) hierher mit allem Volk und Stücken (*Soldaten und Kanonen*), so dass er sich morgen früh bei uns befinden kann. Ich aber verbleibe des Herrn dienstwilliger AhzM.« (Wallensteins Kürzel steht für »Albrecht, Herzog zu Mecklenburg«.) Unter der Unterschrift noch der hastige Zusatz: »Er ist schon an dem Pass, wo gestern der böse Weg gewesen ist.« (Damit meinte er einen sumpfigen Pfad.)

Um 16 Uhr hatte die schwedische Armee endlich Fluss und Brücke überschritten. Colloredo und seine überlebenden Soldaten zogen sich die verbleibenden sieben Kilometer nach Lützen zurück. Der Weg war für Gustav Adolf frei, aber der Schwedenkönig hatte entscheidende Stunden verloren: Die Sonne senkte sich bereits, es war ja November, bald würde sie verschwunden sein, und im Dunkeln konnte man keine Schlacht führen. Gustav Adolf haderte, aber es half nichts: Er ließ seine Armee haltmachen und auf offenem Feld kampieren.

Wallenstein hatte eine wertvolle Nacht gewonnen. In dieser strömten unablässig kaiserlich-katholische Soldaten nach Lützen zurück, wurden im Schein der Fackeln von Offizieren zu ihren Plätzen auf dem Schlachtfeld geführt und begannen dort, Gräben auszuheben und sich zu verschanzen.

Am nächsten Morgen stand Wallensteins Armee in Schlachtordnung bereit: 16 000 Mann auf einer Länge von zweieinhalb Kilometern. Sie formten nicht mehr die schwerfälligen Viereckshaufen wie unter Tilly, sondern standen in der neuen lockeren Formation: mit nur wenigen Reihen Soldaten hintereinander und Reserven im Rückraum. Gustav Adolf hatte diese Taktik erst im Jahr davor nach Deutschland gebracht – und Wallenstein von seinem Feind rasch gelernt.

Am 16. November 1632 um elf Uhr vormittags begann die Schlacht, um zwölf Uhr mittags stieß der von Halle herbeieilende Pappenheim mit 3000 Reitern dazu. Pappenheims 4000 Fußsoldaten benötigten naturgemäß länger: Sie kamen erst in der Nacht am Schlachtfeld an, als der Kampf bereits vorüber war. Der erbrachte keinen klaren Sieger: Am Ende des Tages fanden sich beide Seiten nach verbissenen Gefechten mit zahlreichen blutigen Vorstößen weitgehend in ihren Ausgangspositionen wieder. Wallenstein trat in der Nacht noch den Rückzug an, erst nach Leipzig, dann nach Böhmen, wo er mit seinen Truppen überwinterte.

Die schwedischen Truppen verbrachten die Nacht auf dem Schlachtfeld, womit sie nach damaliger Definition gesiegt hatten. Aber es war nur ein theoretischer Sieg: Auch die Schweden traten den Rückzug zu ihrem Ausgangslager in Naumburg an, nur eben erst am nächsten Morgen. Faktisch hatten beide Seiten verloren: Insgesamt blieben zwischen 6500 und 10 000 Männer tot oder sterbend auf dem Schlachtfeld liegen, also wohl fast jeder vierte Kämpfer. Da man die Gefallenen nicht zählte, existieren nur Schätzwerte.

Knochenfunde zeugen noch heute von dem Gemetzel: Im Jahr 2011 etwa bargen Archäologen ein Massengrab mit den Skeletten von 47 Soldaten. Die Toten wurden zwischen 14 und 50 Jahre alt, ihre Knochen waren von den endlosen Märschen oft deformiert, viele zeigen Spuren von Vitaminmangel, Parasitenbefall, Karies und Krankheiten wie der Syphilis. Bei manchen lassen sich auch die Kampfverletzungen erkennen: So fanden die Forscher an Schädeln Hiebspuren und Einschusslöcher sowie in einem Hüftknochen eine Bleikugel. Der Betroffene hatte einen Gewehrschuss ins Gesäß bekommen.

Dass die Schlacht bei Lützen zu den berühmtesten des Dreißigjährigen Kriegs zählt, liegt indes weder an den horrenden Verlustzahlen noch an den archäologischen Funden. Der Grund sind zwei prominente Todesfälle.

Der erste ereignete sich um zwölf Uhr mittags. Pappenheim kam gerade mit seinen 3000 Reitern am Schlachtfeld an, sondierte kurz die Lage und warf sich ins Schlachtgetümmel. Dabei führte er seine schwergerüsteten Reiterverbände wie gewohnt persönlich an. Doch schon bei der ersten Attacke traf Pappenheim eine kleine Kanonenkugel, die ihm die ganze linke Seite aufriss. Stark blutend wurde der 38-Jährige nach Leipzig gebracht, wo er in der Nacht seinen Verletzungen erlag, vor Schmerzen immer wieder »Jesus Maria« schreiend. In seiner Rocktasche befand sich noch der oben zitierte Brief Wallensteins, der heute in einer Vitrine des Heeresgeschichtlichen Museums in Wien besichtigt werden kann. Das Dokument ist mit Pappenheims Blut getränkt, aber Wallensteins drängende Sätze sind immer noch gut lesbar.

Der zweite prominente Todesfall ereignete sich ebenfalls um die Mittagszeit, etwa um 13 Uhr, und es war der sicherlich berühmteste bei einer Schlacht des Dreißigjährigen Kriegs. Die genauen Umstände bleiben bis heute nebulös, aber Historiker haben aus den verschiedenen, sich zum Teil widersprechenden Berichten herauskristallisiert, was sich in etwa abspielte (die Reihenfolge der Geschehnisse variiert dabei gelegentlich): Ein Kommandant eines schwedischen Reiterregiments war verwundet worden. Gustav Adolf sprang kurzfristig für ihn ein und führte die Reitereinheit persönlich in den Kampf – wie Pappenheim kannte der Schwedenkönig keine Hemmungen, sich selbst der Gefahr auszusetzen. Über dem Schlachtfeld hatte sich zu dem Zeitpunkt ein dichter Novembernebel gesenkt, hinzu kam der Pulverdampf der Musketen und Kanonen, so dass der kurzsichtige König weitgehend im Blindflug dem Feind entgegenritt. Unvermittelt traf eine Musketenkugel seinen linken Arm und zerschmetterte sein Ellbogengelenk, so dass der Röhrenknochen aus dem Ärmel herausragte – wegen einer alten Verwundung konnte Gustav Adolf keine Eisenrüstung tragen, sondern nur einen Waffenrock aus Elchleder.

Eine Handvoll Begleiter versuchten, ihren König auf seinem Ross aus dem Kampfgebiet herauszuführen. In dem dichten Nebel, in dem ringsum nur noch schemenhafte menschliche Silhouetten zu erkennen waren, verloren sie den Kontakt zu den eigenen Leuten – und stießen plötzlich auf einen Trupp feindlicher Kürassiere, also schwer gepanzerter Reiter.

Einer der kaiserlich-katholischen Kürassiere kannte Gustav Adolf von Angesicht zu Angesicht: Moritz von Falkenberg hatte sich in schwedischer Kriegsgefangenschaft befunden und war von dem Schwedenkönig wenige Tage vor der Schlacht großzügig freigelassen worden. Nun stürzte Falkenberg seinem Wohltäter mit dem Ruf »Bist Du denn hier!« entgegen – und schoss ihm aus kurzer Distanz mit der Pistole in den Rücken. Die Kugel schlug unter dem rechten Schulterblatt ein und drang dem König in die Lunge, der aber immer noch lebte. Falkenberg konnte sich der Tat nicht mehr brüsten: Augenblicke später wurde er selbst tödlich getroffen.

Gustav Adolf rutschte aus dem Sattel, verhakte sich mit dem linken Fuß im Steigbügel, wurde noch ein Stück von seinem Pferd mitgeschleift und blieb schließlich liegen. Dann stürzten weitere kaiserlich-katholische Kürassiere heran, töteten einen Begleiter des Königs, verwundeten einen anderen tödlich und schlugen den Rest in die Flucht. Gustav Adolf lag allein da, umringt von Feinden. Ein paar Kürassiere stiegen ab: Einer stieß Gustav Adolf das Schwert in die Brust, einer schoss ihm in den linken Arm, andere plünderten den immer noch atmenden Mann, zogen ihm seinen Waffenrock aus, nahmen Siegelring,

Goldkette und Uhr. Es folgten weitere Stiche auf den bis auf das Hemd entkleideten Körper, bis schließlich ein Soldat dem König die Pistole an die Schläfe setzte und ihm gleichsam den Gnadenschuss gab. Der »Löwe aus der Mitternacht« starb entblößt auf einem feuchten, zerstampften Acker.

Das Auftauchen schwedischer Reiter verhinderte wohl, dass die kaiserlich-katholischen Kürassiere auch den entstellten Leichnam des Königs fortschleppten. Dieser wurde spätabends von schwedischer Seite gefunden, einbalsamiert und später feierlich in die Heimat überführt. Gustav Adolfs Waffenrock hingegen kam nach Wien, dem Sitz von Kaiser Ferdinand, und wurde erst 1920 an Schweden zurückgegeben. Heute befindet sich das Ledergewand in der Stockholmer Livrustkammaren, dem ältesten Museum Schwedens, und die Löcher darin zeugen vom gewaltsamen Ende des Eroberers und seiner Großmachtphantasien.

Nach der Schlacht bei Lützen betrauerten viele Schweden und wohl noch mehr protestantische Deutsche den König, der den Siegeszug der Katholiken beendet und die evangelischen Kräfte in Deutschland zu bis dato ungekannter Macht geführt hatte. Hierzulande entstanden bald huldigende Gedichte und Gemälde, Gustav Adolf erschien auf Trinkgläsern, Glasdosen, Ofenkacheln, Stickereien, Leder und Elfenbein – ein schwunghafter Devotionalien-Handel entwickelte sich. Doch schon zwei Jahre nach Gustav Adolfs Tod erloschen die Lobpreisungen, als der Krieg immer hässlicher wurde, den die Nachfolger des Schwedenkönigs in Deutschland fortführten. Gustav Adolf war rechtzeitig gestorben, um an den zahllosen Gräueln der zweiten Kriegshälfte keinen Anteil mehr zu haben. Und so merkt schon der große Friedrich Schiller in seiner »Geschichte des Dreißigjährigen Krieges« von 1791/93 über den König an: »Es ist uns erlaubt zu zweifeln, ob er bei längerem Leben die Tränen verdient hätte, welche Deutschland an seinem Grab weinte, die Bewunderung verdient hätte, welche die Nachwelt dem ersten und einzigen gerechten Eroberer zollt.« In Bezug auf das Urteil der Geschichte war Gustav Adolf die Gnade des frühen Todes zuteilgeworden.

* * *

Das Ende des Schwedenkönigs bewegte natürlich nicht nur die Protestanten in Deutschland. Auch Maurus Friesenegger im oberbayerischen Kloster Andechs hielt die Nachricht in seinem Tagebuch fest. »Den 16. November blieb der König Gustav in dem Treffen bei Lützen in Sachsen samt unserem berühmten General Pappenheim. Das verursachte bei den Katholischen Freude und die Hoffnung auf Frieden«, frohlockte unser Mönch – um ernüchtert anzufügen: »Aber es waren gleich andere da, die das Kommando der ketzerischen Armee übernahmen und die das Sprichwort wahr machten: Es kommt nichts Besseres nach.«

KAPITEL III: IM TEUFELSKREIS

1632/33
Jenseits von Freund und Feind

Auf die verheerende Schlacht bei Lützen im November 1632 folgte ein Jahr, das der Historiker Peter Englund als »merkwürdiges Zwischenjahr« bezeichnet. Beide Kriegsparteien verhielten sich 1633 auffallend passiv, begannen weder große Feldzüge noch große Schlachten: »Sie gleichen zwei kraftlosen und vom Kampf gezeichneten Faustkämpfern, die schwer und keuchend aneinanderhängen, bevor sie den noch unentschiedenen Kampf wieder aufnehmen«, beschreibt Englund die Initiativlosigkeit beider Seiten.

Die Schweden mussten sich nach dem Tod ihres Königs Gustav Adolf neu organisieren. Der kaiserlich-katholische Feldherr Wallenstein auf der anderen Seite litt schwer an der Gicht und wahrscheinlich Syphilis, er war kriegsmüde, wollte seine strapazierten Truppen nicht mehr in sinnlosen Kämpfen verheizen und unternahm daher militärisch kaum noch etwas.

Trotzdem war 1633 kein friedliches Jahr. Beide Seiten belauerten und bekämpften sich unablässig, und es kam zu zahlreichen kleineren Truppenverschiebungen, Gefechten und Belagerungen mit oft dramatischen Folgen für Soldaten wie Bevölkerung. Und so geschah zwar auf der großen Kriegsbühne wenig, dafür umso mehr im Leben unserer Tagebuchautoren: Für den Mönch Maurus Friesenegger waren das Jahr 1633 und das Folgejahr so einschneidend, dass er dieser Zeit erheblich mehr Platz in seinem Tagebuch widmet als allen anderen Kriegsjahren. Für den Söldner Peter Hagendorf sollte sich 1633 sogar alles ändern.

Die Schlacht bei Lützen überstand Hagendorf wie erwähnt in sicherer Entfernung: in Regensburg an der Donau, wo er als Garnisonssoldat bei einem Kramer im Stadtzentrum wohnte. Seine Frau Anna Stadlerin war bei ihm, und die Eheleute erwarteten ihr viertes Kind, nachdem die ersten drei Kinder alle vor ihrem zweiten Geburtstag gestorben waren.

»Hier ist meine Frau wieder niedergekommen mit einer jungen Tochter, mit Namen Barbara, im Jahre 1633«, erzählt Hagendorf. Würde dieses Mädchen länger leben als seine toten Geschwister? Die Voraussetzungen waren gut: Es kam in einem festen Gebäude in geschützter Umgebung zur Welt – Luxus für eine Soldatenfamilie in jener Zeit.

Doch die vergleichsweise idyllischen Bedingungen hielten nicht lange an. Schon bald nach der Geburt seiner Tochter musste Hagendorf mit seinem Regiment Regensburg verlassen, um sich mit anderen bayerischen Einheiten 50 Kilometer weiter südlich in Landshut zu einer Verteidigungsarmee zu vereinigen. Denn schwedische Heere bewegten sich von Norden und Westen her auf Bayern zu.

Die schwedische Armee war nach ihrem Pyrrhussieg bei Lützen nicht lange an ihrem Platz geblieben. Sie konnte dort auch nicht bleiben, denn die Heere mussten ja immer weiterziehen wie Heuschreckenschwärme, wenn alles kahlgefressen war. Wo aber sollten die Truppen hin, was waren ihre Ziele, nachdem ihr König und Heerführer Gustav Adolf nicht mehr existierte? Die Antwort darauf blieb zunächst im Dunkeln.

Die Thronfolge immerhin war rasch geklärt: Neue schwedische Königin wurde Gustav Adolfs Tochter Christina, die Anfang 1633 gerade sechs Jahre alt war. Die folgenden zwölf Jahre leitete daher ein Vertreter die Staatsgeschäfte: der schwedische Reichskanzler Axel Oxenstierna, ein intelligenter, effizienter und wenn nötig skrupelloser Realpolitiker.

Während Gustav Adolf zumindest offiziell für den protestantischen Glauben in den Krieg gezogen war, verfolgte Oxenstierna unverhohlen profanere Absichten: Der 49-Jährige wollte für Schweden eine »gebührende Satisfaction«, sprich Geld und Territorien. Dieses Kriegsziel formulierte Oxenstierna in einem Militärpakt namens Heilbronner Bund, den er 1633 mit protestantischen Landesherren aus Süddeutschland schloss.

Schweden war mit den Soldzahlungen für seine Invasionsarmee gewaltig in Rückstand geraten – in manchen Fällen musste den Soldaten noch der Lohn für mehrere Dienstjahre nachgezahlt werden. Das Land hatte hier riesige Summen zu begleichen, aber wo sollte das Geld herkommen? Darauf gab es keine Antwort. Und solange diese Frage ungelöst blieb, setzte Oxenstierna den Krieg fort: Er wollte nicht auf den ruinösen Kriegsschulden sitzenbleiben.

Die finanziellen Schwierigkeiten nahmen spürbar zu: Am 30. April 1633 meuterten sogar die Offiziere und Soldaten der schwedischen Armee und traten in den Streik, um endlich ihren Sold zu erhalten. Erst nach monatelangen Verhandlungen und einigen Soldnachzahlungen zeigten sich die Männer willens, ihren Kriegsdienst fortzusetzen. Im August 1633 war das Heer schließlich wieder einsatzbereit. Der Teufelskreis indes blieb bestehen: Man hatte nicht genug Geld, um die Heere abzufinden und das Kämpfen zu beenden, aber je länger die Kämpfe dauerten, umso größer wurde das Geldproblem.

Die bayerische Armee verließ in dieser Zeit ihren Stützpunkt Landshut und verteilte sich auf zwei Städte, wie Hagendorf berichtet: »Wir haben uns geteilt, etliche sind gegangen nach Landsberg im Allgäu hinauf, unser Regiment aber wieder zurück nach Freising«, das bei München liegt. Hagendorfs Frau Anna Stadlerin, die mit ihrer neugeborenen Tochter noch in Regensburg weilte, wollte wieder zu ihrem Mann – und begab sich in die falsche Stadt: »Meine Frau aber, die das nicht wusste, ist der Armee nach durch Landsberg am Lech. Sie ist krank gewesen samt dem Kind.«

Von Landsberg zog Anna Stadlerin knapp 60 Kilometer weiter nach München nahe Freising. Dort erreichte sie endlich das Regiment ihres Mannes, »das Kind ist ihr aber unterwegs gestorben«, erzählt Hagendorf. Er selbst erfuhr von dieser neuerlichen Tragödie erst viel später. Denn als Anna Stadlerin auf Hagendorfs Regiment stieß, war ihr Mann mit einem Teil des Regiments bereits abmarschiert: »Von Freising bin ich samt meinem Hauptmann und 300 Mann kommandiert worden nach Straubing«, das 110 Kilometer Luftlinie von München entfernt liegt. Anna Stadlerin konnte Hagendorf dorthin nicht mehr folgen, denn sie wurde immer kränker »und sie ist nach etlichen Tagen auch gestorben zu München im Spital«.

Hagendorf hatte damit seine gesamte Familie verloren, während er selbst abwesend war, weder Frau noch Kind beistehen konnte. Die Todesnachricht muss ihn tief erschüttert haben: Anders als nach den vorhergehenden Kindstoden setzte Hagendorf an diesem Punkt nicht einfach seinen Tagebuchbericht fort, sondern drückte seine Trauer in folgenden Abschiedssätzen aus:

»Gott verleihe ihr samt dem Kind und allen ihren Kindern eine fröhliche Auferstehung, amen. Denn in dem ewigen seligen Leben wollen wir einander wiedersehen. So ist nun meine Frau samt ihren Kindern entschlafen.

> Ihre Namen sind diese
> Anna Stadlerin von Traunstein aus Niederbayern
> Kinder
> das erste ist nicht zur Taufe gekommen
> die anderen drei aber sind alle zur seligen christlichen Taufe gekommen.
> Die Mutter
> Anna Stadlerin †
> Das erste NN † *(ohne Name)*
> Anna Maria †
> Elisabet †
> Barbara †
> Gott gebe ihnen die ewige Ruhe, 1633.«

Diese Passage sticht auch dadurch aus dem Tagebuchmanuskript heraus, dass sie nicht wie die anderen Einträge in gleichmäßiger Handschrift verfasst ist, sondern ein ganz anderes Schriftbild aufweist. Für den Historiker Marco von Müller ist das ein weiterer Hinweis, dass dem Söldner der Tod seiner Frau und Kinder naheging – und zwar noch viele Jahre später, denn die erhaltene Version des Tagebuchs schrieb Hagendorf erst gegen Kriegsende in Reinschrift nieder.

Danach setzte er seinen Tagebuchbericht aber im gewohnten Duktus fort: »Ich für meine Person bin nach Straubing an der Donau«, so unser Söldner, der in einem 300-Mann-Trupp mitmarschierte. »Wie wir hinkommen, sind zwei Regimenter von den Schwedischen schon davor«, also eine deutliche Übermacht von mehreren Hundert bis einigen Tausend feindlichen Soldaten. »Die haben uns willkommen geheißen«, merkt Hagendorf mit der ihm eigenen Ironie an.

Sein Trupp versuchte durch die schwedischen Reihen durchzubrechen und nach Straubing hinein zu gelangen, das noch in bayerischer Hand war. Doch der Feind war zu stark: »Da sind von den 300 Mann nicht mehr als neun von uns hereingekommen, die anderen sind alle gefangen und niedergemacht worden. Ich aber bin in eine Hecke gefallen, und wie es vorüber gewesen ist, bin ich in die Stadt gekommen.«

Unser Tagebuchautor entpuppt sich hier als echter Überlebenskünstler: Anstatt in einem selbstmörderischen Angriff sein Leben zu opfern, schlug Hagendorf sich buchstäblich in die Büsche. Und er versteckte sich darin offenbar sehr gut, bis die Kämpfe vorbei und die Feinde abgezogen waren. Wie aber würden sein Vorgesetzter und seine überlebenden Kameraden reagieren, als er ihnen unbehelligt in die Stadt nachfolgte?

»Hier hat mich nun mein Hauptmann zum Wachtmeister gemacht, denn es ist kein Korporal mit hineingekommen außer mir«, berichtet Hagendorf stolz. Statt einer Strafe erhielt er also eine Beförderung! Offenbar war keinem Überlebenden aufgefallen, dass sich ihr Kamerad gedrückt hatte. Mit dem

Aufstieg vom niedrigsten Unteroffizier, dem Korporal, zum Wachtmeister ging eine Solderhöhung einher: von ungefähr 12 auf 20 Gulden im Monat, also fast eine Verdoppelung. Hagendorf verdiente damit etwa das Dreifache eines einfachen Soldaten. Er hatte offenbar alles richtig gemacht, im perfekten Moment auf Feigheit statt auf Wagemut gesetzt.

In Straubing genoss der Opportunist seinen neuen Status. »Ich habe gutes Quartier gehabt bei einem Weinwirt ›Zur grünen Tanne‹. Habe auch hübsch Geld gehabt und bekommen«, frohlockt Hagendorf. »In der Stadt habe ich mich zu Pferd ausgerüstet, Sattel und Zeug (*Pferdegeschirr*), Bandelier (*Munitionsgurt*) und Pistolen, denn es waren Pferde genug da.« Offenbar war unser Söldner dabei, von den Fußtruppen zu den besser bezahlten Dragonern überzuwechseln, also der berittenen Infanterie. Ein echter Karrieresprung mit glänzenden Verdienstmöglichkeiten stand ihm bevor.

Vier Tage nach Hagendorfs Ankunft in Straubing kamen Verstärkungstruppen: »Da hat man uns wieder bis 500 Mann Besatzung geschickt.« Doch es waren zu wenige Soldaten. Denn die Schweden kehrten zurück, in größerer Zahl als zuvor – eine ganze Armee rückte an. »Nach 14 Tagen sind die Schwedischen gekommen, haben die Stadt belagert und beschossen«, berichtet Hagendorf. »Also haben wir akkordieren (*einen Vergleich schließen, das heißt kapitulieren*) müssen.« Die Kapitulationsbedingungen hatten die bayerischen Truppen zuvor mit den Belagerern ausgehandelt. In der Regel verständigte man sich auf kampflose Übergabe gegen freien Abzug. Und so war es auch in diesem Fall: »Ich habe gemeint, man werde uns abziehen lassen, wie auch der Akkord gelautet hat«, erzählt Hagendorf. »Aber nach zwei Stunden heißt es: Steige ab, gib her, was du hast, das andre behalte du. Da hat meine Reiterei ein Ende gehabt. Wir mussten uns alle anwerben lassen.«

Die Schweden hatten die abmarschierenden bayerischen Soldaten verfolgt, eingeholt, ihnen die Pferde abgenommen und sie gezwungen, dem schwedischen Heer beizutreten. Das war zwar gängige Praxis gegenüber gefangenen Feinden, widersprach aber den Übergabevereinbarungen. Man merkt Hagendorfs Sätzen in seinem Tagebuch an, wie sehr ihn der Wortbruch empörte. Er konnte nicht wissen, dass es sich um eine Retourkutsche handelte: Der katholische Feldherr Wallenstein hatte kurz zuvor in Schlesien einen Akkord nicht eingehalten, und die schwedischen Eroberer von Straubing erfuhren davon just, als unser Söldner und seine Kameraden am 13. November 1633 aus der Stadt abzogen.

Hagendorf fand sich in dem Krieg also plötzlich auf der anderen Seite wieder.

Immerhin blieb er Unteroffizier: »Mich hat man vorgestellt als einen Sergeanten.« Der stand vom Rang her zwischen dem Wachtmeister und dem Korporal, also unter der Position, die Hagendorf gerade erworben hatte, aber über derjenigen, die er bis vor zwei Wochen innehatte. Es hätte schlimmer kommen können für unseren Söldner. Er wurde nur leicht degradiert, seine Berufserfahrung und seinen Rang rechnete man ihm offenbar positiv an.

Mit dem schwedischen Heer marschierte Hagendorf von Straubing an der Donau aus tiefer nach Bayern hinein. Unterwegs trafen die Soldaten auf die Isar, die quer zur Marschrichtung floss. »Wie wir über die Isar wollten, ist das Wasser so stark gewesen, dass unser Oberstleutnant ersoffen ist«, notiert Hagendorf kühl. »Da sind wir wieder mit der Armee nach Straubing«, beschreibt er knapp das wenig ruhmreiche Ende der Expedition.

Es ging jetzt auf das Jahresende 1633 zu, und auf dem Rückweg nach Straubing suchten sich viele Soldaten selbst eine Unterkunft. »Weil es so kalt war, haben sich etliche in den Dörfern aufgehalten und sind den Regimentern nicht gefolgt«, erzählt Hagendorf. Ein hoher Offizier namens Kalle kam daraufhin zu den Soldaten in die Dörfer und bat um eine Eskorte. Zahlreiche Freiwillige meldeten sich, doch Kalle antwortete laut Hagendorf: »Ach nein, spricht er, ich begehre nur von jedwedem Regiment einen.« Und so nahm der Offizier nur sieben Männer als Begleitung mit. »Er aber, wie er sie zur Armee bringt, lässt sie alle sieben alsbald von den Regimentern totschießen.«

Die angebliche Eskorte hatte sich als Marsch zur Hinrichtung entpuppt. Die eigenmächtige Unterkunft-Suche der Soldaten war offenbar als Fahnenflucht gewertet worden, und zur Strafe wurde ein Teil der Männer erschossen – was an die Dezimation in der antiken römischen Armee erinnert, bei der ein Zehntel der Soldaten per Los ausgewählt und erschlagen wurde. Bei dem neueren schwedischen Verfahren mutet besonders perfide an, dass Offizier Kalle ausgerechnet jene zur Exekution führte, die sich freiwillig bei ihm gemeldet hatten und ihn arglos begleiteten. »Das war ihr Konvoi-Geld«, merkt Hagendorf sarkastisch an.

Von Straubing aus zog unser Söldner noch im alten Jahr an der Donau entlang nach Regensburg. Wohl dank seines Rangs als Sergeant verfügte er nun sogar über einen Dienstboten: »Ich habe einen guten Jungen gehabt mit Namen Bartelt.« Und nicht nur das: »Unterwegs habe ich zwei schöne Pferde wieder bekommen«, die Bartelt organisierte. Ob der Junge die Tiere gekauft oder gestohlen hatte, lässt Hagendorf im Dunkeln. Für ihn machte es wahrscheinlich keinen großen Unterschied.

Von Regensburg ging es weiter ins 130 Kilometer westlich gelegene Dinkelsbühl, das sich zwischen Stuttgart und Nürnberg befindet. »Hier habe ich einen Vetter angetroffen mit Namen Adam Jeligan, einen Glockengießer«, erzählt Hagendorf, der die glückliche Begegnung mit seinem Cousin ausgiebig feierte: »Mit dem habe ich das eine Pferd versoffen.« Darunter litt vor allem Hagendorfs eifriger Dienstbote: »Da hat der Junge geweint um das Pferd.« Unser Söldner hingegen freute sich wohl zu sehr über das unerwartete Verwandtentreffen, als dass er dem Reittier hinterhertrauerte: »Haben es uns recht lustig gemacht, drei Tage lang.« Und so fand das Jahr 1633 – in dem Hagendorf erst seine Familie verlor, dann den Großteil seiner Kameraden, dann seine Zugehörigkeit zur bayerischen Armee – für ihn noch einen unverhofft fröhlichen Ausklang.

* * *

Wer ist Freund, wer Feind in diesem Krieg? Auf diese Frage gab es keine klare Antwort mehr, nicht nur für den Söldner Peter Hagendorf, der nun mit seinen ehemaligen Kontrahenten gegen seine ehemaligen Kameraden kämpfen musste. Auch für den Mönch Maurus Friesenegger verwischten 1633 zusehends die Kategorien Freund und Feind.

Zu bröckeln begannen die alten Gewissheiten bereits Ende 1632, als Streitkräfte des Bayernherzogs Maximilian in die Region um das Kloster Andechs kamen »um den Feind von Landsberg und den oberen Gegenden zu vertreiben«, wie Friesenegger erzählt. Landsberg liegt an der Westgrenze des damaligen Bayerns, und dort tummelten sich noch schwedische Besatzungstruppen, die Gustav Adolf zurückgelassen hatte.

Das bayerische Heer wurde zunächst auf feste Quartiere verteilt, »so dass manches Dorf das eine und andere Tausend, (*der kleine Ort*) Utting allein 4000 Mann erhielt, welche ganz mit Mann und Pferd von den Einwohnern unterhalten werden mussten«, berichtet unser Mönch. Die Folgen waren für die Betroffenen vor Ort dramatisch: »Hierzu geschahen allerorten die gewalttätigsten Erpressungen, Streifereien und Plünderungen, so dass Elend und höchste Armut allgemein wurden« – obwohl es sich doch um die eigenen Streitkräfte handelte.

Das Kloster Andechs lag nicht weit von all dem entfernt: Bis zur schwedisch besetzten Stadt Landsberg waren es 25 Kilometer, bis zum bayerischen Stützpunkt Utting auf der anderen Seite des Ammersees nur zehn Kilometer Luftlinie.

Mitte Dezember zogen die bayerischen Truppen von Utting und den umliegenden Dörfern los, um die schwedische Garnison in Landsberg anzugreifen – »wodurch uns die größte Hoffnung zuging, nicht nur von den Schweden, sondern auch von unseren Leuten befreit zu werden«, erzählt Friesenegger freimütig. Jegliche Armee war aus seiner Sicht am besten weit weg, egal ob Freund oder Feind.

Doch die Vorfreude war umsonst: »Und siehe, auf einmal kommt die Order, sich zurückzuziehen. Die Stadt wurde dem Schweden gelassen, und die Belagerungsarmee zog sich wieder in ihr altes Standquartier in Bayern zurück. Jetzt war erst höchste Not«, schimpft der Mönch. »Die Erlinger brachten daher ihre Pferde, ihr Vieh, ihr Getreide und was sie sonst noch hatten in das Kloster in Sicherheit«, fährt Friesenegger fort, der auch als Seelsorger in dem Dorf Erling tätig war, das zu Andechs gehörte. »Selbst Mann, Weib und Kinder verließen ihre leeren Häuser und wohnten im Kloster.« Die Dorfbewohner flohen also vor den Soldaten Bayerns – die doch eigentlich das Land schützen sollten.

Bald zeigte sich, dass die Flucht gerechtfertigt war: Es erschienen kroatische Söldner, die in der bayerischen Armee dienten. »Die Kroaten plünderten das Dorf, erbrachen alle Häuser, durchsuchten alle Winkel, fanden auch das Vergrabene in der Erde«, schildert Friesenegger, »und nahmen alles mit.«

Zu Weihnachten kamen wieder Soldaten, diesmal in friedlicher Mission: Hohe Armeeangehörige empfingen im Kloster Andechs die heilige Kommunion, »wobei sich auch mehrere Kroatenoffiziere einfanden und den Tag mit Andacht feierten«.

Am folgenden Tag, den 26. Dezember 1632, marschierten die bayerischen Truppen erneut gegen Landsberg und eroberten es schon am 28. Dezember. »Bald darauf wurden dem Feind auch die (*westlich von Landsberg liegenden*) Städte Kaufbeuren, Mindelheim, Memmingen und Kempten weggenommen und überall große Beute gemacht«, jubelt unser Mönch. »Und so nahm dieses Jahr doch noch ein besseres Ende.«

Zu Beginn des Jahres 1633 »lebten wir etwas ruhiger«, fährt Friesenegger fort, »jedoch immer in Furcht, weil sich die Schweden in Augsburg und anderen Reichsstädten noch immer festhielten«. Von dort unternahmen die schwedischen Truppen Raubzüge bis hin zum Ammersee nahe Andechs. Dabei war die Region seit dem Einmarsch Gustav Adolfs im Vorjahr gründlich verwüstet: »Zu Erling war nichts mehr in den Häusern als Not. Die Hälfte lag in Asche, die andere hatte vielfältig kein Dach und keinen Mantel, und die Gärten keine Planke, keinen Zaun, da alles die feindlichen Wachtfeuer verzehrt haben.«

Dann kehrte die bayerische Armee von ihrem kleinen Feldzug westlich von Landsberg zurück. »Den 4. Februar waren schon wieder die Kroaten da und plünderten das Dorf an allem, was sie fanden«, erzählt Friesenegger. »Zum Glück hatten die Erlinger am Tag vorher und am selben Morgen ihre meisten Sachen in das Kloster in Sicherheit gebracht.« Die Bevölkerung hatte also schon geahnt, was ihr von den eigenen Streitkräften blühte.

In den folgenden Wochen kamen immer wieder Soldaten in Andechs vorbei. Manche wollten nur verpflegt werden, andere gingen auf Beutezug: Am 30. März 1633 etwa raubten marodierende Trupps in Erling sieben Pferde und alle Lebensmittel, die sie fanden. Da sie »mit den Leuten sehr arg und grausam verfuhren, verließen alle Haus und Dorf und flohen ins Kloster, so dass das Kloster von innen voll Männer, von außen voll Frauen und Kinder war«, berichtet unser Tagebuchautor.

Selbst innerhalb der Klostermauern waren die Menschen noch nicht in Sicherheit. Am nächsten Tag »kamen zweimal ein Haufen Reiter vor das Kloster und begehrten mit Ungestüm Kost und Trank und Futter für die Pferde und alles, was die Bauern in das Kloster gebracht hatten«, teilt Friesenegger mit. »Die Ersten ließen sich mit Bier und Brot abspeisen, die andern konnten aber nicht eher vertrieben werden, bis die Bauern im Kloster mit allerlei Waffen zusammenstanden und Gewalt mit Gewalt vertrieben.« Der gemeinsame Mut der Bauern hatte triumphiert – vorerst. Denn die Angreifer gaben nicht auf: »Sie kehrten aber bald wieder zurück und wollten den zweiten Sturm machen.« Diesmal kam den Andechsern das Glück zu Hilfe. Eine Kavallerieeinheit des bayerischen Heeres ritt vorbei, die sich nicht an den Plünderungen beteiligte, sondern die Marodeure vertrieb.

Anfang April zog das bayerische Heer erneut gegen die Schweden, ohne Erfolg: »Den 10. April wurde unsere Armee bei Aichach (*im bayerischen Teil Schwabens*) geschlagen und schändlich zersprengt«, schimpft Friesenegger. Das besiegte Heer floh quer durch Bayern – und plünderte unterwegs das eigene Land aus: »Die Unseren machten überall Beute und gingen über die Isar zurück und überließen München und unsere Gegend dem Feind.«

Die siegreichen schwedischen Truppen drangen tief in Bayern hinein. »Die folgenden Tage sahen wir überall Feuer«, benennt Friesenegger die Folgen des feindlichen Vormarsches. Aus den betroffenen Regionen floh »eine unzählbare Menge der Einwohner«, die »mit Pferd und Vieh ankamen und den Alpen zueilten«. Die Bewohner des Klosters Andechs und des zugehörigen Dorfes Erling verließen ebenfalls ihre Häuser. Und sie suchten nicht wie früher Schutz hinter den Klostermauern oder in den nahe gelegenen Wäldern, sondern schlossen sich dem Flüchtlingstreck an, »weil sie ihren Wäldern nicht mehr trauten, die die Schweden durchstreiften«.

Am 17. April 1633 fielen dann einige schwedische Soldaten in das evakuierte Kloster ein. Gleichzeitig kamen Kroaten, die in der bayerischen Armee dienten, zum Plündern nach Andechs und Erling. »Da sie im ganzen Dorf keinen Menschen fanden, gingen sie ins Kloster und trafen die Schweden und die Frauen, die für sie kochen mussten, beim Essen an«, beschreibt Friesenegger die überraschende Begegnung. Die Kroaten fackelten im Angesicht der Schweden nicht lange, sondern »gaben auf sie Feuer und nahmen sechs gefangen«. Einigen schwedischen Söldnern war bei dem Gefecht die Flucht gelungen, und zwei verbarrikadierten sich in dem Getreidespeicher des Klosters – was sie besser nicht getan hätten: Die beiden »sind aber danach von den Bauern gefunden, zu Boden geschlagen und von dem Kasten (*Speicher*) in den Hof hinabgestürzt worden. Und einer ist tot und der andere mit ihm lebendig begraben worden«, beschreibt Friesenegger die grausame Rache der Einheimischen.

Dabei handelte es sich um keinen Einzelfall. Zahlreiche Berichte schildern schreckliche Schicksale von versprengten Soldaten: Wer den Bauern in die Hände fiel, musste damit rechnen, verstümmelt, erschlagen, zu Tode gequält oder eben lebendig begraben zu werden. So wie die plündernden Soldatentrupps furchtbare Gewaltexzesse an der Landbevölkerung begingen, so zahlten es die Bauern den Söldnern heim, wenn sie dazu Gelegenheit hatten. Beide Seiten überboten sich bisweilen regelrecht an Grausamkeiten – und man kann beim Lesen der Berichte nur hoffen, dass die Autoren mit ihren blutigen Schilderungen hier und da übertrieben haben.

Nicht nur die Soldaten beider Seiten machten den Menschen in und um Andechs 1633 zu schaffen. »Zu diesen Kriegsplagen kamen noch andere«, teilt Friesenegger mit. »Auf die schönen und warmen Frühlingstage stellte sich Ende Mai eine große Kälte mit Schnee und Eis ein, die den Baum- und Feldfrüchten nichts anderes als Schaden machen konnte.« Die Ernteausfälle verschlimmerten die Nahrungsmittelknappheit weiter, und die Landbevölkerung musste versuchen, irgendwo Grundnahrungsmittel zu kaufen. Das gestaltete sich schwierig und gefährlich zugleich: »Zu München war Getreide auch um teures Geld hart zu bekommen, aber noch härter nach Hause zu bringen, weil öfter durch Räuber und Freibeuter der Wagen samt Pferden hin war«, erklärt Friesenegger.

Bisweilen stahlen Soldaten auch Tiere direkt von der Weide und boten diese dann dreist den Eigentümern an – die ihr eigenes Vieh dann beispielsweise »um zwei Taler auslösten«, wie der Mönch berichtet. Die Vorteile dieser Art von Geschäft lagen auf der Hand – jedenfalls für die Söldner: Die sparten sich viel Arbeit und Mühe, wenn sie die Beutetiere gleich an Ort und Stelle zu Geld machten. Der Preis musste nur niedrig genug sein, dann willigte der betroffene Bauer trotz aller Wut ein, da der Handel für ihn immer noch besser war als der Verlust seiner Tiere.

Das Geschäftsmodell verbreitete sich so rasch, dass die bayerischen Behörden versuchten, dagegen einzuschreiten: »Da die Freibeuter ständig Pferde raubten und wieder verkauften, so dass mancher sein eigenes Pferd öfters wiederkaufen musste, wurde durch ein allgemeines Landgebot verboten, von einem Soldaten ein Pferd zu kaufen«, berichtet Friesenegger. Das Ziel war, »denselben (*Soldaten*) die Gelegenheit zu nehmen, solche (*Tiere*) zu rauben«. Auf Zuwiderhandlung stand der Verlust des Pferdes.

Wie gut die gesetzliche Regelung wirkte, macht Friesenegger gleich im darauffolgenden Satz klar: »Am 28. Juli wurden in Erling, (*und in den benachbarten Orten*) Machtlfing, Fischen und Pähl wieder mehr als 30 Pferde weggenommen.« Die Mönche setzten daraufhin auf bewaffnete Selbsthilfe: »Im Kloster selbst befanden sich nicht mehr als zwei oder drei Pferde, und wenn man mit diesen eine Fahrt ins

Holz oder auf das Feld machen wollte, mussten immer die Klosterbediensteten mit Gewehren und einige Geistliche zur Sicherheit mitgehen.« Zustände wie im Wilden Westen, würde man heute sagen.

»Den 1. August taten sich einige Erlinger zusammen, um eine Fahrt wegen Getreide nach München zu machen«, nennt unser Mönch ein weiteres Beispiel. Nach rund zehn Kilometern »wurden ihnen von den Räubern Pferde und Geld abgenommen, und da einer danach sein Pferd wieder zurückkaufte, wurde ihm dasselbe zum zweiten Mal auf dem Heimweg weggenommen.«

Und dann näherte sich von Italien her ein weiteres Heer: Gut 9000 Mann marschierten aus Mailand heran, das damals zum spanischen Herrschaftsgebiet gehörte. Spanien kämpfte um seine Besitztümer am Rhein und für die katholische Sache – und damit auf Seiten Bayerns gegen die Schweden. Zusätzlich rückte von Westen eine 12 000 Mann starke Armee unter dem kaiserlich-katholischen Feldmarschall Johann Graf von Aldringen an, um sich mit dem spanischen Heer zu vereinigen.

Aus Sicht der Bewohner von Andechs näherten sich damit gleich zwei große Heere, die wie Bayern der katholischen Seite angehörten. Es kamen also nicht Feinde, es kamen Verbündete. »Und das verursachte bei uns wieder die größte Furcht, endlich alles zu verlieren, wie wir aus den bisherigen Erfahrungen leicht mutmaßen konnten«, folgert Friesenegger desillusioniert.

Fürs Erste blieben das Kloster Andechs und das zugehörige Dorf Erling aber verschont: Die beiden Armeen zogen andernorts entlang und vereinigten sich am 29. September 1633 im schwäbischen Ravensburg, also in sicherer Entfernung von Andechs. Von dort zog das vereinigte kaiserlich-katholisch-spanische Heer weiter zum Rhein, also in noch sicherere Entfernung.

Im November allerdings kam die Nachricht, dass 3000 Reiter dieses Heeres zurückkehren, »und alsbald flüchtete ganz Erling wieder in die Wälder und alle Häuser standen leer«, erzählt Friesenegger. Am 18. Dezember 1633 erschienen dann zwei berittene Soldaten in Andechs und verkündeten, dass auch der Rest des kaiserlich-katholisch-spanischen Heeres das umkämpfte Rheingebiet verlassen hatte, um sichere Winterquartiere in Bayern aufzusuchen. »Wer also von den Untertanen das Seinige erhalten will, der solle es in das Kloster bringen«, warnten die beiden Reitersoldaten die Menschen. Beinahe schicksalsergeben fügt unser Mönch an: »Und so wurde das Kloster wieder zum allgemeinen Pferde- und Viehstall, zur Ablage der noch übrigen Habe der Untertanen und zum offenen Gasthaus der Menschen, Frauen und Kinder.«

Es kamen dann nicht nur die Bewohner Erlings, sondern auch der weiteren Umgebung, und die vorgesehenen Klosterräume waren bald überfüllt: »Da von mehreren Dörfern die Leute ins Kloster flohen, so wurde den Frauen und Kindern in den äußeren Gebäuden des Klosters die Wohnung zugewiesen« – ohne Erfolg, wie Friesenegger sofort zugibt: »Weil aber eine große Kälte war, so gingen sie, um sich zu wärmen, in das Kloster.«

Einige Flüchtlinge verbarrikadierten das Klostergebäude, um Plünderer abzuwehren: »Die Männer verlegten die Zugänge mit Balken, versahen sich mit verschiedenen Gewehren und mit Steinen, um das Kloster und ihre wenige Habe darin wider kleine Haufen der Räuber zu beschützen.« Und das alles – man kann es nur immer wieder betonen – wegen des Anmarsches von Truppen, die offiziell Freund waren, nicht Feind.

Schon am folgenden Tag erschienen die ersten Soldaten: Ein Reitertrupp raubte fünf Pferde, die den Bauern aus dem nahen Ort Seefeld gehörten. Daraufhin zogen 50 Bauern gemeinsam los, fielen nachts über die Reiter her, erschossen deren Anführer, verjagten die übrigen und holten sich so ihre Pferde zurück.

Noch einen Tag später, in der Nacht des 20. Dezember 1633, kamen Eilboten. Sie kündigten an, dass es am nächsten Tag so weit sei: Das kaiserlich-katholisch-spanische Heer werde beim Heiligen Berg Andechs vorbeimarschieren. Und so warteten die Menschen im Kloster bange auf die vielen Tausend Söldner, mehr als sie je an dem Ort gesehen hatten.

»Den 21. begann früh um 9 Uhr der Durchmarsch, und wir sahen vor der Nacht kein Ende. Kavallerie, Infanterie, Stücke (*Artillerie*) und Bagage (*Heerestross*) folgten aufeinander«, beschreibt Friesenegger knapp das Schauspiel. »Die Offiziere betrugen sich sehr wohl. Die einen grüßten den Heiligen Berg von weitem, und die anderen besuchten ihn, bezahlten Bier und Brot und gaben noch reichlich Almosen.« Die einfachen Soldaten leisteten sich solche Freundlichkeiten nicht, als sie das evakuierte Erling erreichten: »Sie betrugen sich im Dorf sehr übel, wo sie Öfen und Fenster einschlugen, weil sie Herr im Hause waren und der Herr im Hause nichts zu essen fand.«

»Die Letzten in diesem Durchzug, die erst spät in der Nacht kamen, waren die Spanier«, fährt Friesenegger fort. »Die nahmen ihr Nachtquartier zu 1500 Mann in Erling, machten Rasttag und blieben bis zum dritten Tag. In das Kloster nahm man zwei Colonelle (*Oberste*), spanische Grafen, samt ihrer Dienerschaft.«

»Im Dorfe (*Erling*), wo die Soldaten nichts als leere Häuser und keine Menschen fanden, war nun ein schrecklicher Anblick. Das ganze Dorf schien im Feuer zu stehen«, schildert Friesenegger. Die spanischen Soldaten »nahmen Stühle und Bänke aus den Häusern und trugen die Dächer ab, und sie füllten alle Gassen mit fürchterlichen Wachtfeuern und das ganze Dorf mit Schreien und Heulen an, wie sonst nur Hunger und Verzweiflung es zu tun pflegen. Kein einziger Erlinger, der von weitem zusah, hoffte mehr auf sein Haus.«

»Am nächsten Tag durchstreiften sie die Wälder«, berichtet Friesenegger über die Spanier. »Wen sie auf dem Weg und Feld antrafen, dem nahmen sie Kleider, Schuhe und Strümpfe und ließen ihn auf Schnee und Eis bei größter Kälte laufen. Eben am 22. Dezember brannten diese Unmenschen das schöne Schloss Mühlfeld ab« – ein Gutshaus, das dem Kloster Andechs gehörte und zwei Kilometer von diesem entfernt am Ammersee liegt.

Damit hatten die Spanier, die ja Verbündete Bayerns waren, den Bogen überspannt. Die Andechser beschwerten sich bei den Heerführern, Herzog Feria und General Aldringen, wie Friesenegger erzählt. »Und von daher kam ein Verweis an unsere Colonellen«, also die beiden spanischen Grafen, die sich in Andechs einquartiert hatten. »Einer musste alsbald das Kloster räumen und sein Quartier im Dorf nehmen mit dem geschärften Auftrag, künftig mehr für die Sicherheit des Klosters zu wachen. Dieser wurde uns zum Feind« – was noch

Folgen haben sollte. Denn die spanischen Truppen zogen nicht wie angekündigt nach drei Tagen Rast weiter: »Nachdem jedermann den 23. und den Aufbruch hart erwartete, war jetzt der Befehl da, dass sie noch länger zu verbleiben hätten, weil noch nirgends ein Winterquartier ausgesteckt war. Himmel!«, notiert Friesenegger sichtlich entsetzt.

Es war die größte denkbare Katastrophe für die Menschen in Andechs und Erling, schlimmer als jeder Durchzug feindlicher Truppen. Letztere plünderten, mordeten und brandstifteten zwar, waren dann aber wieder fort, und die Bewohner konnten sich an den Wiederaufbau machen. Nun aber blieb ein Heer nicht nur ein paar Tage oder Wochen, sondern womöglich den ganzen Winter. Woher sollte die Nahrung kommen für all die Soldaten? Und wovon sollten die Dorf- und Klosterbewohner leben?

»Man sah jetzt schon Bauern und Soldaten, nur halb bekleidet, von Elend gebleicht, vom Hunger ausgemergelt, mit bloßen Füßen bei der größten Kälte herumgehen. Und was wird es auf Dauer werden!«, schildert Friesenegger die schier ausweglose Situation. Unser Mönch behält dabei einen offenen Blick, nimmt die Notsituation aller Beteiligten wahr, die der eigenen Bevölkerung ebenso wie die ihrer bewaffneten Peiniger: »Die Soldaten aßen Hunde und Katzen und gestohlenes Fleisch, und die Bauern hatten oft mehrere Tage keinen Brocken Brot! Viele suchten in unserem Garten die Kraut- und überwinterten Salatstängel, Wurzeln und Kräuter zusammen, die sie roh und gekocht aßen.«

Beide Seiten, Armee und Kloster, versuchten händeringend Nahrung zu organisieren: »Das Militär schickte nach München um Lebensmittel, im Kloster schlachtete man das gerettete Vieh und backte Brot, so viel möglich war. Es kamen auch fremde Bäcker aus Dießen (*am nahen Ammersee*) und anderen Orten mit Brot. Aber was war das unter so vielen, da im Dorf (*Erling*) 1500 Soldaten und im Kloster Leute von mehreren Ortschaften beisammen waren«, fragt unser Mönch. »So stieg der Hunger auch bei den Soldaten auf das Äußerste, und auch die Offiziere empfanden ihn, weil sie um teures Geld – das sie im Überfluss hatten – nichts mehr bekommen konnten.«

Am 30. Dezember 1633 ließ die spanische Heerführung ihre Männer zur Musterung antreten, »und da war ein Spektakel zu sehen«, bemerkt Friesenegger. Die nun folgende Schilderung des Soldatenaufmarsches dürfte die meistzitierte Passage seines Tagebuchs sein: »Mehrere, nur halb volle Kompanien, schwarze und gelbe Gesichter, ausgemergelte Körper, halb bedeckte oder mit Lumpen umhängte oder in geraubte Frauenkleider einmaskierte Figuren, eben so wie Hunger und Not aussehen.«

»Daneben waren aber die Offiziere ansehnlich und prächtig gekleidete Leute«, merkt unser Mönch mit spitzer Feder an.

»Indessen erkrankten und starben auch viele von den Soldaten vor Hunger und Kälte, so dass ihr Feldpater an einem Tag 30 Kranke zur Beichte hören musste«, benennt Friesenegger die tödlichen Folgen des Mangels. Dieser traf die Bauern und Klosterbewohner noch heftiger, und allen war klar, dass sich die Lage im Verlauf des Winters weiter verschlimmern würde. Frieseneggers Ausblick zum Jahresausklang klingt denn derart düster, dass er auch von einem Lebensmüden hätte stammen können: »Und das machte uns alle den Tod, das Ende aller Übel, fürchten – oder hoffen.«

1634
Wallensteins Tod

Es war stockfinstere Nacht in der Stadt Eger im äußersten Westen Böhmens. Ein Sturm tobte durch die Gassen, und inmitten des Brausens und der Dunkelheit schlichen rund drei Dutzend Soldaten über den zentralen Marktplatz zu einem dreistöckigen Wohnhaus. Ein Teil des Trupps umstellte den vorderen Eingang, ein anderer den hinteren, sieben Mann drangen in das Gebäude ein. Vermutlich im Treppenhaus entzündeten sie Kienspäne, um etwas Licht zu haben. Dann rannten sie die Stufen empor, hin zum Schlafgemach ihres Feldherrn Wallenstein.

Die sieben Männer begegneten zunächst einem Mundschenk, der die goldene Schale davontrug, in der er seinem Herrn Bier gebracht hatte. Einer der Soldaten stieß mit der Pike nach dem Bediensteten, verwundete ihn am Arm und lief weiter. Im ersten Stock wendeten sich die sieben nach links, hin zum Vorzimmer des Schlafgemachs, wo der Kammerdiener Wallensteins wachte.

Der Diener sprang auf, gestikulierte erschrocken, dass die Eindringlinge ruhig sein sollten, sein Herr sei gerade eingeschlafen. Worauf die Soldaten ihn sofort erstachen. Und sie begannen zu schreien »Rebellen, Rebellen!« und feuerten sich so gegenseitig an.

Ihr Anführer, der irische Dragonerhauptmann Walter Deveroux, wollte die Tür zum Schlafgemach öffnen. Doch diese war verschlossen. Deveroux sprengte sie mit einem Fußtritt auf, in seiner Hand eine Partisane, eine Stangenwaffe ähnlich einer Hellebarde.

Im Kerzenschein der Schlafkammer erkannte der Dragonerhauptmann, dass Wallenstein an einem Tisch mitten im Raum stand und nur mit einem Nachthemd bekleidet war. Deveroux brüllte den Unbewaffneten an: »Du schlimmer, meineidiger, alter, rebellischer Schelm!« Worauf Wallenstein nur die Arme ausbreitete und ein Wort stammelte, das klang wie »Quartier«, die Bitte um Verschonung. Da hatte Deveroux mit der Partisane bereits Schwung genommen. Er rammte seinem Opfer die Stangenwaffe in den Leib, kurz unterhalb des Brustbeins, wo die dolchförmige Spitze ungehindert eindrang und Leber, Zwerchfell, Hauptschlagader zerfetzte. Der Getroffene fiel zu Boden und verblutete rasch, ohne einen Laut von sich zu geben.

So in etwa dürfte sich am 25. Februar 1634 der Mordanschlag auf Wallenstein zugetragen haben. Die Attentäter und ihre Hintermänner haben ausführliche Berichte darüber hinterlassen, die zwar in Details voneinander abweichen, im Kern aber übereinstimmen.

Getötet wurde Wallenstein von kaiserlichen Soldaten, so

wie sein ebenso berühmter Gegenspieler König Gustav Adolf von Schweden. Während Letzterer allerdings in der offenen Schlacht starb, fiel Ersterer einem geheimen Komplott zum Opfer – das von höherer Stelle zwar nicht direkt befohlen, aber doch gutgeheißen wurde.

Wallensteins Verhängnis war wohl ein tragisches Missverständnis: Er, der größte Kriegsunternehmer aller Zeiten und der größte Kriegsgewinnler seiner Zeit, strebte am Ende mit aller Macht den Frieden an. Doch fast niemand glaubte, dass er es mit seiner Wandlung vom Saulus zum Paulus ehrlich meinte.

Zuletzt hatte Wallenstein nicht mehr viel kriegerische Aktivität gezeigt. Er beließ seine gut 70 000 Mann starke Armee die meiste Zeit in Österreich und Böhmen – sehr zum Missfallen seines Dienstherrn Kaiser Ferdinand, der über eben diese Länder als Habsburger Erzherzog und König herrschte. Das Wallenstein'sche Riesenheer ruinierte also gerade Ferdinands eigenes Erbe, und seine Untertanen litten furchtbar unter den Soldaten. Schon Anfang 1633 warnten kaiserliche Ratgeber in einem Gutachten, die eigenen Länder seien so in Grund und Boden verdorben, dass jederzeit Rebellion und Anarchie zu befürchten seien.

Ferdinand beschwerte sich bei Wallenstein über die unhaltbaren Zustände in seinen Territorien und forderte seinen Generalissimus auf, die Soldaten woanders einzuquartieren. Zudem sollte er den verbündeten Bayern gegen die Schweden zu Hilfe eilen. Doch Wallenstein weigerte sich. Er wollte wohl sein Heer nicht aufs Spiel setzen für Schlachten, an deren Sinn er nicht mehr glaubte. Selbst »zehn Victorien« (*Siege*) würden den Frieden nicht näher bringen, warnte er weitsichtig. Das Zerwürfnis zwischen dem Kaiser und seinem Feldherrn vertiefte sich so immer mehr. Dazu trug wahrscheinlich auch bei, dass sich beide nicht persönlich trafen – an die sechs Jahre lag ihre letzte Begegnung bereits zurück. Seither war Wallenstein nicht mehr zum kaiserlichen Hof in Wien gereist. So herausragend er als

Kriegsunternehmer und Heeresorganisator agierte, so wenig reüssierte er als Politiker, Netzwerker und Diplomat.

Im Herbst 1633 raffte sich Wallenstein dann doch einmal zu einem Feldzug auf. Mit 30 000 Soldaten begab er sich von Böhmen ins angrenzende Schlesien, nahm dort ein 6000 Mann starkes schwedisches Heer gefangen und eine ganze Reihe an Festungen ein. Er konnte also noch, wenn er wollte. Für das Winterquartier kehrte Wallenstein wieder nach Böhmen zurück – zum Entsetzen des Kaisers Ferdinand, der sich ausrechnen konnte, was das für sein ausgelaugtes Land bedeutete.

Im Dezember 1633 wies der Kaiser seinen Feldherrn per Brief erneut an, unverzüglich die Quartiere in feindliche Territorien zu verlegen und gegen die Schweden in Bayern zu Felde zu ziehen. Wallenstein weigerte sich auch diesmal, da bei einem Winterfeldzug »das noch übrige Volk (*Heer*) binnen kurzem vollends ruiniert werden würde«, wie er als Antwort schrieb. Daher »bitt ich untertänigst die gnädige Anordnung zu tun, dass die Armee in den Quartieren untergebracht« werde, schließt Wallenstein, »damit sie gegen Sommer Eurer Kaiserlichen Majestät desto nützlichere Dienste leisten könne«.

Wallenstein sandte das Schreiben vom Krankenbett ab. Er litt immer schlimmer an der Gicht, an Magen- und Darmbeschwerden, Brust- und Halsschmerzen sowie an eiternden Geschwüren an den Beinen, bei denen den Ärzten oft nichts anderes mehr übrigblieb, als das faulende Fleisch herauszuschneiden. Auch das mag seinen kriegerischen Tatendrang gehemmt haben. Der Kaiser im fernen Wien indes sah nicht den chronisch leidenden Mann, sondern nur die bloßen Briefzeilen, die höflich waren im Ton, vernünftig in der Argumentation, aber dennoch nichts anderes bedeuteten als eine klare Befehlsverweigerung. Das konnte der oberste Souverän des Reichs nicht auf sich beruhen lassen.

Zunächst lenkte der Kaiser ein – aber nur, weil Wallenstein mit seiner Armee ihm zu mächtig erschien für eine offene Konfrontation. Im Geheimen arbeitete Ferdinand auf die Absetzung des ungehorsamen Generalissimus hin. Dazu fanden seine Berater willfährige Verbündete aus dem engsten Umfeld Wallensteins. Die Generäle Matthias Gallas und Octavio Piccolomini, die beide unter Wallenstein dienten und sein Vertrauen genossen, taten sich hier besonders hervor.

Piccolomini stand in der besonderen Gunst des Generalissimus, seit er in der Schlacht bei Lützen 1632 sieben Kavallerieattacken angeführt hatte und ihm dabei fünf Pferde unter dem Sattel totgeschossen wurden. Nach dem bravourösen Einsatz förderte Wallenstein Piccolomini nach Kräften, und der Italiener stieg in rascher Folge vom Oberst zum Generalwachtmeister und schließlich zum General auf. Was er seinem Gönner schlecht dankte: Piccolomini schrieb Briefe an den kaiserlichen Hof, in denen er seinen Generalissimus erst der Unfähigkeit zieh und später gar des Hochverrats bezichtigte. Wallenstein plane, den Kaiser zu stürzen und selbst König von Böhmen zu werden, behauptete der Intrigant. Was den 34-jährigen Italiener antrieb, ist bis heute unklar. Vielleicht der Ehrgeiz: Generalissimus, also General der Generäle, konnte Piccolomini erst werden, wenn Wallenstein diesen höchsten Posten nicht mehr besetzt hielt.

Die Verratsvorwürfe waren offenbar aus der Luft gegriffen – bis heute fand sich kein Dokument, das diese belegt. Dennoch setzte Wallenstein durch sein Verhalten selbst den Keim, aus dem die Verdächtigungen gegen ihn erwuchsen. Um den ersehnten Frieden zu erreichen, korrespondierte er nicht nur mit seinem Kaiser, sondern er verhandelte 1633 auch heimlich mit dessen Feinden: den Sachsen, Schweden, Franzosen und Exilböhmen. Dabei legte sich Wallenstein nie fest und machte den verschiedenen Kriegsparteien Vorschläge, die sich zum Teil gegenseitig widersprachen – bis ihm schließlich keiner mehr vertraute.

Wallensteins Verhalten erschien zunehmend erratisch und unberechenbar, auch gegenüber Untergebenen, die er mal mit Großzügigkeit überschüttete, mal hart und willkürlich bestrafen ließ – und zwar schon für kleine Vergehen wie zu lautes

Sprechen oder gar Schreien in seiner Gegenwart. Zuletzt ertrug der Feldherr gar keine lauten Geräusche mehr: Er verbot unter anderem, in seiner Nähe Stiefel mit Sporen zu tragen, und es hieß sogar, dass er an seinen Aufenthaltsorten alle Hunde und Katzen töten ließ, um nicht gestört zu werden. Vieles deutet darauf hin, dass Wallenstein zuletzt am Endstadium der Syphilis litt, jener bakteriellen Geschlechtskrankheit, die sich zunächst in Geschwüren äußert, dann die inneren Organe befällt und schließlich das Nervensystem zerstört. Persönlichkeitsveränderungen und Psychosen zählen dabei zu den typischen Symptomen. Möglicherweise war der große Kriegsunternehmer zuletzt nicht mehr bei sich selbst – sogar die kaiserlichen Gesandten bekamen mehr als einmal seine gefürchteten »Schiefer«, seine Wutausbrüche, zu spüren. Und so entfremdete er sich auch von seinem engsten Umfeld.

Seinen wahrscheinlich größten Fehler beging Wallenstein dann am 12. Januar 1634 in seinem Hauptquartier im westböhmischen Pilsen, dem heutigen Plzeň in Tschechien. Er berief 47 kaiserliche Regimentsführer und Generäle zu einer Beratung ein und ließ diese den sogenannten Pilsener Revers unterschreiben: ein Dokument, in dem die Unterzeichnenden sich »hiermit verpflichteten«, ihrem Generalissimus die Treue zu halten und »bis zum letzten Blutstropfen« an seiner Seite zu bleiben. Das Schriftstück sollte nach innen und außen demonstrieren, dass Wallenstein und seine Offiziere fest zusammenstanden. Doch die Wirkung war eine andere, denn in dem Dokument fehlte jeder Hinweis auf eine Treueverpflichtung gegenüber dem Kaiser – ein schwerer Fauxpas. Dieser führte in Verbindung mit den Denunziationen Piccolominis zu einem fatalen Gesamtbild: Im kaiserlichen Hof in Wien war man überzeugt, dass sich Wallenstein mit seinen Offizieren gegen den Kaiser verschworen hatte.

Ferdinand reagierte rasch: Am 24. Januar 1634 unterschrieb der Kaiser ein zunächst geheim gehaltenes Absetzungspatent, mit dem er Wallenstein seiner Ämter enthob und zwei seiner Vertrauten als »Rädelsführer« brandmarkte. Allen anderen

Offizieren versprach er in dem Schreiben sein Pardon: Auch wenn sie das Pilsener Revers unterschrieben hatten, werde er es ihnen »nachsehen und ganz vergessen«. Allein Wallenstein und seine eifrigsten Helfer sollte der kaiserliche Bannstrahl treffen.

Ein zweites, noch geheimeres Schreiben ergänzte das Absetzungspatent: Kaiser Ferdinand erteilte ausgewählten Offizieren die Vollmacht, Wallenstein und dessen vornehmste Vertraute »gefangen zu nehmen und nach Wien zu schaffen, wenn es irgend möglich wäre, oder sie als überführte Schuldige aus der Zahl der Sterblichen zu eliminieren«. Kurz gesagt hieß es also: Gesucht – tot oder lebendig!

Zunächst einmal geschah nichts. Ferdinand wartete gut drei Wochen, dann legte er nach: Am 18. Februar 1634 verfasste er ein zweites Absetzungspatent, in dem er die Vorwürfe gegen Wallenstein auf die Spitze trieb: Dieser strebe danach, »uns und unser hochlöbliches Haus von unseren Erbkönigreichen, Land und Leuten zu vertreiben, unsere Krone und Zepter sich selbst in eidbrüchiger Weise anzueignen«, ja sogar »uns und unser hochlöbliches Haus gänzlich auszurotten«, und zwar durch »seine meineidige Treulosigkeit und barbarische Tyrannei, wie dergleichen nicht gehört, noch in den Historien zu finden ist«. Beim Lesen des Schreibens drängt sich der Eindruck auf, dass den Wiener Kaiserhof eine kollektive Paranoia erfasst hat. Der Wallenstein-Biograph Golo Mann nennt das zweite Absetzungspatent ein »monströses Dokument«, das Wallenstein allerdings nicht mehr zu Gesicht bekam. »Ein Splitter Glücks in einem Berg Elend«, kommentiert Mann.

Am 20. Februar versuchte Wallenstein noch, den Verdacht gegen sich zu entkräften: Er ließ 30 anwesende Offiziere den sogenannten Zweiten Pilsener Revers unterzeichnen, in dem er jede Rebellionsabsicht bestritt und die Treue gegenüber dem Kaiser über alles stellte. Doch es war zu spät: Am selben Tag wurde das kaiserliche Absetzungspatent in den Städten öffentlich angeschlagen.

Am folgenden Tag, den 21. Februar 1634, erfuhr Wallenstein von Vertrauten, dass er offiziell abgesetzt war. Und dass sich in Böhmens Hauptstadt Prag schon kaiserliche Truppen massierten, die bislang ihm unterstellt waren, die jetzt aber nicht mehr auf sein Kommando hörten. Das Spiel war aus.

Wallenstein und seine engsten Vertrauten beschlossen zu fliehen. Ihr erstes Ziel war die Stadt und Grenzfestung Eger im äußersten Westen Böhmens, rund 80 Kilometer von Pilsen entfernt. Am 22. Februar brachen die Geächteten auf und kamen am 24. Februar in Eger an, begleitet von ihren Dienern, einigen Familienangehörigen sowie gut 2000 Soldaten.

Der Stadtkommandant von Eger, John Gordon, ein Schotte, empfing Wallenstein. Er gab dem Ex-Generalissimus sein eigenes Haus am zentralen Marktplatz als Quartier. Am Abend traf Gordon sich mit zwei Offizieren, die Wallenstein begleiteten: dem Iren Walter Butler und dem Schotten Walter Leslie. Das Gespräch kam wohl rasch auf die Belohnung für eine Auslieferung der Geächteten an den Kaiser. Und so vereinbarten die drei Männer von den britischen Inseln, Wallenstein und seine Vertrauten zu beseitigen.

Am folgenden Tag, dem 25. Februar 1634, luden die drei Verschwörer den Ex-Generalissimus und dessen drei wichtigste Vertraute zu einem Festmahl ein, als Zeichen der neugeschlossenen Freundschaft. Der kranke Wallenstein sagte ab, seine Vertrauten zu. Diese begaben sich gemeinsam mit einem Adjutanten zu dem Mahl in der Burg – und dort wurden die Gäste während des Essens von dafür angeheuerten Soldaten ermordet.

Anschließend schritt einer der Verschwörer, der Ire Butler, mit rund drei Dutzend Dragonern durch die Dunkelheit zu Wallensteins Unterkunft. Sieben Mann schickte er ins Haus, und die erledigten wie eingangs geschildert zuverlässig ihren Mordauftrag.

Als man in Wien von dem blutigen Ende Wallensteins erfuhr, reagierte der Kaiserhof erleichtert. Ferdinand belohnte die Täter und ihre Hintermänner mit Beförderungen, Geld und Ländereien und legitimierte den Mord so nachträglich. Für die Seelen der Ermordeten ließ er 3000 Messen lesen.

Wallensteins riesige Güter wurden konfisziert und verteilt: an Armeeoffiziere, Gläubiger, Beamte und geistliche Institute. Seine Witwe durfte gnadenhalber ein Landschloss als Wohnsitz behalten. Die enormen Schulden, die der Kaiser bei Wallenstein hatte, galten als gelöscht – ein willkommener Nebeneffekt.

Als sich die Nachricht vom Tod des Generalissimus verbreitete, entfachte sie einen publizistischen Sturm. Die Schweden und ihre protestantischen Verbündeten versuchten, den Mord propagandistisch auszuschlachten und Zwietracht unter den Katholiken zu säen. Zahllose Flugblätter erschienen, und viele stilisierten Wallenstein zum Märtyrer, der einem undankbaren Kaiser, habgierigen Intriganten und tyrannischer Gewalt zum Opfer gefallen war. Um die Vorwürfe zu entkräften, fahndete der Kaiserhof verbissen nach Dokumenten, die Wallensteins Schuld bewiesen. Doch sie fanden nichts wirklich Belastendes.

So blieben die Figur Wallenstein, seine Motive und sein Ende rätselhaft – und damit idealer Stoff für Legenden und Literatur. Einen Höhepunkt bildet Friedrich Schillers Dramen-Trilogie »Wallenstein«, die der Dichter 1799 vollendete: sechs Jahre nach seinem ebenso herausragenden Werk der Sachliteratur »Geschichte des Dreißigjährigen Kriegs« oder kurz »Der Dreißigjährige Krieg«, aus dem hier bereits mehrfach zitiert wurde.

Die Armee verhielt sich nach dem fragwürdigen Tod ihres Oberbefehlshabers auffallend ruhig. Praktisch niemand wollte mehr ein Wallenstein-Anhänger sein. Zum neuen Generalissimus ernannte Kaiser Ferdinand seinen Sohn, der ebenfalls Ferdinand hieß. Und der sorgte dafür, dass sich das Rad des Krieges bald wieder kräftig bewegte.

* * *

Im oberbayerischen Andechs hatte der Mönch Maurus Friesenegger dringendere Sorgen als die große Politik. »Das Elend dieser Tage bei uns lässt sich wahrhaft nicht beschreiben«, vermerkt er über den Jahresbeginn 1634, der geprägt war von den spanischen Soldaten, die in den umliegenden Orten ihre Winterquartiere genommen hatten. Zahlreiche Dorfbewohner waren deshalb aus ihren Häusern geflohen und suchten Schutz hinter den Klostermauern: »In dem Kloster befanden sich über tausend Menschen, alle Zimmer waren vollgestopft, einer lehnte an dem anderen. Es war Winter, kein Ofen, kein Bett und oft in drei und vier Tagen kein Brocken Brot, indessen die ebenso hungrigen Soldaten immer bei uns um Brot baten«, berichtet Friesenegger. Von dem nahen Dorf Erling, dessen gesamte Einwohnerschaft sich ins Kloster geflüchtet hatte, drang ominöser Lärm den Klosterberg herauf. Verursacht wurde er von den 1500 Spaniern, die in dem kleinen Ort hausten: »Aus dem Dorf hörten die Erlinger nichts als Lärmen, Schlagen und Hämmern, wobei man ihre Häuser einriss, um Holz zum Feuern zu bekommen.«

Die rund 35 Andechser Mönche, ihre Bediensteten und die Flüchtlinge mussten nun auch erfahren, was es hieß, hohe Offiziere zum Feind zu haben: Die beiden spanischen Colonelle wollten sich offenbar dafür revanchieren, dass sie einen Verweis von der Heeresführung erhalten hatten, weil sich das Kloster über Brandstiftung durch deren spanische Soldaten beschwert hatte. »Sie wurden von Tag zu Tag gegen uns feindseliger und ungestümer«, erzählt Friesenegger über die Schikanen. »Sie begehrten von uns Sachen, von denen sie wussten, dass wir sie weder haben noch haben konnten, also Honig, Öl, Eier, Kerzen.« Und von den Bauern »forderten sie alle Milch und Butter von allen Kühen. O! Die letzte und fast einzige Nahrung der Elenden.«

Am 11. Januar 1634 verkündete der Dienstbote eines Colonells, dass die Spanier am folgenden Tag abziehen würden. Jedoch: »Als dann der glückliche Tag, der 12. Januar, anbrach, sahen wir uns nicht nur in unserer Hoffnung betrogen«, klagt Friesenegger, »sondern dies wurde noch für uns der schrecklichste von allen bisherigen Tagen.«

»In der Früh nahmen etliche Soldaten unseren Bauernkindern ihr Mus und weniges Brot. Unser Richter und einige Bauern regten sich darüber auf und wollten dem mit Gewalt widerstehen«, berichtet der Mönch. Der Streit um das Essen der Kinder eskalierte so sehr, »dass der eine oder andere Soldat – wenn auch sehr leicht – verwundet wurde«.

»Der Colonell sah das Handgemenge und lief voller Wut darauf zu und ließ unseren Richter sogleich binden, um ihn ohne weiteres aufhängen zu lassen«, fährt Friesenegger fort. »Im Wirtshaus nahmen die wütenden Soldaten in gleicher Weise einen fremden Mann, den ganz unschuldigen Bäcker von *(dem Nachbarort)* Machtlfing, fest«, so der Tagebuchautor. »Und sie führten ihn ganz rasend mit unserem Richter in den Pferdestall und schlossen beide mit auf den Rücken gebundenen Händen an eine Säule an und ließen sie das Todesurteil erwarten.«

Zwei führende Ordenspriester des Klosters gingen daraufhin zu dem Colonell, um für die Verhafteten Fürsprache einzulegen. »Allein keine Bitte, keine Entschuldigung wurde angehört.« Stattdessen ließ der spanische Offizier »uns durch seinen Dolmetscher sagen«, so Friesenegger, »dass er seinen Soldaten den Befehl geben werde, alle Männer, Frauen und Kinder von Erling zu ermorden«. Der Colonell stieß weitere Drohungen aus, »und letztlich gab er den Befehl, dass sich die zwei Gefangenen durch Beichte und anderes auf den Tod durch den Strick vorbereiten sollen. Und damit entließ er die Bittenden.«

Die Situation hatte sich also noch verschlimmert, doch die Klosterbrüder gaben nicht auf. Einer der beiden Ordenspriester unternahm zusammen mit einem weiteren Ordensmann noch einen Versuch, »für die Gefangenen Gnade zu erbitten« und den wütenden Colonell umzustimmen, wie Friesenegger erzählt. »Sie fielen beide ihm zu Füßen und baten durch die Barmherzigkeit Gottes und aller Heiligen, den unschuldigen Gefangenen die Gnade des Lebens widerfahren zu lassen, dem geheiligten (*Kloster-*)Berg die Schande des Galgens nicht anzutun.« Die beiden Ordensleute hatten sich also nicht nur zu dem unberechenbaren Colonell gewagt, sondern demütigten sich auch noch vor ihm, um ihre Mitmenschen zu retten.

Der Colonell reagierte: »Endlich ging er zu den Bittenden und hob die Niederknienden von der Erde auf, sagend, dass er nicht derjenige sei, dem Priester zu Füßen fallen sollen. Der Heiligkeit ihres Ortes und ihrer Religion wegen soll den Gefangenen die Freiheit geschenkt sein.« Diesem versöhnlich klingenden Schluss fügte der spanische Offizier allerdings noch einen letzten Akt des Sadismus hinzu: »Die Gefangenen mussten aber vom Morgen, wo die Gnade für sie erhalten wurde, bis zum Nachmittag zur Vesperzeit die Todesangst erleiden«, empört sich Friesenegger.

Auch danach kehrte keine Ruhe ein. Die spanischen Soldaten forderten sämtliche Lebensmittel der Bauern im Kloster, mit dem zweifellos zutreffenden Argument, dass sie schlimmsten Hunger litten. »Und unter denen, die erst vergangene Nacht verstarben, waren zwei, die vor ihrem Hungertod noch ihre Arme angebissen und ihre Finger abgenagt haben«, schildert Friesenegger die verzweifelte Lage der Soldaten. Diese erhielten schließlich vom Kloster und von den Bauern Getreide für 1600 Laib Brot.

Kurz darauf »fing schon wieder ein anderer Tumult an«, erzählt Friesenegger. »Ein Haufen hungriger Soldaten fiel in unser Maierhaus (*Gehöft*) ein und brach alle Türen der Ställe mit Gewalt auf, um daraus zu nehmen, was ihnen gefiel. Und besonders gefielen ihnen die Schweine, die ihnen aber auf das Feld entliefen.«

Die Mönche baten daraufhin einige spanische Offiziere um Hilfe, und tatsächlich eilten diese mit dem Colonell zum Klostergehöft, um dem räuberischen Treiben ihrer Soldaten ein Ende zu bereiten. »Wenn uns unter diesen Zeitumständen noch zum Lachen gewesen wäre, so war dies gewiss ein lächerlicher Auftritt«, bemerkt Friesenegger mit einem Anflug von Humor, »wie die Gemeinen (*einfachen Soldaten*) den Schweinen und die Offiziere den Gemeinen auf dem Feld nachliefen, so dass Letzteren die Lumpen und Ersteren die Haare in die Höhe flogen.«

Nach diesen Jagdszenen aus Oberbayern gab sich der Colonell durchgreifend: »Endlich wurden zwei von diesen Gewalttätigen, die ihrer 90 waren, gefangen genommen«, berichtet unser Mönch. Diese beiden wurden an einen »Pfahl im Hof des Maierhauses angebunden und zum Totschießen verurteilt«, so Friesenegger, »damit unsere gebietenden Herren nicht nur gegen die Bauern, sondern auch gegen die ihrigen streng zu sein schienen«.

Schon zum zweiten Mal an dem Tag hatte der Colonell also Todesurteile verhängt, diesmal gegenüber seinen eigenen Männern, »denen wir aber Pardon des Lebens ausbitten mussten, vielleicht, um uns verbindlich zu machen«, schließt Friesenegger. Die Mönche hatten sich damit wieder erfolgreich für Todeskandidaten eingesetzt – diesmal für räuberische Soldaten, obwohl sie für diese kaum Sympathie verspürt haben dürften.

Und das Rauben ging weiter. Dabei waren die Täter nicht nur die einfachen Soldaten: Noch am Abend nach den Todesurteilen und Begnadigungen »begehrten unsere Colonellen mehrere Male zehn Stück Vieh für ihre Soldaten. Und ohne unsere Einwendungen und das Bitten und Weinen der Bauern anzuhören, warfen sie das Los, und auf welche (*Tiere*) es fiel, die nahmen sie aus dem Stall hinweg«, erzählt Friesenegger bitter. Worauf ein Teufelskreis in Gang kam: »Da die Bauern also endlich sahen, dass es wirklich darauf abgesehen sei, ihnen alles zu nehmen und sie dem Hungertod zu überlassen, schlachteten sie ihr übriges weniges Vieh selbst und wollten lieber ihren Hunger als den der Soldaten damit stillen.« Damit schien sich die Vorhersage des kaiserlich-katholischen Generals Aldringen zu erfüllen, folgert Friesenegger, »dass eine Kuh, die man nach diesem Krieg in Bayern noch finden werde, in Silber gefasst werden solle«.

»Der 14. Januar brachte uns endlich ein wenig Freude«, meldet Friesenegger bald darauf erleichtert: Die Hälfte der in Erling einquartierten Spanier wurde abkommandiert, zusammen mit einem der beiden Colonellen. Wohin die ungebetenen Gäste zogen, erwähnt der Mönch nicht – Hauptsache, sie waren weg.

Von den ursprünglich 1500 Soldaten in Erling befanden sich nun noch einige Hundert in dem Dorf beim Kloster. Das bedeutete eine echte Erleichterung, aber die dramatische Lebensmittelknappheit bestand weiter. Zudem ballten sich in dem überschaubaren Kloster mit seinen 35 Mönchen weiterhin mehr als tausend Menschen, die vor den Spaniern geflohen waren. Die Flüchtlinge hausten inzwischen unter unbeschreiblichen Zuständen, wie Friesenegger schildert: »Um diese Zeit gab es sehr viele Kranke, und manche starben auch, und es gab fast kein Zimmer im Kloster und keinen Stall, wo nicht der eine oder andere daniederlag. Es war auch kein Wunder; denn alle, alle Wohnungen und Ställe waren so voll von Menschen angefüllt, dass oft ein- oder zweihundert übereinander kauerten, ohne sitzen, viel weniger liegen zu können. Man stelle sich dabei das Elend, das Schreien der Kinder, das Jammern der Eltern, den Hunger, den Gestank vor.«

Drei Tage später folgte die erlösende Nachricht: »Den 17. (*Januar 1634*) bekam unser Colonell die Ordre, den anderen Tag aufzubrechen« – das heißt, auch der zweite der beiden Colonellen in Andechs verschwand, und mit ihm der Rest der Soldaten. Deren Ziel lautete Tirol, weit weg vom Kloster. »Den 18. um 9 Uhr begann der Marsch, ohne alle Ordnung«, vermerkt unser Tagebuchautor spitzzüngig.

Friesenegger schildert eindrucksvoll, wie es »nach dem Abzug dieser sauberen Gäste« im nahen Erling aussah. Die Tagebuchpassage führt beispielhaft vor Augen, wie im Lauf des Kriegs die Disziplin unter den hungernden und frierenden Soldaten verfiel: »Das Dorf stand ganz in Unflat und Wüste, alles zum Grausen und für den Menschen unbegreiflich. In den Häusern und Gassen lagen nichts als abscheuliche Lumpen, Köpfe, Füße und Gedärme von verzehrten Pferden, Menschenunrat und mehrere Totenkörper. In den Häusern waren nur Stuben, Kammer und Küche bewahrt, das übrige hatte kein Dach, keinen Mantel, keine Mittelwand, keinen Balken, und meistens standen diese nur auf vier Säulen. Die Zäune, Planken und schönsten Obstbäume in den Gärten waren alle verbrannt. Auch aller Hausrat – Bänke, Kästen, Bettgestelle, Geschirre – und bewegliche Sachen – Wägen und Pflüge – und was immer von Holz war, ging in den Flammen auf. Selbst in beiden Kirchen war ein Gräuel zu sehen. Türen und auch Fenster waren zerbrochen. Alles, was darin aufbewahrt und von Gebrauch war, wurde geraubt. In der Frauenkirche brannten sie mindestens die letzte Woche ein und in der Pfarrkirche zwei Feuer. Alles hölzerne Kirchengerät musste dazu dienen. Das Gemäuer war voll Rauch und Ruß und der Boden voll Unrat. Auf den Friedhof konnte man vor Menschenunrat keinen Fuß mehr mit Ehren setzen, und die Sakristei gebrauchten sie für ihr stilles Örtchen. In der Kirche zu Unserer Lieben Frau lagen auch vier unbegrabene Totenkörper, die man außerhalb der Kirche auf der Nordseite, wo schon mehrere lagen, in ein Grab zusammenwarf.« Nicht einmal um die verstorbenen Kameraden hatten sich die Soldaten mehr gekümmert.

Angesichts der Zustände im Kloster und Dorf war es kein Wunder, dass der ersehnte Abzug der Spanier nicht das Ende der Not mit sich brachte. »Nachdem wir alles Getreide und Vieh verloren hatten, gab es kein Brot, keine Milch, kein Fleisch. Und von was sollte man sonst im Winter leben?«, fragt Friesenegger.

»Daher lagen in allen Häusern Kranke«, berichtet der Mönch, »und es starben auch viele; und wie konnte es anders sein? Keine Medizin, keine Labung, kein Brot, kein Bett, kein Stroh, kein Ofen, kein Holz, und das bei der größten Kälte, die vom November bis in den Februar anhielt, wobei die Häuser allen Winden und Witterungen offenstanden. Das Beste dabei war, dass alle Kranken und auch die Gesunden nichts als zu sterben verlangten.«

»Den Monat Februar hatten wir ziemliche Ruhe vor den Soldaten, aber desto mehr mit den Kranken zu tun«, fährt Friesenegger fort. »Seit dem Abmarsch der Spanier (*am 18. Januar 1634*) bis zum Anfang des März wurden über 70 Kranke versorgt und über 40 Tote begraben. Die Krankheiten bestanden in gänzlicher Entkräftung, Dysenterie (*schwerem infektiösem Durchfall*), ungarischem Fieber (*wohl Typhus*), ungewöhnlicher Hitze und Geschwülsten. Zudem wurden mehrere Erfrorene auf den Wegen und Feldern gefunden. Was das Übel vermehrte, war, dass niemand mehr die Kranken besuchen und niemand die Toten begraben wollte.«

Und dann war es auch noch mit der Ruhe vorbei. »Ende März wurden wir wiederum in äußerste Besorgnis versetzt«, vermeldet Friesenegger. Die Schweden rührten sich wieder, der Krieg in und um Bayern flammte erneut auf.

1634/35
Vom Himmelreich in die Hölle

»Im Frühling sind wir aufgebrochen mit dem Regiment, gezogen nach Bamberg«, beginnt Hagendorf seinen Bericht über den Feldzug des Jahres 1634, in dem er mit dem schwedischen Heer marschierte. Seine früheren Feinde waren nun seine Kameraden, seine früheren Kameraden die Feinde.

Unser Tagebuchautor lässt mit keiner Zeile erahnen, dass ihm diese Situation irgendwelche inneren Konflikte bescherte. Vielleicht wurde ihm der Seitenwechsel dadurch erleichtert, dass er sich in dem neuen Umfeld rasch heimisch fühlen konnte: Die schwedische Armee bestand inzwischen hauptsächlich aus deutschen Söldnern.

Mit den neuen Mitstreitern marschierte Hagendorf südwärts und attackierte zunächst die Festung Rothenberg bei Nürnberg. »Aber sie haben uns mit Kanonen den Weg gewiesen, und wir haben wieder fortgemusst«, beschreibt er den Misserfolg mit seinem lakonischen Humor.

Es ging weiter südwärts zum bereits schwedisch besetzten Augsburg und dem benachbarten Städtchen Friedberg. Dort trafen die Soldaten am 12. Juli 1634 auf eine weitere schwedische Streitmacht. Die beiden Heere vereinten sich zu einer gut 20 000 Mann starken Armee, und diese stieß mitten ins Kurfürstentum Bayern hinein: »Sind gezogen nach Freising (*bei München*), über die Isar, nach Landshut«, erzählt der Söldner. »Das haben wir beschossen und mit stürmender Hand eingenommen.«

Die Eroberer verwüsteten die niederbayerische Stadt so gründlich, dass diese 200 Jahre benötigte, um sich wieder zu erholen, wie die Stadt Landshut heute auf ihrem Geschichtsportal schreibt. Bei Hagendorf liest sich das so: »Hier sind wir acht Tage stillgelegen, haben die Stadt ausgeplündert. Hier habe ich als meine Beute ein hübsches Mädchen bekommen und 12 Taler an Geld, Kleider und Weißzeug (*Textilien*) genug.« Erschauern lässt die Beiläufigkeit, mit der der Tagebuchautor den ungeheuren Vorgang erwähnt: Die Entführung – und es ist zu befürchten auch Vergewaltigung – einer jungen Frau stellt er nahtlos in eine Reihe mit der Entwendung von Geld und Kleidung.

Unser Söldner verhielt sich dabei wohl nicht ungewöhnlich: Nach inzwischen 16 Jahren Krieg war Gewalt zum normalen Alltagsbestandteil der Soldaten geworden. Am Ende lässt Hagendorf sein Opfer wieder frei: »Wie wir aufgebrochen sind, habe ich sie wieder nach Landshut geschickt«, schließt er die Episode.

Mit dem schwedischen Heer zog Hagendorf ein Stück weiter durch Bayern, bis sich eine feindliche Streitmacht näherte. »Da sind die Kaiserlichen gekommen und haben uns getrieben«, fährt er fort. Die Schwedenarmee wich in einem Zickzackkurs nach Westen aus und gelangte bis nach Aalen im jetzigen Baden-Württemberg.

Währenddessen hatte die kaiserlich-katholische Armee die bedeutenden süddeutschen Reichsstädte Regensburg und Donauwörth von den Schweden zurückerobert. Angeführt wurde das antischwedische Heer vom Sohn des Kaisers Ferdinand, der ebenfalls Ferdinand hieß und den Titel »König von Ungarn« trug. Am 18. August begann die Armee des Habsburgers, die Stadt Nördlingen zu belagern, die heute direkt an der Grenze von Bayern zu Baden-Württemberg liegt.

Das schwedische Heer machte daraufhin kehrt und zog ebenfalls Richtung Nördlingen, um die wichtige protestantische Reichsstadt zu entsetzen, also die kaiserlich-katholischen Belagerer zu vertreiben.

Diese allerdings erhielten Anfang September 1634 Verstärkung durch 15 000 spanische Soldaten. Deren Anführer war der Kardinalinfant Ferdinand von Spanien, ein Cousin des bereits anwesenden Ferdinands. Die herzliche Begegnung der beiden Ferdinands aus dem Hause Habsburg hat der weltberühmte Barockmaler Peter Paul Rubens im selben oder folgenden Jahr in einem Gemälde festgehalten, das heute im Kunsthistorischen Museum in Wien hängt. (Rubens pflegte gute Beziehungen zur spanischen Krone, diente ihr sogar zeitweise als Diplomat.)

Die vereinte kaiserlich-katholisch-spanische Armee zählte jetzt 33 000 Soldaten, etwa 8000 mehr als das schwedische Heer. Zudem verschanzte sie sich auf einer Hügelkette südlich von Nördlingen, hatte also eine vorteilhafte Stellung inne.

Trotzdem beschlossen die Heerführer Schwedens, unverzüglich zu attackieren, da sie den baldigen Fall der Stadt befürchteten. »Am 7. September des Jahres 1634 sind wir von dem Berg bei Bopfingen nach Nördlingen gezogen, haben die Kaiserlichen angegriffen«, berichtet Hagendorf. Hier hat sich unser Tagebuchautor ausnahmsweise ein wenig vertan: Der Angriff begann zwei Tage früher, am 5. September. Alles Weitere stimmt mit den Daten der Historiker überein. »Da haben wir den ersten Tag sie getrieben«, fährt der Söldner fort. Tatsächlich gelang es den schwedischen Truppen nach ihrer Ankunft bei Nördlingen, noch am selben Abend einige Anhöhen zu erobern. Der beherrschende Hügel namens Albuch aber blieb in katholischer Hand, und die Verteidiger nutzen die Nacht, um sich dort einzugraben.

»Den anderen Tag ist die Schlacht recht angegangen«, schreibt Hagendorf: Am 6. September um etwa fünf Uhr morgens begann der große Sturmangriff. Schwedische Truppen – hier vor allem schottische und deutsche Infanteristen – stiegen von verschiedenen Seiten rasch den Hügel Albuch empor und vertrieben die kaiserlich-katholischen Soldaten von dort. Doch dann folgte Chaos: Angeblich explodierte ein Pulvermagazin auf dem Hügel, und die Angreifer verloren derart die Übersicht, dass sie zeitweise aufeinander schossen – was in Schlachten häufig passiert. Die allgemeine Verwirrung nutzten spanische Streitkräfte zum Gegenangriff, und binnen einer Stunde fanden sich die schwedischen Einheiten in ihren Ausgangspositionen am Fuß des Hügels wieder.

Alles begann von vorn: Schwedens Heerführer Gustav Horn

befahl seinen Truppen einen erneuten Angriff. Der aber zurückgeschlagen wurde. Also befahl er noch einen Angriff. Der wieder zurückgeschlagen wurde. Und noch einen Angriff und noch einen und noch einen … Angeblich mehr als ein Dutzend Mal mussten Horns Männer den Hügel emporstürmen, und jedes Mal wurden sie blutig zurückgeschlagen, über Stunden hinweg. Zur Mittagszeit waren seine Truppen derart dezimiert und die Überlebenden so erschöpft und demoralisiert, dass Horn endlich ein Einsehen hatte und den Rückzug befahl.

Genau darauf hatten die katholischen Verteidiger gewartet. Auf breiter Front starteten sie den Gegenangriff und kamen von den Höhen herab. Die kriegserfahrenen spanischen Einheiten durchbrachen die Reihen von Horns Männern. Danach überrannten die Katholiken auch den anderen Teil des schwedischen Heeres, der von Bernhard von Sachsen-Weimar angeführt wurde. Die gesamte schwedische Armee floh schließlich in kopfloser Panik, und die katholischen Reiter hatten leichtes Spiel, in die angsterfüllten Menschenströme einzudringen und die Flüchtenden massenhaft von hinten zu erschlagen und zu erstechen. Besonders die spanischen Soldaten zeigten keine Gnade, auch nicht gegenüber den Verletzten, die ringsum wimmernd und stöhnend herumlagen.

»Die Spanier haben uns großen Schaden getan, denn diesen Tag ist die ganze schwedische Armee geschlagen worden, zu Fuß und zu Pferd«, resümiert Hagendorf. »Die Spanier haben alles niedergemacht. Mit Verlaub, oh lutrian, begfutu, Madtza, hundtzfudt.« Die letzteren Begriffe sind Schimpfwörter, die wahrscheinlich für »Luderjahn, Arsch, Dummkopf, Hundsfott« stehen, wie der Entdecker von Hagendorfs Tagebuch, Jan Peters, schreibt. Aus Hagendorfs Flüchen – die sonst nirgendwo im Tagebuch auftauchen – schließt Peters, dass unser Söldner die Spanier nicht sonderlich mochte, »zumal nicht ihren religiösen Fanatismus«. So ist etwa überliefert, dass die spanischen Kämpfer auf die Kleidung der niedergemachten schwedischen Soldaten Pulver streuten und es anzündeten mit der Begründung, dass man diese Ketzer mit Feuer verfolgen und verbrennen müsse. Die Spanier verhielten sich damit anders als die normalen Söldner, die den Krieg als Beruf ansahen und die feindlichen Soldaten als Angehörige einer gemeinsamen Zunft.

Die Toten hat nach der Schlacht bei Nördlingen wieder einmal niemand gezählt, und so gehen die Schätzungen weit auseinander. Vermutlich um die 8000 Männer der schwedischen Armee verloren ihr Leben, also etwa jeder dritte, während auf katholischer Seite rund 2000 Gefallene zu beklagen waren. Der unglückliche Heerführer Horn wurde gefangen genommen und mit ihm 4000 Soldaten Schwedens. Darunter war auch Hagendorf, der erzählt: »Diesmal hat mich der Allmächtige sonderlich behütet, so dass ich dem lieben Gott aufs Höchste dafür zeit meines Lebens zu danken habe, denn mir ist kein Finger verletzt worden. Ansonsten ist kein einziger von allen, die wieder zum Regiment gekommen sind, ohne Schaden gewesen. Nach der Schlacht sind die, die (*früher einmal*) bayerisch oder kaiserlich gewesen sind – und irgendwann (*von den Schweden*) gefangen worden sind –, wieder zu ihren (*einstigen*) Regimentern gegangen.«

»Ich und mein Junge (*der Dienstbote Bartelt*) sind nach einer Stunde mit der Kompanie, in der ich vormals gewesen bin, zusammengekommen. Da hat mir der Hauptmann, welcher zu Straubing auch mit gefangen worden ist, die Korporalsstelle wiedergegeben«, fährt Hagendorf fort. Unser Söldner war also zurück in den bayerischen Regimentern der kaiserlich-katholischen Armee, und er wurde leicht degradiert im Vergleich zu dem Sergeanten-Posten, den er bei den Schweden innegehabt hatte. Insgesamt war Hagendorf durch die beiden Seitenwechsel zwei Schritte zurückgegangen: vom Wachtmeister zum Sergeanten zum Korporal. Damit war er wieder zurück auf Los – auf der niedrigsten Unteroffiziers-Position, die er ein Jahr zuvor bereits innegehabt hatte.

Nach heutigen Maßstäben kam Hagendorf erstaunlich

glimpflich davon – es gab offenbar keinerlei Sanktionen, weil er für den Feind gekämpft hatte. In den meisten modernen Armeen hätte den Söldner ein Kriegsgericht erwartet. Damals zeigte man augenscheinlich mehr Verständnis, wenn ein gefangener Soldat unter Zwang die Seiten wechselte. Sich in solch einer Situation heroisch für eine Sache oder ein Vaterland aufzuopfern wurde von einem bezahlten Kämpfer nicht erwartet.

Hagendorfs Tagebucheinträge lesen sich denn auch so, als ob der Seitenwechsel zurück in die kaiserlich-katholische Armee die natürlichste Sache der Welt wäre. Denn nach der kurzen Notiz, dass er als Korporal wieder eingestellt wurde, fügt er ohne Umschweife an: »Dies ist geschehen den 7. September im Jahr 1634. Von Nördlingen sind wir gezogen den Schwedischen nach.«

Der Einsatz ging für Hagendorf also sofort weiter – nur marschierte er jetzt nicht mehr mit den Schweden gegen die Katholiken, sondern wieder mit den Katholiken gegen die Schweden. Skrupel, auf seine Ex-Armeeangehörigen zu schießen, lässt der Söldner nicht erkennen. Der Krieg war eben ein Job – ein lebensgefährlicher, aber einer mit Regeln. Gefühle wie Zorn oder Wut zeigt Hagendorf nur dann, wenn die Regeln gebrochen werden: etwa als die Schweden ihn entgegen den Abmachungen zum Seitenwechsel zwangen oder als die Spanier übermäßig brutal gegen die Schweden vorgingen.

Die Schlacht bei Nördlingen hatte dem Krieg eine neue Wende gegeben. Die Niederlage der sieggewohnten schwedischen Armee war derart katastrophal, dass sich diese aus fast ganz Süddeutschland zurückzog und alle Garnisonen südlich des Mains aufgab. Die skandinavische Invasionsmacht stand im Prinzip wieder dort, wo sie nach der Schlacht von Breitenfeld 1631 ihren großen Siegeszug gestartet hatte. Sie war wieder an ihrem Ausgangspunkt angelangt – nur diesmal ohne den charismatischen König Gustav Adolf.

Die kaiserlich-katholisch-spanische Armee blieb nach ihrem großen Sieg nicht zusammen, sondern teilte sich auf. Die Spanier begaben sich zu den Niederlanden, wo sie einen langen Krieg führten, und verwüsteten dabei die Durchmarschgebiete. Das kaiserlich-katholische Heer zog derweil westwärts durch das heutige Baden-Württemberg, »nach Stuttgart, nach Pforzheim«, wie Hagendorf berichtet. Was an schwedischen Garnisonen noch auf dem Weg lag, »hat sich gutwillig ergeben«.

Weiter ging es nach Durlach nahe dem Rhein, das heute ein Stadtteil von Karlsruhe ist. Die Truppen plünderten die damalige protestantische Residenzstadt in gewohnter Manier: »Hier in Durlach ist guter Wein gewesen«, vermerkt Hagendorf zufrieden, und »alles ist Beute gewesen. Hier habe ich wieder Hemden bekommen, und mein Junge hat ein Pferd, einen Schimmel, erbeutet. Bin wieder wohl gestanden.«

Reich bepackt marschierten die kaiserlich-katholischen Truppen zurück nach Pforzheim, das sie ebenfalls ausraubten. »Hier habe ich auch ein junges Mädchen herausgeführt«, erzählt Hagendorf und berichtet damit zum zweiten Mal binnen eines Jahres davon, dass er eine Frau als Beute verschleppte. »Aber ich habe sie wieder hineingehen lassen, denn sie hat mir Weißzeug (*Textilien*) heraustragen müssen«, fügt er an und erklärt etwas kryptisch: »welches mir oft ist leid gewesen, denn ich hatte diesmal keine Frau«. Hagendorf begründet sein Verhalten also mit dem Verlust seiner Gattin, die im Vorjahr gestorben war. Der Historiker Jan Peters merkt hier ebenso knapp wie unzweideutig an: »Sexualnot als Legitimation für Gewalt«.

Was aus seinen Opfern wurde, scheint Hagendorf nicht gekümmert zu haben. »Frauen waren für die Söldner wohl genauso Beute wie Geld und Güter«, mutmaßt der Historiker Marco von Müller in seiner Magisterarbeit über Hagendorfs Leben. »Auch der Tagebuchschreiber macht da keine Ausnahme.«

Hagendorf jedenfalls verliert keine weitere Zeile mehr über das Mädchen, das er entführt und zurückgeschickt hatte. Stattdessen setzt er seinen Bericht anscheinend ungerührt fort: »Von hier sind wir gezogen nach Heidelberg in der Rheinpfalz. Das haben wir eingenommen – die Stadt, aber das Schloss nicht. Dies ist geschehen den 19. November 1634.«

»Wir waren zu schwach. Also mussten wir die Stadt wieder verlassen«, begründet Hagendorf den Misserfolg. »Sind gegangen bis nach Pforzheim« – das heißt zurück zum Ausgangspunkt. Bald kamen neue Regimenter zur Verstärkung an, und das Heer unternahm einen weiteren Anlauf, das befestigte Schloss zu erobern: »Und wieder nach Heidelberg, die Stadt wieder genommen, darin gelegen 14 Tage. Haben das Schloss beschossen und wollten es sprengen.« Dazu gruben die Truppen Stollen, die sie unter der Erde zu den feindlichen Mauern vortrieben. Dann deponierten sie »24 Tonnen Pulver unter dem Schloss«, so Hagendorf, um die Verteidigungsanlagen mit einem furiosen Knall in die Luft zu jagen. »Als nun alles fertig gewesen ist«, kam aber etwas dazwischen: »Da ist die französische Armee angekommen, 30 000 Mann stark.«

Die französische Vorhut griff sofort an, »und nimmt uns, ehe wir es gewahr wurden, die Schanze ein, in der sieben große Kanonen standen«. Anschließend wollten die Heerführer die Situation wohl nicht eskalieren lassen, zumal Franzosen und Bayern offiziell gar nicht Krieg gegeneinander führten. »Also lässt uns der französische General abziehen«, erzählt Hagendorf. »Die Kanonen hat er alle behalten, aber uns hat er ziehen lassen mit Sack und Pack.«

Und zwar mit großem Gepäck, wie unser Tagebuchautor sichtlich erfreut ergänzt: »Mein Junge hat eine schöne Kuh herausgeführt.« Offenbar war Hagendorfs Dienstbote Bartelt sehr begabt darin, große Beutetiere zu organisieren – kurz zuvor hatte er ja schon einen Schimmel herangeschafft. Die Kuh brachte dann gutes Geld: »Sie ist in (*dem Ort*) Wimpfen für 11 Taler verkauft worden«, also für etwas mehr als einen Monatslohn des Korporals Hagendorf.

Von Wimpfen ging es dann noch einmal zurück nach Pforzheim. Es war ein ständiges Hin und Her, und all diese Armee-

Durchzüge bedeuteten eine Katastrophe für die Menschen in der Region. Wie aufgescheuchte Vogelschwärme flohen die Einwohner vor dem Heer, in dem unser Söldner mitmarschierte – und auch vor all den anderen gefräßigen Heerwürmern, die kreuz und quer durch das Land krochen. Viele Bewohner Schwabens, die nach der Schlacht von Nördlingen ihre Heimat verließen, sammelten sich in einem Flüchtlingslager bei Frankfurt. Oder in Zürich, wo im Almosenamt vorübergehend 700 bis 800 Geflüchtete aus Deutschland täglich speisten, was einem Zehntel der damaligen Stadtbevölkerung entsprach. Nach Straßburg ergossen sich ganze Menschenströme, und die Geflohenen »lagen in der Winterkälte so dicht auf den Straßen, dass die Bürger am Tag über sie wegstiegen und nachts durch das Stöhnen der Kranken und Hungernden wachgehalten wurden«, wie die britische Historikerin Cicely Veronica Wedgwood schreibt. Der Magistrat der Stadt ließ schließlich Tausende Flüchtlinge mit Gewalt aus Straßburg vertreiben. Andere Städte wie etwa Hanau nahe Frankfurt öffneten gar nicht erst ihre Tore für die anbrandenden Menschen.

Ein Großteil der Fliehenden versuchte, in der Heimatregion zu bleiben und sich dort in befestigten Orten in Sicherheit zu bringen – ähnlich wie es viele oberbayerische Dorfbewohner um das Kloster Andechs herum taten. So berichtet etwa der schwäbische Schuhmacher Hans Heberle, wie er, seine Frau und ihre fünf kleinen Kinder nach der Schlacht von Nördlingen aus ihrem Dorf Weidenstetten flohen. Als sich die Nachricht von der schwedischen Niederlage verbreitete, »säumten wir nicht lange«, erzählt der Protestant Heberle. »Wer laufen konnte, der lief, damit wir den selben Tag noch nach Ulm kommen«, das 17 Kilometer Luftlinie entfernt lag. »Denn der Feind war uns auf dem Hals.«

Mit den Heberles kamen »viele Tausend Menschen«, und die Familie musste eine Nacht vor den Stadtmauern im Freien verbringen, dann erst öffneten sich die Tore für sie. Nach drei Wochen kehrten die Heberles in ihr Dorf zurück – und zwei

Tage später starb ihr jüngstes Kind, das nur vier Wochen alt wurde. Schon im folgenden Monat ist erneut »viel kaiserliches Volk«, also Heer, »im Land umhergestreift und hat geplündert – da hat jeder wieder in die Stadt weichen müssen«, berichtet Heberle. Die Familie floh also erneut nach Ulm, und am 17. Oktober 1634 »zwischen 11 und 12 Uhr nachts«, so Heberle, »ist mir mein Sohn Thomas gestorben«, im Alter von nur drei Jahren. »Gott der Allmächtige möge ihm am Jüngsten Tag eine fröhliche Auferstehung und das ewige Leben geben«, fügte der 37-jährige Schuhmacher an – ähnlich wie es auch der Söldner Hagendorf nach dem Tod seiner Kinder tat.

In Ulm drängten sich inzwischen 8000 Flüchtlinge. Es fehlten Lebensmittel, die hygienischen Zustände waren katastrophal, trotzdem blieben die verängstigten Menschen bis in den tiefen Winter hinein. »Da ist ein Jammer und Not, Hunger und Tod. Da sind wir beieinander gelegen in großem Elend. Da sind die Teuerung und der Hunger eingebrochen, und nach diesen die böse Krankheit, die Pest. Da sind viele Hundert Menschen gestorben«, schildert Heberle in seiner bisweilen einfachen Sprache. Unter den Toten waren weitere engste Verwandte des Schuhmachers: Der Pest zum Opfer fielen am 10. Dezember 1634 »meine Stiefmutter«, am 11. Dezember »meine Schwester Bärbel«, so Heberle, »und gleich darauf« am 12. Dezember »ist mir meine Schwester Dorothea gestorben« sowie am 28. Dezember »meine Schwester Urschel«. Heberle schließt: »Gott der Allmächtige möge ihnen allesamt am Jüngsten Tag eine fröhliche Auferstehung und das ewige Leben geben.«

Am 8. Januar 1635 zogen die überlebenden Heberles zurück nach Hause – wo sie aber keine Ruhe fanden. Es folgten Hungersnöte, Verwüstungen und weitere Todesfälle: Am 20. Januar 1635 starb sein Bruder Barthle, am 12. April sein 67-jähriger Vater »eines recht natürlichen Todes«, wie Heberle hier eigens betont, am 4. September »meine Schwester Drine«, am 17. September »mein erstgeborenes Kind Chatreine« im »Alter von 7 Jahren und 15 Tagen« und am 2. Oktober 1635 »mein herzallerliebster Sohn Johannes« mit »5 Jahren, 40 Wochen und 5 Tagen«.

Vier seiner fünf Kinder, fünf Geschwister, Vater und Stiefmutter hatte Heberle damit binnen eines Jahres verloren. Und er führte weiter ein Leben in ständiger Angst, immer auf dem Sprung: Insgesamt 30 Mal floh er mit seiner Familie im Lauf des Kriegs nach Ulm. Doch Heberle und seine sechs Jahre jüngere Ehefrau Anna Buntz überstanden all das. Er starb erst 1677 im stolzen Alter von fast 80 Jahren, sie zu einem noch späteren, nicht bekannten Zeitpunkt. Die beiden waren 49 Jahre lang verheiratet, nur zwei der insgesamt zehn Kinder überlebten ihren Vater.

So hart und verlustreich die Heeresdurchzüge für die Bevölkerung waren – noch katastrophaler wirkte es sich wie bereits erwähnt aus, wenn eine Armee sich für längere Zeit in der Nähe einnistete. Das bayerische Heer, in dem Hagendorf diente, machte nach dem vielen Hin- und Herziehen Ende 1634 in dem schon mehrfach heimgesuchten Pforzheim Stopp. »Da haben wir unser Winterquartier gehabt für unser Regiment«, berichtet der Söldner. »Diesen Winter haben wir auch Wein genug gehabt, umsonst. Dies ist geschehen den 25. Dezember im Jahr 1634.«

Das Leid der Bevölkerung erwähnt Hagendorf nicht, dafür ein freudiges persönliches Ereignis: »In diesem Jahr, den 23. Januar 1635, habe ich mich mit der ehrtugendsamen Anna Maria Buchlerin, des Martin Buchlers Tochter, verheiratet. Der liebe Gott erhalte uns bei langwährender Gesundheit. Zu Pforzheim habe ich Hochzeit gehalten, hat gekostet 45 Gulden« – knapp vier Monatslöhne unseres Söldners. »Der Vater (*der Braut*) hat 10 Gulden dazugegeben.«

Die Braut Anna Maria Buchlerin stammte wie Hagendorf aus Zerbst im heutigen Sachsen-Anhalt, fand der Historiker Jan Peters anhand von zeitgenössischen Kirchenbucheinträgen heraus. Den Brautvater kannte der Söldner also vermutlich aus seinem Heimatort, folgert Peters, das heißt die Ehe kam wohl durch alte Beziehungen zustande. Und es ist wahrscheinlich, dass Hagendorfs Frau schon vor der Heirat im Tross des Heeres mitzog, ihr Vater im Tross oder in der kämpfenden Truppe.

Für Hagendorf endete damit Anfang 1635 die Zeit der Ehelosigkeit, die 1633 durch den Tod seiner ersten Frau begonnen hatte. Und es endete auch die Zeit, in der er Frauen verschleppte – den Rest des Kriegs liest man von keiner derartigen Tat mehr. Seine beiden dokumentierten Entführungen lagen also genau in der relativ kurzen Phase zwischen seinen Ehen, was den Verdacht nahelegt, dass sexuelle Bedürfnisse dabei eine Rolle spielten.

Nach der Hochzeit konnte das Paar in Ruhe seine Flitterwochen genießen: Die frisch Vermählten blieben noch drei Monate in Pforzheim. Dann begannen wieder die Märsche, wie Hagendorf berichtet: »Den 25. April aufgebrochen mit der ganzen Armee nach Tübingen, der Hauptstadt im Württemberger Land. Hier gibt es eine hohe Schule«, das heißt eine Universität.

Weiter ging es quer durchs Land, nach Villingen, Rottenburg am Neckar und nach Löffingen, das zwischen Freiburg und dem Bodensee liegt. »Hier ist ein großes Gewitter gewesen, jedoch haben drei Soldaten gespielt und sehr übel geflucht und geschworen«, erzählt der Söldner. Die himmlische Strafe folgte auf dem Fuß: »Da sind sie alle drei vom Donner erschlagen worden. Zwei waren stracks mausetot, der andere hat noch drei Tage gelebt, danach ist er auch gestorben.«

Und weiter, immer weiter durch Südwestdeutschland: »Darauf nach Donaueschingen. Hier am Schloss entspringt die Donau.« Diese geographische Angabe Hagendorfs ist heute noch gültig: Die Quelle im Schlosspark von Donaueschingen gilt symbolisch als Beginn des großen Flusses, der zehn Länder durchquert und im Schwarzen Meer mündet.

»Darauf nach Neustadt im Schwarzwald«, notiert der Söldner. »Danach ins Himmelreich, danach in die Hölle. Denn es ist ein Wirtshaus, das so heißt, weil man eine Stund zu gehen hat ins Tal. Das wird ›In der Hölle‹ genannt.«

1 Albrecht von Wallenstein (1583–1634), der größte Kriegsunternehmer der Geschichte

2 König Gustav II. Adolf von Schweden (1594–1632), der »Löwe aus Mitternacht«

3 Kardinal Richelieu (1585–1642), Erster Minister Frankreichs mit zwiespältigem Ruf

4 Johann von Werth (1590/91–1652), Bauernsohn und populärer Reitergeneral

5 Szene aus der Schlacht bei Nördlingen 1634: Die Pikeniere formen mit ihren Spießen einen tödlichen Stangenwald, in dessen Schutz die Musketiere laden und schießen. Die Reiter kämpfen mit Schwertern und Pistolen, die sie aus möglichst kurzer Distanz abfeuern (Gemälde von Mikel Olazabal, 2012)

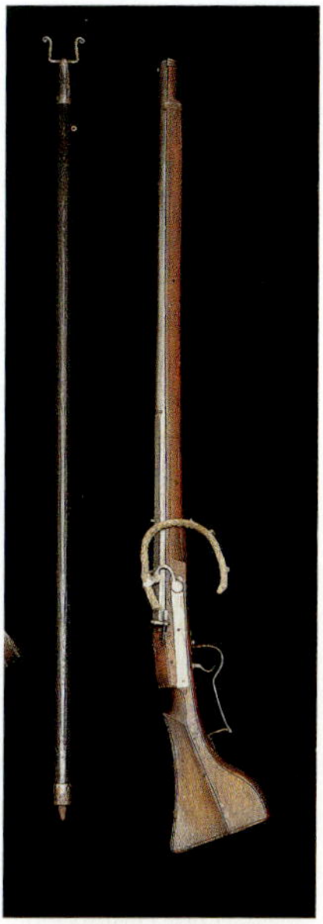

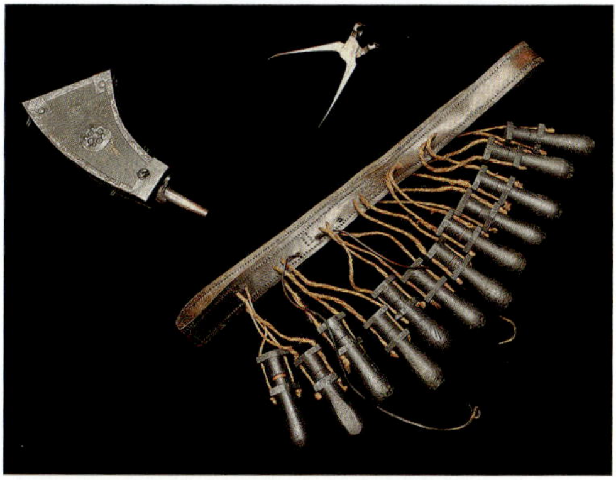

6 Ein Musketier trug meist zwölf Holzbüchsen mit sich. Jede enthielt das Pulver für genau einen Schuss

7 Um mit der schweren Muskete zu zielen, musste der Schütze den Lauf auf einer Stützgabel ablegen

8 Ein Hieb spaltete 1636 diesen Schädel eines schottischen Söldners, wie auf Seite 204 beschrieben wird

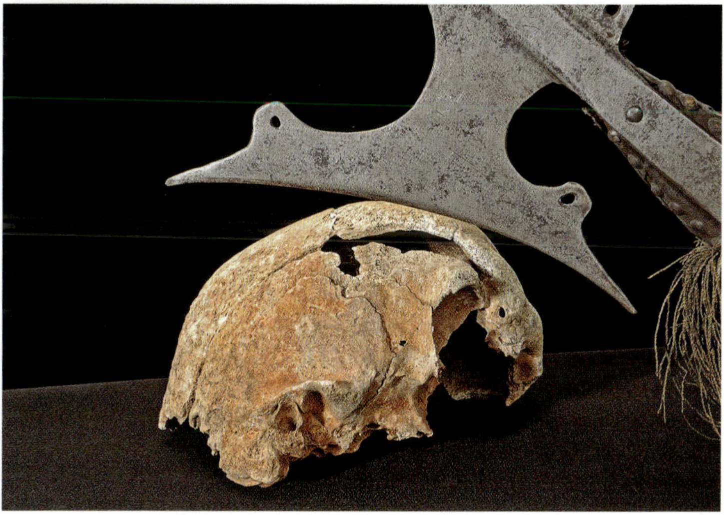

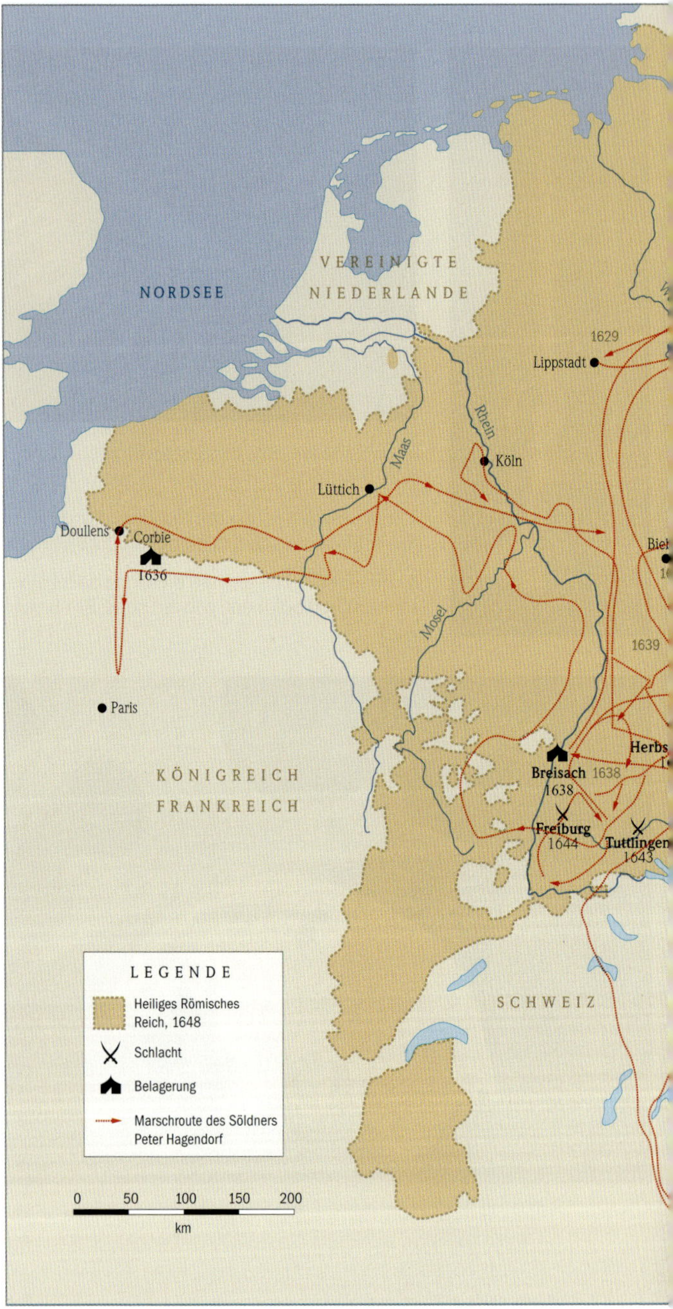
NORDSEE
VEREINIGTE NIEDERLANDE
1629
Lippstadt
Rhein
Köln
Maas
Lüttich
Doullens
Corbie
1636
Mosel
1639
Paris
KÖNIGREICH FRANKREICH
Breisach 1638
1638
Freiburg
1644
Tuttlingen
1643
SCHWEIZ
LEGENDE
Heiliges Römisches Reich, 1648
Schlacht
Belagerung
Marschroute des Söldners Peter Hagendorf
0
50
100
150
200
km

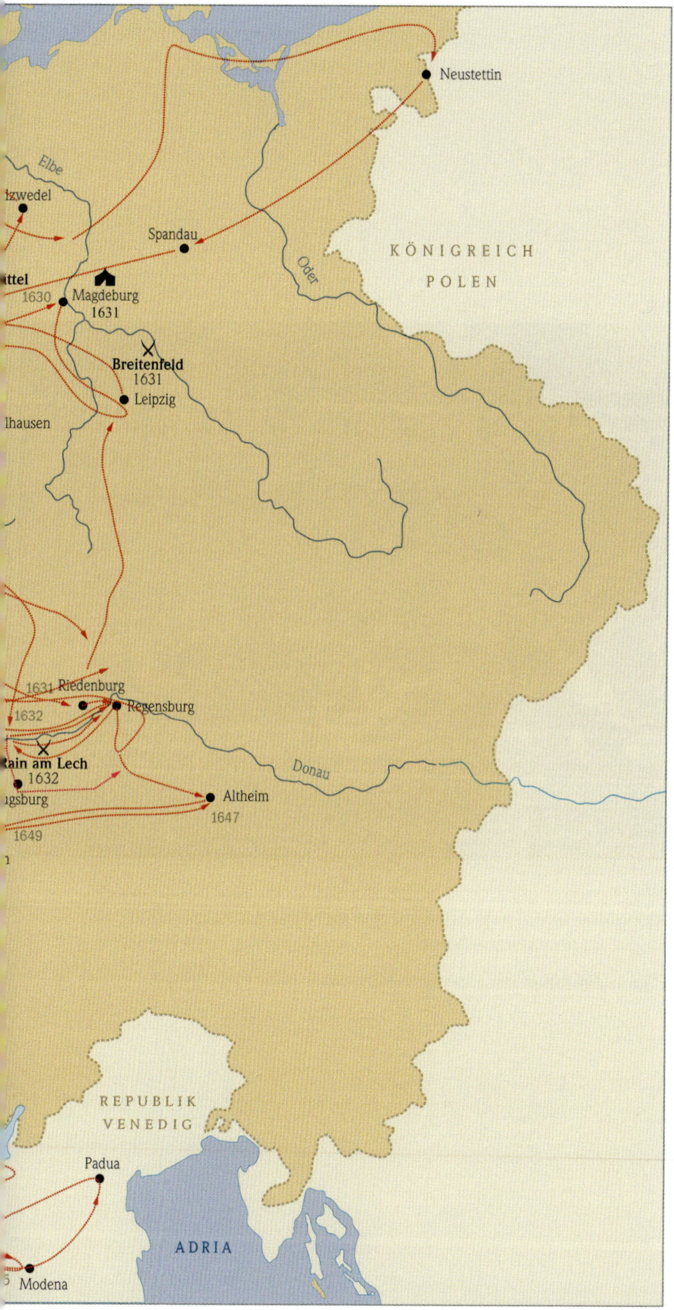

Neustettin
Elbe
Spandau
KÖNIGREICH
POLEN
Oder
Magdeburg
1631
1630
Breitenfeld
1631
Leipzig
1631
Riedenburg
1632
Regensburg
Rain am Lech
1632
Donau
Altheim
1647
1649
REPUBLIK
VENEDIG
Padua
ADRIA
Modena

9 *(vorhergehende Seite)* Der 22 400 Kilometer lange Weg des Söldners Peter Hagendorf. Zudem eine Auswahl der wichtigen Schlachten und Belagerungen, an denen er teilnahm

10 Soldaten überfallen ein Dorf (von Sebastian Vrancx, um 1640)

11 Maurus Friesenegger (1590–1655) schuf ein bewegendes Tagebuch. Sein Porträt zeigt 1650 einen von Kummer gezeichneten Mann

12 Für das Kloster Andechs wirkte Friesenegger als Mönch, Seelsorger und ab 1640 als Abt

13 *(nachfolgende Seite)*
Andechs lag nahe der bayerischen Westgrenze und wurde immer wieder von Soldaten heimgesucht

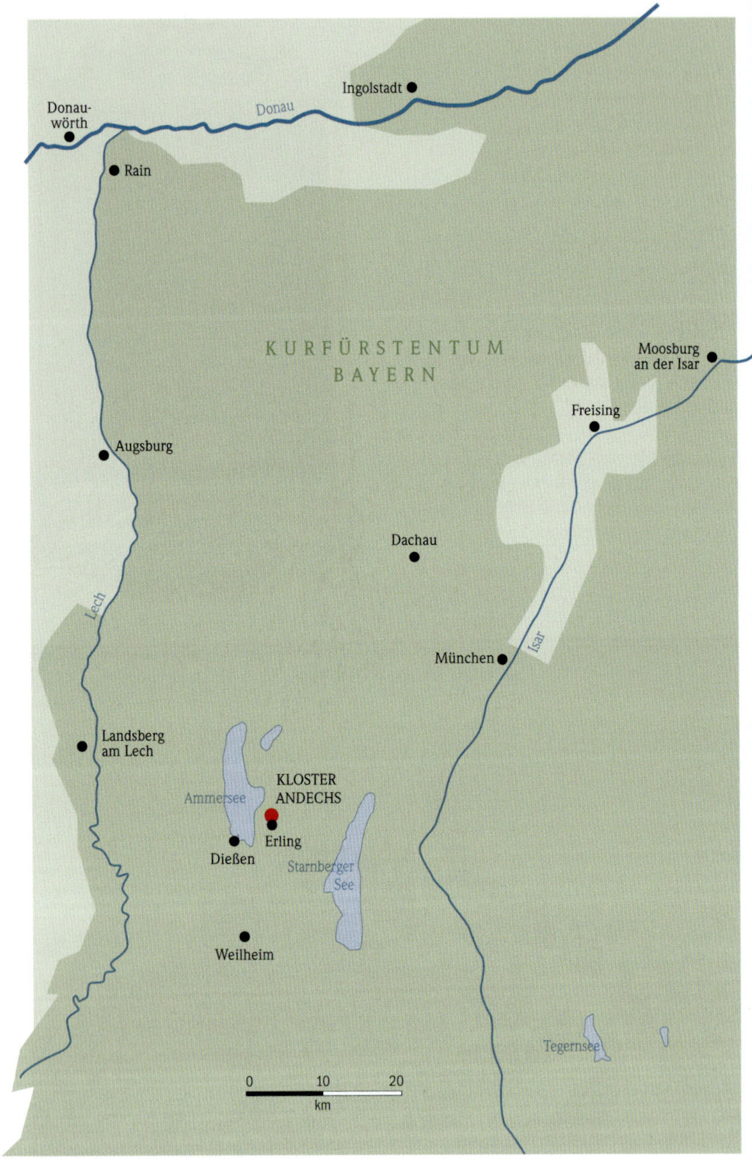
Ingolstadt
Donau-
wörth
Donau
Rain
KURFÜRSTENTUM
BAYERN
Moosburg
an der Isar
Freising
Augsburg
Dachau
Lech
Isar
München
Landsberg
am Lech
KLOSTER
ANDECHS
Ammersee
Erling
Dießen
Starnberger
See
Weilheim
Tegernsee
0
10
20
km

Ein Wirtshaus namens Himmelreich, ein Tal namens Hölle – dieses Wortspiel gefiel offenbar dem Tagebuchautor mit seinem trockenen Humor. »Hier ist ein wildes Land, lauter Berg und Tal und Wald. Die Leute ernähren sich meistenteils durch Viehzucht. Sind schöne frische Wasser, gibt gute Forellen darin«, merkt er interessiert an. »Von der ›Hölle‹ über Freiburg kommt man nach Breisach, wieder alles eben, Elsass genannt. Zu Breisach ist eine überaus starke Festung und der Schlüssel zum Rhein« – dem Fluss, der bald zur großen Kampfzone werden sollte.

Denn nun begann eine neue Phase der militärischen Auseinandersetzung: der sogenannte Schwedisch-Französische Krieg, der den vierten und letzten Akt des Dreißigjährigen Kriegs bildete – nach dem Böhmisch-Pfälzischen Krieg von 1618 bis 1623, dem Dänisch-Niedersächsischen Krieg von 1625 bis 1629 und dem Schwedischen Krieg von 1630 bis 1635.

Dieser Schlussakt spiegelte im Großen das wider, was Hagendorf im Kleinen geradezu prophetisch beschrieben hatte: den Weg vom Himmelreich in die Hölle. Denn der vierte Akt des Kriegs begann wie die beiden vorhergehenden Akte in einer Zeit, in der sich die Bevölkerung berechtigte Hoffnung auf den ersehnten Frieden machen konnte – gleichsam auf das Himmelreich auf Erden –, um dann doch wieder in die Hölle des Kriegs herabgestoßen zu werden.

Am 30. Mai 1635 besiegelten der katholische Kaiser Ferdinand und sein mächtigster protestantischer Kontrahent im Reich, der Kurfürst Johann Georg von Sachsen, einen allgemein umjubelten Friedensvertrag. Dieser sogenannte Prager Friede baute auf einem Vorfrieden namens Pirnaer Noteln auf, der schon am 24. November 1634 ausgehandelt worden war. Darin vereinbarte die kaiserlich-katholische Kriegspartei mit dem protestantischen Sachsen, eine gemeinsame Armee zu bilden.

Der sächsische Kurfürst Johann Georg hatte damit zum zweiten Mal im Krieg die Seiten gewechselt. Im ersten Akt, dem Böhmisch-Pfälzischen Krieg, half er Kaiser Ferdinand, den Aufstand in Böhmen niederzuschlagen. Doch 1629 verkündete Kaiser Ferdinand das Restitutionsedikt, das den Protestanten befahl, alle nach 1552 erworbenen katholischen Kirchengüter zurückzugeben – eine Forderung, die riesige Gebiete umfasste. Johann Georg schlug sich daher im dritten Akt, dem schwedischen Krieg, widerwillig auf die Seite des protestantischen Schwedenkönigs Gustav Adolf. Nun kehrte er nach der verheerenden schwedischen Niederlage bei Nördlingen zurück an die Seite von Kaiser Ferdinand. Der nämlich zeigte sich endlich nicht mehr als katholischer Fundamentalist, sondern als pragmatischer Realpolitiker – was ihm alles andere als leichtfiel.

Kompromisse mit den Ketzern einzugehen, erzeugte in dem tiefgläubigen Ferdinand eine große Gewissensnot. Seine Friedensvorschläge legte er daher einem Gremium von 24 Theologen vor. Diese waren geteilter Meinung, ob man den Protestanten Zugeständnisse machen sollte. Sieben votierten dagegen, die Mehrheit aber dafür. Erst danach stimmte Kaiser Ferdinand zu, um des Friedens willen sein Restitutionsedikt für 40 Jahre außer Kraft zu setzen. Und stattdessen zu vereinbaren, dass für die religiöse Aufteilung Deutschlands der 12. November 1627 als Stichtag galt: Was zu diesem Zeitpunkt katholisch oder protestantisch war, sollte es auch in Zukunft bleiben. Es war ein klug ausgehandelter Kompromiss, der den Katholiken weite Gebiete im Süden und Südwesten Deutschlands zuschlug, dafür den Protestanten ihre Erwerbungen in Nord- und Mitteldeutschland beließ.

Der Prager Friede enthielt zudem eine Einladung an alle deutschen Landesherren – ausgenommen die Calvinisten –, dem Vertragswerk beizutreten. Wer dies tat, dem wurde volle Amnestie zugesichert. »Die Bedingungen waren verführerisch großzügig«, urteilt die Historikerin Wedgwood über »das beste Stück Friedensarbeit, das bisher auf einer der beiden Seiten, wenigstens dem Anschein nach, geleistet worden war«. Und so ratifizierten fast alle deutschen Fürsten und freien Reichsstädte nach und nach den Prager Frieden.

Der langjährige Bürgerkrieg zwischen den deutschen Katholiken und Protestanten war damit effektiv beendet. Mehr noch: Die ehemaligen Gegner verpflichteten sich, ihre Heere zu einer gemeinsamen Armee unter Führung des Kaisers zu vereinen. Das erklärte Ziel lautete, die feindlichen Mächte vom Reichsboden zu vertreiben.

In der Folge kam es zu einer Welle an deutschem Patriotismus, der die zeitgenössischen Flugschriften durchzog: »Das ›aufrechte teutsche Vertrauen‹ und das ›teutsche geblüt und gemüt‹ wurden immer wieder bemüht«, weiß der Historiker Georg Schmidt. Hinzu kamen Versuche, das neuerwachte Nationalempfinden militärisch zu nutzen: Im schwedischen Heer, das ja zum Großteil aus deutschen Söldnern bestand, kursierte ein Brief des Kaisers mit dem Appell an alle Deutschen, sich nun dem vereinten Heer des Reichs anzuschließen. Wer weiter dem Feind diene, dem drohten Konfiskation und Todesstrafe. Gleichzeitig versprach der Kurfürst von Sachsen den Überläufern Geld, gute Unterkunft und Amnestie. Diese Kombination aus Zuckerbrot und Peitsche plus Patriotismus war in einigen Fällen erfolgreich, konnte das schwedische Heer insgesamt aber nicht entscheidend schwächen.

Das Aus für die Friedenshoffnungen kam schließlich durch Frankreich. Das Land hatte sich in dem Krieg bislang im Hintergrund gehalten und weitgehend darauf beschränkt, die schwedischen Aktivitäten in Deutschland finanziell zu unterstützen. Doch nun begannen die Franzosen, sich militärisch aktiv zu engagieren.

Im gleichen Monat, in dem der Prager Friede besiegelt wurde, erklärte Frankreich Spanien förmlich den Krieg – und damit indirekt auch dem deutschen Kaiser, der mit dem spanischen König eng verbündet war, denn beide gehörten der Habsburger Dynastie an.

Frankreich bekämpfte jetzt offen das Heer des Kaisers, sprich: die Streitkräfte fast aller deutschen Landesherren, denn die hatten ihre Truppen durch den Prager Friedensschluss dem

Kaiser unterstellt. »Sachsen hat seinen Frieden gemacht«, vermerkte dementsprechend Frankreichs Erster Minister, Kardinal Richelieu, »aber das wird auf uns bloß die Wirkung haben, dass wir versuchen, alles im Fluss zu halten.« Deutschland durfte nicht zur Ruhe kommen, so lautete aus Richelieus Sicht die französische Staatsräson.

Der Krieg begann somit wieder ganz von vorn, nur hatte er seinen Charakter geändert: Aus dem Krieg der Religionen war ein Krieg der Nationen geworden. Auf der einen Seite standen das protestantische Schweden, das katholische Frankreich und die calvinistischen Niederlande, auf der anderen Seite das katholische Spanien und fast das gesamte Deutschland.

So ging Mitteleuropa den Weg vom Himmelreich in die Hölle: Was 1635 als Prager Friede begann, mündete im längsten und grauenvollsten Abschnitt des Dreißigjährigen Kriegs. »Der deutsche Bürgerkrieg hatte sich endgültig in eine Art europäischer Weltkrieg verwandelt«, erklärt der Historiker Peter Englund. »Für die ausländischen Staatsmänner war Deutschland nur noch ein Schlachtfeld, eine Region, wo die eigenen Armeen auf der Jagd nach dem Feind umherziehen konnten, ohne allzu übertriebene Rücksichten auf Land und Leute nehmen zu müssen«, so der schwedische Autor. »Eine ungeheure Tragödie begann, Konturen anzunehmen.« Und zugleich entwickelte sich in diesem schrecklichen Schlussakt ein echter Hoffnungsschimmer, der schließlich die Finsternis überwand und im Frieden mündete.

* * *

Die Zeit vom Frühjahr 1634 bis zum Prager Frieden 1635 brachte den Bewohnern des oberbayerischen Klosters Andechs und des zugehörigen Dorfes Erling vor allem drei Dinge: Angst, Arbeit und Pest.

Anfang April 1634 näherte sich von Westen her wieder einmal ein feindliches Heer: »Aus Schwaben, wo die Schweden unter Führung des General Horn schrecklich hausten, sahen wir täglich Feuersbrünste«, berichtet Maurus Friesenegger, der vom Andechser Klosterhügel aus über den gut 20 Kilometer entfernten bayerisch-schwäbischen Grenzfluss Lech blicken konnte. »Und wir hörten von nichts als Tyranneien, von Augen ausstechen, Nasen abschneiden, Hände und Füße verstümmeln an denen, die nichts mehr geben konnten.«

»Indessen nahmen Hunger und Not immer mehr zu«, erzählt Friesenegger. Die über den Winter einquartierten spanischen Soldaten hatten fast das gesamte Getreide der Bauern aufgegessen, deren Vieh geschlachtet, die meisten Pferde mitgenommen, das Dorf Erling verwüstet, die Häuser eingerissen und alles Brennbare verfeuert. »Daher starben manche aus Hunger, und manche verließen ihr Haus und Gut und suchten einen Broterwerb im Ausland, besonders in Österreich durch Betteln«, so der Mönch. »Die Jungen ließen sich als Soldaten anwerben.«

Es sind diese individuellen Reaktionen auf das Elend, die es heute so schwierig machen, die Zahl der Opfer des Dreißigjährigen Kriegs zu benennen. Wenn etwa in einer Region die Bevölkerung um zwei Drittel zurückging – was vielerorts geschah –, bedeutete das nicht, dass zwei Drittel der Menschen starben. Ein Teil davon wanderte aus, ein Teil heuerte bei der Armee an. Wie groß die jeweiligen Anteile waren, lässt sich oft nur grob abschätzen.

»Übrigens war der Mai bei uns ziemlich ruhig«, ergänzt Friesenegger. Doch im folgenden Monat »erhielten wir auch die böse Zeitung (*Nachricht*), dass der General Horn bei Augsburg über den Lech gegangen und in Bayern eingefallen ist«. Die Schweden waren also im Land und nicht mehr weit entfernt, lautete die Mitteilung. »Von deren Wahrheit wurden wir alsbald durch mehrere Feuersbrünste, die wir sahen, überzeugt.« Das schwedische Heer zog plündernd, brandstiftend und mordend durch Bayern, und die Menschen ergriffen wieder in Massen die Flucht.

Auch die Andechser blieben nicht mehr lange – wobei unser Mönch eigens betont, dass er nur auf Befehl von oben das Kloster verließ: »Den 27. Juni erhielten wir Briefe von München, in denen uns unser Herr Prälat (*Abt*) alle zur geschwinden Flucht ermahnte«, berichtet er. »Wir begaben uns also noch am selben Tag um 7 Uhr abends auf den Weg nach München, wie es der Prälat verlangte, und wollten also die Finsternis der Nacht für unsere Sicherheit auf dem Weg gebrauchen.«

Die Furcht sollte sich als berechtigt erweisen: Schwedens General Horn verwüstete Anfang Juli die bayerische Stadt Aichach bei Augsburg »mit Feuer und Schwert«, so Friesenegger, »ohne Unterschied des Geschlechts und des Alters, so dass von der Stadt nur die Pfarrkirche und das eine oder andere Haus stehen blieb und von den Menschen nur wenige mit dem Leben entkommen sind«.

Horns Streitmacht vereinigte sich mit einem weiteren schwedischen Heer, das von Norden nach Bayern gezogen war – und in dem der Söldner Peter Hagendorf mitmarschierte, der zu dem Zeitpunkt noch den Schweden diente. Hagendorf berichtet, wie er mit der vereinten Armee nach Freising bei München und nach Landshut weiterzog, und Entsprechendes notiert auch Friesenegger in seinem Tagebuch: Horn marschierte »zu unserem Glück«, so der Mönch, »gen Freising und Landshut, wo er überall Schrecken und Elend verbreitete«.

Andechs und das zugehörige Erling blieben damit vor den Schweden verschont – nicht aber vor dem Hunger, dem noch unerbittlicheren Feind: »Indessen lebten die Erlinger von Schwämmlingen und Täublingen (*Pilzen*) und Kräutern, und zwar ohne Salz und ohne Schmalz, das alles mangelte.«

Dann entfernte sich die schwedische Bedrohung etwas: »Den 5. und 6. August ging der Feind wieder über den Lech zurück«, erzählt Friesenegger erleichtert, denn ein kaiserlich-katholisches Heer drängte die Schweden erfolgreich aus Bayern hinaus – was auch Hagendorf in seinem Tagebuch einräumt: »Da sind die Kaiserlichen gekommen und haben uns getrieben.« Friesenegger, der inzwischen wieder im Kloster Heiligenberg Andechs weilte, ergänzt: »Wir sahen von Heiligenberg aus über 40 Feuersbrünste, mit denen die Schweden auf ihrer Flucht Schlösser und Dörfer verbrannt haben.«

Am 18. August 1634 kamen frühmorgens 24 Soldaten des verbündeten Spanien angeritten. »Sie begehrten bei den Pforten eingelassen zu werden, und da man durch die Fenster zu ihnen redete, schossen sie auf die Fenster und hieben beide Pforten mit Äxten gewalttätig ein, brachen alle Türen, Kisten und Kästen im ganzen Kloster auf, verschonten auch die Kirche nicht«, empört sich Friesenegger. »Sie hieben die Kirchentüren ein, brachen in die Sakristei und in die Reliquienkammer ein, zerhieben alle Opferstöcke und brachen die Fürstengruft auf.« Die Menschen auf Andechs flohen aus dem Kloster, versteckten sich in der Umgebung – und mussten drei Stunden lang mit anhören, wie die Soldaten plünderten, »und das Übrige zerbrachen und zerstreuten sie alles abscheulich«, klagt der Mönch. Verbittert fügt er an: »Das taten unsere Freunde, unsere Hilfstruppen! Und was hätte der Feind anderes tun können als vielleicht besser sein?«

Ende August verschwanden die ungeliebten Verbündeten Richtung Schwaben. »Nach dem Abzug der Spanier erging an alle Gerichte der kurfürstliche Befehl, alsbald die Schadensbeschreibung einzuschicken«, berichtet Friesenegger, »weil der König von Spanien gesinnt sei, diese zu ersetzen.« Es war ein schönes Versprechen, und das Kloster listete bürokratisch korrekt die Schäden und Ausgaben auf. Die Liste reichte von »20 Pfund Wachs zur täglichen Beleuchtung« (10 Gulden) über »43 Rinder Vieh« (430 Gulden) und »38 weggenommene Pferde« (950 Gulden) bis zum »abgebrannten Schloss Mühlfeld« (4000 Gulden). Die Gesamtsumme belief sich auf 10 081 Gulden – dass sie ersetzt wurde, liest man nirgendwo.

Immerhin konnten sich die Bauern endlich angstfrei und ungestört auf ihre Felder begeben. »Nun ging es mit allen Kräften über die Erntearbeit her«, erzählt Friesenegger. »Eine lang gewünschte, aber bedauernswerte Arbeit« war es, musste man doch miterleben, »wie nackte und vom Hunger ausgemergelte Menschen nach dem Verlust der Pferde, der Wägen«, so der Mönch, »ihr Getreide niedermachen und auf allerhand mühsame Art nach Hause schleppen mussten – und zu Hause noch nicht wussten, wie sie es verwahren sollten. Da die einen kein Haus, die anderen kein Dach hatten.« Das ganze Dorf Erling war ja über den Winter von den einquartierten Spaniern buchstäblich zu Kleinholz gemacht und verfeuert worden.

»Allein der Übel war noch kein Ende«, fügt Friesenegger verzweifelt an. »Die Menschen haben noch nicht recht angefangen, neu zu leben«, da kam der nächste Schicksalsschlag: »Auf den verderblichsten Krieg und auf den langwierigen Hunger folgt nun die Pest.«

Und diese wütete schlimmer als alle vorhergehenden Seuchen, so »dass dieses Jahr allein in Erling über 200 Menschen elendiglich starben«. Als Seelsorger des Ortes kannte Friesenegger die Betroffenen sicher gut. »Vorher, in den besseren Zeiten, zählte das Dorf immer über 500 Seelen. Zu Ende dieses Jahres waren noch 190 übrig, und von 87 Ehepaaren lebten noch 20.« Das menschliche Leid hinter diesen nackten Zahlen konnte der Tagebuchautor nur schwer in Worte fassen: »Das Übel dieser Zeiten lässt sich ohne Schauder und Entsetzen gar nicht schreiben noch denken.« Mit einer Anekdote veranschaulichte der Mönch aber das Grauen: »Zu Kerschlach (*einem kleinen Weiler in der Nähe*) lagen acht und noch mehr Personen über sechs Wochen tot in einem Haus, davon einige schon von Hunden angegriffen und halb gefressen waren.«

Das Kloster Andechs blieb von der Pest verschont, ergänzt Friesenegger, »obwohl das Gotteshaus des Klosters immer offenstand und die Erlinger darin die heiligen Sakramente empfingen und sich zum Tode bereiteten – wogegen aber der Pfarrherr zu keinem Kranken und Sterbenden und zu keinem Begräbnis mehr gerufen wurde, um von der Seuche nichts in das Kloster zu bringen.« Die Mönche ließen also auch die Infizierten kommen, gingen aber selbst nicht mehr in das befallene Dorf – eine Kompromisslösung, die heute seltsam anmutet, aber erfolgreich war.

»Erst den 8. Oktober, da sich die Pest allerorts zu vermehren schien, wurde das Dorf Erling proscribiert (*unter Quarantäne gestellt*) und ihm der Zugang in das Kloster und in die Kirche auf höchste Weisung von München verboten«, berichtet Friesenegger. Die Klosterbrüder haben daraufhin den Erlingern »zum Abschied noch viele Beichten abgenommen, jedoch behutsam in abgesonderten Orten und von dem Beichtenden etwas entfernt«.

Die mit Bannstrahl belegten Dorfbewohner machten dann das Beste aus der Situation, wie Friesenegger durchblicken lässt: »Da Freibeuter schon mehrmals Pferde in dem Dorf wegnahmen, stellten die Erlinger Kreuze aus Stroh als Zeichen der Contagion (*Ansteckung*) und der Proskription auf den Wegen aus – und verschafften sich dadurch für eine Zeit einige Ruhe.«

Die Pest breitete sich derweil immer weiter aus und entfaltete in der 35 Kilometer von Andechs entfernten Hauptstadt München eine besonders verheerende Wirkung. Dies erfuhren die Mönche bald aus erster Hand: »Den 23. Oktober kam unser Herr Prälat von München in das Kloster zurück und erzählte, dass alle Nacht mehrere Wägen voll Tote aus der Stadt geführt werden und dass in einer Woche 500 und vielleicht mehr an der Pest gestorben seien«, so Friesenegger. Ihr Abt war dabei illegal aus der Hauptstadt entkommen: »Da die Stadt proscribiert war und niemand aus- und eingelassen wurde, so machte er gegen die Nacht einen vorgetäuschten Spaziergang um die Stadt und machte sich in der Stille und bei der Nacht davon«, erzählt Friesenegger. In einem Dorf auf dem Weg ruhte der 54-jährige Abt »allda ein wenig auf dem Stroh und ging den andern Tag zu seiner und unserer größten Freude bei dem schönsten Wetter nach Hause«.

Die geglückte Heimkehr schien ein gutes Omen zu sein, denn danach ging die Pest zurück. Friesenegger berichtet: »Der Monat November ließ sich etwas besser an. Nachdem vom 1. bis zum 18. in Erling noch 22 Personen an der Contagion starben, so starb und erkrankte von diesem Tag an nicht nur niemand mehr, sondern auch die Kranken wurden bis zum 1. Dezember vollkommen restituiert (*wiederhergestellt*).«

Danach normalisierte sich das Leben erstaunlich rasch. »Den 6. Dezember, am Fest des heiligen Niklas, wurde den Erlingern das erste Mal erlaubt, den Gottesdienst in der Klosterkirche zu frequentieren«, erzählt der Mönch. »Und am Fest des heiligen Thomas *(am 21. Dezember)* wurde wieder der erste pfarrliche Gottesdienst im Dorf gehalten – mit welcher Freude ist leicht einzubilden, aber auch mit welchem Leid, da Kinder ihre Eltern, Eltern ihre Kinder und Freunde ihre Freunde vermissten.«

In München hielt sich die Pest noch etwas länger und endete im Februar 1635. Die Todesraten dort waren geringer, als Friesenegger es in seinem Tagebuch weitergibt: Auf dem Höhepunkt der Pestwelle im November 1634 starben in einer Woche 213 Menschen. Insgesamt tötete die Seuche von 1634/35 wohl um die 7000 Münchner – was bei rund 20 000 Einwohnern ein Drittel der Stadtbevölkerung bedeutete. Es war die schwerste Pestkatastrophe, die München je erlebte.

So unvermittelt die Todeswelle über das Land hereingebrochen war, so spurlos verschwand sie wieder – nichts zurücklassend als Massen an Toten. Was anderes als höhere Gewalt konnten die damaligen Menschen hinter solch einem Ereignis vermuten? Zumal sie noch nichts von Bakterien und Viren wussten. »Da die Menschen sich auf vielfältige Art wider Gott vergehen, sucht Gott dieselben auch auf vielfältige Art wieder zurechtzuweisen«, vermutet Friesenegger. Heute mag man über solche Erklärungsversuche lächeln – aber man stelle sich nur vor, in diesen Tagen würde eine Seuche ausbrechen, die gut ein Drittel der Bewohner Münchens tötet, also rund 500 000 der gegenwärtig 1,4 Millionen Einwohner. Und die sich immer weiter ausbreitet. Wie hysterisch würden wir scheinbar aufgeklärten modernen Menschen reagieren? Welche Folgen hätte solch eine Todeswelle für die Gesellschaft? Und wie viele Personen würden plötzlich religiös oder esoterisch werden und höheren Beistand suchen, wenn kein irdischer Mediziner helfen kann?

Immerhin suchten die Menschen in Andechs und Erling offenbar nicht nach einem Sündenbock. In den Aufzeichnungen unseres Mönchs findet sich kein Hinweis, dass dort eine Person der Hexerei angeklagt oder auch nur verdächtigt worden wäre. Mehr noch: In Frieseneggers gesamtem Tagebuch des Dreißigjährigen Kriegs kommen Begriffe wie Hexe oder Schadenzauber überhaupt nicht vor. Was erneut unterstreicht, dass der mörderische Hexenwahn kein flächendeckendes Phänomen war, sondern ein sehr lokales: Es konnte wie erwähnt durchaus geschehen, dass an einem Ort die Scheiterhaufen loderten, während im Nachbarort, der unter anderer Herrschaft stand, niemand verurteilt wurde.

Zum Jahreswechsel 1634/35 hatten die Überlebenden um Andechs das Schlimmste überstanden: Pest und Soldaten waren weg, eine zumindest karge Ernte lag wieder in den Speichern. Doch das Leben blieb prekär. »Zu Erling starb zwar niemand mehr an Hunger, man lebte aber allgemein in der größten Not«, klagt Friesenegger. »Außer an Getreide mangelte es an nahrhaftem Vieh und Geflügel aller

Sorten sehr. Das Kloster hatte vier Kühe und das Dorf höchstens fünf oder sechs. Übrigens war nicht nur hier, sondern in der ganzen Gegend kein Schaf, kein Schwein, keine Gans, keine Henne zu finden.«

»Zu dem Hunger kam im Januar noch eine ungewöhnliche Kälte, so dass teils wegen der Kälte, teils weil viele Haushalte zum Betteln ausgewandert waren, bei den feiertäglichen Gottesdiensten kaum 40 oder 50 Personen erschienen«, schreibt der Mönch über den eisigen Beginn des Jahres 1635. In dem einstigen 500-Einwohner-Dorf Erling wurde es gespenstisch ruhig.

In den folgenden Monaten passierte dort wenig, nur ab und zu kamen vielsagende Anweisungen von oben: »Den 2. April erhielt die Gemeinde von Erling den Auftrag, den Friedhof einzuebnen und ganz mit grünem Rasen zuzudecken, weil die Vielzahl der Gräber Schrecken, der üble Geruch Grausen und Furcht vor einer neuen Contagion verursachten«, teilt der Tagebuchautor mit. Denn während die Pest wütete, waren »viele sehr schlecht begraben« worden.

Im Frühling begannen wieder die Feldarbeiten, allerdings nur in eingeschränktem Umfang wegen des Mangels an Getreide und damit auch an Saatgut. »An einigen Orten baute man gar nichts, an anderen wenig an«, berichtet Friesenegger. »Das Kloster baute alle seine Äcker und einige der Bauernschaft an – und hätte noch mehr angebaut, wenn es nicht allerorten am Samen gefehlt hätte.«

Erschwerend kam ein erneuter Kälteeinbruch hinzu – es sollte nicht der letzte bleiben. Europa befand sich damals mitten in der sogenannten kleinen Eiszeit, einer Periode relativ kühlen Klimas, die vom 16. bis ins 19. Jahrhundert andauerte. Die Durchschnittstemperaturen lagen in der Zeit um etwa ein Grad Celsius niedriger als gewöhnlich – was nach wenig klingt, aber teils dramatische Folgen hatte: Die oftmals eisigen Winter und kühlen, nassen Sommer der kleinen Eiszeit führten zu gehäuften Missernten und damit zu mehreren Hungerkatastrophen. Als wichtigste Ursachen gelten eine verminderte Sonnenaktivität sowie Vulkanausbrüche, deren Asche- und Gaswolken sich wie ein Schleier um die Atmosphäre legten.

Gut ersichtlich ist die Kälteperiode beispielsweise auf holländischen Landschaftsbildern des 16. und 17. Jahrhunderts: Diese zeigen auffallend oft dick vermummte Gestalten auf zugefrorenen Flüssen und Seen. Und auch Frieseneggers Tagebuch zeugt von den Kältephasen: »Die Pfingstfeier und das ganze Ende des Mai waren sehr unlustig«, klagt der Mönch 1635. Denn die Bewohner der Umgebung kamen »über Schnee und Eis hierher, und die Hoffnung auf Feldfrüchte lag unterm Schnee begraben«.

Dafür gab es Grund für eine neue Hoffnung: Mit dem Prager Frieden vom Mai 1635 schien das Ende des Kriegs in greifbarer Nähe. Auch Friesenegger berichtet in seinem Tagebuch von dem gefeierten Ereignis. »Um eben diese Zeit machte der Kaiser mit dem Kurfürsten von Sachsen und den protestantischen Fürsten, die wollten, zu Prag einen Frieden und ein Bündnis«, erzählt er. Vereinbart sei, dass »Sachsen wider die Schweden und ihre Anhänger agiert und insgesamt die Feinde aus dem Römischen Reich (*deutscher Nation*) zu verdrängen helfen sollte«. Doch die Hoffnung trog, wie wir wissen, und unser Mönch hatte schon damals Zweifel. Er schloss den Absatz über den Friedensschluss zwischen den deutschen Katholiken und Protestanten mit dem Stoßgebet: »Gott gebe Treue!«

1635/36
Bis vor die Tore von Paris

Die Pistolenkugel traf den rechten Oberarm des knapp 1,80 Meter großen Schotten, bohrte sich dort in den Knochen und schlug Splitter heraus. Trotz der schweren Armverletzung war für den etwa 22-Jährigen die Schlacht nicht beendet, die sich am 4. Oktober 1636 bei Wittstock in Brandenburg abspielte: Der junge Infanterist geriet noch in einen Nahkampf, und er musste sich gegen einen Angreifer mit Hellebarde wehren. Es gelang dem verwundeten Schotten nicht mehr, dem Hieb auszuweichen. Die messerscharfe Klinge schnitt durch seine Kopfhaut an der rechten Schläfe, spaltete den Schädel und drang in das Gehirn ein. Der Getroffene verlor sofort das Bewusstsein und fiel auf den Rücken.

Ein weiterer Gegner rammte dem Ohnmächtigen einen Dolch so heftig in die Kehle, dass die Dolchspitze Luft- und Speiseröhre durchtrennte, in den zweiten Halswirbel fuhr und dort ein Knochenstück absprengte. Der junge Mann verstarb rasch. Trotzdem erhielt er noch einen Schlag oder Tritt, der ihm den Unterkiefer in drei Teile zerbrach.

Nach der Schlacht kam der Schotte mit 124 anderen Gefallenen in ein Massengrab, wo er 370 Jahre ruhte – bis ein Baggerfahrer im März 2007 dort Sand aushob und in der Schaufel plötzlich Schädel und Knochen entdeckte. Anthropologen und Archäologen stellten bald darauf fest, dass der gruselige Fund einen Schatz für die Forschung darstellt. Etwa ein Drittel des Grabes war durch die Abbauarbeiten zwar zerstört, aber 88 Skelette konnten die Wissenschaftler bergen und intensiv untersuchen. Mit modernsten Analysemethoden gelangen ihnen einmalige Einblicke in das Leben und Sterben der Soldaten jener Zeit.

Ein herausragendes Beispiel ist der oben beschriebene Gefallene. Die Schnittspuren und die Bleikugel in seinen Knochen verraten, welche Verwundungen der Soldat unmittelbar vor seinem Tod erlitt. Zudem enthüllten die sterblichen Überreste viel über seine Lebensumstände, wie die Forscher unter anderem im Begleitband des Archäologischen Landesmuseums Brandenburg zur hervorragenden Ausstellung »1636 – Ihre letzte Schlacht« berichten.

Eine Isotopenanalyse des Zahnschmelzes zeigte, dass der Tote aus Schottland stammt. Er litt an chronischem Vitamin-D-Mangel, der zu einer schmerzhaften Knochenerweichung führte, so dass seine Schienbeine sich verbogen. Auf diesen krummen Beinen lief der Soldat viel – so viel, dass sich die Knochenhaut entzündet hatte. »Wahrscheinlich war dies eine Folge von schlechtsitzendem Schuhwerk, etwa dem beständigen Reiben der Stiefelränder am Unterschenkel«, schreibt die

Anthropologin Bettina Jungklaus, die das Knochenmaterial analysierte. Möglicherweise humpelte der Söldner, denn im linken Sprunggelenk über dem Fuß war ein Knorpelstück abgesprengt. »Die Gelenkerkrankung entstand durch kurzzeitige Überbelastung bei Drill, Marsch oder Kampf und verursachte starke Schmerzen«, erklärt Jungklaus. Generell war der zwischen 21 und 24 Jahre alte Soldat von den andauernden Anstrengungen gezeichnet: »Die Hüft- und Schultergelenke des noch jungen Mannes waren bereits mittelschwer degeneriert, was durch körperliche Überlastung hervorgerufen wurde.«

Zu diesen Beschwerden traten Infektionskrankheiten hinzu: Knochenveränderungen am Oberkiefer weisen auf eine Entzündung der Mundschleimhaut hin, Veränderungen in der Kieferhöhle auf eine chronische Entzündung der oberen Atemwege. »Die erbärmlichen Lebensbedingungen im Heerlager schwächten die Immunabwehr des jungen Mannes«, folgert die Anthropologin. Ständig in feuchtkalten Behausungen zu schlafen und die rauchige Luft der Herd- und Lagerfeuer einzuatmen forderte offenbar Tribut.

Mit dieser Lebens- und Leidensgeschichte bildete der Schotte keine Ausnahme: An der chronischen Kieferhöhlen- und Mundschleimhautentzündung beispielsweise litt nicht nur er, sondern ein Drittel der Soldaten in dem Massengrab. Verbreitet waren zudem Kariesschäden an den Zähnen. »Sie traten bei der Hälfte der Wittstocker Söldner auf und gingen bei einigen so tief, dass es zur Öffnung des Wurzelkanals kam«, berichtet Jungklaus. Die Folge waren starke Zahnschmerzen und schwere, eitrige Entzündungen des Kieferknochens.

Und natürlich fanden sich bei den Gefallenen jede Menge Verletzungen – verheilte aus früheren Kämpfen sowie unverheilte, die offenbar aus der Schlacht selbst stammten. Besonders häufig sind die Spuren von Feuerwaffen: Bei 19 Skeletten entdeckten die Forscher insgesamt 24 Bleikugeln – fünf Soldaten waren von je zwei Kugeln getroffen worden. Zudem konnten die Wissenschaftler acht Durchschüsse nachweisen: etwa an einem Schädel anhand eines fast kreisrunden Lochs. Dieses stammte von einer Pistolenkugel, die ein Reiter offenbar aus nächster Nähe von hinten auf den Kopf abgefeuert hatte; der Getroffene war sofort tot. Die meisten gefundenen Kugeln in dem Massengrab wurden von Reiterpistolen abgeschossen, und zwar aus weniger als 15 Metern Distanz. Darauf weisen die Deformationen der Kugeln hin.

Das Gemetzel in Brandenburg zählt zu den großen verlustreichen Schlachten des Dreißigjährigen Kriegs und sollte ihm eine neue Wendung geben. Peter Hagendorf war zu seinem Glück nicht daran beteiligt. Er zog mit den bayerischen Regimentern in den Jahren 1635/36 durch das andere Ende Deutschlands, den Südwesten, und ins Nachbarland Frankreich hinein.

Nach dem Abstieg vom Wirtshaus »Himmelreich« ins Tal »Hölle« im Schwarzwald bewegte sich Hagendorf im Frühling 1635 nach Westen: Mit der bayerischen Armee setzte er über den Rhein und fiel ins Elsass ein. Bei der Stadt Colmar, die gut 15 Kilometer westlich des Rheins liegt, »sind wir im Feld gelegen in der besten Erntezeit«, berichtet der Tagebuchautor. Diesen Umstand nutzten die Soldaten und ihre Angehörigen: »Haben den Bewohnern von Colmar das ganze Getreide um die Stadt herum verdorben durch Schneiden, Mähen, Reiten, Brennen. Da haben sie aus der Stadt mit Kanonen brav auf uns herausgeschossen. Da ist mir meine Frau bald erschossen worden, denn sie und der Junge (*Dienstbote*) haben auch geschnitten.«

Weiter ging es westwärts nach Lothringen, das damals noch nicht zu Frankreich gehörte, sondern zum Deutschen Reich. Das bayerische Heer ließ die Grenze zu Frankreich unangetastet, marschierte im August 1635 nordwärts zu der Stadt Rambervillers und vereinigte sich im Oktober mit einer kaiserlichen Armee, die ebenfalls in der Region eingefallen war. Die Reaktion folgte prompt: Nur eine Woche später marschierte ein noch größeres französisches Heer auf.

Wochenlang lagen sich die feindlichen Armeen gegenüber.

Seuchen, Nässe und Hunger dezimierten die Soldaten beider Seiten rasch. Hagendorf nahm es trotz der verzweifelten Situation mit Ironie: »Hier ist ein solch trockenes Lager gewesen, dass die Pferde oftmals bis an den Bauch (*im Wasser*) gestanden haben«, schreibt er. Und ergänzt: »Hier ist das Brot und Fleisch wieder an den höchsten Nagel gehängt worden.«

»Hier habe ich zwei Pferde gehabt und auch noch meinen alten Jungen«, also den eifrigen Dienstboten Bartelt, notiert Hagendorf. Und er teilt die Geburt des ersten gemeinsamen Kindes mit seiner neuen Ehefrau Anna Maria Buchlerin mit: »Den 11. November ist meine Frau eines Kindes genesen. Ist gleich getauft worden. Sein Name ist gewesen Jürg Martin, hat gelebt 24 Stunden. Gott gebe ihm eine fröhliche Auferstehung. †1«

Auch das fünfte Kind unseres Söldners war damit frühzeitig verstorben, möglicherweise weil die Mutter durch die schwere Hungersnot im Lager zu entkräftet war, wie der Historiker Jan Peters vermutet. Die Nummerierung seiner toten Kinder beginnt Hagendorf wieder von vorne – »†1« –, aber wie bei den anderen Todesfällen drückt er in dem Tagebuch keinerlei Trauer aus, sondern fährt direkt nach der Floskel von der fröhlichen Auferstehung mit den kriegerischen Ereignissen fort.

»Weil der Feind gesehen hat, dass er nichts ausrichten konnte, ist er wieder zurück nach Paris zu und hat uns in unseren Schanzen und im Wald sitzen lassen«, spöttelt Hagendorf. »Den 13. November sind wir auch mit der ganzen Armee aufgebrochen.« Das kaiserlich-bayerische Heer teilte sich wieder, und die Bayern zogen unter ihrem Kommandanten Johann von Werth nordwärts durch die Pfalz, wobei dem Söldner eine Eigenschaft der Region besonders auffiel: »trefflich guter Weinwuchs«.

Mit dem einbrechenden Winter wurde die Ernährungssituation immer kritischer, wie Hagendorf anschaulich schildert: »Diesmal ist eine solche Hungersnot bei der Armee gewesen, dass kein Pferd im Stall vor den Knechten sicher gewesen ist. Sie haben dem Pferd das Messer in die Brust gestochen und sind davongegangen. So hat das Pferd zu Tode bluten müssen. Danach haben sie es gefressen.«

Am 29. Dezember 1635 bezogen die Truppen schließlich feste Quartiere in Dörfern nahe der Mosel, etwa 16 Kilometer westlich des Rheins. Die hungernden Männer rasteten knapp zwei Monate, dann zogen sie weiter nach Breisig am Rhein, um eine bessere Unterkunft zu finden: »Hier sollten wir Quartier haben für das Regiment, aber es ist weder Hund noch Katze daheim gewesen«, schimpft der Tagebuchautor. Die Bevölkerung war offenbar rechtzeitig gewarnt worden und mit Hab und Gut geflohen – mit Erfolg, denn die ungebetenen Gäste zogen schnurstracks wieder ab und blieben bis zum 30. März 1636 in der Nähe von Trier.

Anschließend marschierte das Heer zum gut 120 Kilometer Luftlinie entfernten Lüttich im heutigen Belgien. »Im Jahr 1636, den 10. April, haben wir diese Stadt belagert mit fünf Regimentern zu Fuß und sieben zu Pferd«, berichtet Hagendorf. Die Tore der Stadt blieben verschlossen, dafür begeisterte die Umgebung den Söldner: »Ein gar schönes Land. Alle Berge sind fruchtbar, haben die schönsten Gärten mit allerlei Früchten. Es ist auch in diesem Land viel Viehzucht und schöner Kornbau«. Hagendorf und seine Kameraden genossen nun, was diese malerische Gegend ihnen bot: »300 Kirchen und Klöster, 18 Städte, 1800 Dörfer. Die haben wir meistenteils alle geplündert oder ausgeraubt.«

Die Landbevölkerung des Bistums Lüttich wehrte sich verzweifelt gegen die Eindringlinge – worauf die bayerischen Truppen gleich mehrere Hundert widerspenstige Bauern erschlugen. Davon erwähnt Hagendorf allerdings nichts in seinem Tagebuch.

Ende Juni 1636 brach das Heer die Belagerung Lüttichs ab und ließ die ausgeplünderte Region hinter sich. Die immer noch hungernden Truppen zogen weiter zur Festung Charlemont, die heute an der französisch-belgischen Grenze liegt und damals noch nicht zu Frankreich gehörte. »Hier bin ich von dem Regiment samt zwölf Mann kommandiert worden, Fisch für unser Regiment zu holen«, erzählt Hagendorf. »Da habe ich im Wald Schafe angetroffen, die haben wir fortgetrieben. Wie wir sie auf die Ebene gebracht haben, haben sie angefangen zu schreien und zu blöken. Da sind alle die Schafe, die es gehört haben, aus dem Wald zugelaufen, so dass 2000 Schafe zusammengekommen sind, dass mir angst und bange gewesen ist. Doch wir sind dem Lager zu. Da hat das ganze Lager Schafe genug gehabt. Ich für meine Person habe zwei genommen und geschlachtet.«

Hagendorf beschreibt den Schaf-Coup ausführlicher als manch große Schlacht – was wohl zeigt, wie stolz und froh er über den unverhofften Fang war. Für die betroffenen Bauern bedeutete das natürlich eine Katastrophe, unser Söldner hingegen konnte schlagartig den Hunger im Lager beenden, zumindest für eine Weile. Man kann sich ausmalen, wie er dafür gefeiert wurde. Und wie er noch Tage später die Beute genoss, zumal er anfügt: »Hier sind wir aufgebrochen und zwei Tage und zwei Nächte durch den Wald gezogen. Da ist mir mein Schaffleisch wohl bekommen, denn ich habe es auf meinem Pferd mitgeführt.«

»Den 4. Juli sind wir an die französische Grenze gekommen«, fährt Hagendorf fort. Nun überschritt das bayerische Heer gemeinsam mit kaiserlichen Truppen diese rote Linie: Etwa 12 000 Soldaten starteten eine Invasion des mächtigen Nachbarn der Deutschen – nahezu gleichzeitig mit anderen kaiserlichen und spanischen Heeren. Das Ziel war, durch einen Großangriff von verschiedenen Seiten Frankreich zum Frieden zu zwingen.

Das erste Hindernis, dem Hagendorf und seine Kameraden auf ihrem Weg nach Frankreich hinein begegneten, war ein Schloss. »Darin sind sieben Bauern gewesen, die haben sich gegen die ganze Armee gewehrt«, erzählt der Söldner von dem heroischen Widerstand einer Handvoll Zivilisten. »Also haben wir das Schloss angezündet und samt den Bauern verbrannt.«

Frappierend ist, wie lapidar, ja fast beiläufig Hagendorf die brutale Reaktion der bayerischen Soldaten erwähnt. Der Ehrenkodex, der unter den professionellen Kriegern in der Regel galt, bestand eben nicht zwischen Soldaten und Bauern: Wenn Letztere Todesmut zeigten, so war das aus Sicht der Soldaten nichts Anerkennenswertes, sondern etwas, das es mit allen Mitteln zu bekämpfen galt – und sei es durch Verbrennen bei lebendigem Leib.

Ein abschreckender Effekt blieb aus: Gleich nach dem Schloss stießen die bayerischen Invasoren auf ein Dorf, das derart zähen Widerstand leistete, dass gleich 2500 Soldaten anrücken mussten. »Ich bin auch mit dabei gewesen«, erzählt Hagendorf. »Da haben sich die Bauern in dem Kirchhof so mächtig gewehrt, dass wir ohne Kanonen nichts ausrichten konnten« – und die standen nicht zur Verfügung. »Da sind wir wieder zurück, denn es sind 1000 Bauern darin gewesen. So haben wir das Dorf angezündet und brennen lassen.«

Bald darauf, kurz hinter der französischen Grenze, trafen die kaiserlich-bayerischen Invasoren ihre Verbündeten: rund 20 000 spanische Soldaten. Sie kamen aus dem südlichen Teil der damaligen Niederlande, der unter spanischer Herrschaft stand und dementsprechend »Spanische Niederlande« genannt wurde. Aus dem Gebiet ging später Belgien hervor.

Das 32 000 Mann starke spanisch-kaiserlich-bayerische Heer drang im Juli 1636 rasch tiefer nach Frankreich ein. Die feindlichen Garnisonen auf dem Weg kapitulierten, berichtet Hagendorf, »und wir sind nach Corbie gegangen, eine mächtige Festung«, die etwa 115 Kilometer nördlich von Paris liegt.

»Als wir scharmützelt haben vor dieser Festung, ist mancher sitzen geblieben (*ums Leben gekommen*), Mann und Weib«, erzählt der Söldner über die Belagerung Corbies. »Denn es ist eine Kanone in der Festung gewesen, die haben wir nur den Weiberhund genannt. Einmal haben sie mit der Kanone in der Hütte neben meinem Zelt dem Mann und der Frau dort frühmorgens alle vier Füße dicht am Arsch weggeschossen.«

Der Tod in der Hütte zeigte: Es konnte jeden im Heer und

im Tross jederzeit treffen. Die ständige Bedrohung spornte die Belagerer zu noch mehr Anstrengung an: »Den 16. August (*tatsächlich 15. August*) haben sie sich ergeben, denn wir sind mächtig auf sie eingedrungen und haben Feuer eingeworfen. Da sind sie abgezogen mit Sack und Pack, 2000 Mann.«

Von Corbie aus war der Weg nach Paris offen. Ein bayerisches Korps unter dem Reitergeneral Johann von Werth drang bis in die Nähe der französischen Hauptstadt vor: »Hier sind wir ausgeritten auf Beute, ich auch, bis auf 10 Stunden vor Paris«, erzählt Hagendorf. Von einer Anhöhe aus konnte er das große Ziel erkennen: »Da haben wir es schon liegen sehen, wie ein Wald.«

Panik ergriff den französischen Hof und die gesamte Hauptstadt. Viele Bürger flohen nach Süden, nahmen so viel Hab und Gut mit, wie sie konnten, so dass ihre Kutschen und Karren die Straßen verstopften. Volksmassen veranstalteten Krawalle, aufgebrachte Menschen liefen vor dem Palast von Kardinal Richelieu zusammen und forderten dessen Tod: Der 50-jährige Richelieu, der als Erster Minister der mächtigste Politiker unter König Ludwig XIII. war, habe das Land in den Untergang geführt. Flugblätter hetzten gegen das »Ungeheuer in Kardinalspurpur«.

Ausgerechnet der verschrobene, stotternde, lange als dümmlich geltende Ludwig XIII. bewahrte in der aufgewühlten Situation die Nerven. Der 34-jährige Monarch folgte nicht dem Rat Richelieus, Paris zu verlassen und sich in Sicherheit zu bringen – denn dies würde Armee und Bevölkerung demoralisieren. Stattdessen sammelte er seine Gardetruppen sowie Milizen aus Bauern und Bürgern. Diese folgten in Scharen dem Ruf zu den Waffen: Die Zünfte beispielsweise stellten ihre unverheirateten Gesellen und Lehrlinge ab, darunter 1500 Schuster und 3000 Metzger. Binnen weniger Tage kamen mehrere Zehntausend Mann zusammen, wobei Richelieu wieder einmal seine herausragenden Fähigkeiten als Politiker und Organisator bewies. Ludwig XIII. stellte sich an die Spitze dieses Volksheeres, um notfalls als Verteidiger seines Volkes zu sterben.

Damit drehten sich die Kräfteverhältnisse – zumal die spanisch-kaiserlich-bayerische Invasion auch im Süden stockte: Eine weitere kaiserliche Armee, die durch das Elsass einmarschiert war, wurde von einem Söldnerheer in französischen Diensten aufgehalten und musste sich zurückziehen. Das Invasionsheer im Norden, zu dem auch Hagendorf gehörte, sah sich jetzt einer französischen Übermacht gegenüber und trat ebenfalls den Rückzug an. Unser Söldner berichtet: »Den 19. September sind wir aufgebrochen und gezogen nach Doullens«, das 30 Kilometer nördlich vom zuvor eroberten Corbie liegt.

Das französische Heer rückte nach und begann, Corbie zu belagern – benötigte aber bis zum 14. November, die Festung wieder einzunehmen. Die Invasoren hatten damit genügend Zeit, sich in Ruhe aus Frankreich zu verabschieden.

Ein Hauptproblem war offenbar, unterwegs genügend Nahrung zu beschaffen. Hagendorf schildert, auf welch wirkungsvolle Weise die Bauern in der nordfranzösischen Picardie ihre Tiere in Sicherheit brachten: »Die Kirchen sind alle befestigt, und es gehen Gewölbe vom Kirchhof unter die Erde. Da haben sie alle im Notfall ihr Vieh da unten. Und sie wohnen im Kirchhof, so dass sie sicher sind.« Schwer befestigte Ortszentren mit unterirdischen Stellplätzen für Kühe und Konsorten – keine schönen Aussichten für einen Plünderer.

Die Bevölkerung hatte gelernt, sich vor Soldaten zu schützen, denn sie lebte nahe der Grenze zur Spanischen Niederlande, wo die verfeindeten Großmächte Frankreich und Spanien aneinanderstießen. Wie ausgeklügelt die Sicherheitssysteme in den Dörfern waren, bemerkte Hagendorf auch auf dem weiteren Rückweg, der nun ostwärts führte: von Doullens in Frankreich in das gut 50 Kilometer entfernte Écourt-Saint-Quentin, das in den Spanischen Niederlanden lag (heute aber zu Frankreich gehört). »In diesem Land sind hohe Kirchtürme«, an denen oben große Körbe mit einem langen Seil festgebunden sind, erzählt Hagendorf. »Wenn dann die Schildwache auf dem Turm etwas kommen sieht, so lässt sie den Korb niedersinken. Danach richten sich die Leute. So läuft alles auf die Kirche zu, Vieh und Leute, und sie lassen die Dörfer leer stehen.« Ein einfaches, aber effektives Warnsystem, geboren aus der Not, wie der Tagebuchautor erklärt: »Denn die Franzosen und Spanier haben stets zu streiten um diesen Ort, es kommen immerzu verschiedene Truppen.«

Zudem verfügten die Bauern auch hier über unterirdische Gewölbe, in denen sie sich mit ihren Tieren versteckten. Dies erfuhr Hagendorfs Frau Anna Maria Buchlerin, als sie einen Kessel in einen tiefen Brunnen herabließ: »Es ist meiner Frau einmal, wie sie Wasser holen will, der kupferne Kessel abgeschnitten worden von Bauern, die unter der Erde sind«, erzählt der Söldner. Denn »unter der Erde, wo die Leute ihr Vieh haben, können sie ebenso gut zum Brunnen kommen wie oben«.

Weit schlimmer als der Verlust des Kupferkessels war für das Ehepaar ein Verlust in der Familie, der sich ebenfalls bei Écourt-Saint-Quentin ereignete: »Hier ist meiner Frau ihre Mutter gestorben an der Pestilenz. Die habe ich zur Erde bestattet, den 30. September 1636. Gott verleihe ihr eine fröhliche Auferstehung«, schreibt Hagendorf. Die Tagebuchpassage belegt, dass auch die Schwiegereltern des Söldners mit dem Heer zogen, Hagendorf seine zweite Frau also wohl in der Armee getroffen hatte.

Vier Tage nach dem Todesfall ereignete sich im fernen Brandenburg die eingangs erwähnte Schlacht bei Wittstock. Gut 22 000 Soldaten des Kaisers und des sächsischen Kurfürsten – die seit dem Prager Frieden von 1635 wieder Verbündete waren – trafen dort auf ein rund 20 000 Mann starkes Heer der Schweden. Die Skandinavier befanden sich zu dem Zeitpunkt in einer prekären Lage: Sie waren in den Norden Deutschlands zurückgedrängt worden, hielten effektiv nur noch Mecklenburg und Pommern und sahen bereits ihre Versorgungsbasen an der Ostsee bedroht. Ihre endgültige Niederlage in dem Krieg rückte näher, so schien es.

Der schwedische Feldherr Johan Banér – wie viele seiner

Zeitgenossen ein schwerer Alkoholiker, aber auch ein ebenso skrupelloser wie fähiger Stratege – versuchte daher, bei Wittstock das Blatt zu wenden. Bei der verbissen geführten Entscheidungsschlacht am 4. Oktober 1636 starben 5000 bis 8000 kaiserlich-sächsische und rund 1000 schwedische Soldaten – darunter diejenigen, die in dem zu Kapitelbeginn beschriebenen Massengrab gefunden wurden. Die Kämpfe führten an dem Tag zu keinem klaren Ergebnis, beide Seiten errichteten nach Einbruch der Dunkelheit am Schlachtfeld ihr Lager.

In der Nacht allerdings entschied die kaiserlich-sächsische Heerführung aufgrund der hohen Verluste, den Kampf nicht fortzusetzen und das Schlachtfeld zu räumen. Damit hatten die Schweden nach damaliger Definition gesiegt – zunächst ohne es zu wissen. Am nächsten Morgen hielten sie erst vergeblich nach den Feinden Ausschau, dann fanden sie auf dem Kampfplatz neben Tausenden Toten und Verwundeten die komplett zurückgelassenen feindlichen Kanonen und Munitionswagen. Das war willkommene Beute, noch willkommener aber war das wiedergewonnene militärische Prestige. Die Revanche für die Niederlage bei Nördlingen 1634 war geglückt, Schweden befand sich wieder in der Offensive – ebenso wie das verbündete Frankreich, das die spanisch-kaiserlich-bayerische Invasion immer weiter zurückdrängte. Das Blatt hatte sich wieder einmal gewendet, der endlose Krieg fand erneut kein Ende.

Hagendorf erwähnt die Schlacht bei Wittstock in seinem Tagebuch mit keinem Wort. Die Kriegsereignisse im Norden Brandenburgs waren für ihn wohl zu weit entfernt. Der Söldner widmete lieber seinem aktuellen Zwischenstopp, Écourt-Saint-Quentin, noch einige Sätze: »In dieser Stadt hat es 72 Kirchen und Klöster und 18 Abteien«, merkt er an. »Auf dem Platz steht eine Kapelle, da brennt eine Kerze Tag und Nacht. Sie soll, sagen sie, schon 300 Jahre gebrannt haben. Die selbige Kerze ist doch nicht verbrannt. Ich lasse es dabei bleiben, glaube wer da will, ich glaube es nicht.« Hagendorf offenbart hier wieder seine realistisch-pragmatische Weltsicht – und eine bemerkenswerte Skepsis in einer wundergläubigen Zeit, in der die meisten Menschen Magie und Zauberei für so real hielten, dass sie nicht einmal die Hexenprozesse hinterfragten.

»Den 26. November sind wir hier zu Écourt-St.-Quentin aufgebrochen und gezogen nach Cambrai«, das 15 Kilometer weiter südöstlich in den Spanischen Niederlanden (heute in Nordfrankreich) liegt. »Hier bin ich als Kompanieführer vorgestellt worden, den 28. November im Jahr 1636.« Für Hagendorf bedeutete das einen Karrieresprung: Eine Kompanie besaß eine Sollstärke von 300 Mann, als deren Anführer hatte er den Rang eines Hauptmanns inne. Dessen offizieller Monatssold betrug rund 150 Gulden, gut zwölfmal mehr, als der Söldner zuvor als Korporal erhalten hatte – sofern er einen Sold ausbezahlt bekam. »Das war der höchste Rang, den er je erreichen sollte«, merkt der Historiker Jan Peters über Hagendorfs Karriere an. »In der Situation der dezimierten Regimenter war dieser Rang allerdings weniger bedeutsam.« Vermutlich befehligte der Söldner nur einen Bruchteil der 300 Mann.

Das bayerische Heer setzte seinen Rückmarsch fort: »nach Aachen, eine schöne Festung bei den Niederlanden, darauf nach Hergenrath«, das heute im deutschsprachigen Teil Belgiens liegt, und weiter nach Klüsserath im jetzigen Rheinland-Pfalz. »Hier ist unser Winterquartier gewesen«, so Hagendorf, »den 18. Januar im Jahr 1637.« Seine Kompanie wurde 13 Kilometer entfernt in Veldenz einquartiert. Dieser Ort bildete den Schlusspunkt des langen Feldzugs von 1636, auf dem Hagendorf mindestens 1450 Kilometer marschierte und bis vor die Tore von Paris gelangte – eine einmalige Tour de France für den Söldner, der in dem Krieg nie wieder so weit nach Westen gelangte. Zu einer tiefergehenden Betrachtung in seinem Tagebuch animierte ihn das allerdings nicht. Hagendorf blieb seinem nüchtern-lapidaren Schreibstil treu, und so widmet er auch dem Schlusspunkt des Feldzugs, Veldenz, nur einen einzigen Satz: »Wein genug hier gehabt.«

* * *

Im oberbayerischen Kloster Andechs folgte auf den Prager Friedensschluss vom Mai 1635 eine Phase der Ruhe. Den Rest des Jahres ließen sich keine Soldaten blicken, der Krieg spielte sich andernorts ab. Und aus Feinden wurden Verbündete, wie Maurus Friesenegger in seinem Tagebuch schreibt: »Zu Anfang August erhielten wir die angenehme Zeitung (*Nachricht*), dass sich Nürnberg, Ulm, Memmingen und andere Reichsstädte dem Kaiser ergeben haben«, also dem Prager Frieden beitraten. »Mit was für Ernst und Treue, muss die Zeit lehren. Bisher waren größtenteils sie es, die unser bisheriges Elend beförderten«, fügt der Andechser Mönch misstrauisch an: Die freien protestantischen Städte hatten mit den Schweden paktiert.

Die Strafe dafür kam durch Krankheit, suggeriert Friesenegger zwischen den Zeilen: »Den ganzen Herbst grassierte wiederum die Pest«, vermeldet er. »Besonders nahm dieses Übel die Reichsstädte her, die den Feind zu ihrem und zu unserem Untergang aus Septentrio (*Norden*) hergerufen haben. Augsburg, das vorher 80 000 Einwohner zählte, hatte nach seiner Proskription (*pestbedingten Quarantäne*) nicht mehr als 18 000 derselben, und so verhielt es sich auch mit Ulm.«

Andechs selbst blieb von der Epidemie verschont, jedenfalls die Menschen: »Auch unter den Pferden riss eine Seuche ein. Uns fiel nur eines, aber das beste und schönste – welches aber auf der Weihnachtsfeier den Armen eine gute Mahlzeit gab.«

Die größten Probleme bereiteten den Andechsern zu jener Zeit kleine Tiere: »Eine ungeheure Menge Mäuse von verschiedenen Gattungen und Farben machten desto größeren Schaden, je kleiner die Ernte war«, klagt Friesenegger. Selbst im tiefen Winter nahm die Plage nicht ab: »Mäuse gab es noch bei dem Schnee in unglaublicher Anzahl. Man fand in einer einzigen Fuchshöhle eine Menge«, erzählt er. »Daher wurde von höchster Stelle verboten, Füchse zu fangen, denn diese mussten den Dienst der Katzen versehen, die die Spanier und Welschen (*hier: Söldner aus Italien*) aufgezehrt hatten.« Schon damals wusste man also nützliche Wildtiere zu schützen – biologische Schädlingsbekämpfung ist keine Erfindung der Moderne.

Auch im folgenden Jahr, 1636, blieb Andechs von Truppendurchzügen verschont, während rings um Bayern der Krieg tobte. »Indessen hörte man von allen Orten von schrecklichem Schauer, von Pest, und aus Schwaben von unerhörtem Kriegselend durch die Kaiserlichen«, also durch Truppen der eigenen Seite, wie Friesenegger berichtet. Deutschland verwandelte sich mit zunehmendem Tempo in ein Trümmerfeld, mancherorts sogar in eine von Menschen verlassene Einöde.

Ein eindrucksvolles Zeugnis davon gibt eine englische Delegation, die 1636 in diplomatischer Mission das Deutsche Reich bereiste. »Von Köln bis Frankfurt waren alle Städte, Dörfer und Schlösser geschleift, ausgeplündert oder niedergebrannt«, schreibt William Crowne, der Sekretär des königlichen Botschafters, in seinem ausführlichen Bericht. Auf der weiteren Reise Richtung Nürnberg musste die kleine Gesandtschaft einmal in dem unterfränkischen Ort Neunkirchen haltmachen, da es dunkel wurde. »Hier fanden wir ein brennendes Haus vor und sonst niemanden im ganzen Dorf«, erzählt Crowne. »Wir verbrachten die Nacht hin und her laufend, die Karabiner in unseren Händen, da wir Geschütze in den uns umgebenden Wäldern feuern hörten.« Am nächsten Morgen gingen die Engländer zur Dorfkirche, »die wir ausgeplündert vorfanden, die Bilder und Altäre entweiht. Auf dem Friedhof sahen wir einen Leichnam, der aus seinem Grab gescharrt worden war.« Das apokalyptische Bild eines Geisterdorfs verfestigte sich: »Wir betraten viele Häuser, fanden sie aber alle leer auf. Dann verließen wir diesen unglückseligen Ort und hörten später, dass die Bewohner des Dorfes aufgrund der Pest geflüchtet waren und das Haus selbst angezündet hatten, damit Reisende nicht infiziert würden.«

Auf der Weiterreise »durchquerten wir Neustadt, eine einstmals schöne Stadt, die jedoch geplündert und furchtbar niedergebrannt war. Hier sahen wir einige zerlumpte Kinder an ihren Türen sitzend, fast zu Tode gehungert. Seine Exzellenz (*der englische Botschafter*) befahl, sie mit Geld und Fleisch zu ihren Eltern zu schicken. Von hier reisten wir nach Emskirchen, einem armen Dorf, wo wir unseren eigenen Reiseproviant verspeisten, da nichts anderes aufzufinden war. Nach dem Essen reisten wir noch durch viele Dörfer, die ausgeplündert und niedergebrannt waren.« Die Delegation begab sich weiter nach Nürnberg, Linz, Prag, Regensburg, Koblenz, immer wieder berichtend über unfassbare Zerstörungen, bis sie Ende 1636 glücklich wieder in England ankam.

Der damals erst 20-jährige Lyriker Andreas Gryphius fasste die ganze Hoffnungslosigkeit in seinem berühmten Gedicht »Tränen des Vaterlandes/Anno 1636« in Worte:

> Wir sind doch nunmehr ganz, ja mehr denn ganz verheeret!
> Der frechen Völker Schar, die rasende Posaun
> Das vom Blut fette Schwert, die donnernde Kartaun (*Kanone*)
> Hat aller Schweiß, und Fleiß, und Vorrat aufgezehret.
>
> Die Türme stehn in Glut, die Kirch' ist umgekehret.
> Das Rathaus liegt im Graus, die Starken sind zerhaun,
> Die Jungfern sind geschänd't, und wo wir hin nur schaun
> Ist Feuer, Pest, und Tod, der Herz und Geist durchfähret.
>
> Hier durch die Schanz und Stadt rinnt allzeit frisches Blut.
> Dreimal sind schon sechs Jahr, als unser Ströme Flut
> Von Leichen fast verstopft, sich langsam fort gedrungen.
>
> Doch schweig ich noch von dem, was ärger als der Tod,
> Was grimmer denn die Pest, und Glut und Hungersnot,
> Dass auch der Seelen Schatz so vielen abgezwungen.

Trotz der relativ lang anhaltenden Ruhe boten Andechs und das zugehörige Dorf Erling weiter ein Bild der Verwüstung: »Die abgebrannten Häuser lagen noch alle in Asche, und es war noch keine Zeit, an den Aufbau zu denken«, berichtet Friesenegger im Herbst 1636. »Jedoch besserte sich bei den Übrigen der Viehstand immer mehr. Das Dorf Erling zählte dato schon 17 Pferde und 26 Kühe.«

Unser Mönch war sich nur allzu bewusst, dass dieser kleine Aufschwung stets bedroht war. Und so berichtet er im Gegensatz zum Söldner Hagendorf auch von der Schlacht bei Wittstock, von deren Folgen die Andechser mehr als zwei Monate später erfuhren: Am 14. Dezember erhielten sie die Nachricht, »dass der Generalissimus

Banér nach dem blutigen Treffen mit den Sächsischen und Kaiserlichen, in dem schrecklich viele Leute geblieben sind, in unsere Provinzen einzudringen und alles mit Schwert und Feuer zu verheeren drohe«, so Friesenegger. »Allein zum Glück wurde er wieder bis Magdeburg zurückgedrängt.« Banér sah sich vermehrtem militärischen Widerstand gegenüber und ging nach dem Jahreswechsel im sächsischen Torgau an der Elbe ins Winterquartier.

Andechs blieb also vorerst von unerwünschten Gästen verschont. Stattdessen erhielt es 1636 berühmten Besuch durch den 63-jährigen Kurfürsten Maximilian und seine zweite Ehefrau, die nur 26 Jahre alte Maria Anna, eine Tochter des Kaisers Ferdinand.

Maximilian hatte diese im Jahr zuvor geheiratet, zum einen aus politischen Gründen, zum anderen um endlich einen Erben zu haben, nachdem seine erste Ehefrau kinderlos gestorben war. Und tatsächlich »kam der Kurfürst mit seiner durchlauchtigsten Kurfürstin, die gesegneten Leibes war«, freut sich Friesenegger, »um den Segen einer künftigen glücklichen Geburt zu erbitten«. Um sicherzugehen, erschien das jung vermählte Paar gleich mehrmals in Andechs – mit Erfolg: »Und am 31. Oktober wurde der erstgeborene Prinz Ferdinand Maria mit größter Freude geboren«, resümiert der Mönch sichtlich zufrieden. Der kleine Prinz sollte die Kindheit überleben, seinen Vater 1651 beerben und dann Bayern bis zu seinem Tod 1679 jahrzehntelang in Frieden regieren.

KAPITEL IV: DIE NÄCHSTE GENERATION

1637–1639
Helden und Heerverderber

Am 15. Februar 1637 starb Kaiser Ferdinand II. in seinem Bett, ruhig gegen seine Kissen lehnend, seine Frau und seine Tochter friedlich anlächelnd, die bei ihm wachten. So wird es überliefert – wie viel davon wahr ist und wie viel Habsburger Propaganda, kann heute niemand sagen.

Mit Ferdinand II. verabschiedete sich ein tiefgläubiger Monarch von der Bühne, der persönlich kein Interesse am Krieg zeigte, es aber als seine heilige Aufgabe ansah, für die katholische Religion zu streiten. Und der dadurch ungewollt zum Hauptverantwortlichen dafür wurde, dass ein Aufstand in Böhmen zu dem schrecklichsten Krieg eskalierte, den es in Europa mindestens bis zum 20. Jahrhundert gab.

Ferdinands Tod bildete den Abschluss eines Generationenwechsels: Tilly, lange der erfolgreichste Feldherr seiner Zeit, Wallenstein, der wohl größte Kriegsunternehmer der Weltgeschichte, Gustav Adolf von Schweden, der charismatische »Löwe aus Mitternacht« – sie prägten wie Ferdinand II. die ersten Phasen des Kriegs, in denen es auch noch um den rechten Glauben ging. Und sie starben, bevor der Krieg in seine zynische letzte Phase trat, in der die Verantwortlichen nicht einmal mehr versuchten, ihre fortdauernden Feldzüge ideologisch zu verbrämen.

Nur wenige bedeutende Führer aus der Anfangszeit des Kriegs lebten noch, darunter die Kurfürsten Maximilian von Bayern und Johann Georg von Sachsen. Die Ikonen des Dreißigjährigen Kriegs aber waren nun tot, und eine neue Generation an Feldherren und Herrschern machte sich daran, den »Krieg der Kriege« fortzusetzen. Diese zweite Generation brachte zwar nicht mehr so bekannte Figuren hervor wie die erste, aber ebenso faszinierende wie merkwürdige Charaktere.

Der neue Kaiser Ferdinand III. war zwar tiefreligiös wie sein Vater, zeigte sich aber deutlich pragmatischer. Der 28-Jährige war ein freierer und beweglicherer Geist, was sich auch in den privaten Interessen offenbarte: Während das einzige bekannte Freizeitvergnügen des alten Kaisers die Jagd gewesen war, befasste sich sein Sohn ausgiebig mit Kunst, Philosophie und Naturwissenschaften. Ferdinand III. experimentierte in seinem eigenen Labor und ließ sich nach dem Krieg persönlich von Otto von Guericke das spektakuläre Vakuum-Experiment zeigen, bei dem zwei Halbkugeln nach Herauspumpen der Luft sogar von Pferdegespannen nicht mehr zu trennen waren. Zudem verfasste er Gedichte und galt als begabter Komponist.

Dabei war Ferdinand III. nicht nur ein Schöngeist: Anders als sein Vater nahm er persönlich an Kriegszügen teil. Sein größter Erfolg war die Schlacht bei Nördlingen 1634, bei der ihm ein überwältigender Sieg gegen Schweden gelang. Doch bald verließ den Kaiser das Kriegsglück wieder – was auch daran lag, dass Ferdinand III. bei der Auswahl seiner obersten Militärs schwerwiegende personelle Fehlentscheidungen traf.

So beließ er nach der Übernahme der Regentschaft 1637 den bisherigen Oberbefehlshaber der kaiserlichen Armeen im Amt: den 52-jährigen Matthias Gallas, der sich in den folgenden Jahren den Beinamen »Heerverderber« erwarb. Gallas hatte 1633/34 als Stellvertreter Wallensteins zu der Offiziers-Clique gehört, die Wallenstein beim Kaiserhof denunzierte. Nach dessen Ermordung belohnte Kaiser Ferdinand II. den Verrat, indem er Gallas zum faktischen Oberbefehlshaber über die kaiserlichen Armeen machte und ihm riesige Ländereien übergab.

Gallas gehörte damit trotz seines fortgeschrittenen Alters zur neuen Feldherren-Generation des Dreißigjährigen Kriegs.

Er agierte nach seiner Beförderung ins höchste Militäramt allerdings so glücklos, dass er als frühes Musterexemplar des modernen Peter-Prinzips gelten könnte, das der US-Erziehungswissenschaftler Laurence Johnston Peter 1969 so formulierte: In einer Hierarchie steigt jeder so lange auf, bis er die Stufe erreicht, auf der er inkompetent ist. Im Fall von Gallas erwies sich wohl, »dass er, der ehemalige Unterfeldherr Wallensteins, dessen genialer Leitung beraubt, nicht im Stande war, eine selbständige Führerrolle zu übernehmen«, wie der Wallenstein-Biograph Hermann Hallwich urteilt.

Das Problem war nicht, dass Gallas große Schlachten verlor – er verstand es, diesen aus dem Weg zu gehen. Vielmehr führte er immer wieder Armeen in verwüstete Gegenden und verharrte dort so lange, bis die Truppen durch Hunger, Krankheiten und Desertionen viel stärker dezimiert waren als durch Waffengewalt. Die Feldzüge der Jahre 1637 und 1638 stehen idealtypisch dafür.

Gallas' Pech war zudem, dass sein Gegner in diesen beiden Jahren Johan Banér war, einer der skrupellosesten und raffiniertesten Vertreter der zweiten Feldherren-Generation des Dreißigjährigen Kriegs. Nach dem Tod König Gustav Adolfs 1632 und der schwedischen Niederlage bei Nördlingen 1634 war Banér zum Oberbefehlshaber der schwedischen Streitkräfte in Deutschland aufgestiegen. Im Oktober 1636 hatte der damals 40-Jährige bei Wittstock in Brandenburg gesiegt und war dann nach Erfurt und Sachsen vorgerückt.

»Untersetzt, rotnasig und mit schütterem Haar«, beschreibt der schwedische Historiker Peter Englund den narbenbedeckten Banér. »Die Leiden der deutschen Zivilbevölkerung bereiteten ihm wenig Kopfzerbrechen, und häufig ließ er Übergriffe seiner Truppen durchgehen.« Wie so viele Militärs seiner Zeit war auch Banér Alkoholiker. »Sein großer Gegner, der kaiserliche Feldmarschall Gallas, war ebenfalls ein notorischer Trunkenbold«, merkt Englund an. »Aber der Unterschied zwischen den beiden war, dass Banér in der Regel in betrunkenem Zustand seinen Pflichten ausgezeichnet nachkam, Gallas aber selbst in stocknüchternem Zustand inkompetent war.«

Gallas rückte im Juni 1637 mit 30 000 bis 45 000 Soldaten gegen Banér vor, der sich mit seinem nur 14 000 Mann starken Heer fluchtartig nach Norden zurückzog. Banér verlor bei dem Gewaltmarsch an die 4000 Mann: Viele seiner Soldaten wankten nur noch barfuß und in Lumpen vorwärts, doch das schwedische Heer erreichte seine gut befestigten Stützpunkte an der Ostsee.

Die Schweden harrten dort aus, bis im Juli 1638 Verstärkung landete: Auf dem Seeweg kamen 14 000 neue Wehrpflichtige aus Schweden und Finnland, dazu drei Schiffsladungen Uniformen und 180 000 Taler in bar. Nun besaß Banér wieder die Mittel, um in die Offensive zu gehen.

Im August 1638 rückte der schwedische Feldherr vor. Er eroberte rasch Pommern, überrannte das westlich davon gelegene Mecklenburg, zog durch das heutige Niedersachsen, durch Sachsen und fiel im Mai 1639 in Böhmen ein, also in Habsburger Territorium. Dem Schweden war ein unerwartet erfolgreiches Comeback gelungen. Der Krieg im äußersten Nordosten, der schon fast beendet schien, fraß sich wieder mitten in das Reich hinein.

Dem Vorstoß Banérs konnte Gallas kaum etwas entgegensetzen: Von seiner kaiserlichen Armee existierte nur noch ein kümmerlicher Rest. Gallas' Soldaten waren den Schweden 1637 in das verwüstete Pommern und Mecklenburg gefolgt, dort auch über den Winter geblieben – und in Massen gestorben, weil sie in dem völlig zerstörten Landstrich weder genügend Nahrung noch brauchbare Quartiere fanden. Fortan trug Gallas den Spottnamen »Heerverderber«. Im November 1639 gab er das Amt des Oberbefehlshabers auf, erlebte aber später ein überraschendes Comeback.

Zum Leidwesen der kaiserlichen Armee war der im Nordosten operierende Gallas nicht der einzige Vertreter der zweiten Feldherren-Generation, der ausgesprochen unglücklich agierte.

In negativer Hinsicht ragte auch Frederigo Savelli heraus, ein hoher italienischer Adliger, der die kaiserlichen Heere auf dem zweiten großen Kriegsschauplatz kommandierte: der Rheinregion im Südwesten des Deutschen Reichs. Den Ereignissen und Akteuren dort wird sich dieses Kapitel nun eingehender widmen.

Savellis Verbündeter war Johann (auch: Jan) von Werth, der die bayerischen Truppen im Rheingebiet befehligte – und der zu den populärsten Figuren der zweiten Feldherren-Generation gehört. Dazu trug bei, dass Werth ein schier unglaublicher Aufstieg gelang: 1590 oder 1591 kam er als Sohn von Bauern nahe Düsseldorf zur Welt. Werth erhielt keine Schulbildung, blieb zeitlebens Analphabet und trat 1610 als einfacher Söldner in die spanische Armee ein. In den Folgejahren arbeitete er sich zum Offizier hoch und wechselte kurz nach 1630 erst in die Dienste Kölns und dann Bayerns. Werth gelangen mehrere Siege gegen die Schweden, und aufgrund seiner überragenden militärischen Leistungen stieg er zum Kommandanten und in den Adelsstand auf – trotz seiner einfachen Herkunft und dem damals weitgehend zementierten Ständesystem.

Der kühne Aufsteiger war beim Volk beliebt und wurde Gegenstand von Legenden, etwa jener um »Jan und Griet«, der zufolge der jugendliche Jan von Werth sich als Knecht in die schöne kölsche Magd Griet verliebte. Er stellte ihr einen Heiratsantrag, war ihr aber nicht gut genug, ging mit gebrochenem Herzen zum Militär und zog viele Jahre später als umjubelter General wieder in Köln ein – wo er die ergraute Griet sah, die an einem Stand Obst verkaufte, so die Legende. Werth stieg vom Pferd und sagte zu ihr: »Griet, wer et hätt jedonn!« (»Griet, wenn du es doch getan hättest!«), und sie antwortete: »Jan, wer et hätt jewoss!« (»Jan, wenn ich es gewusst hätte!«) Die Sage von der verpassten Liebe ist heute noch lebendig: Die traditionsreiche Kölner Karnevalsgesellschaft »Reiter-Korps Jan van Werth« führt jedes Jahr an Weiberfastnacht das Spiel von »Jan & Griet« vor Zehntausenden Zuschauern auf.

Der echte Werth erlangte unter anderem dadurch Berühmtheit, dass er 1634 in der Schlacht bei Nördlingen entscheidend zum Sieg beitrug und 1636 seine Soldaten – darunter Peter Hagendorf – bis kurz vor Paris führte.

Nach diesem Husarenstück blieben Werth und seine Männer lange in ihrem Winterquartier an der Mosel, und so beginnt unser Söldner Hagendorf seinen Bericht über das Kriegsjahr 1637 erst mitten im Frühjahr: »Den 5. Mai sind wir gezogen mit der ganzen Armee nach Koblenz«, schreibt er in seinem Tagebuch. »Den 13. Mai ist hier ein Schiff mit 120 Mann im Rhein untergegangen. Fünf Mann sind davongekommen, der Rest ist ersoffen.«

Die Truppen Werths sind dann im Sommer 1637 »den Rhein hinaufgegangen, bis nach Offenburg oberhalb Straßburgs«, berichtet Hagendorf. Auf der anderen, westlichen Rheinseite rückte eine Armee Frankreichs heran. Diese kommandierte der 32-jährige Bernhard von Sachsen-Weimar, ein Söldnerführer wie aus dem Bilderbuch: unfassbar arrogant, streitbar, gierig nach Reichtum und Landbesitz, aber auch ein tapferer Kämpfer und charismatischer Anführer. Wie Werth zählt Bernhard zu den bekanntesten Vertretern der zweiten Feldherren-Generation.

Ab 1625 diente Bernhard dem Dänenkönig in Deutschland, ab 1631 dem Schwedenkönig Gustav Adolf – immer kämpfte der überzeugte Protestant gegen den katholischen Kaiser. 1635 schloss er einen Pakt mit Frankreich. Bernhard erhielt jedes Jahr eine stattliche Summe Geld und sollte dafür ein 18 000 Mann starkes Heer unterhalten. Im Sommer 1637 überquerte er den Rhein und traf wie erwähnt auf Bayerns Kommandanten Werth und seine Soldaten, darunter Hagendorf. Am 11. August 1637 kam es zu einem Gefecht bei Rheinau. »Da sind von uns etliche sitzen geblieben«, schreibt Hagendorf, wobei »sitzen bleiben« sein Euphemismus ist für getötet werden.

Die Armeen belauerten sich in den folgenden Wochen, es ereigneten sich weitere Gefechte, aber bis zum Ende der Feldzugssaison 1637 keine große Schlacht. »Da sind wir auf Dörfer verlegt worden. Hier ist ein Ort, heißt Affental. Da wächst guter Wein, der macht rechte Affen und Narren«, merkt Hagendorf mit dem ihm eigenen Humor an. Am 9. Dezember ging er mit seinen Kameraden in die endgültigen Winterquartiere im Schwarzwald. Dort durften die Männer zweieinhalb Monate rasten, bevor sie 1638 wieder an den Rhein geschickt wurden – in eine ganze Serie an Gefechten und Belagerungen, die der britische Historiker Peter Wilson als »epischen Kampf« bezeichnet.

Die Kriegssaison begann ungewöhnlich früh: Bernhard von Sachsen-Weimar verließ sein Winterquartier bereits Ende Januar 1638, mitten in der kalten Jahreszeit. Der Söldnerführer hatte nur noch 6000 Soldaten zur Verfügung, und mit diesen zog er nach Rheinfelden, das heute zwei Städte sind: ein schweizerisches Rheinfelden südlich des Rheins und ein deutsches nördlich davon. Anfang Februar belagerte Bernhard die gut befestigte Stadt.

Sein bayerischer Gegenspieler Johann von Werth befand sich zu der Zeit in Augsburg und München, um sich endlich eine Kugel aus dem Hals herausoperieren zu lassen, die ihn während der Gefechte des Vorjahres getroffen hatte. Doch als Werth von der Belagerung Rheinfeldens erfuhr, eilte der Haudegen sofort zu seinen Truppen und zum Rhein, um die wichtige Festung zu entsetzen.

Also musste auch Hagendorf, der weiter in Werths Armee diente, sein Winterquartier im Schwarzwald verlassen. »Den 25. Februar im Jahr 1638 wieder aufgebrochen«, berichtet der Söldner. Zunächst begab er sich in einem langen Tagesmarsch zum Sammelpunkt der Armee, und dann eilte er mit dem Heer zum Rhein. »Und geht alles fort in der Stille, ohne Spiel und Schlagen, Tag und Nacht«, erzählt Hagendorf über den Gewaltmarsch durch die winterliche Mittelgebirgsregion. »Es hat gewährt drei Tage und drei Nächte nacheinander bis zu Rheinfelden«, während derer die Männer um die 110 Kilometer zurücklegten. »Denn Herzog Bernhard hat es hart belagert«, fügt unser Söldner erklärend an – in der Tat hatten Bernhards Männer bereits mit Hilfe unterirdischer Sprengladungen Teile der Rheinfeldener Verteidigungsmauern in die Luft gejagt.

Doch dann erschienen überraschend die bayerischen Truppen, verstärkt durch kaiserliche Einheiten unter Savelli, insgesamt um die 7000 Soldaten. »Den 29. dieses Monats« – tatsächlich am 28. Februar, Hagendorf gibt Kalenderdaten bisweilen um einen Tag verschoben an – »haben wir angegriffen und haben ihn auch aus dem Feld geschlagen um 5 Uhr nachmittags vor Rheinfelden«, berichtet der Söldner gewohnt knapp über den Sieg gegen Bernhard. Dieser verlor rund 150 Mann, ließ mindestens drei Kanonen stehen und zog sich flussaufwärts ins 28 Kilometer entfernte Laufenburg zurück.

Die Kaiserlich-Bayerischen verzichteten darauf, Bernhards geschlagene Männer zu verfolgen – nach dem dreitägigen Gewaltmarsch und der sofort anschließenden Schlacht waren sie wohl zu erschöpft dafür. Stattdessen zogen die Sieger triumphierend in Rheinfelden ein und verbrachten dort die Nacht. Am nächsten Tag verteilte der kaiserliche Kommandant Savelli die Truppen in Orte rund um Rheinfelden, da sich deren Verpflegung auf diese Weise besser organisieren ließ. Die Gefahr war schließlich gebannt, dachte Savelli. Und erwarb sich so den Ruf, der inkompetenteste Feldherr neben Gallas zu sein.

Denn der Feind verschwand nicht so einfach. Bernhard brach am 2. März 1638 mit seinen Soldaten vom Rückzugsort Laufenburg auf – und ging zunächst ein Stück des Weges zurück, den er zwei Tage zuvor entlang geflohen war. Dann durften seine Männer über Nacht etwas rasten. Und in aller Früh, noch im Dunkeln, weit vor Sonnenaufgang, marschierten sie in Gefechtsformation auf ihre ahnungslosen Besieger zu. Unterwegs nahmen Bernhards Soldaten noch ein besonderes Extra mit: ihre drei Kanonen, die sie drei Tage zuvor auf der Flucht hatten stehen lassen – keiner der Sieger hatte sich um diese gekümmert. »Das war unverzeihlich«, kommentiert der Autor William

Guthrie. Savelli hätte die Geschütze zumindest in die Festung ziehen lassen müssen.

Um sieben Uhr morgens sahen die Posten der kaiserlich-bayerischen Armee erstmals den heranrückenden Feind. »Er kommt des Morgens früh auf die Walstatt, wo wir uns zuvor geschlagen hatten, und wir wussten von nichts«, schimpft Hagendorf. Die Oberbefehlshaber Werth und Savelli versuchten hastig, ihre Truppen hinter einem Schützengraben zu platzieren. Jedoch: »Ehe wir unser Volk (*Heer*) zusammenbrachten, waren die Ersten schon totgeschossen«, berichtet unser Söldner. Savelli suchte mit vielen anderen sein Heil in der Flucht, aber der Rhein versperrte den Weg und nur wenige gelangten über die nahe Brücke. Werth sammelte währenddessen seine besten Einheiten um sich und stellte sich todesmutig den Angreifern in den Weg. Doch er und seine Männer wurden von den feindlichen Truppen umzingelt und mussten sich ergeben – ebenso wie Savelli, der aus einem Gebüsch hervorgezogen wurde.

Bernhard hatte eine herbe Niederlage in einen grandiosen Sieg umgewandelt – einfach indem er an den Ort des Desasters zurückgekehrt war. Es handelte sich um einen jener waghalsigen Coups, die den protestantischen Söldnerführer so berühmt machten. Hagendorf resümiert: »Also hat er uns diesen Tag wieder geschlagen, Johann von Werth gefangen genommen, vom Volk alles gefangen, was nicht niedergemacht worden ist.« Letzteres war übertrieben: Etwa der Hälfte der kaiserlich-bayerischen Soldaten gelang die Flucht. Aber 500 Mann waren gefallen und 3000 in Gefangenschaft geraten.

Bernhard von Sachsen-Weimar gab später ein Bankett für die gefangenen kaiserlich-bayerischen Offiziere, um seinen Sieg zu feiern – und er genoss es in vollen Zügen, dabei zuzusehen, wie sich Werth und Savelli gegenseitig die Schuld für die Niederlage zuschoben. Später lieferte er Werth an die französische Regierung aus, die den feindlichen Offizier mit Ehrenbezeugungen überhäufte: Der bayerische Reitergeneral, der 1636 fast Paris attackiert hätte, traf Kardinal Richelieu zu einem Gastmahl, erhielt Audienzen bei König Ludwig XIII. und durfte später sogar in den Wäldern nahe Paris jagen, nachdem er das Ehrenwort gegeben hatte, nicht zu fliehen. Allerdings sollten vier Jahre vergehen, bis die Franzosen Werth 1642 per Gefangenenaustausch wieder freiließen.

Hagendorf entging zunächst der Gefangennahme und rettete sich hinter die Festungsmauern der Stadt. Er erzählt: »Hier sind wir mit unserem Fähnlein nach Rheinfelden gekommen, mit 300 Mann. Darin sind wir geblieben bis zum 24. März *(1638)*«, also noch drei Wochen. »So lange haben wir die Stadt gehalten. Aber es war kein Entsatz da, auch kein Pulver und Blei vorhanden; wir mussten die Stadt aufgeben.«

»So hat er (*Bernhard*) uns am 24. März abziehen lassen, aber nur wer Offizier gewesen ist«, berichtet Hagendorf, der als Hauptmann seit 16 Monaten zu den Offizieren gehörte. Dadurch entging er glücklich einem neuerlichen erzwungenen Seitenwechsel: Die Unteroffiziere und einfachen Soldaten mussten sich in Bernhards Armee einreihen, ebenso wie die auf dem Schlachtfeld gefangenen Soldaten.

Bernhard von Sachsen-Weimar vergrößerte so seine Armee auf einen Schlag um mehr als 3000 Mann. Hinzu kamen noch 4500 Soldaten, die Frankreichs Kardinal Richelieu seinem erfolgreichen Söldnerführer schickte. Damit besaß Bernhard eine formidable Armee, die in Süddeutschland keinen gleichwertigen Gegner fürchten musste. Und das nutzte der entschlussfreudige Protestant rasch aus: Er zog erst nach Freiburg und dann 20 Kilometer westwärts nach Breisach, das heute an der deutsch-französischen Grenze liegt.

Breisach war nicht irgendein Ort, es war der große Preis unter den Festungen am Rhein: Über Generationen hinweg hatten deutsche Kaiser die Stadt, die auf einem Berg am Rheinufer thront, mit mächtigen Verteidigungsanlagen versehen und zur deutschen Reichsfestung ausgebaut. Deren Bedeutung spiegelte sich auch in der starken Besatzung wider: 3000 Garnisonssoldaten mit 152 Kanonen sicherten das Bollwerk, das nicht nur als Schlüssel zum Rhein galt, sondern als Schlüssel zum Reich.

Die mächtige Festung durch einen Sturmangriff zu erobern war ein aussichtsloses Unterfangen. Bernhard von Sachsen-Weimar musste die Besatzung aushungern, wenn er den ebenso strategisch bedeutsamen wie prestigeträchtigen Ort einnehmen wollte. Ab Juni 1638 lagerte er vor der Stadt.

Die kaiserlich-bayerische Armeeführung sah dem nicht tatenlos zu. Schon im August versuchte sie, mit einem gut 16 000 Mann starken Entsatzheer Breisach zu befreien. Die Oberbefehlshaber waren Johann von Götz, der sich in der Armee nach oben gedient hatte – und eben jener Savelli, der das Desaster bei Rheinfelden verschuldet hatte. Aus der Kriegsgefangenschaft bei Bernhard von Sachsen-Weimar war er inzwischen geflohen – filmreif durch die Hilfe einer Frau, die ihm das Essen brachte. Für die Fluchthelferin ging das nicht gut aus: Sie wurde mit sieben angeblichen Komplizen hingerichtet. »Bernhard hätte stattdessen feiern sollen, denn Savelli war mehr eine Belastung als eine Verstärkung für jede Armee«, kommentiert der Historiker Peter Wilson.

Und tatsächlich verhielt sich Savelli beim ersten Versuch, Breisach zu befreien, erneut dilettantisch: Am 9. August 1638 befahl er einen überhasteten Angriff, der in Rückzug und Flucht endete.

Savelli wurde nach Wien abberufen, wo er dank seiner guten Beziehungen einem Kriegsgericht knapp entging. Götz blieb im Südwesten Deutschlands und sammelte Soldaten für eine neue Armee. Darunter war wohl auch ein 16-jähriger Junge namens Hans Jakob Christoph von Grimmelshausen, der drei Jahrzehnte später seine Erlebnisse einfließen ließ in den Roman »Der abenteuerliche Simplicissimus Deutsch«, auch genannt »Simplicius Simplicissimus«, das bekannteste literarische Werk über den Dreißigjährigen Krieg.

Peter Hagendorf stieß zu dem gleichen Heer, nachdem er eine kleine Odyssee durch Süddeutschland hinter sich gebracht hatte.

Er und die Handvoll anderer Offiziere, die in der Stadt Rheinfelden kapituliert hatten, wurden von den Siegern gut 60 Kilometer weit nach Freiburg eskortiert. Von dort zog unser Söldner über 15 Zwischenstationen nach Ellingen, das zwischen Augsburg und Nürnberg liegt. »Hier ist die Bagage (*der Tross*) vom ganzen Regiment gewesen«, erklärt er – und fügt bewegt an: »Da bin ich wieder zu meiner Liebsten gekommen, mit guter Gesundheit. Dem lieben Gott sei Dank dafür, er gebe seinen Segen noch weiter. Dies ist gewesen den 11. April im Jahr 1638.«

Man erahnt, wie glücklich Hagendorf war, wieder bei seiner Frau zu sein. In den Sätzen stecken keine Floskeln, zum ersten Mal in dem Tagebuch bezeichnet er einen Menschen als »Liebste«. Offenbar hat sich zwischen dem Söldner und seiner zweiten Ehefrau Anna Maria Buchlerin eine tiefe emotionale Bindung, vielleicht tatsächlich Liebe entwickelt. Das wird sich später auch noch darin zeigen, dass einer für den anderen in der Not einsteht – weit mehr, als es in einer reinen Zweckbeziehung zu erwarten wäre.

Die vereinten Eheleute wanderten zu einem Sammelpunkt nördlich von Regensburg, wo sich die versprengten Soldaten trafen, und weiter nach Südwestdeutschland. »Das Württemberger Land ist nicht genug zu loben, groß und fruchtbar«, schwärmt unser Söldner, und dort »sind wir wieder zu der Armee gekommen«. Hagendorf wurde in das neuaufgebaute bayerische Heer unter Götz eingegliedert. Wahrscheinlich musste er dabei auf seinen Hauptmanns-Rang verzichten: Hagendorf erwähnt zwar nie eine Degradierung, aber aus seinen Tagebucheinträgen geht hervor, dass er spätestens Ende des folgenden Jahres nur noch Unteroffizier war.

Bis Oktober 1638 wuchs die Armee auf mehr als 10 000 Mann an, und ihr Kommandant Götz fühlte sich so weit, den zweiten Befreiungsversuch zu wagen: »Den 24. Oktober zu Breisach angekommen«, schreibt Hagendorf. »Den Feind angegriffen, den Herzog Bernhard. Der hat Breisach belagert, also sind wir hingegangen, die Stadt zu entsetzen.«

Doch Bernhards Truppen hatten sich inzwischen gründlich vor Breisach eingegraben. Die Kaiserlich-Bayerischen fanden keinen Weg an den feindlichen Feldbefestigungen vorbei und wurden schließlich durch Gegenattacken von Bernhards Männern vertrieben. »Also haben wir wieder davon gemusst, mit Schand und Spott«, klagt Hagendorf.

Die Reichsfestung Breisach hatte jetzt keine Aussicht mehr auf Hilfe von außen. Trotzdem gab ihr Kommandant nicht auf, und der Hunger wütete immer schlimmer in der belagerten Festungsstadt. Es kursierten drastische Schilderungen der Not in Breisach. Überliefert sind sie zum Beispiel durch den schwäbischen Schuhmacher Hans Heberle. In seinem Tagebuch zitiert er Flugblatt-Berichte über Breisach: »Es sind fast alle Hunde und Katzen in der Stadt verspeist worden«, schreibt Heberle. »Den 24. November ist in dem Stockhaus (*Gefängnis*) ein gefangener Soldat gestorben, und als der Profos (*Unteroffizier mit Polizeifunktion*) ihn begraben lassen wollte, haben ihn die anderen Gefangenen genommen, zerschnitten und verspeist.« Angeblich kam es zu weiteren solchen Fällen: »Es sind noch sieben schwedische Soldaten in dem Stockhaus aufgefressen worden.«

Das Gefängnis war den Berichten zufolge nicht der einzige Ort, an dem Hungernde zu Kannibalen wurden: »Es sind zwei tote Menschen in dem Grab aufgeschnitten worden, die Eingeweide herausgenommen und gefressen worden«, so Heberle. Manche Verzweifelte sollen sich nicht damit begnügt haben, die Toten zu essen: So hätten Soldaten einen Knaben in ihr Lager gelockt, indem sie ihm ein Stück Brot versprachen. »Als er aber dahin kam, haben sie ihn gemetzgert und gefressen.« Am 10. Dezember 1638 verschwanden laut Heberles Bericht gleich acht Bürgerskinder spurlos, die »vermutlich gefressen worden« sind, zudem eine unbekannte Anzahl »Bettlerskinder, von denen niemand Wissenschaft hat«.

Ob die Kannibalismus-Schilderungen zutreffen, kann heute niemand überprüfen. Manche Historiker halten sie für glaubhaft, andere nicht. Es existieren Menschenfresser-Berichte aus verschiedenen Regionen des Kriegs, und einige ähneln sich verdächtig, sind also wohl abgeschrieben. Die Forschung geht davon aus, dass zahlreiche dieser Horrorberichte nur rhetorische Funktion hatten: Sie sollten den damaligen Lesern drastisch vor Augen führen, dass sich unfassbare Kriegsgräuel ereigneten.

Das schließt Einzelfälle von tatsächlicher Menschenfresserei aber nicht aus. Im Gegenteil: »Dass es zu Notkannibalismus im Dreißigjährigen Krieg kam, wird dabei in der neueren Forschungsliteratur nicht mehr bezweifelt«, schreibt Andreas Klinger, Historiker an der Universität Jena. »Sogar juristische Akten berichten davon. So hat im Frühsommer 1639 ein älterer Mann im thüringischen Heldrungen seine siebzigjährige Ehefrau erstochen und sich von Teilen ihres Körpers ernährt.« In dem mehrfach von Truppen heimgesuchten Ort herrschte zu der Zeit eine furchtbare Hungersnot, an der 67 Menschen starben. »Auch der Täter sah sich nach mehreren Tagen ohne Nahrungsaufnahme nicht mehr in der Lage, seine Frau und sich selbst durchzubringen. Offenbar in einem Anfall unermesslicher Verzweiflung tötete er seine Frau, um selbst weiterleben zu können. Weil er mit seiner Tat jedoch nicht leben konnte, zeigte er sich selbst an«, referiert Klinger aus den Justizakten. Das zuständige Leipziger Gericht hielt die Tat für bewiesen, berücksichtigte aber zugunsten des reuigen Täters, »dass gerade bei einer solch großen Hungersnot die Menschen leicht delirieren oder von der ›melancholia‹ ergriffen würden«, so der Historiker. »Die Richter verzichteten auf die ›ordentliche Straffe‹, die wahrscheinlich die qualvolle Todesart des Räderns bedeutet hätte. Der Mann wurde mit dem Schwert hingerichtet« – was als leichteste und ehrenhafteste Form der Todesstrafe galt.

In Breisach hungerten die Soldaten und Bewohner bis zum 17. Dezember 1638. Dann gab der Garnisonskommandant auf, und er übergab die Festungsstadt gegen freien Abzug. Ob die Kannibalismus-Berichte stimmen oder nicht, allein die nackten Zahlen erzählen viel von der grauenhaften Situation in Breisach:

Von den ursprünglich 3000 Garnisonssoldaten hatten nur 450 überlebt. 400 der ausgezehrten Soldaten waren noch in der Lage, unter Trommelschlag mit fliegenden Fahnen aus der Festung zu wanken; die anderen 50 mussten per Schiff abtransportiert werden. Noch geringer war die Überlebensrate der Zivilbevölkerung: Von 4000 Bewohnern sollen nur 150 den Hunger und die Seuchen überstanden haben. Auch 30 Kriegsgefangene waren in ihren Zellen verhungert – als Bernhard von diesem Schicksal seiner Männer erfuhr, geriet er in Rage.

Nur sieben Monate später, am 18. Juli 1639, starb Bernhard von Sachsen-Weimar im Alter von 34 Jahren vermutlich an einer Seuche. Das Kommando über sein Heer ging an dessen Generäle über. Und die reichten den Oberbefehl gegen sehr viel Geld an die französische Krone weiter. Frankreich erwarb so mit einem unblutigen Streich eine kriegserfahrene Armee plus die Herrschaft über Breisach sowie weitere Gebiete am Rhein.

Peter Hagendorf war währenddessen in einem großen Bogen durch das heutige Baden-Württemberg zur deutsch-schweizerischen Grenze gezogen. Dort wurde sein glückloser Oberbefehlshaber Götz im Dezember 1638 verhaftet und vor ein Kriegsgericht gestellt. Der Prozess wegen angeblichen Verrats dauerte bis 1641 und endete in einem Freispruch.

Götz' Armee zog derweil weiter und feierte ein trauriges Weihnachtsfest 1638: »Haben Weihnachten gehalten mit Donauwasser (*statt Wein*) und keinen Bissen Brot gehabt«, klagt unser Söldner. Am 30. Dezember bezog er dann zwischen Ravensburg und Ulm seine Unterkunft für den Winter. »Habe auf einem Dorf gutes Quartier gehabt«, resümiert er jetzt zufrieden. »Im Jahr 1639 ist mein Fähnrich (*Offizier*) lustig gewesen und ich.«

»Meine Frau ist eines jungen Sohns genesen den 18. Februar«, fährt Hagendorf seinen Tagebucheintrag fort. »Hat geheißen Quirinius, hat gelebt sechs Tage und ist gestorben. †2. Gott verleihe ihm eine fröhliche Auferstehung.« Auch das zweite Kind von Hagendorf und seiner zweiten Ehefrau Anna

Maria Buchlerin war damit binnen einer Woche nach der Geburt verstorben. Für den Tagebuchautor selbst war es sein sechstes Kind, und kein einziges hatte auch nur den zweiten Geburtstag erlebt.

Wie üblich geht Hagendorf nicht weiter auf die erneute persönliche Tragödie ein. Stattdessen beklagt er einen anderen Verlust: Sein Regiment »hat den Namen Pappenheim verloren«, den es viele Jahre trug, auch nach Pappenheims Tod in Lützen 1632. Hagendorf selbst diente seit 1627 in dem Regiment, abgesehen von der zehnmonatigen Unterbrechung im schwedischen Heer. Nun erhielten die stolzen Pappenheimer einen neuen Regimentsinhaber vorgesetzt, der den berühmten Namen nicht mehr huldigte: »Den 17. März 1639 ist uns der Oberst Günther vorgestellt worden bei Biberach«, erzählt Hagendorf, und hier ist das Regiment »Günthersches genannt worden«.

Nachdem die großen Führungsfiguren der ersten Kriegsgeneration fast alle gestorben waren, gingen nun auch die letzten Reminiszenzen an sie verloren. Der Krieg aber schleppte sich schier unaufhaltsam weiter, wenn auch nicht gleichförmig, denn er sollte noch überraschende Wendungen beinhalten – im Großen wie im Kleinen. Auch auf unsere beiden Hauptprotagonisten Hagendorf und Friesenegger kamen entscheidende Weichenstellungen zu, die deren Leben in neue Richtungen lenkten.

* * *

Für Maurus Friesenegger verlief die Zeit zwischen Anfang 1637 und Mitte 1639 recht ruhig, in seinem Tagebuch notiert er nur entfernte Kriegshandlungen. »Nach der Ernte setzte der General (*Bernhard von Sachsen-*)Weimar wieder über den Rhein, und er drohte Bayern, dessen eingeschworener Feind er war, auszurauben und zu verheeren. Welch ein Schrecken für uns«, schreibt er beispielsweise im August 1637. »Allein der tapferste Held Johann von Werth, der schon öfter unser zweiter Schutzgott war, ging ihm entgegen und drückte ihn mit großem Verlust wieder über den Rhein zurück.«

Dass Friesenegger Johann von Werth mit so ungewohnt schwärmerischen Worten bedachte – »der tapferste Held«, »unser zweiter Schutzgott« –, zeigt einmal mehr, wie populär dieser Reitergeneral war. Vielleicht konnte sich Friesenegger, der als einfacher Bäckersohn zur Welt gekommen war, auch besonders gut mit dem Bauernsohn und Aufsteiger Werth identifizieren.

»Schade, dass es nur einen Johann von Werth gab«, seufzt der Mönch noch einmal – um sich dann zum Jahresende 1637 einem naheliegenden Problem zu widmen: »Was damals noch sehr beschwerlich war, das war der hohe Lohn der Dienstboten und Tagelöhner«, klagt er. »Wer vorher für 8 oder 10 Gulden gedient hatte, der forderte jetzt neben den gewöhnlichen Kleidungsstücken schon 20 oder 30 Gulden. Und das darum, weil es so wenige Leute und so viele verödete Felder gab.« Der kriegsbedingte Bevölkerungsrückgang hatte zu einem spürbaren Arbeitskräftemangel und so zu einer Verteuerung der Löhne geführt – ein früher Fall von Marktwirtschaft. Doch selbst bei besserer Bezahlung, beschwert sich Friesenegger, waren Arbeitskräfte »oft gar nicht zu haben«.

So konnte sich unser Mönch 1638 zwar über eine Ernte freuen, die »in Rücksicht des wenigen Anbaus sehr gesegnet war«. Jedoch: »Nur an Leuten zur Arbeit war ein großer Abgang, darum musste immer vieles öde gelassen werden.«

1639 vermeldet Friesenegger sichtlich erleichtert den Tod des gefürchteten protestantischen Feindes: »Am 18. Juli starb der französisch-schwedische General (*Bernhard von*) Sachsen-Weimar zu Neuenburg an der Pest, nachdem er kurz vorher wahre Grausamkeiten gegen die katholische Geistlichkeit und auch gegen das Volk verübt hat. Eine wahre Geißel Gottes! Das sollte uns Hoffnung machen«, jubiliert er kurz – um gleich darauf einmal mehr auf das eigene Militär zu schimpfen: »Allein seit die Geißel zerbrochen ist, zogen unsere Herren Generale gar nicht mehr an und ließen den Karren ganz im Morast stecken. Wenigstens hörte man von nichts als Schlappen, Retiraden (*Rückzügen*), Übergabe der schönsten Plätze und Verheerungen der Provinzen.«

1639/40
Der Winter naht

Zunächst versuchte er es im Guten. Dann entfesselte er die Hölle.

Als der schwedische Feldherr Johan Banér 1639 in Böhmen einmarschierte, gab er sich als Befreier. Nun war er in dem Land, das sich 1618 gegen seinen Habsburger Herrscher, den späteren Kaiser Ferdinand II., erhoben hatte. War da nicht zu erwarten, dass die Böhmen die Schweden im Kampf gegen die kaiserlichen Unterdrücker unterstützten? Doch Banérs Hoffnungen wurden enttäuscht: In den 21 Jahren seit dem Prager Fenstersturz hatte sich Böhmen in ein anderes Land verwandelt. Durch die brutale Rekatholisierungspolitik der Habsburger war die klare Mehrheit der Bevölkerung katholisch geworden und stand auf Seiten des Kaisers. Aber auch die verbliebenen Protestanten zeigten wenig Lust, den schwedischen Invasoren zu helfen. Nach 21 Jahren Krieg wussten die Menschen einfach zu gut, dass jedes Heer eine Katastrophe bedeutete, egal welches. Und so flohen die Böhmen in Massen vor den Schweden. Dass Banér ein allgemeines Plünderungsverbot erließ, änderte daran nichts.

Der schwedische Feldherr versuchte noch, Prag zu erobern, doch er hatte dafür weder genug Männer noch geeignete Kanonen. Damit blieb ihm nur der Rückzug. Aber den wollte der 43-Jährige nicht ohne weiteres antreten. Im Oktober 1639 wechselte Banér seine Rolle: vom Befreier zum Vernichter. Gemäß der ebenso simplen wie brutalen Logik: Wenn er das Land nicht einnehmen konnte, richtete er es eben zugrunde, so dass es auch den Feinden nicht mehr nutzte.

Banérs Soldaten zogen in Trupps kreuz und quer durch Böhmen, plünderten und brannten nieder, soviel sie konnten. In dem zerstörerischen Krieg war es »die bis dahin schlimmste Zerstörung«, so der britische Geschichtsprofessor Peter Wilson. Zahllose Ortschaften gingen in Flammen auf – allein Banérs Schwager Adam von Pfuel soll 800 böhmische Dörfer niedergebrannt haben.

»Die Erinnerung an das von schwedischen Truppen angerichtete Elend hat sich bis weit in unsere Zeit erhalten«, vermerkt der schwedische Historiker Peter Englund über dieses düstere Kapitel seines Landes. Die meisten Soldaten Schwedens waren zwar deutsche Söldner, aber die galten in der Bevölkerung auch als Schweden. Das schlug sich in Redensarten und Gedichten nieder, die ins kollektive Gedächtnis eingingen. In Deutschland etwa lernten Kinder bis ins letzte Jahrhundert den Reim:

> Bet Kindlein, bet!
> Morgen kommt der Schwed,
> morgen kommt der Ochsenstern,
> wird die Kinder beten lehrn.
> Bet Kindlein, bet!
> (*Ochsenstern ist der schwedische Reichskanzler Axel Oxenstierna.*)

Englund fügt an: »Weniger bekannt ist, dass das Gleiche auch für tschechische Kinder gilt, die zu hören bekamen: ›Der Schwede holt dich‹ oder ›Lauf, der Schwede kommt, er ist schon an der Ecke‹. In Böhmen wurde der Krieg später ›Die Schwedenzeit‹ genannt, und ›schwedisch‹ wurde zum Schimpfwort, das Diebe und Landstreicher oder ungewöhnlich rohe Menschen bezeichnet.«

In Deutschland ist »Alter Schwede!« eher anerkennend gemeint – diese Redewendung stammt aus der Zeit nach dem Dreißigjährigen Krieg, als die brandenburgischen beziehungsweise preußischen Armeen erfahrene schwedische Soldaten als Ausbilder einsetzten. Berühmt-berüchtigt hingegen ist der Schwedentrunk, ein Gemisch aus Jauche und Schmutzwasser, das plündernde Soldaten den Zivilisten zwangsweise einflößten, um zu erfahren, wo deren Hab und Gut versteckt war.

Beschrieben ist diese Foltermethode unter anderem im Roman »Der abenteuerliche Simplicissimus Deutsch« von Hans Jakob Christoffel von Grimmelshausen, der wie erwähnt persönlich im Dreißigjährigen Krieg mitkämpfte. In der wohl am häufigsten zitierten Romanpassage schildert Grimmelshausen aus der Sicht eines Kindes, wie berittene Soldaten einen Bauernhof überfallen: »Den Knecht legten sie gefesselt auf die Erde, sperrten ihm mit einem Holz das Maul auf und schütteten ihm einen Melkeimer voll Jauchewasser in den Leib. Das nannten sie den Schwedischen Trunk. So zwangen sie ihn, eine Abteilung von ihren Leuten an einen Ort zu führen, wo sie mehr Menschen und Vieh gefangen nahmen.«

Die Soldaten treiben in dem Roman die gefangene Landbevölkerung im Hof zusammen: »Nun erst fing man an, die Feuersteine von den Pistolen ab- und, statt ihrer, die Daumen der Bauern hineinzuschrauben und die armen Kerle so zu foltern, als wollten sie Hexen verbrennen, wie sie denn auch einen von den gefangenen Bauern in den Backofen steckten und mit Feuer hinter ihm her waren, obwohl er noch gar nichts gestanden hatte. Einem anderen banden sie ein Seil um den Kopf und drehten es mit einem Knebel so zusammen, dass ihm das Blut zu Mund, Nase und Ohren herausspritzte. Kurz, jeder hatte seine Erfindung, um die Bauern zu peinigen, und so bekam jeder Bauer seine eigene Marter.« Schließlich war auch der Hausvater an der Reihe: »Sie setzten ihn zu einem Feuer, fesselten ihn so, dass er weder Hände noch Füße regen konnte, und rieben seine Fußsohlen mit angefeuchtetem Salz ein, das unsere alte Geiß ihm wieder ablecken und ihn dadurch so kitzeln musste, dass er vor Lachen beinahe geplatzt wäre«, lässt Grimmelshausen seinen Ich-Erzähler berichten. »Von den gefangenen Frauen, Mägden und Töchtern weiß ich nichts Genaues zu sagen, weil mich die Krieger nicht zusehen ließen, wie sie mit ihnen umgingen. Ich weiß nur, dass man sie aus den Winkeln des Hauses immer wieder erbärmlich schreien hörte.«

Die drastische Schilderung wurde lange Zeit wie ein historisches Zeugnis behandelt, das die typischen Übergriffe der Soldaten in komprimierter Form festhält, womöglich die persönlichen Erlebnisse des Soldaten Grimmelshausen selbst widerspiegelt. Heute ist man vorsichtiger in der Beurteilung. Man weiß, dass der Romanautor nicht nur Autobiographisches verarbeitet hat, sondern auch aus anderen Quellen abschrieb – und wohl hier und da noch eine blutige Schippe drauflegte. Letztlich dürfte Grimmelshausens Simplicissimus mit dem echten Geschehen ähnlich viel zu tun haben wie ein guter Hollywood-Kriegsfilm mit der Realität, etwa wie »Apocalypse Now« mit dem Vietnamkrieg – vieles ist treffend dargestellt, aber es bleibt Fiktion.

Real fassbar waren die Folgen von Banérs Vernichtungsfeldzug. »Als später der Frieden kam, war Böhmen noch immer nahezu eine Wüste«, resümiert der Historiker Peter Englund. »Vor dem Krieg hatte das blühende Land 738 Städte, 34 000 kleine Dörfer und rund drei Millionen Einwohner, und als alles vorüber war, blieben nur noch 230 Städte, 6000 Dörfer und 800 000 Einwohner übrig« – also knapp ein Drittel der Städte, weniger als ein Fünftel der Dörfer und wenig mehr als ein Viertel der Bevölkerung.

Im März 1640 verließ Banér das geschundene Böhmen und zog sich nordwestwärts nach Sachsen und Erfurt zurück. Dort stießen Verstärkungen hinzu, unter anderem die Söldnertruppen des verstorbenen Bernhard von Sachsen-Weimar, die von Frankreich geschickt wurden. Schließlich umfasste die Armee rund 32 000 Mann – genug, um die direkte Konfrontation mit den kaiserlichen Heeren zu suchen. Banér ging in die Offensive, und er sollte bald auf das Heer treffen, in dem Peter Hagendorf kämpfte.

Der Söldner hatte ein vergleichsweise ereignisarmes Jahr 1639 hinter sich gebracht. Im Sommer bekam er einen Esel, »denn ich hatte diesmal kein Pferd gehabt, auch keinen Jungen«, notiert Hagendorf. Sein geschickter Dienstbote Bartelt war ihm also verlorengegangen, vielleicht nach der Schlacht bei

Rheinfelden im Vorjahr. Im Spätsommer 1639 kam es noch zu kurzzeitigen Gefechten mit den Franzosen am Rhein, ohne dass sich Entscheidendes veränderte.

Am 30. Januar 1640 ging Hagendorf nach Ingolstadt ins Winterquartier, das aber nur kurz währte: 18 Tage später musste er schon wieder aufbrechen und zog nach Würzburg, »eine schöne Stadt«, in der es »mehr Wein als Brunnenwasser gibt«. Ein technisches Gerät fiel unserem Söldner besonders auf: »Zu Würzburg unter der Brücke hat es eine schöne Mühle mit acht Gängen, nur vier Wasserrädern, aber mit Vorgelege gebaut. Diese Mühle geht so stark, dass sie das ganze Land versorgen kann, denn der Main ist so eingefasst, dass das ganze Wasser auf die Mühle laufen muss. Eine schöne Mühle, wohl anzusehen.«

Ähnliche Mühlen-Beschreibungen finden sich auch an anderen Stellen des Tagebuchs. Der Historiker Jan Peters, der Hagendorfs Aufzeichnungen entdeckt und ausführlich kommentiert hat, meint über den Söldner: »Es fällt sein immer wieder durchleuchtendes Interesse für Mühlen auf, deren Schönheit er geradezu genießt, deren Technik er genauestens kennt und deren Besonderheiten er sorgfältig registriert.« Es liege daher die Annahme nahe, folgert Peters, dass Hagendorf der Sohn eines Müllers war. »Damit gehörte er einer sozial gehobenen Schicht an, was seine gute Schulbildung erklären könnte.« Die Argumentation klingt plausibel, muss aber Spekulation bleiben, solange keine weiteren Dokumente auftauchen.

Von Würzburg begab sich Hagendorf mit dem bayerischen Heer flussabwärts nach Gemünden am Main. »Den 22. Februar gerauft mit dem Gefreiten-Korporal Jürg Behm. Ihm einen großen Schaden zugefügt durch den Arm«, notiert er knapp. Anscheinend gelang es unserem Söldner, straflos davonzukommen.

Drei Wochen später lobt Hagendorf, dass sein Hauptmann ein »ehrlicher Mann« sei und er »täglich mit ihm am Tisch essen durfte«. Die Notiz belegt: Hagendorf war selbst kein Hauptmann mehr, sondern musste sich offenbar schon seit einiger Zeit mit einem niedrigeren Rang zufriedengeben. Aber er verstand es, sich mit seinen Vorgesetzten gut zu stellen.

Weiter ging es in den Süden des heutigen Thüringens, wo sich das bayerische Heer mit dem kaiserlichen traf. Die vereinte Armee stoppte unter anderem in Neustadt an der Saale, das heute in Bayern nahe der Grenze zu Thüringen liegt. Hagendorf notiert ein besonderes Ereignis während des Aufenthalts: »Hier hat meiner Frau Vater Hochzeit gehalten.« Damit erwähnt er seinen Schwiegervater Martin Buchler zum zweiten Mal, fünf Jahre nach der Trauung mit dessen Tochter Anna Maria Buchlerin. Hagendorf, seine Frau und deren Vater zogen also nach einem halben Jahrzehnt immer noch – oder wieder – in der gleichen Armee umher. Bei all der Unbeständigkeit, die das Leben des Söldners beherrschte, gab diese Familie ein Stück echten Halt.

Im Juli begab sich das kaiserlich-bayerische Heer nach Vacha im Westen des heutigen Thüringens. Gegen Monatsende »ist bei uns solch große Kälte gewesen, dass wir im Lager bald erfroren sind«, klagt Hagendorf. Und es wurde noch schlimmer: »Auf der Straße sind diesmal drei Personen erfroren, ein Reiter, eine Frau und ein Junge. Dies ist geschehen am 7. August 1640« – mitten im Sommer! Hier zeigte sich erneut die brutale Fratze der bereits erwähnten kleinen Eiszeit, einer Periode außergewöhnlich kühlen Klimas, die vom 16. bis ins 19. Jahrhundert andauerte und um das 17. Jahrhundert herum besonders stark ausgeprägt war. Den Menschen muss es 1640 erschienen sein, als ob es keinen Sommer gäbe und stets der Winter nahte.

Und noch ein Problem beschäftigte Hagendorf: Seine Frau Anna Maria Buchlerin, so schreibt er, verlor am 25. Juli fast die gesamten Ersparnisse inklusive zweier goldener Ringe. »Diesmal bin ich ganz fertig gewesen, habe nicht mehr gehabt als noch vier Taler« – den Monatslohn eines einfachen Soldaten, sofern ein Lohn ausgezahlt wurde. Wie das Geld abhandenkam, verrät der Söldner nicht. Offenbar gab er Anna Maria Buchlerin die Schuld, erkannte aber zumindest etwas Positives an: »Zu Ingolstadt hatte meine Frau ein Pferd gekauft, sonst hätte sie alles miteinander verloren. So habe ich denn noch das Pferd gehabt.«

Aus heutiger Sicht fällt auf, dass Hagendorf »ich habe« schreibt, nicht »wir haben« – er sah sich als alleiniger Eigentümer des Familienvermögens, was den damaligen patriarchalen Denkmustern entsprach: Frauen unterlagen grundsätzlich dem Schutz und der Gewalt ihrer Ehemänner oder Väter, da sie als physisch und psychisch schwach galten. Entsprechend waren Frauen nur eingeschränkt prozess- und geschäftsfähig, mussten in der Regel durch einen männlichen Vormund vertreten werden. Sie konnten zwar Eigentum besitzen, aber das unterlag in der Regel der Verfügungsgewalt des Mannes. Der war umgekehrt dazu verpflichtet, für den standesgemäßen Unterhalt der Frau zu sorgen.

In scheinbarem Widerspruch dazu steht, dass sich fast das gesamte Vermögen des Ehepaares bei Anna Maria Buchlerin befunden hatte und diese offenbar selbständig solch bedeutende Geschäfte tätigte wie ein Pferd zu kaufen. Hier siegte wohl der Pragmatismus über die Geschlechternorm: Das Hab und Gut war bei ihr im Tross schlicht sicherer als bei ihm an der Front.

An der befand sich Hagendorf nun fast permanent: Das Heer zog weiter nach Nordwesten, und »dieses Mal bin ich kommandiert worden voranzureiten, mit den Dragonern im Vortrab«, das heißt mit der berittenen Infanterie in der Vorhut. Am 21. August 1640 erreichte der Söldner die Stadt Fritzlar im heutigen Nordhessen: »Hier haben wir angefangen zu schanzen«, also Gräben zu schaufeln, Wälle aufzuwerfen und Feldbefestigungen anzulegen.

Während sich das kaiserlich-bayerische Heer so auf die Ankunft der Schweden vorbereitete, sorgte das Ehepaar auch persönlich vor: »Ich und meine Frau haben einen ganzen Sack voll Gerste und Roggen gedroschen. Der ist uns hernach wohl bekommen«, notiert Hagendorf stolz. »Denn der Banér, welcher die schwedische Armee geführt hat, ist am 31. August zu uns gekommen und hat uns besucht mit einem starken Konvoi.« Angesichts der Befestigungen um das kaiserlich-bayerische Heerlager verzichtete Banér auf einen Sturmangriff. Beide Armeen lagen sich wochenlang gegenüber und versuchten, sich gegenseitig von der Proviantzufuhr abzuschneiden. »Unterdessen ist es bei uns schlecht hergegangen«, erzählt Hagendorf über den zermürbenden Hungerkrieg. »Erbsen, Bohnen ist unsere beste Speise gewesen.«

Der Söldner und seine Frau Anna Maria Buchlerin allerdings besaßen noch den Sack Getreide – und machten das Beste daraus: »Wir haben uns eine Mühle gemacht aus zwei Schleifsteinen und haben in die Erde einen Backofen gegraben und Brot gebacken«, erzählt der handwerklich begabte Überlebenskünstler. »Ich für meine Person und meine Frau haben Brot genug gehabt. Haben noch verkauft.« Das findige Ehepaar schlug durch das Brotgeschäft optimalen Profit aus der Hungersnot im Lager, zumal die Lebensmittelpreise stark stiegen, wie Hagendorf feststellt: »Aber Geld ist genug unter den Soldaten.«

»Einen guten Sauerbrunnen haben wir bei dem Lager gehabt«, also eine Quelle mit Mineralwasser, merkt der Söldner noch an. Der begehrte Brunnen lag offenbar im Niemandsland und war für die kaiserlich-bayerischen Soldaten ebenso wie für die schwedischen erreichbar. Hier kam es zu einer bemerkenswerten Kooperation über die Fronten hinweg: Beide Seiten nutzten den Brunnen abwechselnd. »Des Nachts hat der Feind seine Schildwache dabeigehabt, des Tags haben wir unsere Schildwache dabei gehalten, denn wir haben den Brunnen mit Kanonen beschießen können«, erzählt Hagendorf. Der Historiker Jan Peters nennt diesen Fall »eine ›faire‹ und sinnvolle Absprache zwischen den Feinden inmitten der großen Sinnlosigkeit«.

Und von noch einem ungewöhnlichen Geschehen weiß Hagendorf zu erzählen: Als Soldaten beim Würfelspiel im Lager ein heftiges »Fluchen und Schwören« von sich gaben, fand sich neben dem Spieltisch ein Mann »mit einem Kuhfuß« ein. »Dieser fängt an: Oh, Herr Jesu, was sind das hier für Spieler am Tisch! Dann ist er alsbald verschwunden«, schildert Hagendorf, »und hat einen großen Gestank hinter sich gelassen.« Die kurze Geschichte illustriert erneut, wie sehr die damaligen Menschen an die leibhaftige Existenz des Teufels glaubten. Auch Hagendorf zweifelte offenbar nicht daran, obwohl er keineswegs naiv an Wunder glaubte, wie etwa seine Skepsis gegenüber einer angeblich jahrhundertelang brennenden Kerze zeigte.

Nach drei Wochen des Stillhaltens erhielt das kaiserlich-bayerische Heer am 20. und 23. September 1640 Verstärkung durch insgesamt 24 neu hinzugekommene Regimenter. Jetzt war die Armee so groß, dass Banér es nicht mehr wagte, sie in offener Feldschlacht anzugreifen. Der Weg für den Abzug aus dem Hungerlager war frei: »Den 26. September im Jahr 1640 sind wir aufgebrochen und in voller Schlachtordnung gezogen, die Bagage (*den Tross*) in der Mitte und vorne dran. So hat der Feind nicht einen Einzigen von uns bekommen«, freut sich Hagendorf.

Das kaiserlich-bayerische Heer marschierte zunächst nordwärts und im Oktober ins heutige Marsberg in Nordrhein-Westfalen. »Diesmal ist es sehr kalt gewesen, Vieh und Menschen sind erfroren«, notiert Hagendorf.

Aus dem extrem kalten und verregneten Sommer war ein frostiger Herbst geworden. Die Soldaten litten unter den andauernden winterlichen Temperaturen, denen sie in ihrer durchnässten Kleidung ungeschützt ausgesetzt waren. Ein Ende der Feldzüge war nicht in Sicht, keine der feindlichen Armeen hatte in dem Kriegsjahr etwas Entscheidendes erreicht. »Es war eine sinnlose Vergeudung von Menschenleben«, fasst der Historiker Peter Englund die Tristesse zusammen, »und Banér war sich dessen bewusst. Finster und ermattet stellte er fest, dass der Feldzug 1640 der schlimmste war, den er seit dem Tod Gustav Adolfs mitgemacht hatte.«

Hagendorf zog mit den kaiserlich-bayerischen Streitkräften

südwärts und begab sich mit seinem Regiment am 15. Januar 1641 ins Winterquartier nach Ingolstadt – genau dorthin, wo er schon im Jahr zuvor sein Winterquartier hatte. Nach 1350 Kilometern Marsch durch Nässe und Kälte in der Kriegssaison 1640 war das Heer wieder am Ausgangspunkt angelangt, als ob es die Anweisung »Gehen Sie zurück auf Los« erhalten hätte.

* * *

Maurus Friesenegger, der 1639 im oberbayerischen Kloster Andechs »beständigen und kalten Regen« durchlitt, erfuhr dort zum Jahresende von dem schwedischen Vernichtungsfeldzug: »Die Schweden unter Führung des Generals Banér haben diesen Herbst in Böhmen grausam und unmenschlich gehaust und gebrannt, so dass man sagte, es sei der dritte Teil von Böhmen in feindlichen Feuern aufgegangen«, schreibt der Mönch. »So konnten wir auch dieses Jahr nicht anders, als es in Bangen, Furcht und ängstlicher Erwartung gleicher Dinge zu beschließen.«

Wie Hagendorf erlebte auch Friesenegger einen nasskalten Sommer 1640: »Am 8. Juni fing es an zu regnen, und es regnete fast einen ganzen Monat, so dass es große Überschwemmungen gab, die die Ältesten nie gesehen haben«, erzählt er. Mehrere Orte am nahen Ammersee »standen ganz im Wasser«. Die Ernte auf den Feldern litt unter dem »vielfältigen Regen« und mehr noch unter »den Wildschweinen, von denen es eine unglaubliche Menge gab«.

Am 23. August 1640 kam es zu einem Todesfall, der dem Leben des Mönchs eine neue Richtung gab: Den 60-jährigen Abt des Klosters Andechs, Michael Einslin, »warf ein Schlaganfall zu Boden«, wie Friesenegger mitteilt. »Und er starb am selben Tag, an dem er vor 30 Jahren zum Abt erwählt worden war.«

Gut einen Monat später bestimmten die 27 Andechser Mönche ihren neuen Klostervorsteher. »Den 28. September war die Wahl und tags darauf die Consecration (*Weihe*) des neuen Herrn Prälaten (*Abtes*): von P. Maurus Friesenegger, also meiner unwürdigen Person«, schreibt der Tagebuchautor. Er war damit in eine unwahrscheinlich hohe Position aufgestiegen: Der 50-jährige Bäckerssohn Friesenegger regierte nun als geistlicher und weltlicher Herr über das Kloster Andechs und seine Besitzungen, darunter das Dorf Erling, dessen Bewohner Untertanen des Klosters waren. Angesichts der großen Verantwortung fragte sich der Mönch besorgt: »Wie werde ich doch den Verlust für das Kloster und die Würde meines allgemein geliebten und auch von höchsten Orten geschätzten Vorgängers ersetzen?«

1641
Durch Eis und Schnee

Ende 1640 plante der schwedische Feldherr Banér einen ebenso kühnen wie dreisten Überfall, der dem Krieg eine völlig neue Wendung geben konnte. Der 44-Jährige lagerte mit seinen Truppen bei Erfurt, während 230 Kilometer weiter südlich in Regensburg der Reichstag tagte, also die Versammlung der deutschen Fürsten, Reichsstädte und sonstigen Landesherrn, wobei viele davon Gesandte schickten, anstatt selbst anzureisen. Kaiser Ferdinand III. hatte diesen ersten Reichstag seit 27 Jahren einberufen, um auch die letzten deutschen Abweichler dazu zu bringen, sich ihm anzuschließen im Kampf gegen die französischen und schwedischen Invasoren. Dazu war Ferdinand III. persönlich angereist – und wurde so zur Zielscheibe von Banérs Plänen: Wenn es gelänge, Regensburg inklusive des Kaisers und der zahlreichen Gesandten in die Gewalt zu bekommen, dann besäße Schweden das größte erdenkliche Faustpfand, um den Feind in die Knie zu zwingen.

Damit der Überraschungscoup gelang, kam es entscheidend auf die Geschwindigkeit an. Banér verzichtete auf hinderliche schwere Artillerie, trieb seine Männer im Eiltempo durch den tiefen Schnee und setzte darauf, dass die Flüsse zugefroren waren. So konnte er diese rasch überqueren, was in der damaligen kleinen Eiszeit häufiger möglich war als heute. Die schwedischen Kolonnen kamen schnell voran, zogen durch Bayreuth und erreichten am 12. Januar 1641 Auerbach in der Oberpfalz, 83 Kilometer von Regensburg entfernt.

Doch dann erhielt Banér schlechte Nachrichten: Reiter hatten unterwegs kaiserliche Musketiere gefangen genommen und meldeten jetzt, dass der Feind Bescheid wusste und bereits seine Truppen zusammenzog. Was tun? Banér wollte es nicht riskieren, der kaiserlichen Armee direkt in die Arme zu laufen. Also ließ er haltmachen und wartete auf die Berichte von Spähtrupps. Und wartete. Und wartete. Sechs lange Tage verstrichen, dann erst wurde klar: Es handelte sich um eine Fehlinformation. Der Feind hatte doch nichts gewusst. Aber nun war er alarmiert.

Banér nahm trotzdem seinen Eilmarsch nach Regensburg wieder auf. Und befand sich plötzlich in einem doppelten Rennen: erstens mit den kaiserlichen Truppen, die aus ihren Winterquartieren aufgescheucht wurden, und zweitens mit dem Wetter. Denn es begann zu tauen, und Regensburg lag von Banér aus gesehen auf der anderen Seite der noch zugefrorenen Donau.

Drei Reiterregimenter der Schweden jagten voraus, und es gelang ihnen, 35 Kilometer östlich von Regensburg unbemerkt die Eisdecke der Donau zu überschreiten. Als sie später auf die Stadt zuritten, stießen die Reiter auf eine große Jagdgesellschaft des Kaisers. Aber nicht auf den Kaiser persönlich – der hatte seine Teilnahme an dem Jagdausflug kurzfristig abgesagt. So verpassten die schwedischen Soldaten knapp den größten denkbaren Fang und mussten sich mit den kaiserlichen Pferden und Jagdfalken als Beute begnügen. Anschließend jagten sie zurück über die Donau, deren Eisdecke rasch schmolz.

Als Banér mit der Hauptarmee den Fluss erreichte, war dieser nicht mehr zu überqueren. Frustriert ließ der Feldherr die Stadt über die Donau hinweg beschießen – doch das war reine Show, denn die Schweden hatten lediglich leichte Kanonen dabei, die 500 Kugeln in die Dachgiebel von Regensburg feuerten. Dort bewahrte Kaiser Ferdinand III. unter dem Beschuss die Nerven und weigerte sich, die Stadt zu verlassen. Das erhöhte sein Ansehen bei den Untertanen weiter.

Banér blieb nur noch der Rückzug, und er bewegte sich nach Cham nahe der heutigen bayerisch-tschechischen Grenze. Der Überfall auf Regensburg war gescheitert, und Ferdinand III. witterte jetzt die Chance, das schwedische Expeditionsheer zu vernichten. Er befahl, die kaiserlichen und bayerischen Streitkräfte zu sammeln und zurückschlagen.

Und so musste Peter Hagendorf bereits am 2. Februar 1641 sein Winterquartier in Ingolstadt verlassen. In einer großen Schleife zog er mit seinem Regiment nach Straubing in Niederbayern. Dort erhielt er eine neue Aufgabe als »des Herrn Regimentsschulzen sein Gerichtsgeschworener«, das heißt als Beisitzer bei Gerichtsverhandlungen gegen angeklagte Soldaten. Hagendorf war in dieser Funktion so eingebunden, dass er in Straubing verblieb, als das Regiment im März wieder aufbrach und dem schwedischen Feldherrn Banér nordwärts entgegenzog. »Also ist meine Frau dem Volk (*Heer*) gefolgt, ich aber bin zu Straubing gewesen«, erzählt er. »Unser Volk hat den Feind getrieben bis nach Böhmen hinein, und meine Frau ist alleweil nachgefolgt, denn sie hat gemeint, ich würde wohl nachkommen.«

Offenbar handelte es sich um ein Missverständnis. Es erinnert fatal an dasjenige des Jahres 1633, als Hagendorf nach Straubing abkommandiert wurde, seine erste Frau Anna Stadlerin davon nichts wusste, deswegen anderen Truppen folgte – und auf der Suche nach ihrem Mann in München verstarb. Vielleicht trieb auch die Erinnerung an diesen Verlust unseren Söldner an: »Habe ihr also nachlaufen müssen.«

Banér floh mit seinem Heer vor der 22 000 Mann starken kaiserlich-bayerischen Armee in brutalen Gewaltmärschen durch Matsch und Schlamm nordwärts. Tausende seiner Männer fielen den Verfolgern in die Hände, blieben krank zurück oder desertierten. Doch das Gros der Schweden entkam via Böhmen nach Sachsen.

Peter Hagendorf lief der Armee und seiner Frau hinterher »bis nach Schlaggenwald« in Böhmen, das heute auf Tschechisch Horní Slavkov heißt und 141 Kilometer Luftlinie von Straubing entfernt liegt. »Da habe ich die Armee angetroffen und meine Frau, welche großen Leibes war«, erzählt er erleichtert.

Von Böhmen begaben sich der Söldner und seine hochschwangere Gattin mit dem Heer westwärts nach Oberfranken. »Hier hat mein Hauptmann mir einen Pass gegeben«, also die Erlaubnis, sich von der eigenen Truppe zu entfernen. Die Eheleute zogen nun südwärts Richtung Straubing, hin zum Hauptquartier, mussten aber unterwegs einen Halt einlegen: »Den 9. April ist meine Frau einer jungen Tochter genesen; ist hier getauft worden«, notiert Hagendorf. »Ihr Name ist Barbara. Gott verleihe ihr langes Leben.«

Das Ehepaar gönnte sich und dem Neugeborenen nur eine kurze Pause. Schon drei Tage nach der Geburt ging es weiter: »Den 12. nach Waldsassen, nach Cham und nach Straubing an der Donau«, was 143 Kilometer Luftlinie sind, unter damaligen Reisebedingungen eine Tortur für Mutter und Kind. Hagendorf hoffte wohl, im Hauptquartier eine gute Versorgung für seine Familie zu erhalten, doch er wurde enttäuscht: »Wie ich nach Straubing gekommen bin, ist der Oberst schon weg gewesen, nach Ingolstadt zu. Also ist mein Quartier auch aus gewesen.«

Hagendorf folgte mit Frau und Kind seinem Regimentsoberst Günther nach Ingolstadt, das 85 Kilometer westlich von Straubing liegt. Etwa auf halbem Weg musste Anna Maria Buchlerin wohl den Strapazen Tribut zollen: »Zu Paring ist meine Frau krank geworden und hat solche Schmerzen im Schenkel bekommen, dass ich sie nicht fortbringen konnte«, erzählt der Söldner. »Habe sie zu Paring liegen lassen müssen, bei dem Richter selbst. Der ist mein guter Bekannter gewesen« – vielleicht aufgrund von Hagendorfs Tätigkeit als Gerichtsgeschworener in Straubing. »Ich bin dem Oberst nach bis nach Ingolstadt.«

Hagendorf verließ seine Lieben sicherlich schweren Herzens, was sich auch daran zeigt, dass der sonst sehr sparsam schreibende Autor das Geschehnis noch zweimal erwähnt – und jedes Mal betont, dass er bald wieder zurückkam: »Die Frau samt dem Kind und Pferd ist zurückgeblieben. Nach 14 Tagen bin ich wieder hin, habe sie geholt«, notiert er im Tagebuch, und kurz danach: »Den 16. April habe ich sie dort gelassen, den 30. April habe ich sie wieder abgeholt.«

»Da hat sie ebenso wenig gehen können wie zuvor«, stellt der Söldner bei seiner Rückkehr besorgt fest. »Doch ich habe sie auf dem Pferd geführt. Bin hergezogen, wie Josef in Ägypten reist«, schreibt er in Anspielung auf die neutestamentarische Flucht der Heiligen Familie nach Ägypten, die bildhaft gerne so dargestellt wird, dass Josef einen Esel führt, auf dem Maria mit dem Jesuskind sitzt.

Hagendorf brachte seine schwerkranke Frau zu seinem Quartier »bei einem Weißbier-Schenk« in Ingolstadt. »Sie konnte nicht weiter gehen, als ich sie getragen habe«, erzählt er über ihren Zustand, der wohl auch verhinderte, dass Anna Maria Buchlerin ihren Säugling ausreichend versorgen konnte: »Den 19. Mai im Jahr 1641 ist meine Tochter gestorben zu Ingolstadt. †3. Der liebe Gott verleihe ihr eine fröhliche Auferstehung. Barbara.« Das dritte gemeinsame Kind des Ehepaars war nur 40 Tage alt geworden. Und wie lange Anna Maria Buchlerin noch leben würde, stand in den Sternen. Würde unser Söldner wie 1633 erneut seine gesamte Familie verlieren?

Den Schicksalsschlägen zum Trotz verfiel Hagendorf nicht in Agonie. Er kämpfte jetzt so heldenhaft wie vielleicht nie zuvor – nicht gegen Feinde, sondern um das Leben seiner Frau. Seine beachtlichen Organisationsfähigkeiten setzte er dafür ein, seiner Anna Maria wie zuvor in Paring eine gute Pflegestelle zu beschaffen. Dabei scheute der Söldner keine Kosten: »Den 24. habe ich mein Pferd verkaufen müssen, hat gegolten

24 Gulden (*16 Taler*), denn ich habe das Geld gebraucht«, erklärt Hagendorf. »Den 26. Mai habe ich den Stadtmeister (*Henker*) wegen meiner Frau angeredet und ihn gebeten, also hat er sie angenommen. Dafür hat es Geld gebraucht, denn sie ist wie ein Krüppel gewesen. Sie ist mit zwei Krücken gegangen, sieben Wochen lang. Aber des Henkers Frau hat sie mit Baden in sieben Wochen wieder zurecht gebracht.« Dass Scharfrichter nebenher als Heiler arbeiteten, war damals gängig – die Henker sollten sich gut in Anatomie, Chirurgie und Wundpflege auskennen, um beim Foltern lebensgefährliche Verletzungen zu vermeiden und die Opfer anschließend verarzten zu können: also ihre Wunden, Verbrennungen, Verrenkungen und Knochenbrüche so zu versorgen, dass die Gequälten vor Gericht auftreten konnten.

Auch Schwedens Feldherr Banér litt unter einer angegriffenen Gesundheit, die sich während der winterlichen Märsche weiter verschlechterte. Ihm konnte kein Heiler mehr helfen: Banér starb am 20. Mai 1641 im Alter von 44 Jahren an Fieber oder Leberzirrhose aufgrund seines jahrelangen Alkoholismus. Die geschundenen Böhmen feierten seinen Tod unter anderem mit einem sarkastischen Requiem, in dem sie den schwedischen Feldherrn in die Hölle wünschten.

* * *

Der frisch gewählte Andechser Abt Maurus Friesenegger geht in seinem Tagebuch ausführlich auf den Winterfeldzug Banérs ein. »Das Jahr 1641 stellte sich bald mit einigen Kriegsunruhen ein. Schon im Januar, bei sehr scharfem Winter, fiel der schwedische Tyrann Banér in der oberen Pfalz ein. Er verheerte mehrere Orte mit Feuer und Schwert und ging in seiner Wut bis nach Regensburg«, erzählt unser Abt. Und fährt fort: »Wo wenig gefehlt hat, dass nicht der Kaiser und noch mehr die Kaiserin, die eben von einer Jagd zurückkehrten, gefangen wurden. Banér behielt die Pferde und schickte die Falken mit dem Spott zurück, dass er mit Pferden und nicht mit Falken Krieg führe.«

»Den 24. Januar erhielt ich ein kurfürstliches Schreiben und Befehl, den heiligen Schatz einzupacken und nach München zu führen«, berichtet der Tagebuchautor weiter. Es handelte sich um eine Sicherheitsmaßnahme für den Fall, dass die Schweden noch tiefer in den Süden Bayerns vordringen: Dem Feind sollte der Klosterschatz, der aus kostbaren Reliquien bestand, keinesfalls in die Hände fallen. »Welcher Schrecken für uns, da wir noch nicht wussten, was vorgegangen war und was geschehen werde!«, erzählt Friesenegger. »Schnee und böse Witterung« verzögerten den Abtransport bis zum 13. Februar 1641, fügt der Abt an. »Erst den anderen Tag folgte ich mit den heiligen 3 Hostien (*Kernstücken des Reliquienschatzes*) nach. Unter wie viel Tränen der Unsrigen kann ich mehr beweinen als beschreiben.«

Der Reliquienglaube war damals so ausgeprägt, wie man es sich heute kaum vorstellen kann. Zum Andechser Schatz etwa gehörten ein Zweig aus der Dornenkrone Christi, ein Stück von seinem Kreuz, ein Teil seines Schweißtuches und der Gürtel Maria Magdalenas – alles heiligste Originalstücke, die vor Krankheit und Not schützten und vor vielen Jahren Fegefeuer bewahrten, so glaubte man. Es gab einen schwunghaften Handel mit heiligen Hinterlassenschaften, die von Teilen aus Noahs Arche bis zu Fläschchen mit der Muttermilch der Gottesmutter Maria reichten. Mindestens 13 Orte rühmten sich, die bei der Beschneidung Jesu angefallene Heilige Vorhaut zu beherbergen. Und es existierten riesige Sammlungen: Der sächsische Kurfürst Friedrich der Weise hatte bis zum Jahr 1520 immerhin 18 970 Reliquien und Reliquienpartikel angehäuft, was nach damaliger Rechnung 1 902 202 Jahre und 270 Tage Fegefeuer-Erlass bedeutete.

Während Friesenegger den heiligen Schatz in Sicherheit brachte, trieben Bayerns Behörden eine Wehrerfassung voran, um die Heimatverteidigung auszubauen. So mussten die lokalen Obrigkeiten nicht nur Pferde für die Kavallerie bereitstellen: »Ebenso wurde denselben auch strengst geboten, alle Jäger und Schützen ihres Gebietes namhaft zu machen und nach München zu beordern, wo sie dann aufgeschrieben und wieder nach Hause entlassen wurden mit dem Auftrag, auf den ersten Ruf wieder zu erscheinen«, notiert der Abt.

Die Nachricht vom Tod Banérs nimmt Friesenegger dann mit unverhohlener Genugtuung zur Kenntnis: »Und so lebten wir wiederum aus unserer Furcht auf und feierten Ostern mit Freuden.«

1641–1643
Abschied und Wiedersehen

Nachdem Hagendorf seine schwer erkrankte Frau beim Henker von Ingolstadt in Pflege gegeben hatte, konnte er noch knapp einen Monat in ihrer Nähe bleiben. Dann erhielt sein Regiment einen neuen Inhaber: »Den 24. Juni im Jahr 1641 ist uns Johann von Winterscheid als Oberst vorgestellt worden«, berichtet der Söldner. Der Neue befahl prompt den Aufbruch, und seine Soldaten marschierten mit ihrem Hab und Gut nach Norden los, den Schweden entgegen. Auch Hagendorf musste mitkommen, ohne zu wissen, ob seine Anna Maria wieder gesund werden würde: »Aber meine Frau ist krank zurückgeblieben«, teilt er gewohnt knapp mit. Es sollte viel Zeit vergehen, bis sich das Ehepaar wiedersehen konnte.

Das Winterscheid'sche Regiment – das theoretisch 3000 Mann umfasste, tatsächlich vielleicht um die 1000 – zog ins heutige Sachsen-Anhalt und schloss sich dort Anfang August 1641 der Hauptarmee an. »Diesmal hat der Erzherzog Leopold«, ein Bruder von Kaiser Ferdinand III., »die ganze Armee, Kaiserliche und Bayrische, als Feldherr kommandiert«, erzählt Hagendorf. Das vereinte Heer bewegte sich nach Westen und stoppte vor Wohldenberg im heutigen Niedersachsen. Dort fanden die Soldaten Äcker mit reifem Getreide vor und betätigten sich als Feldarbeiter: »Hier stillgelegen und eingeerntet, aber es ist des Bauern Nutz nicht gewesen«, bemerkt Hagendorf mit seinem trockenen Humor.

Weiter ging es nach Wolfenbüttel nahe Braunschweig und

nach Einbeck im heutigen Südniedersachsen. »Einbeck aber haben wir beschossen, schrecklich Feuer eingeworfen, die Stadt in Brand gesteckt. Den 24. (*Oktober*) haben sie die Stadt aufgegeben mit Akkord, sind abgezogen mit Sack und Pack«, so der Tagebuchautor. Es war der typische Verlauf einer der vielen Belagerungen, die in jener Zeit passierten. Städte wechselten immer wieder den Besatzer – und wurden dabei immer weiter zerstört. Selbst wenn die Belagerer eine Stadt nicht einnehmen konnten und ergebnislos abzogen, litten die Gebäude und Bewohner. Eine Woche später etwa marschierte die kaiserlich-bayerische Armee vor Göttingen auf: »Den 1. November haben wir in Dörfern logiert, rings umher geschanzt und zugebaut, Kanonen aufgefahren, Feuer eingeworfen, der Stadt heftig und stark zugesetzt. Aber nichts ausgerichtet. Ist auch eine sehr große Kälte gewesen. Sind hier gelegen bis auf den 17. November«, berichtet Hagendorf. Er selbst durfte bereits vor dem erfolglosen Ende der Belagerung »nach Mühlhausen in Thüringen« gehen. »Hier bin ich kommandiert worden«, so der Söldner, »zu den Kranken und Geschädigten.« Ab dem 12. November 1641 kümmerte er sich um die Rekonvaleszenten, »den ganzen Winter«, wie er betont.

Hagendorf betreute 58 Soldaten, während der Großteil der Armee in das heutige Sachsen-Anhalt weiterzog. »Ich bin derweil still gelegen. Habe für einen Knecht (*einfachen Soldaten*) täglich ein Pfund Fleisch, zwei Pfund Brot und eine Maß Bier bekommen. Ich für meine Person habe das Doppelte gehabt«, notiert er in seinem Tagebuch.

Die Angaben werden durch ein historisches Dokument bestätigt. Der Historiker Marco von Müller durchforstete unter anderem das Mühlhausener Stadtarchiv. In den Akten entdeckte er einen Eintrag vom 27. Dezember 1641, in dem die Verpflegungsleistungen für die kranken Soldaten des Winterscheid'schen Regiments ab dem 13. November 1641 aufgeführt sind. Die Angaben decken sich weitgehend mit denen unseres Söldners, und als Empfänger steht in den Akten der Stadt:

»Peter Hagendorff«. Damit bestätigte der Historiker im Jahr 2004 überzeugend die bis dahin auf einem Kirchenbucheintrag fußende Vermutung, dass es sich beim Autor des Söldner-Tagebuchs um Peter Hagendorf handelt. Dieser selbst nennt in dem Werk seinen Namen nicht.

Der Söldner blieb mit den Versehrten bis zum Frühjahr 1642 in Mühlhausen. »Sieben sind mir von meiner Mannschaft gestorben«, berichtet er. 51 Männer lebten also noch und wurden am 7. April von bayrischen Truppen abgeholt. Hagendorf begab sich nach Hessen und kam dort am 11. Mai 1642 wieder zu seinem Regiment. In den folgenden Tagen marschierte er unter anderem durch Gießen und am 30. Mai Richtung Frankfurt. »Es geht eine steinerne Brücke über den Main«, erzählt er von dort. »Es stehen auch die schönsten Mühlen unter der Brücke, dass es eine Lust zu sehen ist.«

Weiter zog er durch den Westerwald, »ein raues Land«, so Hagendorf, der um den 12. Juni 1642 Dierdorf im heutigen Rheinland-Pfalz erreichte. »Ein gar schlechtes Land, lauter Wald und Wildnis«, schimpft er über die Mittelgebirgsregion. »Hier haben wir Kommiss (*Heeresvorräte*) bekommen, die Hunde haben es nicht fressen wollen.«

»Hier habe ich mich den Abend ein wenig bezecht und bin des Morgens einen Steinwurf hinter dem Regiment verblieben, wegen Kopfweh«, gesteht Hagendorf in seinem Tagebuch. Das hatte Folgen: »Es sind drei Bauern in der Hecke gesteckt, auf mich dort wacker zugeschlagen, haben meinen Mantel, Ranzen, alles genommen.« Der professionelle Plünderer wurde also selbst ausgeplündert – von Menschen, die sonst seine Opfer waren. Der verkaterte Hagendorf bot offenbar ein leichtes Ziel, indem er allein ohne den Schutz der Truppe unterwegs war: Man kann davon ausgehen, dass er sich außerhalb der Sicht- und Hörweite seines Regiments befand, also nicht nur den einen Steinwurf hinterherging. Dass er den Überfall überlebte, scheint den Ausgeraubten selbst verwundert zu haben: »Durch Gottes Fügung sind sie auf einmal von mir gesprungen, als wenn man sie gejagt hätte, obwohl kein Mensch mehr da hinten gewesen ist. So bin ich also zerschlagen, ohne Mantel, ohne Ranzen, zum Regiment gekommen.« Hagendorfs Kameraden zeigten daraufhin wenig Mitgefühl, sie »haben mich nur ausgelacht«.

Das war die einzige Klage, die der Söldner wegen des erlittenen Überfalls äußert. Zu jammern oder mit dem Schicksal zu hadern war offenbar nicht seine Sache. Er war, wie der Historiker und Hagendorf-Experte Jan Peters scharfsinnig schreibt, »hart im Nehmen – in des Ausdrucks doppeltem Sinn«. Hagendorf war verhärtet und abgehärtet zugleich, mitleidlos plündernd und unfassbar stoisch, wenn er Todesgefahren, Gewaltmärsche, Hunger, Nässe, Hitze, Kälte, Krankheiten und Schicksalsschläge wie den Verlust seiner Kinder erduldete.

Nach dem Überfall listet unser Söldner auf, wohin er im weiteren Verlauf des Juni 1642 zog: erst nach Bonn, dann nach Köln und Zons am Rhein, wo er mit seinem Regiment auf französische Truppen stieß. »Als er (*der Feind*) uns bemerkte, ist er fort nach Neuss. Hier hat er sich verschanzt über dem Morast. Hier (*sind wir*) drei Tage und drei Nächte in voller Schlachtordnung gestanden, vermeinten uns zu schlagen.« Die Franzosen aber verweigerten die Schlacht, und es kam zu einer Pattsituation. »Also haben wir uns auch verschanzt und sind gegeneinander gelegen den ganzen Sommer«, fährt Hagendorf fort. »Bei Zons ist unser Lager gewesen am Rhein. Hier hat mich Gott noch weiter heimgesucht mit lauter Geschwüren am Leib« – mehr erfahren wir über seine Krankheit nicht. Dafür nennt der Söldner kurz und prägnant die Folgen des anhaltenden Patts: »Das kölnsche Land haben wir alles verdorben, wir sowohl als der Feind.«

Bemerkenswert fand Hagendorf einen Fall von Sodomie, der drakonisch bestraft wurde: »Den 9. September ist ein Soldat samt dem Pferd verbrannt worden vor dem Lager, denn er hat Unzucht damit getrieben«, notiert er in seinen Aufzeichnungen.

Am 19. Oktober 1642 verließ der Tagebuchautor schließlich mit seinen Kameraden das Lager bei Zons. Die kaiserlich-bayerischen Truppen bewegten sich nach Dierdorf – eben jenen Ort im Westerwald, bei dem Hagendorf im Juni von drei Bauern überfallen und ausgeraubt worden war.

»Hier bin ich ins Hauptquartier, mich umzusehen, ob ich nicht von den dreien, welche mir meine Sachen vor acht Wochen genommen hatten, jemanden sehe«, berichtet der Söldner Anfang November 1642 – wobei der Überfall laut seinen Datumsangaben nicht acht Wochen, sondern knapp fünf Monate zurücklag. Hagendorf findet tatsächlich einen der Täter! Aber er übt keine Selbstjustiz, sondern wählt den Rechtsweg: »So treffe ich einen an, welchen ich alsbald zum Profos (*Unteroffizier mit Polizeifunktion*) und in das Stockhaus (*Gefängnis*) geführt habe, mit der Vermeldung, er sollte mir meine Sachen wiedergeben oder er muss hängen.«

Die Angelegenheit ging rasch an die höchsten Instanzen: »Also hat mir auch der (*Oberbefehlshaber der Armee*) Wahl, der davon bald erfahren hatte, den Generalprofos *(obersten Polizeibeauftragten*), den Generalauditor (*Chef der Militärjustiz*), den Generalquartiermeister (*Offizier für Unterbringung der Truppen*) und die ganze Wacht beigegeben, um den Bauern aufhängen zu lassen, sofern er mich nicht zufriedenstellen würde.« Die Androhung des Galgens machte den Beschuldigten rasch gefügig: »Also hat seine Obrigkeit« – so bezeichnet Hagendorf ironisch den Bauern – »mir gegeben 12 Reichstaler, dem Generalprofos 1 Taler, dem Auditor 1 Taler, dem Stockmeister (*Gefängnisaufseher*) 1 Kopfstück (*20 Kreuzer, wobei 90 Kreuzer einen Taler ergeben*). Also bin ich wieder erfreut worden.«

Es hatte sich damit für unseren Söldner gelohnt, den Rechtsweg zu beschreiten. Der Täter kam offenbar glimpflich davon: Hagendorfs Tagebuch erwähnt keine Gefängnis- oder Körperstrafe, nur die Geldzahlung – heutige Gerichte hätten für einen Raubüberfall wohl eine härtere Strafe verhängt.

Der Fall zeigt, dass auch in den letzten Jahren des Dreißigjährigen Kriegs nicht nur Chaos und Faustrecht herrschten. Vielmehr bemühten sich zahlreiche Verantwortliche im Zivilleben wie beim Militär darum, Recht und Ordnung so gut es ging aufrechtzuerhalten. Hier hatten sich sogar der Oberkommandant der bayerischen Armee und die höchsten zuständigen Offiziere persönlich um die Angelegenheit gekümmert.

Viele Geschichtswerke suggerieren hingegen, dass in der Schlussphase des Kriegs nur sinnlose Gewalt herrschte – und machen es sich damit zu einfach. Das allerdings hat Tradition. Die Historikerin Cicely Veronica Wedgwood etwa schrieb 1938 in ihrem vielzitierten Standardwerk »The Thirty Years War« über die 1640er Jahre: »Über ganz Deutschland waren zerlumpte Banden verstreut, die sich nicht um die Sache ihres Feldherrn scherten, nichts von strategischen Plänen wussten und bloß die eine Sorge hatten, etwas Essbares aufzustöbern und einen ernsthaften Kampf zu vermeiden«, so die Britin. »Diese Erscheinungen verursachten die unübersichtlichen Feldzüge im letzten Jahrzehnt dieses Kriegs. Die Kämpfe waren zusammenhanglos und stoßartig.« Diese simplifizierende Darstellung wird bis heute gern übernommen, um das letzte Kriegsdrittel in Geschichtswerken knapp abzuhandeln. Viele Autoren seien wohl erschöpft, wenn sie den Krieg bis dahin beschrieben haben, vermutet der britische Historiker Peter Wilson.

Wilson kommt in seinem umfangreichen Werk über den Dreißigjährigen Krieg von 2009 zu einem anderen Schluss: »Der Krieg richtete weiterhin katastrophale Verheerungen an, aber er blieb unter fester Kontrolle und Direktive.« Die Feldzüge waren nicht einfach verwirrend, sondern folgten klar erkennbaren politischen und militärischen Zielen.

Die fortschreitende Zerstörung Deutschlands wirkte sich dennoch auf die Kriegsführung aus. Nach 1635 nahmen die Probleme, große Heere zu versorgen, immer mehr zu. In den 1640er Jahren mussten die Armeen daher kleiner und beweglicher werden. »Ihre Gesamtstärken fielen um mindestens ein

Drittel«, erklärt Wilson, »und ihre Zusammensetzung änderte sich signifikant: Vor 1635 bestand die Feldarmee zu einem Viertel bis Drittel aus Kavallerie, später waren in der Regel mehr als die Hälfte der Soldaten beritten.« Die Militärs reagierten so auf das logistische Problem, in dem verwüsteten Land genügend Lebensmittel zu beschaffen: Zu Pferd konnten Trupps auf Nahrungssuche viel größere Gebiete durchstreifen als zu Fuß, und sie konnten mit Hilfe der Tiere größere Vorräte transportieren.

Auch unser Söldner besaß phasenweise ein Reittier. Seit Mitte 1641 allerdings war er zu Fuß unterwegs, weil er sein Pferd verkauft hatte, um seine schwerkranke Frau bei Ingolstadt in Pflege zu geben. Nun, als das Jahr 1642 sich dem Ende zuneigte, näherte sich Hagendorf wieder dem Ort, wo er sie hatte zurücklassen müssen. Mit dem Heer zog er von Dierdorf im heutigen Rheinland-Pfalz nach Monheim in Schwaben. Dort trennten ihn im Dezember 1642 nur noch 43 Kilometer von Ingolstadt.

Unser Söldner schaffte es nun, einen Abstecher von der Truppe zu machen und zu seiner Anna Maria Buchlerin zu gelangen. »Hier habe ich meine Frau wieder geholt von Ingolstadt. Die war wieder frisch und gesund, hat aber viel Geld gekostet«, merkt Hagendorf ohne erkennbare Romantik an, nachdem er seine Ehefrau immerhin eineinhalb Jahre lang nicht mehr gesehen hatte.

»Den 19. Dezember bin ich wieder zum Regiment gekommen, bei Regensburg«, fährt Hagendorf fort. Noch in derselben Nacht brach seine Einheit auf, doch unser Söldner brauchte nicht mitzuziehen: »Also bin ich wieder bei den Kranken verblieben und habe sie ins Quartier führen müssen. Unser Winterquartier war bei Augsburg«, berichtet er. Hagendorf kümmerte sich also wie im Vorjahr um die Rekonvaleszenten, und er konnte mit seiner Frau einen ruhigen Winter verbringen.

Damit war der Söldner auch den heftigen Kämpfen gegen die Schweden entgangen, die sich 1642 im östlichen Teil des

Deutschen Reichs ereigneten. Dort hatte einige Monate nach dem Tod Banérs im Mai 1641 der 38-jährige Lennart Torstensson den Oberbefehl über die schwedische Armee übernommen. Torstensson war ein erfahrener Offizier, der schon unter König Gustav Adolf die Artillerie kommandiert hatte, und er erwies sich als fähiger Feldherr, trotz seiner gesundheitlichen Probleme: Torstensson litt unter so schwerem Gelenkrheumatismus, dass er die meiste Zeit auf eine Trage angewiesen war. Nur selten konnte er im Sattel sitzen, und seine Hände waren so gichtverkrümmt, dass er die Zügel nicht selbst halten konnte.

Sein Name klingt heute noch vielen vertraut, weil er leicht abgewandelt zu »Torsten Torstenson« in einem Kinderliteratur-Klassiker auftaucht: In Otfried Preußlers bezauberndem Buch »Das kleine Gespenst« von 1966 belagert der schwedische General Torsten Torstenson das Städtchen Eulenburg, bis das kleine Gespenst diesen nachts heimlich aufsucht, ihm kräftig Angst einjagt und ihm befiehlt abzuziehen. 325 Jahre später feiert Eulenburg seine wundersame Errettung mit einem historischen Schauspiel, das in einem Desaster endet: Das eigentlich harmlose kleine Gespenst erscheint und vertreibt wütend den Hauptdarsteller, weil es glaubt, dieser sei der zurückgekehrte Torsten Torstenson.

Das reale Vorbild Lennart Torstensson zog 1642 vor Leipzig und lieferte sich am 11. November eine große Schlacht mit dem kaiserlichen Heer – bei dem nahen Breitenfeld, genau jenem Ort, an dem Schwedenkönig Gustav Adolf 1631 das kaiserliche Heer unter Tilly vernichtend geschlagen hatte. Auch die zweite Schlacht bei Breitenfeld endete in einem Sieg der Schweden, der aber beide Seiten schwere Verluste kostete. Die Kaiserlichen zogen sich zurück, und ihr Oberbefehlshaber Leopold Wilhelm, ein Bruder von Kaiser Ferdinand III., stellte in Böhmen ein ganzes Regiment seines geschlagenen Heeres wegen Feigheit vor ein Kriegsgericht: Leopold Wilhelm ließ die Offiziere köpfen, die Unteroffiziere hängen und die Mannschaft dezimieren, also jeden zehnten Soldaten erschießen. Die übrigen

Männer verteilte er in die anderen Regimenter. Der siegreiche Torstensson indes begab sich mit seiner Armee zum nahe gelegenen Leipzig und belagerte die Stadt. Diese ergab sich am 7. Dezember 1642 und blieb bis 1650 in schwedischer Hand.

Hagendorf erwähnt diese Ereignisse mit keinem Wort. Er brach am 13. Februar 1643 mit seiner Frau und 62 Soldaten von seinem Winterquartier bei Augsburg auf, zog westwärts ins schwäbische Hohenzollern und kam am 21. Februar wieder zu seinem Regiment.

Die folgenden Monate zog der Söldner kreuz und quer durch das heutige Baden-Württemberg, näherte sich gelegentlich französischen Truppen, aber es kam im Frühjahr zu keinem Gefecht. Das bedeutendste Ereignis war eine Spitzenpersonalie: »Den 18. Mai im Jahr 1643 ist uns Franz von Mercy als unser Feldherr vorgestellt worden, Johann von Werth als Feldmarschall«, berichtet Hagendorf.

Mercy diente seit 1638 in der bayerischen Armee und sollte sich rasch als fähigster Feldherr auf kaiserlich-bayerischer Seite erweisen. »Er war ein herausragender General, bewandert in allen drei Waffengattungen und dazu imstande, die Züge seiner Gegner vorherzusagen«, lobt etwa der Historiker Peter Wilson. Die Kavallerie in Mercys Heer befehligte niemand Geringeres als der populäre Reitergeneral Johann von Werth, der 1642 nach vier Jahren Kriegsgefangenschaft im Austausch gegen den schwedischen General Gustav Horn freigekommen war.

Während das bayerische Heer mit Mercy und Werth zwei hervorragende Anführer besaß, setzte sich in der verbündeten kaiserlichen Armee die Personalmisere fort. Nach der Niederlage von Breitenfeld benötigte Kaiser Ferdinand III. einen neuen Oberbefehlshaber, weil der bisherige Amtsinhaber, sein Bruder Leopold Wilhelm, mit der Aufgabe offensichtlich überfordert war. Ferdinand fiel nichts Besseres ein, als Matthias Gallas zum neuen Oberkommandanten zu ernennen – jenen Alkoholiker, der gleich mehrere eigene Armeen zugrunde gerichtet hatte. 1639 war Gallas deswegen in Ungnaden vom Oberbefehl zurückgetreten. Warum ausgerechnet er jetzt wieder an die höchste Position rückte, bleibt rätselhaft. Der »Heerverderber« jedenfalls sollte seinem Spottnamen erneut alle Ehre machen, als er gegen den Schweden Torstensson im Osten und Norden zu Felde zog.

Peter Hagendorf befand sich zu seinem Glück 1643 weiterhin auf dem anderen Kriegsschauplatz, dem Südwesten Deutschlands. Dort belauerten sich immer noch das bayerische Heer unter Mercy und die französischen Streitkräfte. Den Sommer über kam es zu einigen Geplänkeln, aber zu keinem bedeutenden Gefecht. Im Juli kaufte sich unser Söldner wieder ein Pferd, »für 4 Taler 25 Kreuzer«, und im August kam er nach Pforzheim, das zwischen Stuttgart und Karlsruhe liegt.

»Hier ist meine Frau eines jungen Sohnes genesen«, teilt Hagendorf mit. »Den 6. (*August*) ist er geboren zwischen 8 und 9 Uhr am Abend.« Seit dem Wiedersehen mit seiner Gattin waren erst acht Monate vergangen, aber das scheint den Söldner nicht irritiert zu haben – vielleicht handelte es sich um eine frühe Geburt. Hagendorf erzählt nur: »Ist getauft worden den 8. August im Jahr 1643 bei Pforzheim im Feld«, also im Lager außerhalb der Stadt. »Sein Name ist Melchert Christoff. Seine Paten sind gewesen Melchert Bordt, Feldscher (*Wundarzt*), Christoff Isel, Profos, und Benengel Didelin, Frau des Feldwebels. Gott verleihe ihm ein langes Leben.«

Und diesmal wurde das Stoßgebet nicht sogleich enttäuscht. Hagendorfs achtes Kind, das vierte gemeinsame mit Anna Maria Buchlerin, sollte endlich das erste sein, das dem Kleinkindalter entwächst. Unser Söldner konnte es noch nicht ahnen: Bald begann für den alten Kämpfer ein neues Leben als Familienvater. Einige Schlachten allerdings hatte er noch zu schlagen.

* * *

Das Jahr 1641 verlief für die Menschen in und um das Kloster Andechs vergleichsweise sorgenfrei, nachdem die Schweden unter Banér sich von Regensburg zurückgezogen hatten und bis nach Sachsen geflohen waren, verfolgt von einer kaiserlich-bayerischen Armee. In dieser hatte neben dem Söldner Peter Hagendorf vorübergehend auch ein Bewohner von Andechs gedient: ein Fuhrknecht, den das Kloster am 22. Januar 1641 mit zwei Pferden entsenden musste, damit er bei dem Feldzug Nahrung und Güter für die Truppen transportiert.

»Den 9. April kam der Fuhrknecht«, berichtet unser Abt Maurus Friesenegger, »ohne Pferde und nur mit halbem Leben zurück, und er erzählte, dass wegen Mangel an Proviant und Futter viele Pferde und Menschen erkrankt und gestorben sind.« Das Kloster musste den Knecht wieder aufpäppeln: »Er wurde 14 Tage lang mit besserer Kost versehen.« Für den Verlust der Pferde erhielt Andechs immerhin eine finanzielle Erstattung.

Im April 1641 kam zudem zur »größten und allgemeinen Freude« der Andechser Reliquienschatz aus München zurück – ein klares Zeichen, dass die schwedische Gefahr erst einmal gebannt war. Das Leben ging wieder seinen gewohnten Gang, und Friesenegger klagte über die Witterung, die auch dieses Jahr typische Phänomene der kleinen Eiszeit zeigte: »Der vergangene Frühling war sehr winterlich, und nun beginnt der Sommer sehr stürmisch«, notiert er zum Jahreszeitenwechsel. »Und ein fürchterlicher Schauer schlug von Ulm bis Straubing alles in Grund.« Hinzu kam eine regelrechte Wildschweinplage: Die Tiere konnten sich in den teilweise entvölkerten Regionen offenbar explosionsartig vermehren, und sie bereiteten »in unglaublicher Menge den Feldern den größten Schaden und den Bauern die größte Mühe«.

Der Sommer brachte dann noch eine positive Überraschung: »Den 18. August fing bei uns die Ernte an, und sie fiel ergiebiger aus, als man in Hinblick auf den sehr kalten Frühling, den nassen Sommer und den Wildschaden hätte vermuten können«, freut sich Friesenegger. »Übrigens lebten wir den Rest dieses Jahres in Frieden hin.«

»Das erste Übel, das sich 1642 einstellte, waren wieder die Wölfe, deren es eine Menge gab, die Wege und Stege aller Orten unsicher machten«, fährt der Abt fort. Möglicherweise war das eine Folge der vielen Wildscheine, die viel Nahrung und damit viel Nachwuchs für die Raubtiere bedeuteten – wo weniger Menschen sind, kann sich die Natur entfalten. Vergleichbares geschah beispielsweise in Nordamerika, als die ersten Siedler aus Europa Seuchen einschleppten, die die Zahl der Indianer drastisch reduzierten: Nur in jener menschenarmen Phase, als wenige Indianer und wenige Europäer dort lebten, traten die riesigen Büffelherden auf, die in Westernfilmen gerne gezeigt werden. Davor und danach existierten diese so wohl nicht.

Zur Jahresmitte 1642 kam ein ungewöhnlicher Kälteeinbruch – »am 11. Juni waren unsere Felder von Reif wie mit Schnee bedeckt« –, und zum Jahresende traf die Hiobsbotschaft von der kaiserlichen Niederlage gegen die Schweden in der zweiten Schlacht bei Breitenfeld ein: »Nachdem unsere Armee bei Leipzig in den vergangenen Tagen sehr geschlagen und geschwächt wurde, so entstand wieder ein allgemeiner Schrecken und Furcht, dass nicht der Feind unsere Schwäche benutzen und wie vor zehn Jahren spornstreichs heraufrücken möchte.«

»Unser Kurfürst tat wieder alles, was er tun konnte: Er rüstete seine Armee wieder neuerdings aus, bot die Landmiliz auf, berief die Jäger und Schützen«, erzählt Friesenegger über das Aufgebot an Söldnern und Wehrpflichtigen, das Bayern vor einem erneuten Schwedeneinfall bewahren sollte.

»Den 2. Januar erhielt ich den höchsten Befehl, meine zwei requirierten (*beschlagnahmten*) Pferde als Vorspann der Stücke (*Kanonen*) nach München abzuschicken«, berichtet Friesenegger 1643 über eine behördliche Anweisung, wieder Zugtiere für die bayerische Armee bereitzustellen. »Allein ich hatte höchste Not, einen Fuhrknecht hierzu zu finden. Der vorige wollte durchaus nicht und lieber zu den Türken, wie er sagte, als zu diesen Unmenschen noch mal zu gehen, und so redeten alle.«

Friesenegger wollte offenbar nicht einfach befehlen, wer zur Armee gehen musste, obwohl er als Abt auch weltlicher Herr über Andechs war. Stattdessen versuchte er, durch Zureden und Überzeugen einen Freiwilligen zu gewinnen. Was in diesem Fall offenbar schwierig war: Wenn der Knecht sagte, er ginge lieber zu den Türken, dann war das zwar nur eine Redewendung, aber eine aussagekräftige – die Türken galten im christlichen Europa als Feindbild schlechthin, als grausam und teuflisch, als Kindermörder und Frauenschänder. Doch letztlich hatte Friesenegger mit seinem sanften Herrschaftsstil Erfolg: »Endlich tat sich ein junger, verehelichter Mann hervor, welches mir sehr lieb war, und ich gab ihm 7 Gulden als Reisegeld mit«, schließt unser Abt, und man hört ihn durch die Zeilen erleichtert seufzen.

Für den jungen Mann lohnte sich der Freiwilligeneinsatz: Schon im selben Monat, am 19. Januar 1643, kam er wieder »zu Fuß zu uns«, so Friesenegger, »und erzählte, dass seine und andere Klosterpferde geschätzt, markiert und anderen übergeben wurden; die Knechte aber sollten alle nach Hause zurückkehren«.

Den Frühling und Sommer über blieb es in Bayern ruhig, und der Abt konnte in seltener Zufriedenheit bilanzieren: »Die Ernte war dieses Jahr wider alles Vermuten wohl gesegnet und das Heu in größerer Menge, als sich von einem Alten denken ließ.«

1643–1645
Mercys Coup

Starker Schneefall dämpfte alle Geräusche, als sich 15 000 kaiserlich-bayerische Soldaten am 24. November 1643 an Tuttlingen heranschlichen. In der württembergischen Stadt und ihrer Umgebung hatten ähnlich viele Kämpfer der französischen Armee ihr Winterquartier eingerichtet. Und da die Franzosen anscheinend nichts Böses ahnten, hatten sie ihre Kanonen einfach auf einem Friedhof außerhalb der Stadtmauern abgestellt.

Das wirkte wie eine Einladung auf die Vorhut der Bayern, die gegen drei Uhr nachmittags durch die Bäume des umliegenden Waldes auf die Stadt spähte. Ließe sich vielleicht mit einem kühnen Streich die gesamte Artillerie des Feindes erobern?

Noch immer zeigten die Franzosen in ihren Quartieren keine Reaktion.

Bis dahin war der Plan des bayerischen Feldherrn Franz von Mercy aufgegangen, einen überraschenden Schlag gegen das Hauptquartier der französischen Armee in Deutschland zu führen. Mercys Truppen und verbündete Einheiten waren zuvor »in Eile zusammengekommen«, berichtet Peter Hagendorf aus Pforzheim, das gut 100 Kilometer vom französischen Hauptquartier entfernt lag. Das kaiserlich-bayerische Heer ist dann »Tag und Nacht gegangen, alles in der Stille fort«, erzählt unser Söldner, der selbst in Pforzheim zurückblieb, weil er wieder die Verwundeten betreute.

Reitergeneral Johann von Werth bildete mit rund 1500 berittenen Soldaten und 600 Musketieren die Vorhut, die als Erste Tuttlingen erblickte. Am späten Nachmittag stürmten Werths Männer aus dem Wald, überrumpelten die wenigen Wachen auf dem Friedhof, hieben diese nieder und bemächtigten sich im Handstreich der Artillerie.

Gleichzeitig überfielen Teile des kaiserlich-bayerischen Heeres die in der Umgebung einquartierten Franzosen. Manche ergaben sich sofort, andere leisteten Widerstand, und es kam zu teils heftigen Gefechten. Ganze Einheiten der französischen Kavallerie flohen und ließen die Fußsoldaten auf sich gestellt zurück.

Die Nacht über hielt die französische Heerführung in Tuttlingen noch stand. Am nächsten Morgen, dem 25. November 1643, sah ihr Oberbefehlshaber Josias Rantzau ein, dass die Lage aussichtslos war. Er und seine Männer mussten sich auf Gnade und Ungnade ergeben. Die verbliebenen französischen Truppen in der Umgebung folgten dem Beispiel.

Welch gewaltigen Erfolg Mercy und seine kaiserlich-bayerischen Mitstreiter errungen hatten, stellte sich nach und nach heraus: Von den gut 15 000 Mann der französischen Armee waren kaum 4500 entkommen, nicht einmal ein Drittel. 4000 waren gefallen. An die 7000 gingen in Gefangenschaft, darunter acht Generäle und neun Obristen, insgesamt gut 260 Offiziere. Die französische Infanterie war nahezu komplett ausgelöscht, viele Regimenter hörten einfach auf zu existieren. Zur Beute zählten alle Kanonen, 560 Artilleriepferde, wertvolles Silbergeschirr und genug Bargeld, um ein Heer einen Monat zu bezahlen. Die Schlacht bei Tuttlingen wurde so zum größten Sieg eines bayerischen Feldherrn seit Tillys Zeiten – wobei es sich streng genommen nicht um eine klassische Schlacht gehandelt hatte, sondern um ein riesenhaftes Überfallkommando.

Die französische Regierung versuchte anschließend, das Desaster kleinzureden. Sie befand sich erst seit relativ kurzer Zeit im Amt, nachdem die beiden bisherigen Staatslenker kurz hintereinander gestorben waren: Kardinal Richelieu im Dezember 1642 und König Ludwig XIII. im Mai 1643. Deren Nachfolger wurden der italienischstämmige Kardinal Jules Mazarin und Ludwig XIV., der spätere Sonnenkönig, Erbauer von Versailles und berühmteste Vertreter des Absolutismus. Bei seiner Thronbesteigung 1643 war Ludwig XIV. allerdings erst vier Jahre alt, weshalb seine Mutter Anna von Österreich bis zu seiner Volljährigkeit die Regentschaft übernahm.

Die Königsmutter Anna gehörte der Habsburger Dynastie an. Sie war die ältere Schwester des spanischen Königs Philipp IV. und die Schwägerin des deutschen Kaisers Ferdinand III. Die neue Regentin Frankreichs war also mit den aktuellen Kriegsfeinden Frankreichs aufs engste verwandt.

Doch alle Hoffnungen in Madrid und Wien auf einen Politikwechsel zerschlugen sich. Anna ließ von Anfang an keinerlei Spekulationen aufkommen, wem ihre Solidarität gehörte: der Macht des französischen Königshauses. Sie und ihr Erster Minister Mazarin setzten die antihabsburgische Politik ihrer Amtsvorgänger Ludwig XIII. und Richelieu konsequent fort. Der Krieg ging unvermindert weiter, und Frankreich sah sich zunächst auf der Siegerstraße: Am 19. Mai 1643, nur fünf Tage nach Beginn der Regentschaft Annas, gelang den französischen Streitkräften in der Schlacht bei Rocroi in Nordfrankreich ein überwältigender Sieg gegen die spanische Armee. Deren Übermacht war fortan gebrochen. Und das neue französische Führungstandem Anna und Mazarin hatte es allen Skeptikern im Land gezeigt.

Die herbe Niederlage bei Tuttlingen ein halbes Jahr später passte da nicht in das schöne Bild. »Der französische Hof spielte das Desaster so erfolgreich herunter, dass die Schlacht in den meisten Geschichtsdarstellungen des Kriegs kaum vorkommt, dabei war sie ein bedeutender Rückschlag«, resümiert Oxford-Historiker Peter Wilson. »Frankreich hatte eine erfahrene Armee verloren und war am Rhein wieder auf dem Stand wie vor fünf Jahren.«

Peter Hagendorf brach am 19. Dezember 1643 von Pforzheim auf. Von den 32 Kranken und Verwundeten, um die er sich dort gekümmert hatte, »sind sieben gestorben«, berichtet er. Der Söldner begab sich zu seinem Regiment, das inzwischen in Dinkelsbühl an der heutigen Grenze von Baden-Württemberg zu Bayern lagerte. Dort nahm er vom 3. Februar bis 19. April 1644 Quartier und kaufte sich wieder einmal ein Pferd, wie wohl viele seiner Kameraden: Der Bedarf an den Tieren war hoch, da diese noch viel rascher verstarben als die Soldaten. Am Ende eines Feldzugs besaß im Allgemeinen etwa die Hälfte der Reiter kein Reittier mehr.

Von Dinkelsbühl ging es quer durch Schwaben nach Überlingen am Bodensee, das von den Franzosen besetzt war. »Den 6. Mai hier angekommen«, notiert Hagendorf, der zu den gut 19 000 bayerischen Soldaten unter Mercy zählte, die sich daranmachten, die Stadt zu belagern. Die Franzosen kapitulierten daraufhin gegen freien Abzug. »Dies ist geschehen den 12. Mai. Sie sind mit vier Schiffen nach Breisach abgezogen.«

Mit der Einnahme von Überlingen hatten die Bayern den letzten französischen Gebietsgewinn des Vorjahres zunichtegemacht. Das feierten sie erst einmal kräftig: »Hier haben wir Kommisswein (*Wein aus Heeresvorräten*) bekommen, uns toll und voll gesoffen«, jubiliert unser Söldner. »Den 14. Mai aufgebrochen.« Das bayerische Heer marschierte weiter nach Westen Richtung Rhein, nahm unterwegs einige Orte ein und ist Ende Juni 1644 »gezogen vor Freiburg«, wie Hagendorf berichtet.

Die französische Garnison in der Stadt hielt einen Monat lang den bayerischen Bombardements und Sturmangriffen stand. Am 28. Juli 1644 gaben die Verteidiger auf und zogen tags darauf ehrenvoll ab – mit »Sack und Pack, fliegenden Fahnen, brennenden Lunten, Kugeln im Mund, offenem (*klingendem*) Spiel und wie ein jeder Soldat sich rüsten kann«. So wurde es im Kapitulationsvertrag schriftlich festgehalten.

Es war das typische Ende einer der vielen Belagerungen in jener Zeit. Im letzten Kriegsjahrzehnt kapitulierten die Garnisonen wohl rascher als zuvor, folgert der Historiker Wilson aus der Beobachtung, dass es in dieser späten Phase seltener zu Massakern an der Besatzung kam. Diesbezüglich ging die Grausamkeit im Lauf des Kriegs eher zurück.

Das 16 500 Mann zählende bayerische Heer grub sich auf einem Hügel vor Freiburg ein und erwartete die französische Armee, die Anfang August mit rund 20 000 Soldaten anrückte. »Haben mit dem Feind gefochten Tag und Nacht«, erzählt Hagendorf. In der Tat ging die Schlacht bei Freiburg als eine der härtesten und verlustreichsten in die Geschichte des Dreißigjährigen Kriegs ein.

Der französische Oberbefehlshaber Louis d'Enghien, Prinz von Condé befahl am 3. August 1644 den Angriff auf die bayerischen Stellungen: Die Angreifer stolperten bergauf ungedeckt über Palisaden, angespitzte Hölzer und andere ausgelegte Hindernisse, während die gut verschanzten Bayern sie in ein mörderisches Kreuzfeuer nahmen. Erst am Abend des dritten Tages, dem 5. August, brach der 22-jährige Condé nach horrenden Verlusten ergebnislos die Sturmversuche ab. »Da sind dem Feind an die 6000 Mann geblieben (*gefallen*), auf unserer Seite 120 Mann«, schreibt Hagendorf, wobei erstere Zahl mit anderen Quellen übereinstimmt, letztere wohl zu niedrig ist.

Bayerns Feldmarschall Mercy spricht von 1100 Mann eigenen Verlusten, die meisten davon Verwundete. Die Todesrate auf Seiten der Bayern war auf jeden Fall um ein Vielfaches geringer als auf Seiten der Franzosen, die fast ein Drittel ihrer Soldaten verloren. Der dafür verantwortliche Condé zeigte sich angeblich unbeeindruckt: »Eine einzige Nacht in Paris«, soll er gesagt haben, »gibt mehr Menschen das Leben, als diese Aktion getötet hat.«

Das stark geschrumpfte französische Heer zog sich zurück, und Condé ließ aus allen eigenen Garnisonen in der Nähe Soldaten anrücken. So bekam er rasch 5000 neue Männer zusammen, und nur vier Tage nach dem Rückzug, am 9. August 1644, setzte er seine wiedererstarkte Armee in Marsch: diesmal nicht zu einem Frontalangriff, sondern zu einer großräumigen Umgehungsbewegung, um in den Rücken der bayerischen Stellungen zu gelangen.

Als Bayerns Feldherr Mercy davon erfuhr, flüchtete er mit seiner nun zahlenmäßig unterlegenen Armee nach Osten. Hagendorf berichtet: »Und wir sind auch in der Nacht fort«, und nach einem langen Marsch durch die Dunkelheit sowie Gefechten am folgenden Tag entkam die bayerische Armee. »Aber unsere ganze Bagage ist im Stich geblieben, die hat der Feind alle bekommen«, bedauert Hagendorf. Das bayerische Heer hatte sich gerettet, doch die Männer waren demoralisiert, weil sie nach der längsten Schlacht des Dreißigjährigen Kriegs, nach so harten und erfolgreichen Kämpfen, sich letztlich doch als Verlierer zurückziehen mussten.

Im weiteren Verlauf des Jahres marschierten die Bayern erst quer durch Schwaben, dann nach Frankfurt am Main und schließlich in den Nordosten des heutigen Baden-Württembergs, wo sie am 9. Januar 1645 in die Winterquartiere gingen.

Das französische Heer hingegen zog nach der Schlacht bei Freiburg nordwärts nach Philippsburg, eine mächtige Festung am Oberrhein, und nahm diese nach dreiwöchiger Belagerung am 12. September 1644 ein. Nur fünf Tage später besetzten die

Franzosen die Stadt Mainz, die sich sofort ergab. Damit hatten sie nahezu im Handstreich den nördlichen Teil des Oberrheins erobert und sich so ein Einfallstor geschaffen, durch das sie jederzeit tief nach Deutschland hineingelangen konnten. Frankreich befand sich plötzlich in einer glänzenden Ausgangsposition für das Kriegsjahr 1645.

Das galt umso mehr, als auch die Kämpfe im Norden und Osten des Reichs im Laufe des Jahres 1644 eine Wende nahmen, die aus französischer Sicht erfreulich war. Danach hatte es zunächst nicht ausgesehen. Denn Frankreichs Verbündete, die Schweden, waren zum Jahreswechsel 1643/44 völlig überraschend aus Deutschland verschwunden.

Der schwedische Feldherr Lennart Torstensson war mit seiner Armee unter strengster Geheimhaltung nordwärts nach Dänemark marschiert, um den alten Rivalen zu überfallen und in einer Art Blitzkrieg auszuschalten. Schon im Januar 1644 eroberte er ganz Jütland, also den Festlandteil des heutigen Dänemarks. Dann machten sich die Schweden daran, auf die dänischen Inseln überzusetzen. Doch die Gegenwehr der Dänen wurde immer verbissener. Die Behörden rüsteten sogar Bauern aus, um einen Guerillakrieg gegen die schwedischen Besatzer zu führen.

Am 11. Juli 1644 führte Dänenkönig Christian 40 Schiffe gegen eine schwedische Flotte von 34 Schiffen vor Holstein ins Gefecht. Bei der Seekanonade verlor der 67-jährige König durch umherfliegende Splitter ein Ohr und das rechte Auge. Er ließ sich verbinden, nahm wieder seinen Platz auf dem blutigen Deck ein und führte die Kämpfe bis zum Anbruch der Nacht weiter an – mit Erfolg: Die schwedische Flotte zog sich zurück, ihr Vormarsch auf die Inseln war gestoppt. Den Sieg in der sogenannten Seeschlacht auf der Kolberger Heide feiert heute noch die königliche Nationalhymne Dänemarks, die mit den Zeilen beginnt:

König Christian stand am hohen Mast,
in Rauch und Dampf.
Sein Schwert hämmerte so fest,
dass Helm und Hirn des Goten (*d. h. der Schweden*)
barst.

Diese Königshymne wird unter anderem bei Staatsempfängen gespielt, während etwa bei Sportveranstaltungen das weniger martialische Lied »Es gibt ein liebliches Land« erklingt. (Dänemark besitzt zwei offizielle Nationalhymnen.)

Dass Schweden und Dänemark sich so ineinander verhakten, war für den deutschen Kaiser Ferdinand III. eigentlich ein Glücksfall: Der Feind hatte sein Land verlassen, und jetzt hätten seine Truppen ungestört darangehen können, alle schwedisch besetzten Orte in Deutschland peu à peu zurückzuerobern.

Doch Ferdinand III. schmiedete größere Pläne: Er beschloss, dem bedrängten Dänenkönig Christian zu helfen. Zwar hatte dieser in den Jahren 1625 bis 1629 gegen seinen Vater Ferdinand II. Krieg geführt, aber der gemeinsame Feind Schweden verband. Ferdinand III. entsandte eine Armee nach Dänemark, angeführt vom »Heerverderber« Matthias Gallas.

Das Ergebnis war eine Katastrophe: Gallas ließ sich von Torstensson ausmanövrieren, seine Soldaten verhungerten in Massen, und am Ende des Jahres 1644 waren in seiner Armee von 18 000 Mann noch 3000 übrig – ein Sechstel derjenigen, die im Sommer aufgebrochen waren.

Gallas hatte seinem Spottnamen erneut alle Ehre gemacht. Im Januar 1645 wurde der 60-jährige Alkoholiker wieder einmal aus seinem Amt als Oberbefehlshaber entlassen.

Ferdinand III. und sein Stab in Wien arbeiteten fieberhaft daran, eine neue Armee aufzustellen, um Torstenssons Vormarsch zu stoppen. Truppen wurden ausgehoben und Einheiten aus verschiedenen Reichsgebieten herbeigerufen. Am 5. März 1645 kam es zur Schlacht bei Jankau, das heute Jankov heißt und auf dem Weg von Prag nach Wien knapp 60 Kilometer hinter Prag liegt.

Das Ergebnis war ein überwältigender Sieg der Schweden über die Kaiserlichen. Der verzweifelte Ferdinand III. musste danach zum zweiten Mal binnen weniger Monate ein neues Heer aus dem Boden stampfen, um das alte zu ersetzen. Dazu wandte er sich hilfesuchend ausgerechnet an den eben entlassenen Gallas, den er im Folgejahr sogar erneut zum Oberbefehlshaber ernannte. Wieso Ferdinand den ständig betrunkenen »Heerverderber« wieder und wieder mit der höchsten Position der Armee betraute, zählt zu den unergründlichen Rätseln der Geschichte.

Nach dem Sieg bei Jankau versuchte Torstensson, das reiche Brünn im heutigen Tschechien einzunehmen. Dreieinhalb Monate belagerte er die Stadt, doch alle schwedischen Attacken scheiterten an der entschlossenen Gegenwehr der Brünner Garnisonssoldaten und Bürger. Am 23. August 1645 gab Torstensson auf und zog ab, nachdem er mehrere Tausend Mann durch Kämpfe, Krankheiten und Desertionen verloren hatte.

Der Feldherr unternahm noch einen halbherzigen Versuch, Wien einzunehmen, dann trat er den Rückzug an: Mit den verbliebenen Soldaten begab er sich wieder nordwärts durch Böhmen und Sachsen nach Thüringen. Trotz aller Siege hatte sich das schwedische Heer nur gleichsam einmal im Kreis gedreht.

Eine weitere Runde wollte und konnte Torstensson nicht mehr anführen, zumal sich sein Gelenkrheumatismus immer weiter verschlimmerte, er kaum mehr im Sattel sitzen oder einen Stift halten konnte, oft wochenlang ans Bett gefesselt war. Verkrüppelt von der Krankheit gab der erfolgreiche Feldherr am 23. Dezember 1645 das Kommando an seinen direkten Untergebenen Carl Gustav Wrangel ab. Der 42-jährige Torstensson kehrte zurück nach Schweden, das inzwischen mit Dänemark Frieden geschlossen hatte, und starb hochgeehrt im Jahr 1651.

Am westlichen Kriegsschauplatz fühlten sich die Franzosen nach dem Sieg ihrer schwedischen Verbündeten bei Jankau ermutigt, 1645 selbst wieder in die Offensive zu gehen. »Den 12. April ist die französische Armee zu Marbach über den Neckar gegangen ins Württemberger Land«, berichtet Peter Hagendorf, der weiterhin im bayerischen Heer diente. Anfang Mai kamen die Franzosen nach Herbsthausen, das heute ein Stadtteil von Bad Mergentheim im Nordosten Baden-Württembergs ist. Dort verteilte der aktuelle französische Heerführer Henri Turenne seine rund 11 000 Soldaten auf die umliegenden Dörfer, weil es nicht möglich war, alle Männer an einem Ort zu ernähren.

54 Kilometer weiter südöstlich lagerten die bayerischen Truppen, die knapp 10 000 Mann umfassten. Ihr Feldherr Mercy kam auf die Idee, erneut einen Überraschungscoup zu versuchen, so wie in Tuttlingen fast eineinhalb Jahre zuvor. Am 4. Mai 1645 zogen die Soldaten heimlich los, machten auch nachts nicht halt und ließen ihr Gepäck zurück, um am nächsten Morgen im Eilmarsch über die Franzosen herzufallen. Peter Hagendorf nahm an der Kommandoaktion teil und berichtet: »Aufgebrochen in der Stille nach Crailsheim und nach Herbsthausen, zwei Tage und eine Nacht, alles alles fort in der Stille. Den 6. (*tatsächlich* 5.) Mai in aller Frühe angegriffen bei Herbsthausen, zugeschlagen.«

Frankreichs Heerführer Turenne erfuhr um zwei Uhr nachts durch Späher vom Anmarsch des bayerischen Heeres. Er sammelte hektisch seine verstreuten Truppen und konnte etwa 3000 Mann Infanterie und ähnlich viele Reiter zur Schlacht aufstellen. Fast die Hälfte seiner Soldaten fehlte also noch, und keine einzige Kanone kam rechtzeitig an, als die Bayern attackierten.

Nach nur einer Stunde war die Schlacht bei Herbsthausen vorbei. Auf bayerischer Seite starben 600 Soldaten, auf französischer um die 1700. Zudem gingen 2500 Franzosen in bayerische Gefangenschaft, darunter eine Reihe hoher Offiziere: »Diesmal haben wir den (*General*) Rosen gefangen und viele Oberste«, frohlockt Hagendorf. »Der Feind ist retiriert nach

Mergentheim«, und von dort zogen sich die Franzosen um Turenne eilig weiter zurück: »Der Überrest von Mergentheim ist alles fort den Main abwärts und nach dem Rheinstrom zu«, erzählt der Söldner. Die siegreichen Bayern nahmen rasch die umliegenden französischen Garnisonen ein und verfolgten dann die fliehende Truppen Turennes. »Wir alle nach«, bis nach Babenhausen in Hessen, so Hagendorf. »Hier den Siegessalut geschossen.«

Mercy war erneut ein überwältigender Sieg gelungen, aber seine Streitkräfte waren zu schwach, um das im größeren Stil auszunutzen. Der bayerische Feldherr versuchte mit wechselndem Erfolg, einige Orte in Hessen einzunehmen, erhielt im Juli 1645 Verstärkung und begab sich Anfang August nach Alerheim, das heute im schwäbischen Westen von Bayern liegt.

Hagendorf war zu dem Zeitpunkt nicht mehr bei der Hauptarmee. Er betreute wieder eine Gruppe Kranker und Verwundeter, mit der er sich im Sommer 1645 nach Würzburg begab. Unser Söldner berichtet: »Hier hat es ein schönes Spital, das Julius-Spital«, das heute noch als große Klinik existiert. »Hier sind wir gelegen bis auf den 20. August im Jahr 1645.« Acht der 71 Geschädigten starben, »alle anderen wieder zum Regiment gebracht«, so Hagendorf. »Den 10. September wieder bei der Armee angekommen.«

Der Söldner war damit der Schlacht bei Alerheim nahe Nördlingen entgangen, die zu den letzten großen Schlachten des Krieges zählt. Am 3. August 1645 traten dort auf französischer Seite 17 000 Soldaten unter Condé an, auf bayerischer 16 000 Mann unter Mercy. Condé begann die Schlacht um fünf Uhr nachmittags mit einem Frontalangriff. Die Bayern schlugen diesen zurück, worauf Mercy den Gegenangriff befahl – und von einer verirrten Musketenkugel in den Kopf getroffen wurde. Er war auf der Stelle tot.

Mit Mercy verlor die kaiserlich-bayerische Seite den wohl mit Abstand fähigsten Feldherrn, den sie noch zu bieten hatte. Sogar dessen französischer Gegenspieler Condé äußerte später bewundernd: »Er hat meine Pläne stets so genau vorhergesehen, als wäre er ein Mitglied meines Kriegsrats gewesen.«

Ohne Mercy gelang der kaiserlich-bayerischen Seite bis Kriegsende kein bedeutender Sieg mehr. Auch nicht in Alerheim. Die Kämpfe dort dauerten noch bis in die Dunkelheit. Um ein Uhr nachts befahl Johann von Werth, der nach Mercys Tod das Oberkommando einnahm, den geordneten Rückzug. Damit hatten die Franzosen nach damaliger Definition gesiegt. Aber der Preis war enorm: Ihre Verluste durch Tod und Verwundung betrugen mindestens 4000 Mann. Die Bayern hatten deutlich weniger Tote und Verletzte zu beklagen – etwa 2500 –, dafür gingen weitere 1500 Soldaten in französische Gefangenschaft.

Letztlich war die Schlacht für beide Kriegsparteien ein Desaster, das sie nachhaltig schwächte. Die Franzosen zogen sich im weiteren Verlauf des Jahres 1645 zum Rhein zurück – und waren damit wieder am Ausgangspunkt angelangt. Es war wie verhext: All die Schlachten, Belagerungen und Scharmützel hatten erneut zu keinem greifbaren Ergebnis geführt. Den Beteiligten wurde immer klarer, dass der Krieg sich im Kreise drehte und die bereits begonnenen Friedensgespräche in Münster und Osnabrück endlich vorankommen mussten.

Peter Hagendorf indes erwähnt weder die entgangene Schlacht bei Alerheim noch den Tod seines Feldherrn Mercy. Ihn beschäftigten wohl mehr die privaten Ereignisse: »Den 7. Oktober bin ich samt sieben Mann nach Pappenheim (*im fränkischen Westen des heutigen Bayerns*) auf das Schloss gelegt worden. Dort bin ich gelegen bis auf den 6. Dezember«, erzählt er. »Zu Pappenheim ist meine Frau einer jungen Tochter genesen, den 3. November im Jahr 1645. Gott verleihe ihr langes Leben. Ihr Name ist gewesen Margaretha.« Zum ersten Mal hatte unser Söldner zwei Kinder zugleich. Das ältere, Melchert Christoff, war inzwischen zwei Jahre alt – und lebte damit bereits länger als jedes seiner sieben Kinder zuvor.

* * *

Die Bewohner von Andechs verbrachten die Jahre 1643 und 1644 in ängstlicher Ruhe. Maurus Friesenegger ließ mehrere Häuser der umliegenden Dörfer, »die von der Schwedenbrunst noch darniederlagen« teils neu erbauen, teils renovieren. Doch das Wiederaufbauprogramm erwies sich als Verlustgeschäft: Unser Abt hat die erneuerten Gebäude »unter der Hälfte, was sie kosteten, verkauft, weil noch niemand gerne Häuser und Güter übernehmen wollte«. Denn »wegen des ungewissen Ausgangs des Krieges« war die Geldanlage zu unsicher: Anders als heute gehörten Immobilien zum Risikokapital, dem jederzeit Zerstörung drohte, während man Münzen zumindest verstecken oder mitnehmen konnte, wenn eine fremde Armee anmarschierte.

Auch Erfreuliches kann Friesenegger 1644 mitteilen: »Dieses Jahr waren sowohl die Feld-, als auch Garten- und Baumfrüchte wider alle Hoffnung so gesegnet, dass es Mühe machte, diese ein- und unterzubringen.« Im folgenden Jahr fielen dann die Getreidepreise – was für den Abt, der noch nichts von Marktwirtschaft gehört hatte, »nicht wohl zu begreifen« war. »Dagegen forderte ein Knecht einen Jahreslohn von 18 bis 24 Gulden, was unerhört ist«, schimpft Friesenegger. »Auch die Handwerker und Taglöhner begehrten wider das höchste Gebot doppelten Lohn. Daher war der Bauer in höchster Verlegenheit.«

Die Menschen rings um das Kloster Andechs durften noch ein friedliches Jahr 1645 erleben, dann brach über dem Land wieder die Hölle des Krieges herein – schlimmer als je zuvor. Und das zynischerweise zu einem Zeitpunkt, an dem die Friedensverhandlungen in Münster und Osnabrück das Ende des Kriegs endlich in greifbare Nähe rückten.

KAPITEL V: AUFBRUCH IN EINE NEUE WELT

1644/45
Ein Kongress ohne Beispiel

In Grimmelshausens Roman »Der abenteuerliche Simplicissimus Deutsch« hat die Hauptfigur Simplicius während des Dreißigjährigen Kriegs einen bizarren nächtlichen Traum: Alle Bäume rings herum sind mit Menschen besetzt, die unterschiedlichen Ständen angehören. »Auf jedem Wipfel saß ein Adliger, und alle Äste waren statt mit Blättern mit allerhand Kerlen geziert«, beschreibt der Romanheld das Traumbild. »Die Wurzel aber bestand aus Leuten ohne Rang und Namen, aus Handwerkern, Tagelöhnern, vor allem Bauern und dergleichen«, so Simplicius. »Die ganze Last des Baumes lag auf ihnen und drückte sie so sehr, dass ihnen alles Geld aus den Beuteln und sogar hinter sieben Schlössern hervorquoll.«

In diesem zeitgenössischen Gleichnis, das die Gesellschaftspyramiden der modernen Soziologie vorwegnimmt, befinden sich zwischen dem einfachen Volk unten und dem Adel oben die Soldaten, »die sich jahrelang unter höchster Gefahr auf den untersten Ästen gehalten und durchgebissen hatten«, wie Simplicius erzählt. »Aber über ihnen saßen noch höhere, die sich auch etwas Höheres zu sein dünkten, weil sie die unteren kommandierten« – die Unteroffiziere. »Man nannte sie Wamsklopfer, weil sie den Pikenieren mit ihren Prügeln und Hellebarden auf den Rücken und den Kopf klopften und dafür sorgten, dass auch die Musketiere ihr Fett abbekamen.«

»Über diesen wies der Stamm des Baumes einen Abschnitt oder Absatz auf, ein glattes Stück ohne Äste«, fährt der Romanheld fort, »so dass kein Mann hinaufklettern konnte, so viel Mut, Geschicklichkeit oder Wissen er auch mitbringen mochte und so sehr er sich bemühte, es sei denn, er war von Adel. Denn dieses Stück war glatter poliert als eine Säule aus Marmor oder ein stählerner Spiegel.« Tatsächlich konnten nur extrem wenige Menschen niederen Standes das Stück zu den Offiziersrängen hinauf überwinden, darunter der populäre Reitergeneral Johann von Werth.

Auch die Menschen auf den obersten Ästen »hatten ihre Mühen, Sorgen und Anfechtungen«, aber »wenn ein Kriegskommissar daherkam und eine Wanne voll Geld über dem Baum ausschüttete, um ihn zu erquicken – dann fingen sie das Beste gleich oben ab und ließen so gut wie nichts zu den unteren durch«, weiß Simplicius zu erzählen. »So herrschte ein unaufhörliches Gekrabbel und Gekletter an diesem Baum, denn jeder wollte auf einem der oberen, glücklichen Plätze sitzen.«

Das Gleichnis, auch als Ständebaum-Allegorie bekannt, mutet immer noch modern an – nicht nur wegen des glatten Stück Stamms, das so manchem bekannt vorkommen dürfte, der sich beruflich hocharbeiten will. Das ständige Gekrabbel und Geklettter lässt eher an das moderne Ideal einer Leistungsgesellschaft denken als an das damalige Ideal einer Ständegesellschaft, die vom Wesen her statisch ist, da man in seinen Stand hineingeboren wird und dort in der Regel verbleibt. In den Armeen des Dreißigjährigen Kriegs war ein Auf- und Abstieg eher möglich – doch die erhöhte soziale Mobilität bedeutete keinen Abschied von der grundsätzlichen Idee, dass jeder Mensch seinen von Gott zugewiesenen Platz besaß. Diese Idee war das Fundament, auf dem das gesamte Gesellschaftssystem aufbaute, bis hin zur Spitze: Wenn der König oder Fürst seine Legitimation nicht von Gott erhielt, woher dann?

Entsprechend besessen waren die Menschen von Hierarchien. Nur sie boten Halt in einer haltlos gewordenen Welt, so schien es den Zeitgenossen. Alles musste über- und untergeordnet sein, eine Rangfolge besitzen: die Menschen und ihre Stände, aber auch die Städte, Fürstentümer und Königshäuser ebenso wie die Engel im Himmel, die Tiere auf Erden oder die Steine. Sichtbarer Ausdruck der Rangfolge waren Titel, Zeremonien und äußere Symbole, die eine ungeheure Bedeutung besaßen und entsprechend festgelegt werden mussten, um die gottgegebene Ordnung zu bewahren und vor Chaos zu schützen.

So regelten Verordnungen eine Fülle von Details des täglichen Lebens bis hin zu der Frage, wer was genau anziehen durfte. Die Frankfurter Polizeiordnung von 1621 etwa setzte es sich ausdrücklich zum Ziel, dass »ein jeder in seinem Stand unterschiedlich erkannt werden möge«. Dazu schrieb sie unter anderem vor, dass nur der erste Stand seidene Mäntel tragen durfte, der erste und zweite Stand seidene Strümpfe und der dritten Stand – wozu die Polizeiordnung unter anderem »vornehme Krämer« zählte – immerhin noch »seidene Spitzen, doch klein und bescheiden zu tragen«. Diese waren dem vierten Stand – »gemeinen schlechten Krämern wie auch allen Handwerksleuten« – »gänzlich verboten bei Strafe von sechs Reichstalern«. Und dem fünften Stand, unter anderem Kutschern, Fuhrleuten und Tagelöhnern, war solches »vornehme Zeug« grundsätzlich untersagt »bei Strafe von drei Reichstalern«.

Und das war nur ein kleiner Teil der Verordnung, die weiter regelte, wer welche Hutschnüre, Halskrausen und Ketten tragen durfte, wie viele Musiker und Essensgänge bei einer Hochzeit erlaubt waren und wie viele Gäste bei verschiedenen Feierlichkeiten anwesend sein durften, zum Beispiel: »Zu den Kindstaufen sollen nicht mehr als beim ersten Stand dreißig, beim zweiten und dritten zwanzig und bei den übrigen Ständen zehn paar Weibspersonen geladen werden bei Strafe von jeder Person ein Gulden.« Nur im Tod waren viele Standesgrenzen aufgehoben: Damit sich bei Begräbnissen niemand mehr in »große Unkosten« stürzt, soll es »einem jeden doch nicht erlaubt sein, sein verstorbenes Kind höher als mit zwei Gulden zu zieren, bei Strafe von sechs Reichstalern«.

Extrem detailversessen bei Etikettenfragen war man in der

Diplomatie. Oft war nicht festgelegt, welches Land weiter oben in der Hierarchie stand. Wenn eine diplomatische Gesandtschaft daher bei den zeremoniellen Abläufen nicht enorm aufpasste, etwa mit einer einfacheren Kutsche vorfuhr, konnte sie ungewollt signalisieren, dass ihr eigenes Land sich in der Rangfolge dem anderen unterordnete – und das galt es oft unbedingt zu vermeiden. Die Idee gleichberechtigter souveräner Staaten existierte damals noch nicht.

Also musste alles ebenso exakt wie umständlich ausgehandelt werden, mit zum Teil kuriosen Resultaten. So wurde auf dem deutschen Reichstag lange darüber debattiert, ob die Gesandten der Kurfürsten und der normalen Fürsten gleichermaßen ihre Stühle auf den Teppich stellen durften. Das Ergebnis war ein Kompromiss: Die kurfürstlichen Gesandten blieben ganz auf dem Teppich, die übrigen fürstlichen nur mit den vorderen Stuhlbeinen, nicht aber mit den hinteren.

Ungleich komplizierter wurde es natürlich auf dem Friedenskongress in Westfalen, der – von Kirchensynoden und -konzilien abgesehen – der erste große internationale Kongress aller Zeiten war, ein echtes Novum in der Geschichte der Diplomatie.

Schon bis zum Start des Kongresses vergingen Jahre: Am 25. Dezember 1641 schlossen der Kaiser, Frankreich und Schweden den Hamburger Präliminarvertrag, auch Hamburger Präliminarfrieden genannt. Darin vereinbarten sie, im westfälischen Münster und im 45 Kilometer entfernten Osnabrück Friedensverhandlungen aufzunehmen. Exakt drei Monate später sollte der Kongress laut Vertrag »feierlich eröffnet werden«. Aber alle Seiten ließen sich Zeit, denn jede hoffte, vorher noch ihre militärische Lage und damit ihre Verhandlungsposition zu verbessern. Erst im Mai 1643 wurden die beiden Tagungsstädte vertragsgemäß von ihren Pflichten gegenüber Kaiser und Landesherrn entbunden und für neutral erklärt. Die kaiserliche Garnison in Münster und die schwedische Besatzung in Osnabrück zogen ab, und beide Städte erhielten schriftliche Garantien, dass sie von keiner Kriegspartei angegriffen würden. Vertraglich vereinbart war zudem, dass »die Wege zwischen den beiden Städten für alle sicher sein« sollen, denn »beide Kongresse sollen als ein einziger angesehen werden«.

Die Friedenverhandlungen hätten nun beginnen können – wenn die Delegationen vor Ort gewesen wären. Aber auch die ließen sich Zeit: Über viele Monate hinweg trudelten die Gesandtschaften unter anderem des Kaisers, Spaniens, Frankreichs und Schwedens ein, und am 4. Dezember 1644 wurde der Friedenskongress endlich feierlich eröffnet – zwei Jahre, acht Monate und neun Tage nach dem vertraglich vereinbarten Termin.

Danach stritten die Gesandten erst einmal über ihre Rangfolge und die Sitzordnung. Der oberste französische Abgesandte wollte nur erscheinen, wenn er den Titel »Hoheit« erhielt. Die niederländische Republik forderte den Rang einer Monarchie ein. Der venezianische Vermittler und der Bischof von Osnabrück sprachen sich gegenseitig den Vorrang ab. Der Gesandte des Papstes ließ sich in der Hauptkirche einen Baldachin errichten, worauf die Franzosen forderten, dass dieser wieder entfernt werde. Und so weiter und so fort. Die Ehefrau eines französischen Gesandten war zu der Zeit schwanger, und einer der Teilnehmer prophezeite desillusioniert, dass ihr Kind erwachsen, gestorben und begraben sein werde, bevor der Kongress sein Ende findet.

Aber man kam auch auf pragmatische Lösungen, die erste Schritte bildeten auf dem Weg zum modernen Konzept gleichberechtigter souveräner Staaten, also zu einem diplomatischen Verkehr ohne zeitraubendes Hierarchiegerangel: So wurde etwa vereinbart, dass jeder königliche oder kurfürstliche Gesandte generell mit »Exzellenz« angesprochen wird und in einer Kutsche anreisen darf, die von sechs Pferden gezogen wird. Insgesamt verging ein halbes Jahr nur damit, alle Rangordnungs- und Etikettenfragen zu klären, die damals ja existentielle Bedeutung besaßen.

Heute mag man sich über den langsamen Fortschritt mokieren, aber auch moderne zwischenstaatliche Verhandlungen ziehen sich oft über Jahre ergebnislos hin – selbst bei Themen wie einem Freihandelsabkommen, die trivial erscheinen im Vergleich zu einem umfassenden Verständigungsfrieden nach Jahrzehnten Krieg. Und damals handelte es sich wahrhaft um einen Kongress der Superlative, für den es kein Beispiel in der Geschichte gab.

109 Delegationen nahmen offiziell teil. 16 europäische Staaten schickten eine Delegation, darunter Frankreich (dessen Gesandtschaft rund 600 Personen umfasste), Schweden (165 Personen), Spanien (113 Personen), Niederlande (acht Gesandte), Polen und Dänemark. Damit war fast ganz Europa vertreten, mit Ausnahme von England, Russland und der Türkei. Hinzu kamen 66 Delegationen, die von insgesamt 140 deutschen Fürsten und anderen Reichsständen kamen – manche Landesherren teilten sich eine Gesandtschaft. Die übrigen 27 Delegationen vertraten 38 weitere Interessensparteien, darunter die Reichsritterschaft und die Hanse.

In Münster logierten vorwiegend die Katholiken, darunter die Delegationen Frankreichs, Spaniens und der meisten katholischen deutschen Fürsten. In Osnabrück fanden sich vor allem die Protestanten ein, unter anderem die Gesandtschaften Schwedens und der meisten evangelischen Fürsten. Die Vertreter des Kaisers verhandelten an beiden Standorten. Dabei gab es keine Kongresszentren im modernen Sinn. Vielmehr tauschten sich die Delegierten in ihren Gemächern aus: In Münster schickten sie vorwiegend Schreiben hin und her und verzichteten lange auf einen direkten Kontakt, während sie in Osnabrück sich gegenseitig besuchten und vor allem mündlich verhandelten.

Münster zählte damals rund 11 000 Einwohner, Osnabrück rund 7000. Für die beiden Städte bedeuteten die Tausenden Besucher einerseits eine willkommene Einnahmequelle – es wurde natürlich nicht nur trocken verhandelt, sondern auch im großen Stil gefeiert, gezecht und getanzt. Andererseits fehlte es an Wohnraum, zumal auch zahlreiche Händler, Maler, Gaukler, Prostituierte und Bettler herbeiströmten. Die finanzstarken

Delegationen zogen in die Stadtpaläste der Adligen aus dem Umland, die ärmeren mieteten Bürgerhäuser an. Oft herrschte drangvolle Enge: Die 29 Mitglieder der bayerischen Delegation mussten sich 18 Betten teilen. Und der Schweizer Gesandte hauste in einem Raum, der sich über einem Geschäft befand und nach Wurst und Fischöl stank.

Der französische Chefunterhändler Longueville hingegen richtete es sich gemütlich ein: Er ließ seine Gemahlin nachkommen und einen Garten um sein Domizil anlegen. Damit signalisierte er reihum, dass er problemlos auf Zeit spielen konnte. Keine Eile zeigte auch der schwedische Chefgesandte Johan Oxenstierna. Der Sohn des Reichskanzlers Axel Oxenstierna war in der Regel schon nachmittags zu betrunken, um noch verhandeln zu können, und fiel vor allem durch sein arrogantes Auftreten auf. Jedes Mal, wenn er sich schlafen legte, wieder aufstand oder zum Essen begab, ließ er dieses bedeutsame Ereignis mit Pauken und Trompetenschall verkünden, so dass es in ganz Osnabrück zu hören war. »Ein hochintoniertes, aufgeblasenes Subjectum«, notierte ein französischer Gesandter abschätzig.

Die tatsächlichen Majestäten hingegen ließen sich in Münster und Osnabrück nie blicken. Der Kongress blieb ein reiner Gesandtenkongress, was die komplizierten Verhandlungen noch weiter verzögerte. Denn es kostete die Delegierten viel Zeit, mit ihren Kaiser-, Königs- oder Fürstenhäusern Rücksprache zu halten, auch wenn bereits ein Postsystem existierte. Dieses hatte die Familie Taxis seit dem vorhergehenden Jahrhundert systematisch ausgebaut: Es existierten feste Post-Hauptlinien, etwa von Brüssel durch West- und Süddeutschland nach Rom, zudem Verbindungen mit Anschlüssen an Köln, Hamburg, Wien und Prag. Das Netz wurde immer dichter, die Abstände zwischen den Poststationen schrumpften und betrugen zu Beginn des Dreißigjährigen Kriegs nur noch um die 15 Kilometer – dann konnte ein Postreiter seinen Postsack an einen Kollegen übergeben, der mit frischen Pferden weiterritt.

Trotzdem benötigte ein Brief von der Kongressstadt Osnabrück in die schwedische Hauptstadt Stockholm noch 20 Tage, von Münster nach Paris oder Wien zehn, nach Madrid 30 bis 40 Tage. Es vergingen also mehr als zwei Monate, bis ein spanischer Gesandter bei Rückfragen an seine Regierung eine Antwort erhielt – sofern der Brief in den unsicheren Kriegszeiten überhaupt ankam. Wichtige Botschaften sandte man daher mehrfach ab, und man verschlüsselte den Text, damit kein Feind an Geheiminformationen kam.

Zusätzlich verzögerten sich die Verhandlungen noch dadurch, dass der Krieg die ganze Zeit unvermindert weiter tobte. Die Delegationen schielten stets mit mindestens einem Auge auf die Kriegsnachrichten, denn jeder militärische Erfolg der eigenen Seite führte dazu, dass man seine Forderungen hochschrauben konnte, während umgekehrt Niederlagen nachgiebiger machten. Wer sich also gerade auf der Siegerstraße wähnte, der verschleppte die Gespräche gerne, um in eine bessere Verhandlungsposition zu gelangen. Das grundsätzliche Problem dabei war: Irgendeine Seite sah sich während der Kämpfe immer gerade auf der Siegerstraße. Nur in den Wintermonaten, in denen die Heere in ihren Quartieren ruhten, konnten die Delegierten ungestört nach Kompromissen suchen. »Die Friedensverhandlungen erwärmen sich im Winter und kühlen sich im Frühjahr ab«, erklärte der französische Gesandtschaftskaplan. »So haben die Männer des Krieges und des Friedens abwechselnd ihre Beschäftigung.« Spätere Diplomatengenerationen lernten daraus, wie sinnvoll die Institution eines Waffenstillstands während der Verhandlungen ist.

1646
Im Wechselbad von Diplomatie und Militär

Als 1646 die Friedensgespräche endlich vorankamen, begannen sich die Schachzüge auf dem Feld des Militärs und auf dem der Diplomatie zunehmend zu vermengen. So versuchte Frankreich sowohl durch Truppeneinsätze als auch durch Verhandlungen, Bayern zu einem Waffenstillstand zu drängen, um einen hartnäckigen Feind aus der westlichen Kriegsarena zu entfernen und den Kaiser zu isolieren. Schweden war dies bereits auf dem nordöstlichen Kriegsschauplatz gelungen: Es hatte 1644 mit Brandenburg und 1645 mit Sachsen Waffenstillstand geschlossen.

Den ersten Zug unternahm Frankreich auf dem militärischen Feld: Es vereinbarte mit Schweden eine gemeinsame Offensive gegen Bayern. Als die schwedische Armee wie verabredet im Mai 1646 zum Rhein marschierte, um sich dort mit dem französischen Heer zu vereinen, fand sie niemanden am Treffpunkt vor – die Franzosen waren verschwunden. Frankreichs Erster Minister Mazarin hoffte nämlich, Bayern auf dem Feld der Diplomatie zum Ausstieg aus dem Krieg zu bewegen. In einer Art Charmeoffensive übergaben die Franzosen den Bayern sogar den geheimen Feldzugsplan, den sie zuvor mit den Schweden erarbeitet hatten, wie der Historiker Peter Englund berichtet.

Die Bayern reagierten aber nicht wie erhofft, sondern nutzten die Gelegenheit rein militärisch: Sie schickten ihre Truppen gemeinsam mit kaiserlichen Einheiten der alleingelassenen schwedischen Armee entgegen. Peter Hagendorf brach am 11. Mai 1646 aus dem Winterquartier im schwäbischen Nördlingen auf und begab sich mit seinem bayerischen Regiment nach Hessen: »Am 3. Juni sind wir zu den Kaiserlichen gestoßen bei Friedberg«, teilt er mit. Die Schweden zogen sich daraufhin nach Amöneburg zurück, das gut 50 Kilometer nördlich davon liegt. Die vereinte kaiserlich-bayerischen Armee folgte dorthin und verschanzte sich in der Nähe des Feindes: »Da haben wir einander angeschaut«, erzählt der Söldner.

In den schwedischen Stellungen befanden sich 26 000 Mann, in den kaiserlich-bayerischen 40 000. Diese erhielten bei weitem nicht genug Nachschub: »Hier ist das Brot gar klein geworden bei uns«, umschreibt Hagendorf die folgende Hungersnot im Heerlager. Hitze und Wassermangel kamen hinzu, Krankheiten machten sich breit, und die kaiserlich-bayerischen Soldaten verstarben wieder einmal in bedenklicher Zahl, ohne dass es zu nennenswerten Kämpfen kam.

Schließlich zogen sie sich südwärts zurück und gruben sich an ihrem ersten Treffpunkt ein: »Nach Friedberg, bei dem Kloster geschanzt«, berichtet Hagendorf, der sich erneut als geschäftstüchtiger Überlebenskünstler zeigte: »Hier habe ich einen Backofen in die Erde gegraben und den Reitern und Musketieren Brot gebacken.«

Frankreichs Regierung hatte inzwischen eine neuerliche Wende vollzogen: Nachdem die Charmeoffensive gegenüber Bayern erfolglos geblieben war, schickte sie den Schweden doch 8000 französische Soldaten zu Hilfe. Diese trafen im August bei den schwedischen Stellungen nahe Amöneburg ein und wurden mit freudigen Salutschüssen begrüßt. Die vereinte schwedisch-französische Armee marschierte nun nach Süden, hin zum eingegrabenen kaiserlich-bayerischen Heer – und umkurvte dieses einfach. Hagendorf erzählt: »Den 13. (*August*) kam der Feind auf uns, ging bei uns vorüber nach Windecken«, das weiter südöstlich liegt. Die überrumpelten kaiserlich-bayerischen Truppen konnten nur noch den schwedischen und französischen Kolonnen hinterherhetzen, einmal auch mit Kanonen auf sie schießen, »aber es war umsonst«, beklagt Hagendorf. Die Schweden und Franzosen hängten ihre Verfolger ab und hatten freie Bahn nach Südosten. Bayern lag offen vor ihnen da.

Hagendorfs Truppe gab die Verfolgung auf und zog sich erst

nach Friedberg, dann ins hessische Runkel an der Lahn zurück. Dort forderten vermutlich der Hunger und die Entbehrungen der vergangenen beiden Monate ihren schrecklichen Tribut: »Den 22. August ist mein Töchterlein gestorben. Margareta †4. Gott verleihe ihr eine fröhliche Auferstehung.« Das fünfte Kind von Hagendorf und seiner Frau Anna Maria Buchlerin war nur neun Monate und 19 Tage alt geworden. Unser Söldner hatte damit bereits acht Kinder verloren, aber wenigstens eines lebte noch: Melchert Christoff, der am 6. August 1646 seinen dritten Geburtstag feierte.

»Den 29. sind wir wieder aufgebrochen«, fährt Hagendorf fort. Das kaiserlich-bayerische Heer eilte via Würzburg zurück nach Bayern, ohne unseren Söldner, wie er mitteilt: »Den 4. (*September*) bin ich wieder mit den Kranken und Geschädigten nach Würzburg gekommen« – wie schon im Vorjahr. »Von allen Regimentern sind es gewesen 143 Mann, von dieser Mannschaft sind gestorben 42 Mann. Da sind wir gelegen bis auf den 15. November.«

Anschließend zog Hagendorf nach Osten und nach Süden, seiner Armee hinterher, musste aber in Auerbach in der Oberpfalz einen mehrwöchigen Zwischenstopp einlegen: »Hier bin ich samt Frau und Kind krank geworden, dazu auch das Pferd. Bin hier verblieben bis zum 28. Dezember«, vermerkt er. Danach ging es südwärts auf München zu. 50 Kilometer vor der Hauptstadt stieß unser Söldner am 11. Januar 1647 wieder zum kaiserlich-bayerischen Heer.

Hagendorf befand sich jetzt mitten in Bayern, einem Land voll frischer Wunden und Narben: In der Zwischenzeit waren die Schweden und Franzosen in das Kurfürstentum eingebrochen, hatten weite Gegenden verwüstet, Städte belagert, sich Gefechte mit kaiserlich-bayerischen Truppen geliefert – und unvermittelt kehrtgemacht, nach einer erneuten diplomatischen und militärischen Kehrtwende der Regierung Frankreichs. Hagendorf hatte nichts davon miterlebt, war durch Krankenbetreuung und eigene Krankheit fern des Geschehens geblieben. Und so findet sich nichts von den dramatischen Ereignissen in seinem Tagebuch – dafür umso mehr in den Aufzeichnungen des Abtes Friesenegger, der unmittelbar betroffen war.

* * *

Das erste Halbjahr 1646 verlief noch ruhig im oberbayerischen Andechs. »Wir lebten bis in den Monat Juli in ziemlich guter Hoffnung des Friedens«, erzählt Maurus Friesenegger.

Dann kam das erste böse Vorzeichen: »Zu Anfang Juli aber erging der strengste Befehl, alsbald sechs Pferde – drei für das Fuhrwesen und drei für die Kavallerie – zu stellen.« Und kurz darauf »war schon wieder ein noch strengerer Befehl da«, berichtet unser Abt, »noch zwei Pferde zu schicken zur Strafe meines Ungehorsams. Da ich mich aber keines Ungehorsams schuldig wusste, so schickte ich keines, mich überzeugend, dass solche irrigen und abscheulichen Befehle von höchster Stelle nicht sein können.« Frieseneggers Strategie des Ignorierens blieb erfolgreich, sein Tagebuch erwähnt keine weiteren Sanktionen der Behörden.

»Unterdessen hörten wir wieder Verschiedenes von Krieg, von Frieden und Missgeschicken unserer Waffen«, notiert der 56-Jährige im August 1646, als sich die schwedisch-französische Armee rasch auf Bayern zubewegte. Dort beriefen die Behörden die wehrpflichtigen Jäger, Schützen und die Landmiliz ein, »und das schreckte uns nicht wenig«, schreibt Friesenegger angesichts der Zeichen des nahenden Kriegs.

Am 3. September 1646 überbrachte ein Eilbote die Anweisung, »unseren Schatz alsbald nach München zu bringen«. Der Abt gehorchte, und schon am nächsten Tag stand eine Gruppe seiner Mönche mit den kostbaren Reliquien vor den Toren der 35 Kilometer entfernten Landeshauptstadt. Doch die Gottesmänner wurden bei Tageslicht nicht hereingelassen, erst heimlich in der Nacht, »um den Münchnern keine neue Furcht zu machen, da ohnedies schon alles in höchster Bestürzung war«, so Friesenegger. Die Behörden versuchten offenbar, eine Panik zu verhindern.

Am 7. September 1646 allerdings verließ Kurfürst Maximilian persönlich die Hauptstadt München »und begab sich mit seinem Hof auf die Flucht nach Wasserburg«, das rund 50 Kilometer weiter östlich liegt. Wie unser Tagebuchautor mitteilt, kam es daraufhin zu einer Kettenreaktion: »Da der Kurfürst die Stadt verlassen hat, ist ihm der größte Teil der Einwohner – besonders die Adligen und Vermögenden – gefolgt.« In die verlassenen Häuser flüchteten daraufhin »die Bauern und der Pöbel« vom Land, »welche mit Wägen und ihrem geflüchteten Plunder die Stadt so angefüllt haben, dass man kaum einen Durchgang mehr fand. Und so wurden auch Dörfer und die kleineren Städte fast ganz verlassen, und alles flüchtete sich in das Elend, meistenteils ohne zu wissen wohin. O! Welch ein allgemeiner Jammer!«

Am 12. September erfuhr Friesenegger »ganz sicher«, wie er betont, dass die Schweden darangingen, die Donau Richtung Bayern zu überqueren. »So entschloss auch ich mich zur Flucht.« Er teilte dies seinen Leuten mit und stellte ihnen frei, ebenfalls zu fliehen. Fast alle entschlossen sich zu gehen, nur zwei Mönche sowie ein Viehwirt und der Richter »blieben beim Kloster, so lang es immer möglich sein werde«.

Am nächsten Tag zog Friesenegger los. Seine ersten Ziele waren Orte weiter südlich in Bayern: »Ich nahm meinen Weg nach Weilheim und Polling und sah unterwegs Dinge, die kaum auszuhalten waren. Ich sah Kinder, von denen jedes mit seinem Päckchen daherging und weinte, Mütter, die mehrere Kinder – zwei auf dem Rücken und eines auf dem Arm – daherschleppten, Männer, die mit Kleidern, Nahrungsmitteln, Kranken und Kindern beladene Karren mühsam hinzogen«, schildert der Abt die Not der Flüchtenden. »Und dies waren meistens meine lieben Untertanen und sonst geschätzte Nachbarn. Wenn ich fragte, wohin sie ziehen wollen – und ich fragte nur einmal, die weitere Frage unterdrückte der Schmerz –, so war die Antwort: ›Wo Gott und unser Schutzengel uns hinführt, ich weiß es noch nicht.‹ Und so mag es wohl auf allen Straßen ausgesehen haben.«

»Und vielleicht noch erbarmungswürdiger«, fügt Friesenegger an, seien die Zustände vor München, »wo sich so viel Landvolk zusammenhäufte, dass die Stadt es nicht mehr fasste. Die einen wurden mit Schlägen von den Toren weggetrieben, die anderen – was noch schändlicher war – mussten ihren Eintritt mit Geld erkaufen. Viele Familien mussten bei sehr kaltem Wind und Regen unter freiem Himmel mit ihren Kindern auf ihren Wägen und Karren zubringen, wobei viele Kleine halb und ganz erstarrten, und andere gar von dem Vieh und den Pferden zertreten wurden. Das Geplärr des Rindviehs, das Wiehern der Pferde, das Weinen der Kinder, das Heulen der Mütter machten ein fürchterliches Spektakel.«

Die Szenen vor München hatte unser Tagebuchautor nicht selbst erlebt. Er setzte seinen Weg Richtung Südosten fort: »Auf meiner weiteren Reise von Polling nach Benediktbeuren, Tölz, Gmund und Tegernsee traf ich Ortschaften voll von flüchtenden Elenden an, die sich den Bergen und Alpen näherten, wo sie jedoch nichts als Schnee und Winter vor sich sahen.« Am Tegernsee, rund 50 Kilometer von Andechs entfernt, nahm Friesenegger sein Flüchtlingsquartier.

Derweil rückten die Schweden und Franzosen von der Donau weiter nach Süden vor. »Den 25. September fingen die Feinde an, Augsburg zu belagern«, berichtet der Abt. Die Invasoren plünderten und raubten wie gewohnt die Umgebung aus und verwandelten die Dörfer ringsum in Flammenmeere. Dabei kam es zu Scharmützeln mit kaiserlich-bayerischen Einheiten, wovon einzelne Soldatentrupps zeugten, die zu jener Zeit in Andechs und dem zugehörigen Dorf Erling vorbeikamen: »Den 9. Oktober rückte eine ganze Schwadron kaiserlicher Reiter mit mehreren schwedischen Gefangenen und 80 derer Pferde in das Dorf ein, um zu übernachten. Sie brachen alle Häuser mit Gewalt auf und plünderten auf die feindlichste Art«, schimpft Friesenegger, der später von den Ereignissen erfuhr. »Also machten sie auch bei uns wahr, was man allgemein sagte, dass die Kaiserlichen bei diesem Einfall um einiges ärger waren als die Schweden selbst.« Wieder bestätigte sich, was die Bewohner von Andechs bereits in den 1630er Jahren erleben mussten: Jede Armee gleich welcher Seite bedeutete eine Katastrophe.

Der Abt warf jetzt sogar die Frage auf, wer der schlimmste Feind im Land sei – und er kam zu einer Antwort, bei der die religiöse Zugehörigkeit in den Hintergrund trat: »Seit die Kaiserlichen in Bayern eingerückt sind«, klagt Friesenegger über die gleichfalls katholischen Verbündeten, »so wünschte sich jedermann die noch besseren Schweden. Wer sich nicht schon vorher weit weg geflüchtet hat, der musste sich jetzt in Wäldern und auf finsteren Abwegen verbergen. Weder in den Häusern noch auf den Wegen entging jemand ihrer Barbarei und ihrem Mutwillen. Sie raubten, plünderten und marterten, ohne zu denken, dass sie Menschen sind und mit Menschen umgehen. Ohne Unterschied des Alters und des Geschlechts banden sie die Menschen, entblößten sie ganz und schändeten die einen zu Tode, und die anderen jagten sie bei sehr kalter Herbstzeit ganz nackt von sich. Solche Bestien macht der anhaltende Krieg aus den Menschen!«

Mitte Oktober 1646 erschien das kaiserlich-bayerische Heer vor Augsburg, um die Stadt zu entsetzen. Schwedens Feldherr Wrangel brach daraufhin die Belagerung ab und zog sich nach Schwaben zurück. Die Kaiserlich-Bayerischen folgten ihm, woraufhin Wrangel einen großen Bogen durch Schwaben machte – und wieder nach Bayern hineinzog, das nun ungeschützt vor ihm dalag.

Der Hauptteil der schwedisch-französischen Armee blieb zunächst westlich des Ammersees. Von dort schwärmten Einheiten aus, umgekehrt ließen sich nach einer Weile auch wieder kaiserliche und bayerische Soldaten blicken. Die Andechser auf der Ostseite des Sees waren bei vielen dieser Trupps »unwissend, ob sie Freunde oder Feinde wären« – was machte es schon für einen Unterschied? Und so hält Friesenegger in seinen Aufzeichnung nur fest, dass zu dieser Zeit Soldaten nach Andechs kamen, aber nicht welche: »Besonders marschierten den 7. November ungefähr 150 auf dem Münchner Weg auf das Kloster zu und nahmen ohne Komplimente (*Höflichkeiten*) Quartier. Der Frater Johannes (*einer der beiden verbliebenen Mönche*) machte sich mit ihnen ganz bekannt und gab ihnen an Kost und Bier, was er vermochte, und sie waren zufrieden. Sie blieben mehrere Tage«, so Friesenegger. »Endlich beim Abmarsch waren sie höflicher als bei der Ankunft und verehrten dem Frater Johannes ein Pferd zur Erkenntlichkeit.« Selbst in der Endphase dieses Kriegs gab es also Soldatentrupps, die sich anständig verhielten und sogar großzügig zeigten. Niemand verhielt sich automatisch gut oder böse, es kam immer noch auf den Einzelnen an.

Das zeigte auch die Belagerung des befestigten Städtchens Weilheim, das um die 2000 Einwohner zählte und nur 15 Kilometer südlich vom Kloster Andechs liegt. »Den 8. November marschierten 4000 Schweden oder Franzosen auf Weilheim los« und beschossen die Stadt den ganzen folgenden Tag, doch die Weilheimer lehnten alle Kapitulationsaufforderungen ab, wie Friesenegger schreibt. »Spätabends überstiegen die Feinde auf Leitern die Stadtmauern, versprengten die dort aufgestellten Musketiere«, eroberten den Ort und plünderten wie gewohnt.

Aber anders als etwa Tilly in Magdeburg 1631 gaben die schwedischen Kommandanten die Zivilisten nicht einfach der Willkür ihrer Soldaten preis: »Die Frauen und Kinder mussten auf ihren Befehl in das Pfarrgotteshaus und in noch ein und das andre Privathaus zusammengebracht und an Ehre und Leben unverletzt erhalten werden«, notiert Friesenegger. Der Stadtpfarrer von Weilheim listet später in seinem Sterbeverzeichnis 13 Todesopfer durch die Schweden auf: elf Männer und zwei Frauen – vergleichsweise wenige für eine gewalttätige Eroberung.

Am nächsten Tag forderten die Schweden 5000 Gulden, andernfalls werde Weilheim »mit Feuer und Schwert ganz verheert«. Die Bürger bezahlten brav die Brandschatzungssumme – brandschatzen bedeutete damals, Geld dafür zu fordern, dass man einen Ort nicht abfackelte – »und dafür wurde Weilheim für die Zukunft von aller Sorge und Gefahr freigesprochen«. Die Erstürmung der Stadt hatte damit zwar zur üblichen Plünderung und Gelderpressung geführt, aber nicht zu den Massakern, Vergewaltigungen und sinnlosen Zerstörungen, die sich in Magdeburg und so vielen anderen Orten ereignet hatten. Der Einzelne, in diesem Fall der schwedische Befehlshaber, hatte den Unterschied gemacht.

Mitte November 1646 kam die überraschende militärisch-politische Kehrtwende Frankreichs: Dessen Erster Minister Mazarin befahl seinen Streitkräften, Bayern zu verlassen – er hatte dem bayerischen Kurfürsten seine Macht demonstriert und wollte nun wieder die Waffenstillstandsverhandlungen mit ihm voranbringen. Außerdem wollte er verhindern, dass sich Schweden in Süddeutschland festsetzt, denn eine protestantische Großmacht konnte das katholische Frankreich nach dem Krieg dort nicht gebrauchen.

Der schwedische Oberbefehlshaber Wrangel sah das naturgemäß anders und folgte nur widerwillig den französischen Verbündeten. Während des Rückzugs nach Schwaben ließ er noch einmal systematisch das Land ringsum verwüsten, so dass die Menschen in der Region »neben anderen Qualen, Plünderungen und Tyranneien sehr viele Häuser, halbe und ganze Dörfer im feindlichen Feuer verloren haben«, wie Friesenegger klagt. Am 23. November 1646 setzen die Schweden und Franzosen über den Lech, und der Alptraum war für die Bayern beendet – vorerst.

»Also beschließen wir dieses kriegerische und stürmische Jahr nunmehr in Frieden«, resümiert Friesenegger, der bald darauf heimkehrte: »Am 24. Januar 1647 kam ich aus meinem Exil, der wahrhaft guten Herberge am Tegernsee, zu meiner und der Meinen größten Freude zu Hause auf dem heiligen Berg an. Und fand alles in besserem Zustand vor, als ich hätte vermuten können«, teilt er außergewöhnlich gut gelaunt mit. Das Kloster Andechs und das Dorf Erling waren relativ glimpflich davongekommen: Zwar fehlten Nahrungsmittel, Futter und zahlreiche Nutztiere, aber den Erlingern blieb »noch für den Winter zu essen und für das Frühjahr zu säen übrig«. Und das Kloster hat »an Gebäuden und Möbeln, auch an Pferden keinen Schaden gelitten«. Wer den größten Beitrag dazu leistete, erkennt unser Abt so offen an, wie man es sich von einem Vorgesetzten nur wünschen kann: »Das haben wir vorzüglich unserem Frater Johannes Schöffmann zu verdanken, der das Kloster niemals verlassen hat und der mit den Soldaten sehr wohl umzugehen wusste.«

1647/48
Verwirrung

Im Frühjahr 1647 beschloss der populäre Reitergeneral Johann von Werth zu desertieren. Aber er schlich sich nicht heimlich davon, das hätte nicht zu dem kühnen Haudegen gepasst. Der etwa 56-Jährige, der als Bauernsohn einen spektakulären Aufstieg vollbracht hatte, plante auch jetzt Spektakuläres: nicht allein, sondern mit der gesamten Armee wollte er seinen kurfürstlichen Dienstherrn verlassen. Zum Sommeranfang sandte Werth Boten zu den bayerischen Regimentern mit dem Befehl, aus ihren Quartieren aufzubrechen und sich zu bestimmten Orten zu begeben, unter anderem nach Vilshofen nahe Passau. Dort wartete der Reitergeneral, um mit den Truppen über die Donau nach Böhmen zu ziehen.

Anfang Juli erfuhr Bayerns Kurfürst Maximilian, dass sich seine Regimenter ohne sein Wissen landesweit in Marsch gesetzt hatten und ein beispielloses Komplott im Gange war. Der 74-jährige Landesherr schickte nun seinerseits Eilboten durch ganz Bayern. Diese versuchten zum einen die Truppen zurückzurufen, zum anderen erklärten sie Werth allerorts zum meineidigen, ehrlosen Verräter. Und sie setzten ein Kopfgeld von 10 000 Talern auf ihn aus, tot oder lebendig. Wie konnte es nach mehr als eineinhalb Jahrzehnten, in denen Werth seinem Kurfürsten treu diente, so weit kommen?

Der Anlass war die Entscheidung Maximilians, aus dem Krieg auszusteigen, den er seit fast 30 Jahren an der Seite des Kaisers führte. Doch jetzt, nach dem verheerenden Einfall der schwedisch-französischen Armee 1646 in sein Land, hatte der Bayernfürst genug: Am 14. März 1647 schloss er via Gesandte in Ulm einen Waffenstillstand mit Schweden und Frankreich »bis zum erfolgenden Generalfrieden im Reich«, wie es in dem Vertragswerk heißt. Dass er den Kaiser im Stich ließ, begründete Maximilian so: »Er könne es als Regent vor seinem Gewissen nicht verantworten, sein Land und seine Leute als Brandopfer für das Haus Österreich darzubringen.«

Damit hatte Ferdinand III. im Frühjahr 1647 keinen bedeutenden Verbündeten mehr in Deutschland, er war effektiv ein Kaiser ohne Reich. Der Krieg schien entschieden.

Bayerns Reitergeneral Werth war bestürzt über den Waffenstillstand, der den überzeugten Kämpfer für das Deutsche Reich in einen Loyalitätskonflikt stürzte: Werth fühlte sich nicht nur seinem Dienstherrn Maximilian verpflichtet, sondern auch seinem Kaiser. Und dieser forderte die bayerischen Offiziere auf, ihm als Reichsoberhaupt Gehorsam zu leisten, also zu seinen Armeen überzulaufen.

Schließlich entschied sich Werth für die Sache des Kaisers. Über die Gründe für diesen Entschluss diskutieren die Historiker seitdem. Manche sehen persönliche Motive: Der ehrgeizige Aufsteiger habe sich von Maximilian zurückgesetzt gefühlt, denn der Bayernfürst hatte den ungebildeten Bauernsohn mehrmals übergangen, als der Posten des Oberbefehlshabers über die gesamte bayerische Armee frei wurde. Andere Autoren argumentieren, Werth habe aus Patriotismus gehandelt. Vielleicht liebte der Haudegen auch einfach den Kampf und den Krieg, die sein Lebensinhalt waren. So konnte sich Werth auch nach 1648 nicht des Friedens erfreuen, sondern hoffte noch bis kurz vor seinem Tod im Jahr 1652 auf einen neuerlichen Krieg gegen Frankreich.

Im Juli 1647 kam es zum Showdown zwischen Werth und Maximilian. Würden die bayerischen Regimenter ihrem beliebten Reitergeneral folgen und mit ihm über die Donau aus Bayern hinausziehen? Auf der anderen Seite des Stroms wartete bereits ein Abgeordneter des Kaisers, um die Einheiten mit offenen Armen zu empfangen und unter Eid zu nehmen. Oder blieben die Truppen ihrem Kurfürsten treu?

Nach einer Phase der Verwirrung lehnten sich die Soldaten gegen ihren eigenen General auf: Erst erhoben Einzelne laut ihre Stimme, so wird überliefert, dann breitete sich der Tumult unter den Mannschaften aus, und schließlich rief auch ein Oberst: »Vivat der Kurfürst von Bayern!«

Das Komplott brach zusammen. Die große Mehrheit der Soldaten wollte nicht gegenüber Maximilian eidbrüchig werden, und sie wollte nicht in den Dienst des Kaisers treten, der schlecht bezahlte, wie es hieß. Nur wenige Offiziere und vereinzelte Einheiten stellten sich auf die Seite von Werth. Dieser floh mit seinem Generalwachtmeister und einigen Dienern zur böhmischen Grenze, wo der kaiserliche Abgeordnete anstatt der erhofften 20 000 Soldaten nur dieses kleine Häuflein in Empfang nehmen konnte.

Kaiser Ferdinand III. erwies den unglücklichen Überläufern trotzdem alle Ehren. Er nahm Werth feierlich als General der Kavallerie in seine Armee auf – und hatte damit zumindest einen kompetenten Heerführer gewonnen. Daran mangelte es den kaiserlichen Truppen nach wie vor. Der Oberbefehl hatte zuletzt rasch gewechselt: Gegen Ende 1646 war Ferdinands Bruder Leopold Wilhelm nach einem enttäuschenden Kriegsjahr erneut von dem Amt zurückgetreten. Der Kaiser fasste daraufhin den wahnwitzig anmutenden Entschluss, ausgerechnet den schon zweimal – 1639 und 1645 – geschassten Alkoholiker und »Heerverderber« Gallas ein drittes Mal zum Oberbefehlshaber zu ernennen. Doch diesmal kam Gallas nicht mehr dazu, ein kaiserliches Heer in den Untergang zu führen: Er erkrankte schwer, legte sein Amt nieder und starb am 25. April 1647, nur viereinhalb Monate nach seiner Berufung.

Das Oberkommando über die kaiserlichen Armeen erhielt daraufhin der 58-jährige Peter Melander von Holzappel. Er war wie Werth ein Bauernsohn, aber Calvinist – und damit gleich in doppelter Hinsicht der wohl unwahrscheinlichste Aufsteiger in das höchste militärische Amt. Der gebürtige Hesse hatte in den ersten beiden Kriegsjahrzehnten für die Protestanten gegen die Kaiserlich-Katholischen gekämpft, und nachdem sich der Krieg der Religionen in einen Krieg der Nationen gewandelt hatte, begab er sich 1640 in die Dienste seiner früheren Feinde. Diese waren so froh um einen fähigen Mann, dass nun mit Holzappel ein sogenannter Ketzer die Armeen des erzkatholischen Kaisers führte.

Schweden und Frankreich sahen sich offenbar schon auf der Siegerstraße – und schraubten ihre Forderungen für einen Friedensschluss entsprechend in die Höhe. Unter anderem forderte Schweden 20 Millionen Taler für die Abdankung seiner Armee, eine ungeheure Summe, die Kurfürst Maximilian und den anderen deutschen Landesherrn schier unbezahlbar erschien. Der Kaiser hingegen lockte den Bayernfürsten mit großzügigen finanziellen und politischen Angeboten und versuchte ihn so zu überzeugen, doch wieder an seine Seite zurückzukehren. Am 14. September 1647 schließlich kündigte Maximilian den Waffenstillstandsvertrag, der noch nicht formal ratifiziert war, und trat erneut in den Krieg ein.

Schwedens Feldherr Wrangel reagierte verwirrt und wütend auf die bedrohliche Nachricht, dass die bayerische Armee plötzlich wieder sein Feind war. Empört schrieb er einen Brief an Maximilian und zieh ihn des Wortbruchs: »Eher hätte ich eine Laune des Himmels erwartet, als dass ein so hoher Potentat etwas Derartiges begehen würde, das die ganze ehrliche Welt mit Abscheu erfüllt.«

Maximilian ließ sich davon nicht beeindrucken und sandte den Großteil seines knapp 20 000 Mann starken Heeres nach Böhmen. Dort sollten sich seine Soldaten mit den kaiserlichen Truppen gegen die Schweden vereinen – aber nur, wenn der Kaiser den Überläufer Werth aus seiner Armee entfernte, verkündete Maximilian unversöhnlich. Ferdinand III. konnte den Zorn des Bayernfürsten nicht beschwichtigen, gab schließlich nach und verordnete seinem Reitergeneral Werth eine Zwangspause vom Krieg.

Etwa ein Drittel des bayerischen Heeres bekam einen anderen Auftrag: Es sollte in Schwaben gegen die dortigen schwedischen Stützpunkte vorgehen – nicht aber gegen die Franzosen, die Maximilian aus den neu entflammenden Kämpfen heraushalten wollte. Unter den abkommandierten Soldaten befand sich unser Söldner Peter Hagendorf, für den eine lange Ruhephase zu Ende ging: Vom 26. Februar 1647 bis zum Ende des Waffenstillstands Mitte September desselben Jahres lebte er mit seiner Familie in Braunau und im nahen Altheim, damals Orte in Niederbayern, heute in Österreich. »Braunau liegt dicht am Inn. Ist ein böses Wasser, es tritt schnell über die Ufer, wenn es nur ein wenig regnet. Ist schiffreich«, vermerkt der Tagebuchautor. »Den Winter zu Braunau ist mein Quartier gewesen bei Apollonia, Geschichtsschreiberin und Witwe, ehe ich nach Altheim gekommen bin.« Mehr erfahren wir nicht über das gute halbe Jahr, das offenbar friedlich und ereignisarm vorüberging.

In dieser Zeit fasste der Söldner wohl den Entschluss, seinen mittlerweile vierjährigen Sohn nicht mehr den Gefahren und Härten des Kriegs auszusetzen. Er knüpfte Kontakte zur örtlichen Pfarrgemeinde St. Laurenz und vollbrachte wieder eine beachtliche organisatorische Leistung, so wie sechs Jahre zuvor, als er seiner kranken Frau Pflegestellen beschaffte. Hagendorf erzählt: »Als wir aufgebrochen sind, habe ich meinen Sohn Melchert Christoff zu Altheim bei dem Schulmeister zu St. Laurenz gelassen. Muss geben im Jahr 10 Gulden und Kleider.« Für den Söldner waren das drei Viertel seines Monatslohns – als niedriger Unteroffizier verdiente er 13 Gulden im Monat, gut das Doppelte eines einfachen Soldaten. Wie es sich für ihn und seine Frau anfühlte, ihr einziges überlebendes Kind so jung zurückzulassen, verrät der Tagebuchautor wieder einmal nicht.

»Wir sind mit dem Regiment gezogen«, fährt Hagendorf stattdessen fort, »nach München, eine schöne Stadt, liegt am schiffreichen Wasser, die Isar genannt.« Von dort marschierte der Söldner mit seinem Regiment weiter westwärts: über den Grenzfluss Lech nach Memmingen, das damals eine freie Reichsstadt in Schwaben war, heute zum schwäbischen Teil Bayerns gehört. Kurfürst Maximilian hatte die befestigte Stadt im Zuge der Waffenstillstandsvereinbarung den Schweden überlassen und wollte sie nun zurückerobert wissen. »Den 27. September angekommen zu Memmingen im Jahr 1647«, berichtet Hagendorf. »Bald mit Schanzen und Laufgräben gearbeitet und zwei Batterien davor gelegt«, wobei jede Batterie acht Kanonen umfasste, wie der Tagebuchautor ausführt. »Noch dazu haben wir vier Feuermörser gehabt« – Wurfgeschütze für glühende Brandkugeln oder Steine – »und geschossen Tag und Nacht.«

Das Bombardement dauerte mehrere Tage an, dann wehrte sich die schwedische Garnison tatkräftig: »Den 5. Oktober haben sie einen Ausfall gemacht, uns von den Batterien weggetrieben und fünf Kanonen vernagelt.« Das war eine beliebte Methode, wenn die Verteidiger die schweren feindlichen Geschütze weder fortschaffen noch zerstören konnten: Sie schlugen in das Zündloch für die Lunte mit aller Gewalt einen dicken Nagel, so dass die Kanone nicht mehr abgefeuert werden konnte. Gelang es, den Nagel so weit hineinzutreiben oder ihn so abzubrechen, dass er nicht mehr über dem Zündloch herausstand, sowie idealerweise die Nagelspitze im Kanonenrohr zu verbiegen, dann kostete es die Artilleristen viel Mühe und Zeit, ihr Geschütz wieder einsatzfähig zu bekommen.

»Außerdem haben sie noch etliche Ausfälle getan, aber wir haben sie bald wieder hineingejagt«, fährt Hagendorf fort. »Wir haben auch etliche Male ihre Schanzen gestürmt, so das Krugstor und das Westertor, aber nichts gerichtet, außer viel Volk (*Soldaten*) verloren.« Eine schnelle Eroberung gelang also nicht, aber das andauernde Bombardement zeigte langsam Wirkung.

Die zeitgenössische »Memminger Chronik« berichtet, dass mehr als 5000 Kanonenkugeln auf die Stadt abgeschossen und mehr als 550 Feuerbälle und Granaten in sie hineingeworfen wurden. »Die Mauern durchlöchert, die Häuser und Gebäude in der Stadt übel verdorben, deren viele durch die Granaten niedergeschlagen und zerschmettert, also inner- und außerhalb der Stadt unsäglicher Schaden«, bilanziert die Chronik bitter. Es war das typische Ergebnis einer typischen Belagerung.

Knapp zwei Monate hielt die schwedische Garnison stand, dann kapitulierte sie gegen freies Geleit. »Den 23. November haben sie akkordiert, den 25. November abgezogen. Darin sind gelegen 350 Mann«, erzählt Hagendorf. »Mit Sack und Pack sind sie abgezogen, sind eskortiert worden bis nach Erfurt.«

Das Regiment, in dem Hagendorf diente, wurde zur neuen Garnison von Memmingen bestimmt. »Den 27. November habe ich mein Quartier bezogen. Mein Wirt ist gewesen am Kalchstor David Herman Begk«, notiert unser Söldner.

Dem Mühlen-Liebhaber gefiel es rasch an dem Ort: »Diese Stadt liegt an einem schönen Platz. Eine halbe Stunde entfernt entspringt das Wasser und treibt in der Stadt die Mühlen. Denn in der Stadt sind zwei schöne Mühlen«, schwärmt Hagendorf und scheint sich an den schweren Kriegsschäden nicht zu stören – wahrscheinlich war er solch einen Anblick schon gewohnt. »Ist ein schönes, fruchtbares Land für Kornbau, liegt in Schwaben. Es hat schöne Forellen in dem Wasser. Die Stadt hat zwei schöne Kirchen, St. Martin und Unser Frauen Kirche. Auch ein schönes Spital, auch ein Augustinerkloster. Aber die Stadt ist ganz lutherisch, ausgenommen das Kloster«, lauten seine Beobachtungen.

Und er teilt noch ein freudiges Ereignis mit: »Den 5. Januar im Jahr 1648 um 3 Uhr nachmittags ist geboren worden meine Tochter Anna Maria. Ihre Paten sind diese: Regimentsprofos Christoff Issel, Feldscher Melchert Bordt, Benengel Hessin, des Hauptmanns seine Frau«, zählt der stolze Vater auf. Die beiden erstgenannten waren bereits Paten von Hagendorfs Sohn Melchert Christoff, der fast viereinhalb Jahre zuvor zur Welt kam und weiterhin in Altheim nahe Braunau wohnte. Offenbar hatte unser Söldner in der Armee auch jenseits der Familie soziale Bindungen geknüpft, die über Jahre hielten.

Als der Winter vorbei war, befahl Hagendorfs Oberst Winterscheid, die Befestigungsanlagen zu reparieren: »Den Frühling hat Winterscheid wieder angefangen zu bauen, was zerschossen gewesen ist, wie die Tore und Mauern.« Die Aufbauarbeit nach dem Zerstörungswerk sollte sich als unnötig herausstellen: Hagendorf und seine Regimentskameraden hatten mit der Eroberung Memmingens ihr letztes Gefecht in diesem Krieg überstanden. Fortan blieben sie abseits des Kampfgeschehens, das in Bayern und in Böhmen weiter tobte.

Schwedens Feldherr Wrangel sah sich nach der Aufkündigung des Waffenstillstands durch Bayernfürst Maximilian einer Übermacht aus kaiserlichen und bayerischen Truppen gegenüber. Er zog sein Heer aus Böhmen nach Westfalen zurück, in die Nähe des Gebietes einer langjährigen Verbündeten: der Landgräfin Amalie Elisabeth von Hessen-Kassel, einer streitbaren Calvinistin. Die vereinte kaiserlich-bayerische Armee verfolgte die zurückweichenden Schweden, griff diese aber nicht an, sondern beschränkte sich darauf, Hessen-Kassel zu verwüsten und danach in die Winterquartiere zu gehen.

Wrangel nutzte die kalte Jahreszeit, um sein schwedisches Heer unter anderem mit hessischen Soldaten aufzustocken: auf 23 000 Mann, nur tausend weniger als die kaiserlich-bayerische Armee. Anfang Februar 1648 brach Wrangels Heer auf, begab sich nach Süden und traf sich im März mit einem französischen Heer: gut 8000 Soldaten unter dem Feldherrn Turenne. Die beiden Heere formten zusammen eine mehr als 30 000 Mann starke schwedisch-französische Armee, die zahlenmäßig klar überlegen war – und Richtung Bayern zog.

Die kaiserlich-bayerischen Truppen marschierten ebenfalls nach Süden, um die Schweden und Franzosen aufzuhalten, die nach wie vor zum Großteil deutsche Söldner waren. Am 17. Mai 1648 trafen die Heere aufeinander: beim schwäbischen Ort Zusmarshausen, gut 20 Kilometer westlich des Lechs, der damaligen Grenze zu Bayern. Es sollte die letzte bedeutende Feldschlacht des Dreißigjährigen Kriegs werden.

Allerdings handelte es sich um keine Schlacht im klassischen Sinn, eher um eine Serie an Rückzugsgefechten: Angesichts der überlegenen schwedisch-französischen Streitkräfte versuchten die kaiserlich-bayerischen Truppen, sich hinter den Grenzfluss

Lech in Sicherheit zu bringen. Dabei wurden sie durch ihren eigenen Tross behindert, in dem Massen an Zivilisten mitzogen. Die Schweden und Franzosen holten auf, doch die rund 2500 Mann starke kaiserlich-bayerische Nachhut bremste die Verfolger in aufopferungsvollen Kämpfen. Als der feindliche Druck zu stark wurde, eilte der kaiserliche Oberbefehlshaber Holzappel mit 900 Soldaten zurück zu seiner bedrängten Nachhut – und wurde im Handgemenge von einer Pistolenkugel tödlich in die Brust getroffen. Am Ende des Tages hatten die Kaiserlich-Bayerischen rund 2000 Mann und 353 Wagen verloren. In der Nacht gelang es der Hauptarmee, sich in die nahe Stadt Augsburg und über den Lech in Sicherheit zu bringen.

Dennoch war die Schlacht bei Zusmarshausen nach damaliger Definition ein erneuter Sieg für die Schweden und Franzosen. Die kaiserlich-bayerischen Truppen versuchten noch neun Tage lang, die Lechgrenze zu verteidigen, dann zogen sie sich vor der feindlichen Übermacht ins Landesinnere zurück. Und Bayern erlitt nach den Jahren 1632 bis 1634 sowie 1646 erneut einen Verwüstungsfeldzug, bei dem die Invasoren Häuser, Dörfer und Schlösser in Flammenmeere verwandelten.

Die verwirrende Politik des bayerischen Kurfürsten Maximilian, erst einen Waffenstillstand mit Schweden und Frankreich zu schließen, dann diesen aufzukündigen, aber nur noch gegen Schweden Krieg führen zu wollen, nicht mehr gegen Frankreich, hatte in die Katastrophe geführt. Der große Friedrich Schiller fasst es so zusammen: »Jetzt wurde Bayern aufs Neue überschwemmt und der Bruch des Stillstands durch die grausamste Behandlung des bayrischen Untertans geahndet.« Unser Abt Maurus Friesenegger legt in seinem Tagebuch beredtes Zeugnis davon ab.

Nicht alle Soldaten des schwedischen Heeres beteiligten sich an dem Verwüstungsfeldzug: 1500 Reiter unter Hans Christoph von Königsmarck verließen auf Wrangels Befehl die Hauptarmee, zogen nach Böhmen, sammelten weitere 1500 schwedische Soldaten aus Garnisonen auf ihrem Weg ein und näherten sich am 25. Juli 1648 heimlich der Hauptstadt Prag. In einer Nacht- und Nebelaktion überwanden die Truppen die Stadtmauer und stürmten in die Metropole – genauer gesagt: in das reiche Stadtviertel westlich der Moldau, Kleinseite genannt, wo sich die Prager Königsburg mit der riesigen kaiserlichen Schatzkammer befand.

Die Eroberer plünderten die Kleinseite drei Tage lang und töteten zwischen 100 und 200 Einwohner. Unter anderem stießen sie auf den Grafen Jaroslav Martinitz, den sie an der Hüfte verletzten. Den 66-Jährigen hatten Aufständische am 23. Mai 1618 beim Prager Fenstersturz als Ersten aus dem Fenster der Königsburg geworfen. Martinitz war damit das erste Opfer des Kriegs – und nun, Ironie der Geschichte, gehörte er 30 Jahre später auch zu den letzten Opfern. Wiederum überlebte er, starb aber bereits im November des folgenden Jahres.

Der Inhalt der kaiserlichen Schatzkammer ging an den Königshof in Stockholm. Die schwedischen Soldaten packten so viel sie konnten in Versandkisten: neben Massen an Gold-, Silber- und Edelsteinarbeiten unter anderem 16 kostbare Uhren, 317 mathematische Instrumente, 403 indianische Kuriositäten sowie 500 Gemälde von Meistern wie Leonardo da Vinci, Albrecht Dürer, Michelangelo, Raffael und Tizian, zählt der schwedische Historiker Peter Englund auf. Viele der schier unbezahlbaren Kunstwerke hängen heute noch in Schwedens Museen. Auch einmalige Bücher aus Prager Bibliotheken schickten die Soldaten kistenweise nach Norden, und sogar einen alten Löwen aus dem Tiergarten des Kaisers transportierten sie ab – das Tier lebte später nahe dem Stockholmer Schloss. Zeitgenössischen Rechnungen zufolge raubten die Schweden in Prag Schätze im Wert von sieben Millionen Talern, was rund 1,8 Millionen Monatsgehältern eines einfachen Söldners entsprach. Es war die erfolgreichste Plünderung des Kriegs.

Die Schweden versuchten, auch noch das restliche Prag zu erobern, das von der Kleinseite aus über die Karlsbrücke zu erreichen war. Doch die Menschen auf der anderen Seite der

Moldau verteidigten energisch die Brücke und die Stadtmauer. Adlige, Handwerker, Beamte, Dienstboten, Juden, Studenten und Mönche – quer durch alle Schichten kämpften die Prager gemeinsam mit den kaiserlichen Garnisonssoldaten für ihre Heimatstadt. Sie schlugen sämtliche Angriffe zurück, auch als weitere schwedische Truppen anrückten, Kanonen um die Stadt aufstellten und eine regelrechte Belagerung begannen. Und so zogen sich die Gefechte über Monate hin, bis zum allgemeinen Friedensschluss und einige Tage darüber hinaus. In Prag begann der Dreißigjährige Krieg, und in Prag endete er.

* * *

In seinem Tagebuch versucht Maurus Friesenegger, die verwirrende Politik seines Landesherrn Maximilian nachzuvollziehen und zu verstehen – und stößt dabei erkennbar an Grenzen. »Vor Ostern wurde zu Ulm Waffenstillstand gemacht zwischen unserem Kurfürsten in Bayern und den Franzosen und Schweden«, notiert der Abt 1647. »Jedermann erstaunte über diesen Waffenstillstand, und niemand mehr als Kaiser und Reich.« Schicksalsergeben fügt Friesenegger als gehorsamer Untertan an: »Bayern überließ die Sache den höheren Einsichten, der Weisheit und Vorsicht seines Fürsten.« Die überraschende Kehrtwende hatte ja auch Vorteile: »Wenigstens wurde Bayern hierdurch dieses Jahr vor dem unbezweifelbaren Überfall und der schwedischen Verheerung gesichert – was immer das Reich, dessen größte Hoffnung und Stütze unser Kurfürst war, darüber denken mochte.«

Friesenegger durfte jetzt den Andechser Reliquienschatz aus München zurückholen, was das beste Zeichen dafür war, dass die bayerischen Behörden die Lage für sicher hielten. Am letzten Sonntag vor Ostern ließ der Abt die heiligen Objekte feierlich in die Klosterkapelle bringen, »mit welcher Freude und zuversichtlichen Hoffnung auf Frieden ist leicht einzubilden«.

Die Zeit der Ruhe vor dem Kriegsgeschehen währte allerdings nur kurz. Im Juli 1647 kamen verstörende Nachrichten über das gescheiterte Komplott von Werth, und »am Anfang des September entstand wieder ein erschreckendes Geschrei von einem neuen Kriege. Wirklich bereitete sich der Kurfürst mehr als einmal zum Krieg vor, ohne dass wir noch wussten, wider was für einen Feind.«

Die Menschen in Andechs hatten es offenbar aufgegeben, die Politik ihres Fürsten verstehen zu wollen. Vielleicht war es ihnen inzwischen auch egal, wer nun mit wem gegen wen in diesem widersinnigen Krieg kämpfte – Hauptsache, die Soldaten blieben fern. Zwei Wochen lang dauerte die Unklarheit an, »bis um die Mitte des September ein öffentliches Manifest verlautbart wurde, dass der Waffenstillstand mit den Schweden wegen gerechter Ursachen gebrochen sei«.

»Den 20. September wurde die bayerische Armee, die den ganzen Sommer verstreut im Quartier lag, mobil gemacht. Der größere Teil marschierte in Böhmen zu den Kaiserlichen«, berichtet Friesenegger, »und der andere Teil nach Memmingen zur Belagerung« – darunter der Söldner Peter Hagendorf.

»Den 23. November ging Memmingen nach einer zweimonatigen sehr schweren Belagerung«, schreibt der Abt übereinstimmend mit Hagendorf, »an die Unseren über« – »wobei die Unsrigen sehr viele Leute verloren, die Belagerten die äußerste Not litten und die Stadt viel verwüstet worden ist«. Noch im 75 Kilometer entfernten Andechs bekamen die Menschen auf dem Klosterberg die Kämpfe mit, behauptet Friesenegger: »Wir hörten die zwei Monate durch hier zu Heiligenberg vielfältig den Donner der Kanonen, der auch manchmal die Fenster erschütterte.«

Bis dahin kämpften die Bayern nur gegen die Schweden. Ende 1647 aber schickte Frankreich einen Trompeter nach München, der das Ende des französisch-bayerischen Waffenstillstands verkündete. Entsprechend düster war Anfang 1648 die Stimmung im oberbayerischen Andechs. »Bei allen Friedens- und Neujahrs-Wünschen des 48. (*Jahres nach 1600*) war wiederum das Losungswort: Krieg«, notiert Friesenegger gedrückt. »Was uns dieses umso mehr glauben machte, waren die vielfältigen höchsten Befehle und Verordnungen, die fast alle Tage einliefen.« Nun zählt der Abt in seinem Tagebuch eine Reihe von Anordnungen auf: Pferde für das Militär abstellen, Sondersteuern bezahlen, Getreide an befestigte Orte bringen sowie öffentliche Gebete und Andachten abhalten – »lauter Sachen, die uns nichts weniger als Flucht, Elend und Untergang vorhersagten«.

»Den 23. März schickte ich unseren (*Reliquien-*)Schatz nach München und begleitete denselben selbst«, fährt Friesenegger fort. Das kaiserlich-bayerische Heer begab sich derweil nach Schwaben in die Nähe der bayerischen Westgrenze, den Lech, um dort die vorrückenden Feinde aufzuhalten. Zunächst aber raubten die Kaiserlich-Bayerischen erst einmal selbst die Region beiderseits des Grenzflusses aus. Das »war der Ruin des ganzen bayerischen Distrikts zwischen dem Lech und der Isar«, klagt Friesenegger, dessen Andechser Kloster in eben diesem Distrikt liegt, der jetzt ein Opfer der eigenen Truppen wurde. »Am 25. März hörten wir schon, dass das Kloster Indersdorf (*nördlich von München*), die meisten Schlösser und Dörfer derselben Gegend geplündert und barbarisch behandelt wurden.«

»Ich fürchtete mich, von München nach Hause zu gehen, und entschloss mich doch dazu«, erzählt unser Tagebuchautor. »Auf dem Weg begegnete mir nichts als Elend, arme Familien, die ihre kleinen Herden mit größter Mühe vor sich hertrieben, ihre Kinder und wenigen Habschaften auf Wagen und Karren daherschleppten und ihr Heil in der unsicheren Flucht suchten«, schreibt Friesenegger über seine Heimreise von München nach Andechs. »Zu Hause fand ich Heulen und Weinen von hundert Geflüchteten, die mit ihrer Armut beladen, mit Kindern umgehängt um Hilfe im Himmel riefen, die sie auf Erden nicht zu suchen wussten. Und das geschah von unseren eigenen Leuten (*Soldaten*), die wir dafür teuer besolden mussten!«

Drei Tage später bereiteten sich auch die Andechser Mönche darauf vor zu fliehen. Der Verwalter des nahe gelegenen Schlosses Seefeld erfuhr davon und bot Begleitschutz an: Er teilte dem Abt mit, dass er Pferde nach München überführen müsse, auf dem Weg von einem Trupp Soldaten beschützt werde, und er fragte hilfsbereit, »ob ich diese Gelegenheit nach München zu kommen nicht nutzen wollte«, erzählt Friesenegger. »Ich nahm die Offerte mit vielem Dank an und ging mit fünf meiner Herren, die eben nicht gar gut zu Fuß waren, mit zwei Kutschen und zwei Wagen nach Seefeld.«

Von dort zogen der Verwalter, die Mönche sowie zahlreiche Menschen aus der Umgebung gemeinsam los, froh um die bewaffnete Schutztruppe, Salva Guardia genannt. Der Treck bewegte sich auf München zu, »glücklich«, wie Friesenegger notiert, und die Gruppe konnte bereits den damaligen Vorort und heutigen Stadtbezirk Sendling sowie die Hauptstadt selbst erblicken.

»Siehe! Auf einmal sprengten zehn Freibeuter aus dem Wald hervor, griffen unsere letzten Wagen an, versprengten die Fuhrknechte und schnitten die Pferde los, bis sich die Unseren zur Gegenwehr stellten. Denn wir hatten neben Frauen und Kindern noch viele Leute von Heiligenberg (*Andechs*) und Seefeld bei uns, von denen die meisten neben der Salva Guardia mit Gewehren versehen waren«, schildert unser Abt, der in diesem letzten Kriegsjahr jetzt zum ersten Mal unmittelbar ein Gefecht erlebte. »Sie gaben auf die Räuber Feuer und verwundeten zwei, die sich kümmerlich vor dem Fall vom Pferd bewahrten. Nachher hörten wir, dass zwei oder drei in dem Wald tot gefunden wurden. Wir verloren doch dabei acht Pferde, die die Räuber mitgenommen haben. Und am andern Tag war die Stadt voll Geschrei von unserer Bataille und unserm Sieg, wobei wir uns wieder von unserm Schrecken erholten«, schreibt Friesenegger – und es lässt sich zwischen den Zeilen des sonst so friedlichen Gottesmannes doch ein gewisser Stolz herauslesen.

»Endlich, nachdem die ganze umliegende Gegend von den Unsern (*kaiserlich-bayerischen Truppen*) bis an die Alpen durchstreift, geplündert und mehr als feindlich behandelt worden ist, ging unsere Armee in Regensburg wieder über die Donau zurück« – also aus dem Kurfürstentum Bayern fort. »Und alsbald fasste jedermann, der sich geflüchtet hatte, wieder Mut, nach Hause zu kehren. Selbst der Kurfürst ließ öffentlich ausrufen, dass die Bauernschaft heimkehren und ihre Felder ohne alle künftige Furcht besorgen möchte«, erzählt Friesenegger. Dass der bayerische Kurfürst nach Abzug des eigenen Heeres allgemeine Entwarnung gab, zeigt deutlich, wie wenig selbst die Herrscher ihre Truppen im Griff hatten. Der Krieg hatte sich schon lange in ein gefräßiges Monster verwandelt, das in seinem schier unstillbaren Hunger von niemandem mehr zu bändigen war.

»Ich selbst war der Erste, der auf den ersten Ruf der Sicherheit nach Hause in mein Kloster eilte«, betont Friesenegger, »musste aber gleich am nächsten Tag ebenso geschwind nach München in die Sicherheit zurückeilen«, weil zahlreiche Flüchtlinge von Überfällen berichteten. Die rasche Wiederkehr »nahm man mir in München zur hohen Ungnad«, teilt der Abt mit. »Und ich musste vor dem Stadtkommandanten – auf Befehl des Kurfürsten, wie er zumindest vorgab – ein scharfes Examen aushalten, warum ich mit so unnötiger zweiter Flucht die Stadt in so übermäßigen Schrecken versetzt habe?« Offenbar blieb das Verhör folgenlos, und Friesenegger kommentiert abschließend nur: »So wenig wusste und glaubte man in der Stadt, was auf dem Lande geschah.«

Am 11. Mai 1648 ging unser Abt wieder in sein Kloster zurück, »mit welcher Freude und mit welchen Wünschen, ist leicht einzubilden«. Doch schon in der Woche darauf folgte die nächste Hiobsbotschaft: Die kaiserlich-bayerische Armee war in der Schlacht bei Zusmarshausen besiegt worden.

Die Andechser Mönche erfuhren »von der Niederlage der Unsern« zuerst durch Flüchtlinge aus der bayerischen Grenzregion, »die hier haufenweise ankamen, worauf auch in unserer Gegend und Nachbarschaft alles zusammenpackte und sich auf die Flucht begab«, so Friesenegger, der daraufhin zum dritten Mal binnen zweier Monate von Andechs floh. »Ich verschob meine Flucht auf den nächsten Tag, den 19. Mai, um vielleicht eine bessere Zeitung (*Nachricht*) abzuwarten. Allein von der Gefahr gedrungen nahm ich meinen Weg nach München. Bei meiner Durchreise waren alle Dörfer schon von ihren Einwohnern verlassen.«

Auf dem Weg durch die weitgehend menschenleere Gegend traf Friesenegger einen alten Mann, der ihm verriet, »dass eben einige berittene Räuber nach mir gefragt haben, ob ich schon durchgekommen sei«, erzählt der Abt. »Das schreckte mich.« Friesenegger kehrte nach dem beunruhigenden Gespräch um, ging zurück nach Andechs und brach um zwei Uhr nachts im Schutz der Dunkelheit und in der Begleitung von sechs bewaffneten Männern erneut auf. Zur Sicherheit nahm er zudem einen Umweg nach München, »wo ich unterwegs mehrere Haufen geflüchteter Elender antraf, die mit ihrem Vieh, Kindern und kleinen Habseligkeiten unter Bäumen und Hütten lagerten«.

»In München war eine schaudernde Konfusion und Lamentation (*Wehklage*), und in allen Gassen und unter den Toren ein fürchterliches Gedränge von Menschen und Vieh, wobei die Reichen ihre Reichtümer auf geladenen Wagen hinaus und die Armen ihre Armut auf blutenden Rücken hinein schleppten«, schildert der Abt mit einem Anflug von Sozialkritik.

»Den 24. Mai verließ der Kurfürst München und ging nach Wasserburg«, wohin er bereits 1646 vor den anrückenden Schweden und Franzosen geflohen war. Auch Friesenegger begab sich wieder zu seinem Zufluchtsort vom vorvergangenen Jahr: »Den 26. Mai verließ ich selbst die Stadt und ging in mein altes Asyl zum Tegernsee, wo ich auf das Freundlichste empfangen wurde.«

»Unterdessen verließ unsere Armee«, fährt der Abt fort, »den Lech und überließ dem Feind den freien Übergang nach Bayern.« Wie erwähnt, zog sich das kaiserlich-bayerische Heer angesichts der feindlichen Übermacht von dem Grenzfluss zurück und stellte sich an einer neuen Verteidigungslinie auf: der Isar, die von den Alpen kommend durch München fließt und dann in nordöstlicher Richtung zur Donau. »Die Unsern gingen bis über die Isar, und der Schrecken und die Furcht vor dem Feind erstreckten sich bis an die Alpen«, schreibt Friesenegger. »Daher ging ich vom Tegernsee nach Salzburg«, das damals noch nicht zu Österreich gehörte, sondern ein eigenständiges Fürstentum bildete, geführt von einem Fürsterzbischof. Unser Tagebuchautor wurde nach eigenen Worten »freundlichst empfangen« und die fünf Monate bis Kriegsende »bestens gehalten«.

Auch Maximilian flüchtete dorthin, fort aus seinem eigenen Land: »Am 8. Juni ging unser Kurfürst nach Salzburg, wo er mit größten Ehren empfangen wurde«, berichtet Friesenegger. »Die ausgewanderten und geflüchteten Bayern schätzt man in dem Salzburger Terrain auf 12 000 und mehr.«

Die Flucht erwies sich als begründet. Der kaiserlich-bayerischen Armee gelang es nicht, die Isarlinie zu halten, und sie zog sich noch weiter nach Osten zurück: zum Inn, der von den Alpen kommend zwischen München und Salzburg zur Donau fließt. Damit lag der größte Teil Bayerns ungeschützt da. »Unsere brave tapfere Mannschaft (*Armee*) machte dem Feind überall Platz«, kommentiert unser Abt sarkastisch. Zahlreiche Trupps der Invasoren schwärmten aus, und quer durch das Land sah man bei Tag die riesigen schwarzen Rauchwolken und bei Nacht den rötlichen Schein der brennenden Dörfer. Und die Schweden und Franzosen rückten noch weiter vor, »in der Absicht, bei getaner Hasenjagd der Bayern auch noch über den Inn zu gehen«, wie Friesenegger beißend anmerkt. »Wrangel, der schwedische Generalissimus, erwartete ein Treffen (*Schlacht*) und jedermann mit ihm. Allein die Bayrischen hielten sich für zu schwach, richtig – an Mut!«

Noch im Juni 1648 erreichten die Invasoren den Inn, der aber durch starken Regen angeschwollen war und dessen Übergänge von den bayerischen Truppen erfolgreich verteidigt wurden. Zudem traf der neue Oberkommandant über die kaiserlichen Armeen, Octavio Piccolomini, mit 3000 Soldaten als Verstärkung ein.

Piccolomini gehörte zu den Offizieren, die 1633/34 ihren Generalissimus Wallenstein erfolgreich beim Kaiser denunziert hatten. Allerdings war danach nicht Piccolomini auf Wallensteins Posten des Oberbefehlshabers aufgerückt, sondern sein Mitverschwörer, der »Heerverderber« Gallas. Der enttäuschte Piccolomini kämpfte dann zeitweise für Spanien in den Niederlanden, jetzt kehrte er von dort zurück. Und noch ein erfahrener Krieger kam wieder aus der Versenkung empor: der Reitergeneral Johann von Werth. Bayerns Kurfürst Maximilian hasste den Überläufer in das kaiserliche Lager immer noch, sperrte sich aber nicht mehr gegen dessen Einsatz in der Armee – zu kritisch war die Lage. Werth sammelte in Böhmen 6000 Reiter und zog mit diesen zum kaiserlich-bayerischen Heer. Das fühlte sich nun wieder stark genug, um den Invasoren offen entgegenzutreten.

Die schwedisch-französische Armee zog sich daraufhin Richtung Isar zurück und begann, das Land nach allen Regeln der Kriegskunst auszusaugen – nicht nur durch Plünderungen, sondern auch durch Steuern und Brandschatzungen, also Erpressungsgelder dafür, Orte nicht anzuzünden. »Der Feind schrieb in ganz Oberbayern die stärksten Kontributionen aus, taxierte alle Klöster, Schlösser, Adelssitze, ansehnliche Dörfer und Häuser mit Brandschatzung – oder Brand. Wobei in kurzer Zeit eine ungeheure Summe Geld, Gold und Silber zusammenflossen«, formuliert Friesenegger. Selbst der geflohene Bayernfürst Maximilian ließ dem Feind Schutzgelder zukommen: »Der Kurfürst zahlte für seine Schlösser, nachdem neben vielen Adelssitzen auch sein schönes (*Schloss*) Isareck verbrannt wurde. Andere ließen sich mit dem Feind auf Traktate (*Verträge*) ein und erhielten oft die Hälfte und noch mehr Nachlass.«

Auch Friesenegger empfing Geldforderungen, doch er pokerte: »Die so dringenden wie drohenden Kontributionsschreiben von dem schwedischen Generalstab – sowohl Heiligenberg als auch (*die Klosterfiliale*) Paring betreffend –, die mir nach Salzburg zugeschickt wurden, habe ich unbeantwortet gelassen«, teilt der Abt kaltblütig mit. »Aus der Ursache, weil der Feind immer noch weit entfernt und also die Gefahr noch nicht so nahe war« – Heiligenberg Andechs liegt westlich der Isar, die Schweden um den Feldherrn Wrangel operierten östlich davon. »Und weil man immer sagte, dass diese bald wieder über die Donau zurückgehen werden.«

»Im September verließ und verbrannte Wrangel seine Lager bei Dingolfing«, das knapp 90 Kilometer nordöstlich von München an der Isar liegt, »weil sehr viele Leute und Pferde vor Hunger und Not dort geblieben und krepiert sind«, fährt Friesenegger fort. Es war das immer gleiche Problem der damaligen Militärs: Ein Heer konnte nicht lange an einem Platz bleiben, vor allem dann nicht, wenn es seine Umgebung ungehemmt in eine Wüste aus Asche, Leichen und Tierkadavern verwandelte. Die schwedisch-französische Armee zog an der Isar flussaufwärts über Moosburg nach Freising bei München und weiter Richtung Westen, also auf die Seite des Flusses, auf der Andechs liegt.

Sogar Bayernherrscher Maximilian sorgte sich daraufhin um das Kloster unseres Abtes: »Der Kurfürst fragte mich, wie es bis dato mit dem Kloster Heiligenberg stehe«, teilt Friesenegger mit. »Und der Oberst-Kriegsratspräsident Herr von Ruepp erzählte mir, dass ihm vorgestern aus dem feindlichen Lager ein Verzeichnis aller jener Ortschaften zugekommen sei, die ihre Kontribution noch nicht bezahlt haben. Unter denen ist auch das Kloster Heiligenberg genannt« – mit der Drohung, es abzubrennen. »Er rate mir als bester Freund, die Sache mit dem Feind ohne Verweil abzumachen.« Der hohe Regierungsvertreter empfahl also, lieber Geschäfte mit dem Feind zu machen als Zerstörungen zu riskieren – so viel Vernunft im Krieg ist selten zu finden.

Friesenegger ging nicht selbst zu den Schweden: »Ich schickte meinen guten und besten Freund in München, Herrn Mathias Barbier, ein Handelsmann dort, der mit Mut und Beredsamkeit ausgerüstet ganz zu solchen Geschäften gemacht zu sein schien«, erzählt der Abt. »Er übernahm das Geschäft bereitwilligst, bereiste das feindliche Lager zu Moosburg und handelte die Kontributionssumme, die mindestens 1000 Taler war, bis auf 550 Gulden *(367 Taler)* herab.« Im Gegenzug erhielt der offenbar kompetente Verhandler »Quittung und Versicherung, dass das Kloster«, so Friesenegger erleichtert, »mit allen seinen angehörigen Gütern, auch Häusern und Höfen seiner Untertanen künftig von all und jeder feindlichen Behandlung befreit sein solle – auch gegen Stellung einer persönlichen Salva Guardia (*Schutztruppe*), wenn es nötig sein solle.« Angesichts des nahenden Kriegsendes hatte unser Abt den Schutzbrief wohl zum Schlussverkaufspreis erhalten.

»Anfang Oktober brachen die Feinde ihr Lager bei Moosburg und Freising ab, wo sie ringsum rein alles aufgezehrt und geplündert hatten und darum an allem Not litten, und rückten es bis Dachau vor«, also in den Nordwesten von München und damit wieder ein Stück näher an Andechs heran. »Nun war von Dachau bis an die Alpen vor ihrem Rauben und Plündern, vor ihrem Schwert und Feuer nichts mehr sicher.«

Der kaiserlich-bayerische Oberbefehlshaber Piccolomini blieb derweil nicht untätig: Er vermied zwar eine große Schlacht, lagerte aber mit seinem Heer stets in der Nähe der schwedisch-französischen Armee und störte deren Nachschub, verschärfte also den Nahrungsmangel beim Feind. Jedes Mal, wenn die Schweden und Franzosen ihr Lager wieder ein Stück nach Westen verlegt hatten, um Essbares zu finden, war Piccolomini nachgerückt, so dass sich die Armeen Stück für Stück zurück zur Grenze nach Schwaben bewegten. Hunger war in diesem Krieg weiterhin die effektivste Waffe. Die Schweden hatten diese oft erfolgreich gegen die Kaiserlichen eingesetzt, jetzt drehte Piccolomini den sprichwörtlichen Spieß um.

Zudem ritten die kaiserlich-bayerischen Truppen immer wieder Attacken auf schwedisch-französische Einheiten. Dabei tat sich wieder einmal Johann von Werth hervor – Reitergefechte waren einfach sein Element. So führte der Haudegen auch das letzte nennenswerte Feldgefecht in diesem Krieg: Am 6. Oktober 1648 überfiel er in einem Wald bei Dachau eine große Jagdgesellschaft aus Schweden und Franzosen.

Der schwedische Feldherr Wrangel hatte dort zwar 1400 berittene Soldaten als Wache postiert, doch Werths Reiter näherten sich unbemerkt, »jagten spornstreichs auf die Jagenden los«, wie unter anderem Friesenegger berichtet, »hieben die einen nieder, nahmen die anderen gefangen und verfolgten die Dritten bis Dachau, unter denen Wrangel selbst mit Gefahr und Not entrann« – der Oberbefehlshaber floh zu Fuß durch einen Sumpf. Werths Überfallkommando erbeutete an dem Tag 1000 Pferde, nahm 94 Mann gefangen und tötete mehrere Offiziere.

Als Reaktion ließ Wrangel tags darauf 20 Dörfer in Flammen aufgehen. Dann zog er zur bayerischen Westgrenze, eine breite Spur brennender Orte hinter sich lassend, deren dicke Qualmwolken kilometerweit sichtbar waren. Am 11. Oktober 1648 überschritt die Invasionsarmee den Grenzfluss Lech nach Schwaben.

Piccolominis Aushunger-Taktik hatte sich als erfolgreich erwiesen – auch wenn viele Zeitgenossen das anders sahen. »Man sagt ganz glaubwürdig«, erklärt Friesenegger in ungewohnt kriegerischem Ton, dass der Feind »leicht hätte gänzlich aufgerieben werden können«, als er den Lech überquerte. »Allein man verschonte ihn«, bedauert der Gottesmann. »Man glaubt, dass solches auf geheimen kaiserlichen und kurfürstlichen Befehl geschehen ist, um den Frieden, der sehr nahe sein soll, nicht zu stören.«

»Nachdem die Schweden und Franzosen Bayern verlassen hatten, folgten die Unsern bald nach«, notiert Friesenegger schließlich erleichtert. »Diese nahmen ihr Quartier in der unteren Pfalz und jene in Württemberg und Franken – und sahen sich ganz friedlich und freundlich einander an.«

1648–1650
Gefeierter Friede

Ende September 1648 galoppierte ein Bote nach Münster, in dessen Tasche sich ein dringend erwarteter Brief aus Wien befand. Das Schreiben enthielt die Antwort auf die Frage, ob der Kaiser dem Friedensvertrag zustimmt, der unterschriftsreif vorlag – nach jahrelangen Verhandlungen, die immer wieder kurz vor dem Scheitern standen. Würde der endlose Krieg endlich ein Ende finden? Oder obsiegten die Bedenken, die Kaiser Ferdinand III. gegen manche Klausel hegte?

Der kaiserliche Verhandlungsführer Isaak Volmar nahm den Brief entgegen, brach das Siegel, beugte sich über die Zeilen – und erstarrte wohl. Der Diplomat konnte das so unfassbar wichtige Schreiben nicht lesen: Es war verschlüsselt, wie es damals üblich war – aber mit einem Code, den Volmar nicht kannte. Der 66-jährige Jurist mühte sich zwei Tage lang vergeblich, die Zeichenfolgen irgendwie zu entziffern. Dann musste er den anderen Verhandlungsparteien gegenüber zerknirscht die Panne einräumen.

Ein Witzbold erteilte den kaiserlichen Diplomaten den Rat, sie sollten sich doch beim päpstlichen Gesandten den Schlüssel des heiligen Petrus ausleihen, der neben der Himmelspforte alles Weitere zu öffnen vermag – also auch verschlüsselte Briefe. Die meisten Gesandten der anderen Mächte indes reagierten misstrauisch: War das ein Vorwand des Kaisers, um die Verhandlungen noch einmal hinauszuzögern? Einen Brief nach Wien zu schicken dauerte etwa zehn Tage. Den Dekodierungsschlüssel dort anzufordern und zu bekommen würde also an die drei Wochen beanspruchen – Zeit, die man den kaiserlichen Diplomaten nicht mehr einräumen wollte. Sie erhielten eine Woche Aufschub, während neue Gerüchte und Drohungen die Runde machten.

Gut ein Jahr zuvor standen die Friedensgespräche schon einmal unmittelbar vor dem Scheitern. Der mit umfangreichen Vollmachten ausgestattete kaiserliche Chefunterhändler Maximilian von und zu Trauttmansdorff hatte bis Mitte 1647 die Verhandlungen weit vorangetrieben, indem er den direkten Kontakt mit den verschiedenen Parteien suchte und in bilateralen Gesprächsrunden unermüdlich Kompromisse auslotete. »Der Geduldigste aller Menschen«, wie ein Franzose Trauttmansdorff nannte, galt dabei als ebenso verlässlicher wie jovialer Diplomat, der mal polternd und mal schulterklopfend auftrat, je nachdem, was die Lage erforderte. Im Juni 1647 legte der 63-Jährige schließlich umfassende Vertragsentwürfe für den Frieden mit Frankreich und Schweden vor.

Die Entwürfe bildeten die Grundlage für den Westfälischen Frieden: Sie entsprechen über weite Strecken den endgültigen Vertragswerken von 1648. Aber 1647 war es für eine Übereinkunft noch zu früh: Frankreich und Schweden hielten die angebotenen Geldzahlungen und Gebietsabtretungen für zu gering, aus Sicht der deutschen Fürsten waren sie groß. Viel zu groß waren nach Meinung einiger mächtiger Katholiken auch die konfessionellen Zugeständnisse an die Protestanten. Gegen die Friedensverträge formierte sich erbitterter Widerstand, und im folgenden Monat gab Trauttmansdorff enttäuscht auf: Seine Rückreise nach Wien im Juli 1647 markierte das vorläufige Ende des Friedensprozesses.

Den Rest des Jahres blieben die Verhandlungen verfahren. Gleichzeitig kamen zwei andere Mächte bei ihren Gesprächen in Münster entscheidend voran: Am 30. Januar 1648 unterzeichneten die Gesandten Spaniens und der Republik der Vereinigten Niederlande einen Friedensvertrag, der den 80-jährigen Krieg zwischen den beiden Ländern beendete. Seit 1568 kämpften die calvinistischen Nordprovinzen der Niederlande um ihre Unabhängigkeit von Spanien – nicht nur in der Heimat, sondern global: 1628 etwa fingen gut 30 schwerbewaffnete niederländische Kaperschiffe vor Kuba die spanische Silberflotte ab, die zweimal im Jahr Tonnen an Edelmetall aus den spanischen Silberminen in Mexiko und Südamerika in die Heimat transportierte, dazu Goldbarren, Edelsteine, Zucker, Kakao und Tabak. Die Niederlande erbeuteten bei dieser Kaperfahrt Schätze im Wert von zwölf Millionen Gulden, etwa zwei Drittel ihres Militäretats – wodurch sie daheim gegen Spanien in die Offensive gehen und dem Krieg eine Wende geben konnten.

1646 kam es auf der anderen Seite der Erdkugel, in Südostasien, zu fünf Seeschlachten zwischen spanischen und niederländischen Streitkräften. Diesmal gewannen die Spanier, mit der Folge, dass die Philippinen ihre Kolonie blieben und heute ein mehrheitlich katholisches Land sind. In Europa aber war die Weltmacht Spanien durch Aufstände in Portugal und Katalonien sowie durch militärische Niederlagen im Krieg gegen Frankreich so geschwächt, dass sie sich keine weiteren Konfliktherde mehr leisten konnte: Das spanische Königshaus entließ im Frieden von Münster 1648 die Nordprovinzen der Niederlande in die Unabhängigkeit und behielt den katholischen Süden des Landes. Aus Ersteren wurden die heutigen Niederlande, aus Letzterem das heutige Belgien.

Im Februar 1648 nahmen die Friedensgespräche zwischen dem Deutschen Reich, Frankreich und Schweden endlich wieder Fahrt auf: Es formierte sich eine konfessionsübergreifende Gruppe, die zwischen den Machtblöcken vermittelte und auf einen Verhandlungsfortschritt drängte. Zu dieser Vermittlungspartei, die auch Dritte Partei genannt wurde, zählten unter anderem die katholischen Kurfürsten von Bayern und von Mainz sowie eine Reihe kleinerer protestantischer Fürsten. Deren Diplomaten schlugen einen neuen Verhandlungsmodus vor, um möglichst rasch zu einem Kompromissfrieden zu kommen: Die Kriegsparteien sollten in Gegenwart von Mediatoren beider Konfessionen »die noch offenen Punkte einzeln behandeln und erzielte Ergebnisse sogleich unterzeichnen«, wie die Historikerin Siegrid Westphal erklärt. »Erst wenn eine Streitfrage geklärt war, sollte die nächste verhandelt werden. Auch die Reihenfolge der Punkte wurde festgelegt.«

Der Vorschlag wurde von den Kriegsparteien angenommen, und mit der Zeit kontrollierte die Dritte Partei immer stärker das Verhandlungsgeschehen. Bisweilen übte sie massiven politischen Druck aus, um Blockaden zu überwinden. »Die Dritte Partei, diese Friedenspartei, wirkte als ›Game Changer‹. Sie erzeugte Momentum, sie löste starre Fronten auf – und zwar mit der klaren Fokussierung auf den Frieden«, urteilte im Jahr 2016 der damalige Bundesaußenminister Frank-Walter Steinmeier in einer Rede, in der er vorschlug, Europa könne heute in ähnlicher Weise im Mittleren Osten wirken. »Die Dritte Partei sollte sich tatsächlich im letzten Jahr der westfälischen Friedensverhandlungen als wohl der entscheidende Akteur herausstellen, der die gegenseitigen Blockaden auf dem Weg zum Frieden auflöste«, sagte der spätere Bundespräsident.

Im Lauf des Sommers wurden alle strittigen Punkte geklärt. Am 6. August 1648 einigten sich die kaiserlichen und schwedischen Gesandten auf einen abschließenden Vertragstext, den sie per Handschlag besiegelten – aber nicht unterzeichneten, da der Friedensvertrag mit Frankreich noch nicht stand. Der wurde bis Mitte September fertiggestellt und vom französischen Gesandten und dem Repräsentanten des ranghöchsten deutschen Kurfürsten, des Erzbischofs von Mainz, gesiegelt – aber wieder nicht unterzeichnet. Es fehlte noch die Zustimmung des zögernden Kaisers.

Nachdem der Bote dessen chiffrierte Antwort in Münster überbracht hatte und das Malheur offenkundig wurde, mühte sich der kaiserliche Verhandlungsführer Volmar noch mehrere Tage, die Nachricht zu entschlüsseln. Irgendwie gelang das schließlich, und Anfang Oktober verkündete der Jurist: Der Kaiser hat den Frieden akzeptiert, die Abkommen können unterschrieben werden.

Den Diplomaten war ein wahrhaft großes Werk gelungen. Die Friedensverträge von Münster und Osnabrück, die zusammen den Westfälischen Frieden bilden, lösten den gordischen Knoten der zahlreichen widerstreitenden Interessen gleich auf drei Ebenen: Sie befriedigten die Ansprüche der auswärtigen Mächte, gaben dem Reich eine reformierte Verfassung und schufen einen dauerhaften Religionsfrieden in Deutschland.

Schweden erhielt fünf Millionen Taler Abfindung für seine Armee – deutlich weniger als die zeitweise geforderten 20 Millionen – sowie einige deutsche Küstengebiete: Vorpommern inklusive Rügen, Wismar und die Region um Bremen. Diese Territorien blieben Teil des Deutschen Reichs, wodurch die schwedische Krone Sitz und Stimmrecht im Reichstag erhielt.

Frankreich bekam die Rheinfestungen Breisach und Philippsburg, weite Regionen im Elsass sowie offiziell die Städte Toul, Metz und Verdun, die schon seit knapp 100 Jahren französisch annektiert waren. Die abgetretenen linksrheinischen Gebiete wurden aus dem Deutschen Reich herausgelöst, was kurzfristig ein Erfolg für den Kaiser war – Frankreich blieb dadurch eine Stimme im Reichstag verwehrt. Langfristig trug dies allerdings dazu bei, dass die Abtretungen an Frankreich anders als die an Schweden dem Reich ganz verlorengingen.

Endgültig aus dem Deutschen Reichsverband schied die Schweiz aus, die de facto schon lange unabhängig davon war. Zudem kam es zu einigen Gebietsverschiebungen innerhalb Deutschlands. Insgesamt blieben die territorialen Änderungen durch den Dreißigjährigen Krieg aber überraschend gering für einen Konflikt diesen Ausmaßes.

In einem überschaubaren Rahmen bewegten sich auch die Änderungen an der Reichsverfassung: Der Westfälische Friede schuf keine neue Ordnung, sondern stellte im Wesentlichen die zerrüttete alte wieder her. Unter anderem erhielt der Nachfahre des geächteten Pfälzer Kurfürsten Friedrich, der als »Winterkönig« von Böhmen in die Geschichte einging, sein verlorenes Erbe zurück – abgesehen von der Oberpfalz, die bei Bayern verblieb. Ein weiteres Problem war die Pfälzer Kurwürde, die 1623 an Bayernfürst Maximilian übergegangen war und die dieser nicht mehr hergeben wollte. Also behalf man sich mit einer Ämtermehrung: Man änderte die jahrhundertealte Regel, dass es sieben Kurfürsten gibt, und schuf eine achte Kurwürde. Diese ging an den Pfälzer Erben, nicht an Bayernfürst Maximilian – was in der hierarchiefixierten Zeit von enormer Bedeutung war. Denn so behielt der Bayer die alte Kur, die Platz fünf in der Kurfürsten-Rangfolge bedeutete, während der Pfälzer mit dem achten und letzten Platz vorliebnehmen musste.

Der Friedensvertrag gab den Fürsten und Reichsstädten offiziell die Hoheit über ihr Gebiet und gewährte ihnen das Recht, Bündnisse zu schließen. Immer wieder liest man, Deutschland sei dadurch in souveräne Einzelstaaten zerfallen. Das trifft so nicht zu: Die Klauseln bestätigten lediglich die bereits gelebte Praxis. Zudem waren ausdrücklich alle Bündnisse verboten, die sich gegen Kaiser und Reich richteten.

Entscheidende Fortschritte brachte das Vertragswerk für das friedliche Zusammenleben der Religionen: Der Calvinismus wurde offiziell anerkannt. Endgültig ad acta gelegt wurde das unheilvolle Restitutionsedikt, das den Religionskrieg 1629 wieder angeheizt hatte und im Prager Frieden 1635 für 40 Jahre ausgesetzt worden war. Abgeschafft wurde zudem die furchtbare Regelung des Augsburger Religionsfriedens von 1555, dass ein Herrscher nach Gutdünken über den Glauben seiner Bevölkerung bestimmen kann – was später kurz zusammengefasst wurde in der Formel »cuius regio, eius religio« (*wessen Gebiet, dessen Religion*).

Stattdessen galt der 1. Januar 1624 fortan als Stichtag: In jedem Territorium sollten für immer die Konfessionsverhältnisse bestehen bleiben, die zu jenem Zeitpunkt vorlagen. Wenn ein Herrscher also die Religion wechselte, war das ab jetzt seine Privatsache: Die Untertanen brauchten ihm nicht mehr zu folgen. Der Landesherr durfte in keiner Weise in die Rechte eingreifen, die eine Konfession an dem Stichtag besaß – und wenn es mehrere anerkannte Konfessionen in seinem Gebiet gab, sollte auch dies künftig so bleiben. Dem Herrscher stand es nur noch frei, Andersgläubigen die private Hausandacht zu erlauben oder nicht. Sekten allerdings blieben verboten. Von einer religiösen Toleranz à la »Hier muss ein jeder nach seiner Façon selig werden«, wie es Preußenkönig Friedrich II. 1740 formulierte, war man noch weit entfernt.

Von der Stichtagsregelung ausgenommen waren zum einen Österreich und Böhmen, also Habsburger Erblande von Kaiser Ferdinand III., zum anderen die Oberpfalz, also das neue Territorium von Bayerns Kurfürst Maximilian. Die beiden erzkatholischen Potentaten sicherten sich damit das Recht, ihre eigenen Länder weiter zwangszubekehren.

Von dieser Ausnahmeregelung abgesehen bemühte man sich nach bestem Wissen, einen echten Ausgleich zwischen den Glaubensrichtungen zu schaffen, so dass keine mörderischen Religionskonflikte mehr entstehen konnten. So galt zum Beispiel fortan, dass bei einem Konfessionsstreit im Reichstag nicht mehr eine Seite die andere überstimmen durfte. Vielmehr mussten in diesem Fall Katholiken und Protestanten zunächst getrennt beraten und dann zu einer gütlichen Einigung kommen, um einen Beschluss zu fassen. Auch für die beiden obersten Gerichte im Reich fand man Lösungen: Das Reichskammergericht in Speyer wurde annähernd paritätisch besetzt – 24 Protestanten und 26 Katholiken, die kleine Abweichung fand man unerheblich. In den Reichshofrat am katholischen Kaiserhof wurden sechs Protestanten aufgenommen. Diese bildeten zwar in dem 18-köpfigen Gremium eine Minderheit, dafür besaßen sie ein Vetorecht, wenn sie sich untereinander einigten.

Das alles waren kluge, weitsichtige Lösungen, wie die Zukunft zeigte: Religionskriege gehörten in Deutschland endgültig der Vergangenheit an. Der Westfälische Friede wurde das neue Grundgesetz des Reiches, das mehr als 150 Jahre lang gültig blieb, bis in die Zeit der Napoleonischen Kriege. Keine andere deutsche Verfassung seither sollte sich als so dauerhaft erweisen.

Die Übereinkunft von 1648 war damit weit mehr als einfach nur ein Erschöpfungsfriede, bei dem die Kontrahenten ermattet das Kämpfen einstellten. Vielmehr bedurfte es des entschlossenen Einsatzes von fähigen Diplomaten wie insbesondere Trauttmansdorff sowie der Dritten Partei, um den jahrzehntelangen selbstzerstörerischen Wahnsinn zu beenden. Andernfalls hätte der Krieg in Deutschland noch sehr viele Jahre weitergehen können, nur wohl mit zunehmend kleineren und verstreuteren Armeen, die in einem immer verwüsteteren Land auf Nahrungssuche immer weitläufiger umherstreiften. Frankreich beispielsweise führte nahtlos weiter Krieg: noch elf Jahre gegen Spanien.

Im Deutschen Reich aber endete die 30-jährige Epoche der Verwüstungen, Plünderungen, Massenfluchten und des millionenfachen sinnlosen Sterbens – das war das entscheidende Verhandlungsergebnis von Münster und Osnabrück, das alles andere an Bedeutung überragte. Die kompromissbereiten Realpolitiker hatten sich durchgesetzt gegen die politisch-religiösen Extremisten, die bis zum Sieg oder bitteren Ende weiterkämpfen wollten. In dem Friedensvertrag gingen die gegnerischen Seiten so weit aufeinander zu, dass jede ihr Gesicht wahren konnte – und deshalb wirken die territorialen und politischen Veränderungen so winzig im Vergleich zum Ausmaß des Konflikts. Man wollte 1648 nicht den Grundstein für einen neuen Krieg legen, wie es etwa nach dem Ersten Weltkrieg geschah, sondern tatsächlich einen dauerhaften Frieden schaffen. Der Westfälische Friede war weniger ein Erschöpfungsfriede, er war vor allem ein Vernunftfriede.

Am 24. Oktober 1648 schritten die Gesandten des Kaisers, Schwedens, Frankreichs sowie von 17 ausgewählten Mitgliedern des Deutschen Reichstags in Münster zur zeremoniellen Vertragsunterzeichnung. Die Dokumente wurden in den verschiedenen Quartieren jeweils verlesen, kontrolliert, unterschrieben und mit Siegel versehen. Die Prozedur zog sich über acht Stunden hin und endete gegen neun Uhr abends. Dann läuteten alle Glocken in der Stadt, und die 70 Kanonen auf der Stadtmauer schossen dreimal donnernd Salut. Der Krieg war beendet – fast.

In dem von Schweden belagerten Prag dauerten die Kämpfe noch bis in die ersten Novembertage an, dann war auch dort Schluss. Die Nachricht vom Frieden verbreitete sich in Windeseile: durch Boten, von Mund zu Mund und auch in schriftlicher Form. Binnen weniger Monate wurden rund 40 000 Kopien des Vertragstextes gedruckt und an ein interessiertes Publikum verkauft.

Im Reich läuteten die Kirchenglocken, es wurden Friedensfeste gefeiert, Freudenfeuer entfacht – doch insgesamt scheinen die Menschen eher verhalten reagiert zu haben. Zu oft waren ihre Hoffnungen wohl schon enttäuscht worden, als dass sie im Wortsinn dem Frieden trauten. Über das Land verteilt standen um die 160 000 Soldaten in Waffen, davon rund 84 000 auf schwedisch-französischer und 76 000 auf kaiserlich-bayerischer Seite. Niemand wusste genau, was mit diesen passieren sollte. Denn hier war man im Friedensvertrag zu keiner abschließenden Regelung gekommen. Solange diese Heere existierten, befürchteten die Menschen mit gutem Grund, dass die Kämpfe jederzeit wieder aufflammen könnten.

Doch diesmal waren offenbar alle Kriegsparteien entschlossen, den Frieden Realität werden zu lassen. Am 18. Februar 1649 tauschten sie in Münster die Ratifikationsurkunden mit den Unterschriften der Staatsoberhäupter aus, wodurch die Friedensverträge völkerrechtlich bindend wurden. Ab April 1649 verhandelten die Diplomaten in Nürnberg über die noch offenen Punkte, insbesondere über den Truppenabbau. Es galt unzählige konfliktträchtige Detailfragen zu klären, von der schrittweisen und allseits ausgewogenen Demobilisierung der Streitkräfte über die Räumung von besetzten Orten bis hin zu den genauen Zahlungsmodalitäten für die Abfindungen. Der Nürnberger Friedensexekutionskongress drohte mehrfach zu scheitern. Doch die Gesandten arbeiteten hart, und die Verhandlungsführer fanden stets zu einer Lösung, auch dank der Zusammenarbeit zweier hochrangiger Delegationsleiter: des 49-jährigen Piccolomini, der zuletzt Oberbefehlshaber über die kaiserlichen Armeen war, und des 26-jährigen Karl Gustav, der ein Neffe König Gustav Adolfs war und zuletzt die schwedischen Armeen in Deutschland kommandiert hatte.

Die beiden Ex-Krieger, die im Vorjahr noch todbringende Feinde im Feld waren, trafen sich am 11. Mai 1649 zu einem ersten Höflichkeitsbesuch bei Karl Gustav. Erst am 3. Juli folgte der Gegenbesuch. Dann war das Eis gebrochen: Schon am Tag darauf erschienen bei einem Bankett Piccolominis überraschend Karl Gustav und der schwedische Feldherr Wrangel, der unter anderem die Verwüstungsfeldzüge in Bayern geleitet hatte. Zehn Tage später feierten die Ex-Feinde vereint bis in den frühen Morgen. Offenbar verstanden sich Karl Gustav und Piccolomini bei den gemeinsamen Zechgelagen prächtig, denn es sollten noch viele folgen. Einmal warfen beide das Tischkonfekt auf die Straße hinaus und ergötzten sich mit den Gästen daran, wie sich die Menschen draußen darum schlugen. Dann zogen die beiden hohen Herren als Soldaten verkleidet »in schöner Ordnung« vom Rathaus zur Burg, feuerten dort eine Kanone ab und wurden anschließend »scherzweise abgedankt«, wie ein Zeitgenosse berichtet – Kostümspiele waren bei Festen sehr beliebt. Ein andermal endete eine feuchtfröhliche Nacht damit, dass Karl Gustav seinen Rausch in Piccolominis Bett ausschlief.

Das gute Einvernehmen half wohl über manche Verhandlungsklippe hinweg. Im September 1649 stand die Vorvereinbarung über das konkrete Abrüstungs-Prozedere, und im Juni und Juli 1650 unterschrieben die ehemaligen Kriegsparteien die Abschlussvereinbarung, Reichs-Friedens-Rezess genannt. Dieser regelte den endgültigen Truppenabzug bis Ende 1650 – dann war das große Friedenswerk vollendet. Wie fast immer gab es noch ein Nachspiel, das aber unerheblich war: Erst 1654 verließen die letzten Soldaten fremdes Gebiet, als Schweden die niedersächsische Stadt Vechta räumte, die bis dahin als Faustpfand für die ausstehenden Zahlungen diente.

In den beiden Übergangsjahren 1649 und 1650, in denen die ebenso kostspieligen wie gefürchteten Armeen peu à peu aus

Deutschland verschwanden, fassten die Menschen zunehmend Vertrauen in den Friedensprozess. Das geht unter anderem aus dem Tagebuch des schwäbischen Schuhmachers Hans Heberle hervor, der im Lauf des Kriegs 30 Mal mit seiner Familie in die 17 Kilometer entfernte Stadt Ulm fliehen musste. »Wiewohl das Jahr 48 Frieden gemacht worden ist, so ist der Frieden nicht völlig beschlossen worden«, schreibt Heberle noch vorsichtig, um dann zu frohlocken: »Dieses Jahr 49 ist ein auserwähltes Jubel- und Freudenjahr«, und zwar für alle Menschen und sogar die Tiere: »Kaiser, Schweden, Franzosen und alle Könige, Fürsten, Grafen und Städte, wie auch Dörfer, Flecken, Weiler, Höfe und Einödhöfe, reich und arm, jung und alt, Frau und Mann, Weib und Kind, insgesamt das liebe Vieh und Ross hat sich alles zu erfreuen und den Frieden zu genießen.«

Nachdem Ende Juni 1650 »der edle, teure und werte allgemeine Römische Reichs-Friede vollends zu Nürnberg beschlossen worden ist«, wie Heberle erzählt, folgten bald die großen Feierlichkeiten: Am 24. August »ist in Ulm und in der ganzen Ulmschen Herrschaft in allen Dörfern« – also auch in dem von Heberle – »das Friedens- und Dankfest gehalten worden mit Predigten, Gesang, Gebet und Kommunion, in aller Freuden, weil die Kriegsvölker aus allen Besatzungen und Städten, ja, an allen Enden und Orten abgeführt worden sind und wir einmal den ganzen, völligen und generellen Frieden von Gott und den hohen Potentaten erlangt und erbeten haben.«

Quer durch das ganze Land wurde der Friede gefeiert, und die zeitgenössischen Berichte beschreiben prunkvolle Veranstaltungen mit beeindruckenden Feuerwerken ebenso wie beschauliche Dorffeste – so etwa in Döllstädt bei Gotha, wo verkleidete Bewohner am 19. August 1650 als »Friede«, »Gerechtigkeit« und Kriegsgott Mars auftraten: Am Ende wurde die Armbrust von Mars zerbrochen, »Friede« und »Gerechtigkeit« traten zusammen und küssten sich.

Eine Zählung der Historikerin Claire Gantet kam zwischen Mai 1648 und Dezember 1650 auf 163 Friedensfeste im Deutschen Reich. Mehr als die Hälfte davon fand 1650 nach der Nürnberger Abschlussvereinbarung statt, so wie das oben beschriebene Ulmer Fest und das Dorffest. Auch das weist darauf hin, dass für die Bevölkerung der eigentliche Friede erst mit dem Truppenabbau begann. Aus Sachsen ist sogar der Begriff »zweiunddreißigjähriger Krieg« überliefert, weil man die Jahre 1649 und 1650 noch zum Krieg dazurechnete, wie der Historiker Johannes Arndt betont. Auch der Lyriker Andreas Gryphius, der 1636 die »Tränen des Vaterlandes« verfasst hatte, blieb zunächst skeptisch. Er begrüßte den Frieden erst in dem Gedicht »Schluss des 1650sten Jahres« mit den Worten:

> Indem der süße Fried ins Vaterland einkehrt
> Und man ein Danklied hört statt rasender Trompeten:
> Indem wir einst aus Lust und nicht durch Glut erröten,
> Schließ ich dies raue Jahr und was mein Herz
> beschwert.

Das Gedicht endet mit den Zeilen:

> Bisher sind wir tot gewesen, kann nun Fried
> ein Leben geben,
> Ach so lass uns Friedenskönig, durch dich froh
> und friedlich leben,
> Wo du Leben uns versprochen!

Die schwäbische Stadt Memmingen, in der Peter Hagendorf stationiert war, gehörte indes zu den Orten, die schon 1648 nach Unterzeichnung der Westfälischen Friedensverträge feierten. Unser Söldner notiert: »Im Jahr 1648, den 16. November, ist das Freudenfest wegen des Friedens gehalten worden von den Bürgern, als wenn es Ostern oder Pfingsten gewesen wäre. In beiden Kirchen sind drei Predigten gehalten worden. Der Text ist gewesen aus dem 1. Buch Moses, aus dem 8. Kap., wie Noah nach der Sintflut aus der Arche gegangen ist und dem

Herrn einen Altar baut und von allem reinen Vieh Brandopfer opfert.«

Am 7. Mai 1649 ging Hagendorf aus Memmingen weg, wohl mit Erlaubnis von oben, aber offenbar auf eigene Faust. Er begab sich auf direktem Weg nach München und weiter nach Altheim bei Braunau, insgesamt eine Strecke von 260 Kilometern. »Habe meinen Sohn Melchert Christoff wieder abgeholt«, erzählt er gewohnt knapp, und man wüsste gerne mehr über das Wiedersehen mit seinem fünfjährigen Kind nach einem Jahr und acht Monaten der Trennung. Doch der Söldner rechnet nur vor: »Die Zeit, die er dort gewesen ist, samt dem Zehrgeld, was ich verzehrt habe, hat 27 Gulden gekostet«, gut das Doppelte seines Monatslohns und mehr als der Preis eines Pferdes.

»Also habe ich meinen Sohn aus Ägypten geholt«, fügt Hagendorf noch an – und hier lässt er endlich Gefühle durchblicken. »Seine Wiedersehensfreude scheint so groß gewesen zu sein, dass er sie nur in einem biblischen Bild zum Ausdruck bringen konnte«, bemerkt der Göttinger Geschichtsprofessor Peter Burschel. »Vaterstolz war ihm ebenso wenig fremd wie Fürsorglichkeit.«

Das zeigte sich auch auf dem Rückweg, auf dem Hagendorf seinen kleinen Melchert Christoff offenbar vor Strapazen bewahren wollte: »Bis München habe ich ihn tragen lassen, von München habe ich ihn fahren lassen. Den 17. Mai bin ich wieder nach Memmingen gekommen.« Der Söldner hatte damit in nur zehn Tagen seit seinem Aufbruch über 500 Kilometer zurückgelegt. Und auch nach der Rückkehr verlor er keine Zeit, sondern kümmerte sich sofort um die Bildung seines Sohnes: »Den 26. Mai habe ich ihn zum ersten Mal in die Schule geschickt«, also gerade neun Tage nach der Ankunft. Ein Schulbesuch war damals alles andere als eine Selbstverständlichkeit, und er kostete Geld, wenn auch vergleichsweise wenig: »Muss geben die Woche zwei Kreuzer«, wobei 60 Kreuzer einem Gulden und 90 Kreuzer einem Taler entsprachen. Anschließend schreibt Hagendorf noch einmal sichtlich stolz: »Er ist alt gewesen 5 Jahre 9 Monate, als ich ihn aus Ägypten geholt habe.«

»Im Ganzen ein eindrucksvolles Vaterbild, ein besorgter und stolzer Ehemann mit Gefühl für seine patriarchalisch verstandene Aufsichtsverantwortung«, resümiert der Historiker Jan Peters, der 1993 als Erster Hagendorfs Tagebuch veröffentlichte.

Peters stöberte das von Hand geschriebene Büchlein in der Staatsbibliothek zu Berlin auf, die das einmalige Zeitdokument vermutlich 1803 von einem privaten Sammler erwarb. Wie dieser an das Werk gelangte, ist unbekannt. Die Entstehung des Tagebuchs hingegen lässt sich einigermaßen gut nachvollziehen: Hagendorf kaufte zwölf Bogen Papier, faltete diese und band sie mit starken Fäden zusammen. So bastelte er sich ein Büchlein mit 192 Blättern, das nur acht auf elf Zentimeter misst, also nur halb so groß ist wie ein typisches modernes Taschenbuch. Während seiner ruhigen Zeit in Memmingen von Ende 1647 bis 1649 schrieb Hagendorf in sauberer Handschrift seine Kriegserlebnisse darin nieder, wobei er sicherlich ältere Notizen besaß, auf die er dabei zurückgriff. 1648 war er wohl mit der systematischen Reinschrift fertig, argumentiert Peters, denn ab diesem Jahr wirkt das Schriftbild nicht mehr so einheitlich, eher unkonzentriert. Unser Söldner schrieb nun seine Erlebnisse vermutlich nicht mehr erst auf Notizzettel, sondern direkt in das Büchlein hinein.

Im Sommer 1649 notiert der Autor: »Den 28. Juni habe ich einen Esel gekauft von Jakob Schmug für 9 Gulden 13 Kreuzer.« Offenbar ahnte Hagendorf, dass er, seine Frau Anna Maria Buchlerin, der fast sechsjährige Sohn Melchert Christoff und die anderthalbjährige Tochter Anna Maria bald fortziehen mussten. Wofür sonst benötigte der Söldner das Lasttier?

»Den 7. August bin ich durch einen Boden gefallen, habe einen großen Schaden am Kopf bekommen. Den 27. August bin ich auf der Wacht vom Tor gefallen, habe das Knie ausgerenkt. Habe große Schmerzen gelitten, um es wieder einzurichten«, beschreibt Hagendorf zwei eigenartige Unfälle, die sich in der Art nirgendwo sonst in seinem Tagebuch finden. Der Historiker Peters vermutet, dass die Verletzungen »vielleicht im Zustand der Trunkenheit zustande gekommen« sind. »Am Ende seines Kriegerweges«, schreibt der Tagebuch-Entdecker, »gewinnt man den Eindruck, er sei aus der Bahn geworfen.« Es sei, als käme der inzwischen gut 47-jährige Hagendorf mit dem Leben als Wachsoldat und mit dem Frieden nicht zurecht. »Hatten ihn, wie so viele andere abgedankte Söldner auch, die Unruhe und die Sehnsucht nach dem ungebundenen Leben wieder erfasst?«, fragt Peters.

Die Argumentation klingt einleuchtend. Denkbar wäre allerdings auch, dass sich solche Unfälle schon vorher ereigneten, Hagendorf sie aber mitten im Krieg nicht für notierenswert erachtete. Oder dass er sie bei der späteren Reinschrift wegließ, während er jetzt alles direkt im Tagebuch protokollierte. Vielleicht handelte es sich auch um reinen Zufall. Wir können heute nicht mehr in den Menschen hineinblicken, nur Mutmaßungen anstellen.

Im folgenden Monat endete Hagendorfs Soldatenzeit nach zähen Verhandlungen: Die Befehlshaber der Truppen forderten zehn Monate Sold als Abfindung, der kurbayerische Kriegskommissar wollte nur zwei bezahlen. Die Söldner meuterten daraufhin, und der Ausbruch offener Gewalt stand kurz bevor. Doch wie so oft in dem langwierigen Friedensprozess einigte man sich gerade noch rechtzeitig. Hagendorf nennt wieder einmal nur trocken das Ergebnis: »Den 25. September *(tatsächlich 5. Oktober)* im Jahr 1649 ist unser Regiment zu Memmingen in Schwaben abgedankt worden. Ich für meine Person bekam drei Monate Sold, des Monats 13 Gulden« – ganze 39 Gulden nach zweieinhalb Jahrzehnten Kriegseinsatz.

Schon am nächsten Tag marschierte unser Söldner mit seiner kleinen Familie und dem Esel durch das Tor von Memmingen aus der Stadt hinaus. »Den 26. gezogen nach Babenhausen, den 27. nach Günzburg an der Donau, den 28. nach Gundelfingen, den 29. nach Nördlingen, den 30. nach Öttingen …«, lautet sein letzter lesbarer Eintrag, dann bricht das Tagebuch ab. Die abschließenden drei Blätter sind leider verloren.

Das weitere Schicksal der Hagendorfs blieb uns lange Zeit verborgen. Erst seit dem Sommer 2018 kennen wir durch Recherchen der Wikipedia-Autorin Juliana da Costa José Kirchenbucheinträge, die darüber Auskunft geben: Die Familie zog im Oktober 1649 weiter nach Görzke zwischen Magdeburg und Berlin. Das Städtchen liegt nahe an Hagendorfs Geburtsort Zerbst – der Söldner kehrte in die Heimat zurück.

Seine Ehefrau Anna Maria Buchlerin unternahm die Reise hochschwanger: Schon im November 1649 vermerken die Görzker Kirchenbücher, dass »Peter Hagendorf, ein Soldat« seinen neugeborenen Sohn auf den Namen Peter taufen ließ. Auch dieses Kind wurde nicht alt, es starb vermutlich Mitte 1650.

Und wieder lässt Hagendorf sich nicht unterkriegen. Ihm gelang es nun erstaunlich gut, im ungewohnten Zivilleben Fuß zu fassen. Mehr noch: Der Exsöldner wurde zum Richter und Bürgermeister von Görzke gewählt, also in herausragende Ämter. Auch Anna Maria Buchlerin erwarb wohl hohes Ansehen, denn sie taucht in den Kirchenbüchern häufig als Taufpatin auf, wie der Historiker Hans Medick betont.

Das Ehepaar bekam drei weitere Söhne, von denen zwei das Erwachsenenalter erreichten. Anna Maria Buchlerin und die Tochter Anna Maria lebten noch viele Jahre, ihr Todesdatum ist bislang nicht bekannt. Peter Hagendorf starb mit 77 Jahren und erhielt im Februar 1679 ein ehrenvolles Begräbnis.

Melchert Christoff wurde ebenfalls 77 Jahre alt. Er setzte die zivile Laufbahn seines Vaters erfolgreich fort: Das älteste überlebende Kriegskind der Hagendorfs heiratete, wurde einer der größten Grundbesitzer des Ortes, Kirchenvorsteher und 1699 zum Richter gewählt – ein halbes Jahrhundert, nachdem der Söldner Peter Hagendorf begonnen hatte, in die Schulbildung seines kleinen Melchert Christoff zu investieren. Das Geld war offenbar gut angelegt.

* * *

Knapp zwei Wochen nach Unterzeichnung des Westfälischen Friedens machte sich Maurus Friesenegger auf den Heimweg: Der Abt von Heiligenberg Andechs verließ am 6. November 1648 sein Exil in Salzburg, »nachdem ich fünf ganze Monate dort in dem akademischen Kolleg unter vielen Ehren und unvergesslichen Wohltaten zugebracht habe«, wie der Kriegsflüchtling dankbar in sein Tagebuch notiert. »Den 12. kam ich in Heiligenberg an, mit welcher allseitigen Freude, besonders weil ich jetzt den Frieden mitbrachte, kann ich vor Freude nicht beschreiben.«

»Mein Kloster fand ich bei meiner Rückkehr ganz unverletzt«, schreibt er sichtlich erleichtert. »Der Getreidekasten war aber ganz leer.« Dafür lagerte in der Scheune noch einiges von der jüngsten Ernte. Auch wenn der Vorrat nicht mehr für das Jahr reichte, es drohte offenbar keine akute Hungersnot.

»Pferde und Vieh befanden sich an Zahl und Güte in besserem Stand, als ich mir zu hoffen getraut hatte, und das gab uns Hoffnung, unsere Ökonomie bald wiederherzustellen«, fügt Friesenegger zuversichtlich an, nachdem er die Klostergüter und das zugehörige Dorf Erling besucht hatte. »Und so stand es in Erling und in unserer Nachbarschaft noch wohl gut. Wenn man hier schon Schaden gelitten hat, hatte man doch nicht so viel zu klagen wie in anderen, weiter entfernten Orten.« Der schwedische Schutzbrief hatte gehalten, was er versprach – oder Andechs einfach das Glück gehabt, in keiner Verwüstungsschneise zu liegen.

»Am Feste der Opferung Mariä (*21. November*) befahl der Kurfürst, der am 17. November wieder nach München zurückgekommen war, ein Friedenfest sowohl in choro als in foro (*kirchlich und weltlich*) zu feiern, welches auch geschehen ist und welcher Befehl auch auf das Land erging«, schreibt Friesenegger noch am Schluss seines Tagebuchs. Im Original-Manuskript stehen diese letzten Zeilen auf einem neu angefangenen Blatt, was klar darauf hinweist, dass unser Abt seine Aufzeichnungen aus dem Krieg tatsächlich mit dem Feier-Befehl beendete.

Noch sechseinhalb Jahre Frieden durfte Friesenegger erleben. Um seine klösterlichen Aufgaben kümmerte er sich gewissenhaft, so ist überliefert, am wohlsten aber fühlte er sich bei seinen Büchern. Friesenegger las nicht nur leidenschaftlich, er verfasste selbst zwei Werke in lateinischer Sprache, darunter eine umfangreiche zweibändige Chronik der Ereignisse der Jahre 1627 bis 1649. Diesen Text übertrug er gekürzt ins Deutsche und schuf so das vielzitierte »Tagbuch von Erling und Heiligenberg vom Jahre 1627 bis 1648 inc.«, das zu den eindringlichsten Augenzeugenberichten zählt, die wir aus dem Dreißigjährigen Krieg besitzen.

Maurus Friesenegger schimpft darin zwar ausführlich über die Militärs jeglicher Seite, wünscht den feindlichen Armeen durchaus ein gewalttätiges Ende, aber er verliert kein böses Wort über einen seiner Mönche oder einen seiner Untertanen in Erling und den anderen Besitzungen des Klosters. Seine Texte sind vielmehr von Sympathie und Fürsorge für seine Leute geprägt. Diesen Eindruck bestätigen die Berichte Dritter: Als Abt soll Maurus Friesenegger stets freundlich gewesen sein, gegenüber jedem milde und nachsichtig. Wenn die Erzählungen zutreffen, kam er dem nahe, was man unter einem guten Hirten versteht. Dabei war er streng gegen sich selbst: Unter seiner Ordenstracht trug der tiefgläubige Katholik ein grob gewebtes Bußgewand, das von den Schultern bis zu den Knöcheln reichte und das sein Geheimnis blieb bis zum Tod.

Am 11. Mai 1655 starb Maurus Friesenegger im Alter von 65 Jahren. Bei seiner Bestattung, so heißt es, »ist sein Grab mit mehr Tränen als Weihwasser besprengt worden«. Erhalten ist ein Porträt von ihm aus dem Jahr 1650, auf dem sein Gesicht wie von Kummer gezeichnet wirkt. Darunter steht ein kurzer lateinischer Text, der in deutscher Sprache lautet: »Wer diesen Maurus ein Wunder nennt, ist durchaus nicht verschwenderisch. Ist dieser redliche Maurus für dich kein Wunder?«

EPILOG

Wer heute vom Dorf Erling zum Kloster Andechs hinaufwandert, befindet sich meist in Gesellschaft: Rund eine Million Besucher besteigen jedes Jahr den ehrwürdigen Hügel, darunter Zehntausende Pilger und noch mehr Wirtsgäste, die auf der großen Terrasse das vielgerühmte Andechser Klosterbier genießen. Sie alle können eine idyllische Landschaft überblicken, die vom nahen Ammersee bis zu den Alpen friedlich vor ihnen liegt. An die Zeit, in der ringsum die Dörfer brannten, erinnert eine Informationstafel. Sie erzählt vom Aufschwung in Andechs zu Beginn des 17. Jahrhunderts, um dann festzustellen: »Umso schlimmer waren die Auswirkungen des 30-jährigen Krieges.« Es folgen eine knappe Erläuterung, ein Verweis auf Frieseneggers Tagebuch und der Befund: »Mit dem Ende des Krieges erholte sich das Kloster schnell.«

Im ganzen Deutschen Reich machten sich die Menschen ab 1650 an den Wiederaufbau des verwüsteten Landes: 1500 Städte und 18 000 Dörfer waren zerstört oder schwer beschädigt, ergaben die Berechnungen kaiserlicher Beamter. In zahlreichen Orten lebte niemand mehr, weite Felder lagen brach – zum Teil über Jahrzehnte hinweg, weil es an Menschen fehlte, um das Land zu bebauen. »Dem Krieg folgte kein Boom, sondern ein eher mühsamer Wiederaufstieg«, resümiert der Jenaer Geschichtsprofessor Georg Schmidt.

Immerhin blickten die Menschen wieder optimistischer in die Zukunft. »So zynisch das klingt: Die Kriegsverluste erhöhten die sozialen Chancen der Überlebenden«, führt Schmidt aus. Wer tatkräftig und qualifiziert war, übernahm einen der vielen verlassenen Bauernhöfe oder eine freigewordene Handwerker- oder Kaufmannsstelle, oft mit leerstehendem Haus dazu. Zahlreiche Männer und Frauen, die unter normalen Umständen nie eine Ehe hätten eingehen können, gründeten so eine neue Existenz und eine Familie. Die Geburtenrate stieg, und Reisende berichteten von Deutschland als einem Land der Kinder: Während der 1660er Jahre war beispielsweise in Württemberg fast die Hälfte der Bewohner unter 15 Jahre alt.

Dennoch dauerte es fast hundert Jahre, bis die Bevölkerungszahl wieder den Vorkriegsstand erreichte. Das ergaben demographische Untersuchungen für Deutschland in den Grenzen von 1914. Im Jahr 1618 lebten dort – die Angaben schwanken – 16 bis 17 Millionen Menschen, 1650 nur noch zehn Millionen. In den befestigten Städten ging die Bevölkerung im Schnitt um ein Drittel zurück, außerhalb der Stadtmauern um 40 Prozent. Betrachtet man das gesamte damalige Heilige Römische Reich Deutscher Nation, das um die 20 Millionen Menschen zählte, verringerte sich die Einwohnerschaft durch den Krieg um etwa ein Drittel.

Diese Durchschnittsangaben sagen wenig über die Situation vor Ort aus, die regional sehr unterschiedlich war. Die Forscher sprechen von einer Zerstörungsdiagonalen, die sich vom Südwesten in den Nordosten Deutschlands zog: von Württemberg über Mitteldeutschland nach Mecklenburg und Pommern. Dort lagen die Hauptkampfgebiete, und dort betrugen die Bevölkerungsverluste mehr als 50 Prozent. Württemberg etwa verlor nach der Schlacht bei Nördlingen 1634 drei Viertel seiner Menschen, zum einen wegen der Verwüstungen durch die siegreichen kaiserlichen Truppen, zum anderen durch die Pest – wobei ein Teil der Verluste hier wie anderswo stets auch durch Abwanderung entstand. Noch während des Kriegs erholten sich die Einwohnerzahlen etwas: Bis 1645 stiegen sie auf 30 Prozent des alten Werts und bis 1655 auf 43 Prozent.

In Brandenburg ging die Bevölkerung zeitweise um mehr als 70 Prozent zurück. Als der Krieg ab 1642 das Kurfürstentum langsam wieder verließ, betrugen die Menschenverluste in den Städten um die 80 Prozent, auf dem Land je nach Region 40 bis 90 Prozent. Rund die Hälfte der Dörfer blieb leer zurück. In Hinterpommern fehlten nach dem Krieg zwei Drittel der Landbevölkerung.

Auch außerhalb der breiten Zerstörungsdiagonale waren die Verluste beträchtlich. In Bayern etwa nahm die Einwohnerzahl um 30 bis 50 Prozent ab, wobei die erste Hälfte der 1630er Jahre die tödlichste Phase bildete, bedingt durch den Schwedeneinfall und die Pest. Sachsen hingegen hatte einen vergleichsweise geringen Bevölkerungsrückgang zu beklagen: 10 bis 20 Prozent. Weite Teile Nordwestdeutschlands sowie Österreichs kamen sogar glimpflich davon.

Damit ergibt sich ein komplexes Bild der Menschenverluste, sowohl räumlich als auch zeitlich. Die gerne kolportierte Behauptung, alles sei im Lauf der Zeit immer schlimmer geworden, lässt sich nicht halten. Am verheerendsten waren wohl die 1630er Jahre, die den furchtbaren Höhepunkt des Kriegs bildeten: Der schwedische Siegeszug nach der Schlacht bei Breitenfeld 1631 ließ den Krieg quer durch Deutschland aufflammen und brachte die Gesamtzahl der Soldaten im Reich auf den Rekordwert von 250 000. Die plötzliche Wende durch die Schlacht bei Nördlingen 1634 bedeutete eine Katastrophe für die protestantischen Territorien in Süddeutschland. Danach kam es zu keinem radikalen Umschwung mehr: Die Militäroperationen und deren Folgen wurden überschaubarer, die Gesamtstärke aller Streitkräfte ging bis zum Ende des Kriegs um ein gutes Drittel zurück.

Rund 1,7 Millionen Soldaten kamen in den 30 Jahren ums Leben: drei Viertel durch Krankheiten, nur gut ein Siebtel in einer Schlacht oder anderen Kampfhandlung. Die zivilen Kriegsopfer starben in der übergroßen Mehrheit an Seuchen – die es zwar schon immer gab, die aber durch die umherziehenden Heere und durch die Flüchtlingsströme weiträumig verbreitet wurden. Die Gesamtzahl der Toten ist umstritten. Im Allgemeinen geht man davon aus, dass im Deutschen Reich mindestens vier bis fünf Millionen Menschen durch den Krieg ihr Leben verloren. Im Verhältnis zur Einwohnerzahl bedeutet das eine Todesrate von wenigstens 20 Prozent, wobei der Wert wahrscheinlich deutlich höher lag. Im Zweiten Weltkrieg kam ein geringerer Anteil der Bevölkerung um: in Deutschland beispielsweise neun Prozent (ca. 6,35 Millionen Tote), in der Sowjetunion 14 Prozent (27 Millionen Tote).

»Der Dreißigjährige Krieg war der schlimmste Krieg der Weltgeschichte«, resümiert der Erlangener Geschichtsprofessor Axel Gotthard in seinem 2016 erschienenen Buch über den Konflikt. Andere Historiker sind zurückhaltender, sprechen lieber von der »größten Kriegskatastrophe vor dem 20. Jahrhundert« oder von der »mit Abstand traumatischsten Epoche der deutschen Geschichte bis 1939«.

So beliebt Vergleiche sind – sie laufen ins Leere bei der Frage, wie schrecklich der Dreißigjährige im Verhältnis zu anderen Kriegen war. Denn für das Grauen existiert kein objektives Maß. Aus Soldatenperspektive stellte vermutlich der Erste Weltkrieg mit seinen Materialschlachten und dem millionenfachen Sterben in den Grabenkämpfen den größten Horror dar. Der Zweite Weltkrieg brachte in seinem Verlauf unterschiedliche Superlative des Schreckens hervor: den deutschen Vernichtungskrieg in der Sowjetunion, bei dem der führende Nationalsozialist Hermann Göring »das größte Sterben seit dem Dreißigjährigen Krieg« ankündigte, das Menschheitsverbrechen Holocaust, den Bombenkrieg gegen die Zivilbevölkerung inklusive der ersten Atombombenabwürfe, in der Summe die bei weitem größten Opferzahlen. Der Dreißigjährige Krieg hingegen ragt durch seine umfassenden Verwüstungen und Entvölkerungen heraus, kombiniert mit den Schrecken durch eine entfesselte Soldateska und der unfassbar langen Dauer.

Zum Ende der 30 Jahre hin hatte ein großer Teil der Menschen nichts anderes erlebt als den Kriegszustand – und ein quälendes Gefühl, das sich als roter Faden durch die privaten Aufzeichnungen der Bauern, Handwerker, Pfarrer und Ordensleute zieht: eine alles durchdringende Angst, die größer wird, wenn Heere sich nähern, kleiner, wenn sie sich entfernen, die aber stets präsent ist und wie ein steter Tropfen die Seelen der Menschen aushöhlt. Im Tagebuch unseres Mönchs Maurus Friesenegger beispielsweise finden sich laufend Sätze wie: »Also beschließen wir dieses Jahr wieder in Furcht und Schrecken!« Und der hessische Bauer Kaspar Preis schrieb 1640, als wieder einmal Reiter das Land durchstreiften: »Wir waren so verängstigt und verzagt, dass uns auch ein rauschendes Blatt verjagte.«

»Auch wenn es sich heutzutage spießig anhören mag – eine zentrale Verlusterfahrung der langen Kriegsjahre scheint das Fehlen jeglicher Ordnung gewesen zu sein«, folgert der Historiker Gotthard. »Wird so nicht sogar von einer überraschenden Seite her nachvollziehbar, warum die den Konfessionskriegen nachfolgende Epoche alles in Reih und Glied bringen will, von Park und Stadtbild bis hin zur europäischen Staatenordnung?« Die Barockzeit erreichte nach dem Dreißigjährigen Krieg ihren Höhepunkt, es entstanden streng geometrische Gartenanlagen, und die Regierungssysteme entwickelten sich hin zum Absolutismus. Den Regenten spielte dabei in die Karten, dass vielen Menschen jede Alleinherrschaft besser erschien als das gewalttätige Chaos vergangener Zeiten. Ob in dem Kriegstrauma auch die deutsche Vorliebe für Ordnung wurzelt, sei dahingestellt – diese zählt jedenfalls zu den preußischen Tugenden, die 65 Jahre nach Kriegsende begründet wurden von Friedrich Wilhelm I., dessen Königreich Preußen aus dem verwüsteten Brandenburg hervorgegangen war.

Welch dramatische Folgen ein anhaltend unübersichtlicher Krieg für das Leben und Bewusstsein der Menschen hat, zeigt sich heute unter anderem im Nahen Osten. Wenn sich in Syrien verschiedene ethnisch-religiöse Gruppierungen in einen andauernden Bürgerkrieg verbeißen, befeuert und militärisch unterstützt von auswärtigen Mächten, die wie das sunnitische Saudi-Arabien und der schiitische Iran zudem rivalisierenden Konfessionen angehören, erinnert einiges an die Konstellation in Deutschland vor knapp 400 Jahren. Es verwundert nicht, wenn Historiker und Politiker hier gerne Analogien ziehen: »Die Parallelen sind offenkundig für den historisch-gebildeten Beobachter«, betonte etwa Frank-Walter Steinmeier 2016 in einer Rede über den Westfälischen Friedensschluss als Denkmodell für eine Befriedigung der Region.

Der Marburger Geschichtsprofessor Christoph Kampmann sieht allerdings einen gravierenden Unterschied zwischen der heutigen Situation im Nahen Osten und der damaligen in Deutschland: Im Dreißigjährigen Krieg gab es keinen Akteur, der annähernd so fundamentalistisch war wie der sogenannte Islamische Staat (IS). Anders als heute blieben die verschiedenen gegnerischen Lager ständig kommunikationsfähig und waren willig, miteinander zu sprechen, so Kampmann. Friedensverhandlungen in verschiedener Form begleiteten praktisch den gesamten Kriegsverlauf.

Keiner der damaligen Entscheidungsträger wollte, dass der überschaubare Aufstand des Jahres 1618 in Böhmen in einen großen Krieg ausartete. So gut wie niemand schickte seine Heere begeistert in den Kampf (mit Ausnahme vielleicht des Schwedenkönigs Gustav Adolf), und selbst die Feldherren versuchten in aller Regel, Schlachten zu vermeiden. Kein bedeutender Kriegsteilnehmer strebte die Totalvernichtung des Feindes an, sondern lediglich dessen Schwächung, um sich am Ende mit ihm zu verständigen – und einen »christlichen, allgemeinen, immerwährenden Frieden und wahre, aufrichtige Freundschaft« zu erreichen, wie es in den Friedensverträgen von 1648 steht. Aber allen guten Absichten zum Trotz stürzten die Entscheidungsträger Mitteleuropa in die bis dato größte menschgemachte Katastrophe, und sie verhedderten sich immer mehr in den verschiedenen Konfliktlinien und -ebenen, so dass sie erst nach Jahrzehnten einen Ausweg aus dem sinnlosen Morden fanden.

Der Dreißigjährige Krieg erinnert damit an eine antike Tragödie, in der sich die Akteure verhängnisvoll verstricken – oder an den Orkan, der durch den Flügelschlag eines Schmetterlings ausgelöst wird.

Der Rückblick darauf sollte uns Achtsamkeit lehren angesichts all der gewalttätigen Auseinandersetzungen im Nahen und Mittleren Osten, in Afrika und Südostasien, aber auch der Ukraine, die ebenfalls von einer so unübersichtlichen wie explosiven Gemengelage geprägt sind. Und er sollte uns Vorsicht lehren davor, in fremde Konflikte einzugreifen – die Folgen sind allzu oft unberechenbar. Bisweilen liegt die Schwelle vom Frieden zum Krieg fast unmerklich niedrig. Ist sie einmal überschritten, so wie es in Deutschland vor 400 Jahren geschah, so wie es unter anderem in Syrien 2011 geschah, dann können dunkle Kräfte ins Spiel kommen, die niemand vorhergesehen hat und die niemand mehr beherrschen kann.

DANKSAGUNG

Ohne Christian Seeger wäre das Buch nicht entstanden: Er gab 2012 den Anstoß zu dem fünfjährigen Projekt und schenkte mir das nötige Vertrauen. Heike Lange spornte mich in der langen Zeit immer wieder an, Kristin Rotter gab viele kluge Hinweise, um das Manuskript in die endgültige Form zu bringen. Bedanken möchte ich mich zudem bei meinen Eltern Karin und Harald Pantle – sie wissen, wofür.

ZEITTAFEL

1590 *Maurus Friesenegger wird geboren*
1601 *Wahrscheinliches Geburtsjahr von Peter Hagendorf*
1614 *Friesenegger wird Mönch im Kloster Andechs*

Böhmisch-Pfälzischer Krieg (1618–1623)

1618 Prager Fenstersturz
1619 Wahl des Pfälzer Kurfürsten Friedrich zum König von Böhmen (»Winterkönig«) und des Habsburgers Ferdinand II. zum Kaiser
1620 Sieg der kaiserlich-katholischen Armee am Weißen Berg vor Prag

Dänisch-Niedersächsischer Krieg (1625–1629)

1625 Albrecht von Wallenstein stellt eine Armee auf
König Christian IV. von Dänemark greift in den Krieg ein
Peter Hagendorf wird Söldner Venedigs, kämpft gegen Pappenheim
1626 Dänische Niederlage bei Lutter am Barenberge
1627 *Hagendorf tritt in das Pappenheim'sche Regiment der katholischen Streitkräfte ein, heiratet Anna Stadlerin*
Friesenegger wird Seelsorger im Dorf Erling, das zu Andechs gehört
Tilly und Wallenstein erobern das dänische Jütland

1628 *Die Pest trifft das Dorf Erling*
1629 Kaiser Ferdinand erlässt das Restitutionsedikt, schließt mit Christian von Dänemark den Frieden von Lübeck

Schwedischer Krieg (1630–1635)

1630 König Gustav II. Adolf von Schweden landet auf Usedom
Wallenstein wird entlassen
1631 Zerstörung Magdeburgs
Gustav Adolf triumphiert bei Breitenfeld, zieht nach Süddeutschland
Der Kaiser ernennt Wallenstein wieder zum Oberbefehlshaber
1632 Tilly unterliegt bei Rain am Lech und stirbt an einer Verwundung
Schwedische Soldaten plündern das Kloster Andechs
Gustav Adolf und Pappenheim fallen in der Schlacht bei Lützen
1633 *Hagendorfs Frau Anna Stadlerin stirbt*
Hagendorf muss in das schwedische Heer überwechseln
Spanische Truppen nehmen in Erling ihr Winterquartier, verwüsten das Dorf
1634 Wallenstein wird abgesetzt und ermordet
Kaiserliche und Spanier triumphieren bei Nördlingen über Schweden
Hagendorf kehrt in das Pappenheim'sche Regiment zurück
Die Pest wütet in Bayern, auch in Erling
1635 *Hagendorf und Anna Maria Buchlerin heiraten*
Prager Friede zwischen dem Kaiser und fast allen Fürsten im Reich

Schwedisch-Französischer Krieg (1635–1648)

1635 Frankreich erklärt den Habsburgern den Krieg

1636 Kaiserliche, bayerische und spanische Truppen dringen tief in Frankreich ein
Hagendorf gelangt fast bis nach Paris
Schwedischer Sieg bei Wittstock

1637 Ferdinand II. stirbt, sein Sohn Ferdinand III. wird neuer Kaiser

1638 Die Reichsfestung Breisach kapituliert

1640 *Friesenegger wird zum Abt gewählt*

1641 Schwedens Feldherr Banér startet Überfall auf den Reichstag in Regensburg, stirbt nach Rückzug
Anna Maria Buchlerin erkrankt schwer, wird in Ingolstadt gepflegt

1642 Banérs Nachfolger Torstensson siegt in der zweiten Schlacht bei Breitenfeld

1643 Bayerische Truppen unter Mercy schlagen die Franzosen durch einen Überraschungsangriff bei Tuttlingen

1644 Der Friedenskongress in Münster und Osnabrück wird eröffnet

1645 Schwedischer Sieg in der Schlacht bei Jankau

1646 *Friesenegger flieht vor den einfallenden Schweden und Franzosen zum Tegernsee*

1647 *Hagendorf gibt seinen vierjährigen Sohn in Pflege, wird Garnisonssoldat in Memmingen*

1648 *Friesenegger flieht nach Salzburg*
Schweden plündern in Prag
Der Westfälische Friede wird unterzeichnet

1649 *Hagendorf holt seinen Sohn zurück, wird abgedankt und zieht nach Görzke, wo er später Richter und Bürgermeister ist*

1650 In Nürnberg wird die Demobilisierung vereinbart, das Friedenswerk vollendet

1655 *Friesenegger stirbt*

1679 *Hagendorf stirbt*

Literatur und Quellen

Die wichtigsten Quellen für dieses Buch bilden zeitgenössische Tagebücher, die unter folgenden Titeln veröffentlicht wurden:

Georg Ackermann, Daniel Friese, Otto von Guericke, *erschienen in:* Magdeburgs Zerstörung 1631 – Sammlung zeitgenössischer Berichte, Magdeburg 1931, ausgewählt und eingeleitet von Ernst Neubauer

William Crowne, Blutiger Sommer – Eine Deutschlandreise im Dreißigjährigen Krieg, WBG (Wissenschaftliche Buchgesellschaft) 2. Aufl. 2012, übersetzt und kommentiert von Alexander Ritter und Rüdiger Keil

Maurus Friesenegger, Tagebuch aus dem 30jährigen Krieg, Allitera 2. Aufl. 2012, herausgegeben von Pater Willibald Mathäser

Peter Hagendorf, Tagebuch eines Söldners aus dem Dreißigjährigen Krieg, V & R unipress 2012, herausgegeben von Jan Peters

Hans Heberles »Zeytregister« (1618–1672) – Aufzeichnungen aus dem Ulmer Territorium, *erschienen als:* Der Dreißigjährige Krieg in zeitgenössischer Darstellung, W. Kohlhammer 1975, von Gerd Zillhardt

Oberst Robert Monro, Kriegserlebnisse eines schottischen Söldnerführers in Deutschland 1626–1633, Ph. C. W. Schmidt 1995, übersetzt und herausgegeben von Helmut Mahr

Kaspar Preis, *erschienen in:* Mit Pflug und Gänsekiel – Selbstzeugnisse schreibender Bauern, Böhlau Verlag 2003, herausgegeben von Jan Peters

Passagen innerhalb von Anführungszeichen sind ungekürzt aus den genannten Quellen übernommen und wurden vorsichtig dem modernen Sprachgebrauch angepasst, um die Gedankengänge der Autoren dem heutigen Leser möglichst klar und unverfälscht zu vermitteln. Aus »habe Ich mein pferdt must verkauffen« beispielsweise wurde »habe ich mein Pferd verkaufen müssen« und aus dem damals neutralen Begriff »Weib«, der inzwischen eine Bedeutungsverschlechterung erfahren hat, die heute neutrale »Frau«. In aller Regel habe ich den ursprünglichen Begriff belassen. Hinter weniger gebräuchlichen Wörtern steht kursiv in Klammern das moderne Synonym oder eine kurze Erläuterung.

Die Datumsangaben folgen dem Gregorianischen Kalender, der 1582 von Papst Gregor XIII. eingeführt wurde und heute Standard ist. Die Protestanten verwendeten im 17. Jahrhundert noch vorwiegend den älteren Julianischen Kalender, der zehn Tage hinterherhinkt.

Dieses Buch ist die Arbeit eines Wissenschaftsjournalisten. Es soll die Quellen nicht neu bewerten, sondern das vorhandene Wissen gut lesbar wiedergeben. Wenn widersprüchliche Expertenmeinungen existieren – was oft der Fall ist –, gebe ich diejenige wieder, die mir am plausibelsten erscheint. Im Zweifel erhielt die neuere Forschungsliteratur den Vorzug vor der älteren, um den aktuellen Wissensstand aufzuzeigen. Insbesondere aus folgenden Werken schöpft das Buch:

Johannes Arndt, Der Dreißigjährige Krieg 1618–1648, Reclam 2009

Ronald G. Asch, Kriegsrecht und Kriegswirklichkeit in der Epoche des Dreißigjährigen Krieges, in: Osnabrücker Jahrbuch Frieden und Wissenschaft V, Rasch 1998

Friedrich Wilhelm Barthold, Geschichte des großen deutschen Krieges vom Tode Gustav Adolfs ab – Zweiter Theil, S. G. Liesching 1843

Friedemann Bedürftig, Taschenlexikon Dreißigjähriger Krieg, Piper 1998

Wolfgang Behringer, Hexen, C. H. Beck 2009
Wolfgang Behringer (Hrg.), Hexen und Hexenprozesse in Deutschland, dtv 7. Aufl. 2010
Felix Berner, Gustav Adolf – Der Löwe aus Mitternacht, Deutsche Verlags-Anstalt 1982
Karl Bosel et al. (Hrg.), Andechs – Der Heilige Berg, Prestel 1993
Peter Burschel, Himmelreich und Hölle – ein Söldner, sein Tagebuch und die Ordnungen des Krieges *in:* Benigna von Krusenstjern, Hans Medick (Hrg.), Zwischen Alltag und Katastrophe, Vandenhoeck und Ruprecht 1999
Klaus Bußmann und Heinz Schilling (Hrg.), 1648: Krieg und Frieden in Europa, Bd. 1, Münster 1998
Sabine Eickhoff und Franz Schopper (Hrg.), 1636 – Ihre letzte Schlacht (Ausstellungskatalog), Theiss 2012
Peter Englund, Verwüstung – Die Geschichte des Dreißigjährigen Krieges, Rowohlt Taschenbuch 2013
Jörg-Peter Findeisen, Der Dreißigjährige Krieg – Eine Epoche in Lebensbildern, Styria 1998
Gustav Freytag, Bilder aus der Deutschen Vergangenheit – Band II: Reformationszeit und Dreißigjähriger Krieg, Bertelsmann Lexikon Verlag 1998
Axel Gotthard, Der Dreißigjährige Krieg – Eine Einführung, Böhlau 2016
Markus Grill, Die Macht der Nachricht, *in:* Der Dreißigjährige Krieg, Der Spiegel/Geschichte 4/2011
Hans Jacob Christoffel von Grimmelshausen, Der abenteuerliche Simplicissimus Deutsch: Aus dem Deutschen des 17. Jahrhunderts und mit einem Nachwort von Reinhard Kaiser, Eichborn 2009
Andreas Gryphius: Gesamtausgabe der deutschsprachigen Werke. Band 1, Tübingen 1963
William P. Guthrie, The later Thirty Years War – from the Battle of Wittstock to the Treaty of Westphalia, Greenwood Press 2003

Peter C. Hartmann, Florian Schuller (Hrg.), Der Dreißigjährige Krieg – Facetten einer folgenreichen Epoche, Friedrich Pustet 2010

Martin Heckel, Deutschland im konfessionellen Zeitalter, Vandenhoeck und Ruprecht 1983

Johann Heilmann, Die Feldzüge der Bayern in den Jahren 1643, 1644 und 1645 unter den Befehlen des Feldmarschalls Franz Freiherrn von Mercy, Goedsche 1851

Horst Herrmann, Lexikon der kuriosesten Reliquien, Rütten & Loening 2003

Zdeněk Hojda, Der Kampf um Prag 1648 und das Ende des Dreißigjährigen Krieges, *in:* 1648: Krieg und Frieden in Europa, Münster 1998, Bd. 1

Hans-Christian Huf (Hrg.), Mit Gottes Segen in die Hölle, Econ 3. Aufl. 2003

Hans Jessen (Hrg.), Der Dreißigjährige Krieg in Augenzeugenberichten, dtv 1971

Bettina Jungklaus et al., Die toten Soldaten/Das Schicksal hat ein Gesicht, in: Sabine Eickhoff und Franz Schopper (Hrg.), 1636 – Ihre letzte Schlacht, Theiss 2012

Marcus Junkelmann, Tilly, Friedrich Pustet 2011

Christoph Kampmann, »Die Katastrophe als Epochenbruch? Der Dreißigjährige Krieg in der Geschichte des neuzeitlichen Europas«, Vortrag auf der Internationalen Tagung »Dynamik durch Gewalt?« an der Universität Würzburg 2016

Christoph Kampmann, Europa und das Reich im Dreißigjährigen Krieg, W. Kohlhammer 2. Aufl. 2013

Andreas Klinger, Formen der Gewalt im Dreißigjährigen Krieg, *in:* Gerhard Armanski, Jens Warburg (Hrg.), Der gemeine Unfrieden der Kultur, Königshausen & Neumann 2001

Ralph Kloos und Thomas Göltl, Die Hexenbrenner von Franken, Sutton 2012

Kreis Ostprignitz-Ruppin (Hrg.), Museum des Dreißigjährigen Krieges Wittstock/Dosse (Katalog)

Benigna von Krusenstjern und Hans Medick (Hrg.), Zwischen

Alltag und Katastrophe – Der Dreißigjährige Krieg aus der Nähe, Vandenhoeck und Ruprecht 1999

Hartmut Laufhütte, Das Friedensfest in Nürnberg 1650, *in:* 1648: Krieg und Frieden in Europa, Bd. 2, Münster 1998

Jan Lindegren, Frauenland und Soldatenleben – Perspektiven auf Schweden und den Dreißigjährigen Krieg, *in:* Benigna von Krusenstjern, Hans Medick (Hrg.), Zwischen Alltag und Katastrophe, Vandenhoeck und Ruprecht 1999

Golo Mann, Wallenstein, Fischer Taschenbuch 5. Aufl. 2004

Hans Medick, Der Dreißigjährige Krieg – Zeugnisse vom Leben mit Gewalt, Wallstein 2018

Markus Meumann und Dirk Niefanger (Hrg.), Ein Schauplatz herber Angst – Wahrnehmung und Darstellung von Gewalt im 17. Jahrhundert, Wallstein 1997

Marco von Müller, Das Leben eines Söldners im Dreißigjährigen Krieg (1618–1648), Magisterarbeit Freie Universität Berlin 2004

Geoffrey Parker (Hrg.), Der Dreißigjährige Krieg, Campus 1987

Geoffrey Parker, Die militärische Revolution, Campus 1990

Christian Pfister, Bevölkerungsgeschichte und historische Demographie, Oldenbourg Wissenschaftsverlag 2. Aufl. 2007

Matthias Puhle (Hrg.), »... gantz verheeret!« Magdeburg und der Dreißigjährige Krieg, Mitteldeutscher Verlag 1998

Bernd Roeck (Hrg.), Deutsche Geschichte in Quellen und Darstellungen, Band 4: Gegenreformation und Dreißigjähriger Krieg 1555–1648, Reclam 1996

Walter Rummel und Rita Voltmer, Hexen und Hexenverfolgung in der Frühen Neuzeit, WBG 2. Aufl. 2012

P. Magnus Sattler, Chronik von Andechs, Donauwörth 1877

Friedrich Schiller, Geschichte des dreyßigjährigen Kriegs, Historischer Calender für Damen 1791–1793, Neuauflage z. B.: Der Dreißigjährige Krieg, Ausgabe Kindler 1975

Georg Schmidt, Der dreißigjährige Krieg, C. H. Beck 6. Aufl. 2003

Hagen Schölzel, 1631 – Die Zerstörung Magdeburgs, *in:* Jan N. Lorenzen, Die großen Schlachten, Campus 2006

Christoph Schorer, Memminger Chronik oder kurze Erzählung vieler denkwürdigen Sachen, Kuhn 1660

Gerhard Schormann, Der Dreißigjährige Krieg, Vandenhoeck & Ruprecht 3. Aufl. 2004

Werner Schulze, Der Sommerfeldzug Johann von Werths in Nordfrankreich im Jahre 1636. Münchner historische Abhandlungen, Beck 1934

Bedřich Šindelář, Spionage und Bestechung in der Endphase des Dreißigjährigen Krieges, Sbornik praci Filosofick Fakulty Brnensk University 1968, C 15

Frank-Walter Steinmeier, Der Westfälische Frieden als Denkmodell für den Mittleren Osten, Rede bei den Osnabrücker Friedensgesprächen 2016

Cicely Veronica Wedgwood, The Thirty Years War, 1938, auf Deutsch z. B.: Der Dreißigjährige Krieg, Nikol 2011

Siegrid Westphal, Der Westfälische Friede, C. H. Beck 2015

Peter H. Wilson, The Thirty Years War, Belknap Harvard 2011

PERSONENREGISTER

ORTSREGISTER

BILDNACHWEIS

Tafeln 1 bis 4, 10: akg images
Tafel 5: Mikel Olazabal
Tafeln 6 bis 8: D. Sommer, Brandenburgisches Landesamt für Denkmalpflege und Archäologisches Landesmuseum (BLDAM)
Tafeln 9 und 13: Arno Langnickel
Tafel 11: Kloster Andechs
Tafel 12: Klassik Stiftung Weimar, Herzogin Anna Amalia Bibliothek, Sig. Kt 700 - 141 B

Seiten aus dem Tagebuch Peter Hagendorfs: Stiftung Preußischer Kulturbesitz – bpk

auff diesen fey sind w
schlagen worden, die
[illegible] [illegible],
e nennen diese 4 [illegible]
nicht, als. Zapfen [illegible]
[illegible], Wangen [illegible]
inge [illegible], den [illegible]
und auff den Rechten
Flügel zu standen, [illegible]
üben auff den [illegible]
treffen die Fahne
[illegible] bald [illegible] die [illegible]